KB018919

THE POWER OF BAD

부정성 편향

THE POWER OF BAD

Copyright © 2019 by John Tierney and Roy F. Baumeister

All rights reserved including the right of reproduction in whole or inpart in any form.

Korean translation copyright © 2020 by ECO-LIVRES Publishing Co.

This edition published by arrangement with Penguin Press, an imprint of Penguin Publishing Group,

a division of Penguin Random House LLC. through EYA(Eric Yang Agency).

이 책의 한국어판 저작권은 EYA(Eric Yang Agency)를 통해 저작권자와 독점 계약한 에코리브르에 있습니다.

저작권법에 의해 한국 내에서 보호를 받는 저작물이므로 무단 전재와 복제를 금합니다.

부정성 편향

어떻게 이용하고 극복할 것인가

초판 1쇄 발행일 2020년 12월 28일　　**초판 3쇄 발행일** 2024년 3월 15일

지은이 존 티어니·로이 F. 바우마이스터 | **옮긴이** 정태연·신기원
펴낸이 박재환 | **편집** 유은재 신기원 | **마케팅** 박용민 | **관리** 조영란
펴낸곳 에코리브르 | **주소** 서울시 마포구 동교로15길 34 3층(04003) | **전화** 702-2530 | **팩스** 702-2532
이메일 ecolivres@hanmail.net | **블로그** http://blog.naver.com/ecolivres
출판등록 2001년 5월 7일 제201-10-2147호
종이 세종페이퍼 | **인쇄·제본** 상지사 P&B

ISBN 978-89-6263-216-3 03180

책값은 뒤표지에 있습니다.　　잘못된 책은 구입한 곳에서 바꿔드립니다.

부정성 편향

어떻게 이용하고 극복할 것인가

존 티어니·로이 F. 바우마이스터 지음 | 정태연·신기원 옮김

에코리브르

차례

머리말

부정성 효과

'좋은 것과 함께 나쁜 것도 생각하자'고 우리는 초연하게 생각한다. 하지만 우리의 뇌는 그렇게 작동하지 않는다. 이제 과학자들은 우리의 마음과 삶이 어떤 근본적인 불균형 때문에 한쪽으로 기울어져 있다는 것을 분명히 알게 되었다. 그것은 바로 '나쁜 것이 좋은 것보다 강하다'는 것이다.

학문적 연구에서는 이러한 부정성의 힘을 몇 가지 다른 이름으로 부른다. 부정성 편향(negativity bias)이라고 하거나, 부정성 지배(negativity dominance), 또는 간단히 부정성 효과(negativity effect)라고도 한다. 어떤 이름으로 부르든 이것은 부정적인 사건이나 정서가 긍정적인 것보다 우리에게 더 강력한 영향을 미친다는 보편적인 경향성을 뜻한다. 우리는 비판에는 충격을 받지만, 칭찬 세례에는 별 감흥을 못 느낀다. 군중 속에서 적대적인 얼굴은 잘 찾아내지만, 친절한 미소는 잘 보지 못한다. 이렇게 이야기하면 부정성 효과는 우울한 것으로 들리고 실제로 그럴 때가 자주 있지만, 그것이 다가 아니다. 나쁜 것은 강하지만, 우리가 그 속성을 파악하면 좋은 것이 이길 수 있다.

부정성 효과를 인식하고 본능적 반응을 제어함으로써, 우리는 파괴적인 행동양식을 깰 수 있고, 미래를 더 효율적으로 생각할 수 있으며, 부정성 편향의 특별한 이점을 활용할 수 있다. 사실 악운, 나쁜 소식과 느낌은 우리를 더 강하고, 현명하며, 친절하게 만드는 가장 강력한 요인이 될 수 있다. 합리적 사고로 그 비합리적인 영향을 이해할 수만 있다면 부정성을 얼마든지 선한 목적을 위해 사용할 수 있다. 부정성의 힘을 증폭시키는 디지털 세상에서 부정성을 물리치려면 지혜와 노력이 필요하다.

부정성 효과가 나타나는 원리는 간단하지만 그 결과는 그렇게 간단하지 않다. 판단을 흐리게 하는 부정성의 힘을 진지하게 숙고하지 않으면 심각한 오판을 하게 된다. 왜 많은 국가가 앞 다투어 전쟁에 뛰어드는지, 이웃은 왜 서로 분쟁을 벌이고 부부가 이혼하는지, 경기가 어떻게 침체되는지, 지원자들이 어떻게 면접을 망치는지, 학교에서는 왜 낙제생이 생기는지, 미식축구팀 감독들은 공을 왜 상대 팀 진영으로 차라고 지시해서 득점에 실패하는지에 이르기까지 부정성 편향으로 크고 작은 현상을 설명할 수 있다. 부정성 효과는 회사의 평판을 망가뜨리고 도산에까지 이르게 한다. 집단이기주의와 외국인 혐오를 부추긴다. 거짓된 공포를 퍼뜨려 미국인들을 더욱 분노하게 하고 잠비아인들을 더욱 굶주리게 만든다. 진보와 보수 양쪽 모두를 도덕적 공황에 빠뜨린다. 정치를 오염시키고 선동가를 당선시킨다.

이처럼 나쁜 것은 강력하지만, 그것을 극복할 방법이 없는 것은 아니다. 실패와 비판을 통해 배울 필요가 가장 큰 청년기에 우리는 부정성 편향의 영향을 가장 많이 받는다. 그러나 나이가 들고 주관이 뚜렷해지면서 배움에 대한 욕구는 줄어든다. 나이 든 사람들은 젊은 사람들에 비해 만족감이 높은 경향이 있는데, 이것은 그들의 정서와 판단이 문제와 실패로 쉽게 흔들리지 않기 때문이다. 그들은 일상의 기쁨에 감사하고, 과거의 슬픔에 빠져드는 대신 행복했던 순간을 떠올리는 것으로 부정성의 힘에 대항한다. 객관적인 기준으로 봤을 때는 그들의 삶이 좋아 보이지 않을 수도 있지만(특히 건강에 문제가 있는 경우에는), 그들은 젊은이들보다 기분이 더 좋고 더 현명한 판단을 내릴 수 있다. 별로 유쾌하지 않은 배움의 기회는 무시하고 행복을 주는 것들에 집중하기 때문이다.

바로 이런 지혜가 우리가 이 책을 통해 권하고자 하는 것이다. 먼저, 우리는 부정성의 힘이 이로울 때는 그것을 잘 활용하고 그렇지 못할 때는 극복하는 방법을 설명할 것이다. 부정성 효과에 대한 연구가 늘어난 덕분에 연구자들은 그에 대한 대처 전략을 찾아냈다. 진화가 우리를 나쁜 것에 취약하도록 만들었기 때문에, 모든 동물의 원시 뇌는 이것의 지배를 받는다. 그러나 인간의 뇌에는 더 발달한 부분도 있는데, 이 부분은 나쁜 것에 효과적으로 대응하고 그것을 건설적으로 사용할 수 있게 해주는 인지적 도구를 갖추고 있다. 오늘날 이러한 도구는 그 어느 때보다도 필요하다. 공포와 독설을 전문적으로 퍼뜨리는 사람들이 있기 때문이다. 우리는 그들을 부정성 장사꾼(merchants of bad)이라 부른다. 그들은 대중에게 두려움과 증오를 불러일으켜 경제적·정치적으로 이익을 챙기는 사람들이다.

이어서 합리적인 뇌를 사용해 부정성의 힘을 제어하는 방법을 소개한다. 이것은 사랑과 우정, 그리고 가정·학교·직장, 나아가 정치와 정부 정책 등 사적 영역과 공적 영역에 모두 적용할 수 있다. 무엇보다도 우리는 결국에는 긍정성이 승리할 수 있다는 사실을 증명하고자 한다. 긍정성은 부정성만큼 즉각적인 힘이 있거나 정서적으로 강력하게 작용하지는 않지만, 인내와 지성, 그리고 숫자의 힘을 통해 부정성을 압도할 수 있다.

부정성 편향이 우리에게 미치는 영향을 알면 세상을 좀더 현실적이고 두려움을 덜 느끼면서 볼 수 있다. 또한 정상적인 삶을 방해하는 불안감·공황발작·고소공포증이나 연설공포증과 같은 공포증을 의식적으로 극복할 수 있다. 공포증은 부정성의 힘을 보여주는 단적인 예다. 우리는 뭔가 잘못될 수도 있는 가능성에 과잉 반응하고, 두려움 때문에 삶을 마음껏 즐기지 못한다. 부정성 효과를 이해하면 공포증뿐만 아니라 좀더 일반적인 다른 문제도 넘어설 수 있다.

난관에 부딪혔을 때, 좌절하는 대신 거기서 교훈을 얻는 방법을 찾아낼 수 있다. 완벽한 부모나 연인, 배우자가 되고자 노력하기보다는 기본적인 실수를 하지 않는 일에 집중할 수 있다(사실, 잘하는 것보다 실수를 하지 않는 것이 훨씬 더 중요하다). 어떤 대인관계에서든지(특히 연인관계에서) 싸움이 시작되기 전에 멈추거나, 적어도 작은 공격을 확대 해석하여 통제할 수 없게 커지는 것을 막을 수 있다. 직장에서 경력을 망치고 사업에 타격을 주는 실수를 예방할 수 있다.

부정성의 이점은 정신을 예리하게 해주고 의지력을 발휘하게 하는 힘이 있다는 것이다. 고통스러운 피드백의 효과를 이해함으로써 비판을 더 잘 받아들일 수 있다(즉, 자신감을 잃지 않으면서 유용한 교훈을 배울 수 있다). 또한 건설적인 비판도 더 잘할 수 있는데, 이것은 보기 드문 기술이다. 전문가를 포함해 대부분의 사람은 나쁜 소식을 잘 전할 줄 모르는데, 상대방이 그것을 어떻게 받아들일지 모르기 때문이다. 의사가 환자에게 불치병이라는 진단 결과를 잘 전달하지 못하면, 환자는 비탄과 혼란을 더 심하게 겪을 수 있다. 또한 많은 교사와 관리자가 학생이나 고용인을 평가할 때 그들의 사기를 꺾는 비판을 하거나, 모두에게 좋은 등급과 점수를 주어 문제를 회피해 버린다. 이들도 학교·사무실·공장에서 검증해 본 방법을 사용해 직무를 훨씬 효율적으로 수행할 수 있다.

비판과 처벌은 현명하게 적용하면 '모두 잘했어요'식의 접근보다 훨씬 더 빠른 발전을 가져올 수 있다. 사람들이 계속해서 자신의 경력과 관계를 위기에 빠뜨리는 대신 실수를 통해 배우게끔 독려할 수 있다. 동료들과 함께 일할 때, 가족에 대한 책임을 다하고자 애쓸 때, 사랑을 지키려고 노력할 때, 비판과 처벌은 자기를 발전시키고 타인과 어울릴 수 있도록 해준다.

부정성의 힘을 잘 이해하면 누구에게서나 최선을 이끌어낼 수 있다.

부정성 효과는 인간 심리의 기본적 측면이자 인생의 중요한 진실이지만, 최근에야 그것도 의도치 않게 밝혀졌다. 심리학자 로이 바우마이스터(Roy Baumeister)의 연구는 언제나처럼 모호한 질문에서 시작했다. 다른 심리학 연구자들이 더는 별로 관심을 갖지 않는 질문이었다. 그는 대학생 때 인생에 대한 심오한 질문을 사색하는 철학자가 되고 싶었다. 그러나 그의 부모님은 그것이 프린스턴 대학교의 등록금을 생각하면 너무 비실용적이라고 생각했다. 그는 사회심리학을 택하는 것으로 타협했다.

교수가 된 후 바우마이스터는 케이스웨스턴리저브 대학교(Case Western Reserve University), 플로리다 주립대학교(Florida State University), 퀸즐랜드 대학교(University of Queensland)에서 재직하며, 학술지와 교수 채용 심사위원회에서 선호하는 종류의 연구와 실험을 했다. 널리 알려진 연구에는 자기 절제·사회적 거절·공격성 연구가 있다. 그러나 그에게는 여전히 자신의 전문 분야와는 거리가 먼 질문[1]이 남아 있었다. 악은 왜 존재하는가? 자아란 무엇인가? 인간 본성을 형성하는 것은 무엇일까? 인생의 의미는 무엇일까? 그는 전문가들이 보지 못한 패턴을 찾아내기 위해 심리학을 비롯한 여러 분야의 문헌을 탐독해서 이러한 질문에 대한 답을 자신의 여러 저서에서 제시했다.

1990년대에 바우마이스터는 좋은 사건과 나쁜 사건에 나타나는 몇 가지 패턴에 흥미를 느끼게 되었다. 사람들의 반응을 연구하던 심리학자들은 나쁜 첫인상이 좋은 첫인상보다 영향력이 훨씬 더 크다는 사실을 발견했으며, 행동경제학자들은 실험에서 사람들은 같은 액수의 금전적 이익보다 손실을 더 크게 느끼는 것을 밝혔다. 왜 부정적인 것이 더 강력할까? 부정성의 효과에 어떻게 대응할 수 있을까?

이러한 질문을 연구하기 위해 바우마이스터는 나쁜 사건이 그다지 큰 영향을 미치지 않는 상황을 찾기 시작했다. 이것은 논리적으로는 문제가 없는 접근이었다. 무엇이 지붕을 받치고 있는지 알려면 무너져 내리는 곳을 찾으면 되듯이, 부정성의 힘이 나오는 원천을 이해하려면 그 힘이 약한 사례를 알아보면 된다는 생각이었다. 바우마이스터와 동료들[2]은 '나쁜 것이 강력할 때와 좋은 것이 강력할 때에 대한 정교하고 복잡하며 세밀한 이론을 발전시키기 위해' '몇 가지 대비되는 패턴'을 찾고자 했다.

그러나 그들은 그렇게 할 수 없었다. 놀랍게도 심리학·사회학·경제학·문화인류학을 비롯한 갖가지 분야의 연구 문헌을 뒤져보아도 좋은 것이 더 강한 좋은 사례를 찾을 수가 없었다. 건강이나 양육은 좋을 때보다 나쁠 때 그 영향이 더 컸으며, 나쁜 사건의 영향은 좋은 사건의 영향보다 오래갔다. 부정적인 이미지(죽은 동물의 사진)는 긍정적인 이미지(그릇에 담긴 초콜릿 아이스크림)보다 뇌의 전기적 활동을 더 자극했다. 비판받은 고통이 칭찬받은 기쁨보다 훨씬 더 컸다. 학생과 노동자를 동기화시키는 것은 보상보다는 처벌이었다. 좋은 평판보다 나쁜 평판을 받기가 훨씬 쉬웠고 그것에서 벗어나기는 더 어려웠다. 문헌 연구는 부정성이 긍정성에 비해 압도적으로 강한 힘을 가지고 있다고 말하고 있었다. 바우마이스터와 연구팀은 거의 우연에 가까운 기회를 통해 매우 다양한 분야에서 나타나고 있었으나 전체적인 패턴은 모르고 있던 현상을 포착했다.

이러한 결과를 글로 쓰던 중 우연히 바우마이스터는 펜실베이니아 대학교에서 자신이 발견한 것을 소개하게 되었다. 청중 속에 있던 교수 폴 로진(Paul Rozin)은 발표가 끝난 뒤 그에게 찾아와 접근 방법은 다르지만 자신도 비슷한 연구를 하고 있다고 말했다. 로진은 마술적 사고와 혐오 등 주목받지 못하는 주제에 대한 창조적인 연구로 잘 알려진 학자다.

그는 몇몇 뛰어난 실험[3]을 통해 좋은 것을 오염시키는 일이 얼마나 쉬운지를 보여주었다. 죽은 바퀴벌레를 완전히 살균하여 사과주스에 담갔다가 얼른 빼는 것을 보고 나면, (역겨움을 모르는 것 같은 꼬마 남자아이들을 빼면) 대다수의 사람들은 사과주스를 마시지 않으려고 한다. 대다수의 어른이 그랬고, 심지어 새 사과주스 팩을 뜯어 깨끗한 유리잔에 따라 주어도 마찬가지였다. 혐오를 불러일으키는 곤충이 아주 살짝만 닿아도 모든 음식은 갑자기 못 먹게 된다.

그런데 만약 연구원이 먹음직스러운 초콜릿 케이크 한 조각을 살균한

바퀴벌레가 가득한 접시 위에 놓았다고 해보자. 그러면 바퀴벌레를 먹고 싶어질까? 다시 말하면, 너무 맛있는 음식이 바퀴벌레 접시에 살짝 닿았다고 해서 바퀴벌레가 먹을 수 있는 음식이 될까? 그렇지 않을 것이다. 그런 '항바퀴벌레 효과'는 없기 때문이다. 혐오와 오염에 대한 로진의 실험은 러시아 속담이 옳다는 것을 증명했다. "타르(tar) 한 숟가락은 꿀 한 통을 망칠 수 있지만, 타르 한 통에 들어간 꿀 한 숟가락은 아무것도 아니다."

　로진은 이러한 비대칭성에 대해 깊이 생각했다. 그는 이러한 부정성 편향이 광범위하게 나타나는 현상이라고 보았다. 많은 종교에서는 전통적으로 한 번만 규율을 위반하거나 악의 유혹에 넘어가도 영원히 벌을 받을 수 있지만, 신성한 사람이 되기 위해서는 수십 년간 선행과 헌신을 해야 한다. 힌두교의 카스트 제도에 따르면, 가장 높은 계급인 브라만은 낮은 계급의 사람이 준비한 음식을 먹으면 오염되지만, 가장 낮은 계급인 불가촉천민들은 브라만이 준비한 음식을 먹어도 정화되지 않는다.

　언어에서 나타나는 특이점도 바우마이스터와 로진의 호기심을 자극했다. 보통 심리학자들은 정서적 상태를 대립하는 쌍으로 표현한다. 이를테면 기쁜-슬픈, 긴장한-느긋한, 우호적-적대적, 낙관적-비관적 등이다. 그런데 바우마이스터는 좋은 소식과 나쁜 소식에 대한 심리학 연구를 찾아보다가 무언가가 빠져 있음을 깨달았다. 심리학자들은 오래전부터 사람이 단 하나의 사건 때문에 오래도록 정신적 상처를 입을 수 있다는 것을 알고 있었다. 그에 대한 말이 외상(trauma)이다. 그런데 외상의 반대말은 무엇일까? 한 가지 사건으로 인해 계속되는 긍정적 정서 상태를 묘사하는 말이 있었던가?

　그런 말은 없다. 좋은 사건은 나쁜 사건만큼의 지속적인 영향을 미치지 않는다. 물론 과거의 행복했던 순간을 의식적으로 회상할 수는 있다. 그렇지만 자기도 모르는 사이 머릿속에 떠오르는 기억(심리학자들이 말하는 불수의적 기억)은 불행한 것이 더 많다. 나쁜 순간들은 사라지지 않는 무의식적 감정을 만들어낸다. 제2차 세계대전 때 아시아에서 싸운 군인과 유럽에서 싸운 군인을 50년이 지난 후 비교해 보았더니, 뚜렷한 입맛의 차이가 있었다. 아시아에서 전투를 한 군인들은 여전히 아시아 음식을 먹지 않았다. 좋지 않은 성 경험은 한 번만으로도 평생 괴로움을 줄 수 있지만, 가장 황홀했던 밀회는 희미한 기억이 되어 사라진다. 한 번의 외도로 결혼 생활이 끝날 수 있지만, 어떤 헌신적인 행동도 부부를 영원히 결합시키리라는 보장은 없다. 부모의 한순간 방임이 오랜 불안과 심리치료로 이어질 수는 있지만, 아무도 어린 시절 동물원에서 보낸 즐거운 하루의 기억에 고착된 채 성인기를 보내지는 않는다.

로진은 몇몇 특이한 나쁜 단어에 주목했다. 예를 들면 영어에 '살인자(murderer)'에 대응하는 긍정적인 단어는 없다. 연구자들은 이러한 단어를 떠올릴 수 있는지 사람들에게 물어보았는데, 그들의 의견은 일치하지 않았다. 어떤 사람들은 아무것도 떠올리지 못했고, 어떤 사람들은 정확하지 않은 단어를 이야기했다. 예를 들면 영적 구원, 어떤 상황에서의 구출과 같은 상황을 포괄적으로 의미하는 '구원자(savior)' 또는 사람보다는 배에 있는 구명용 튜브를 연상시키는 '구조자(lifesaver)'와 같은 것들이다. 이전에도 연구자들은 세계의 여러 언어에서 부정성 편향이 나타난다는 것을 밝힌 적이 있다. 예를 들면 기쁨과 같은 긍정적 개념보다 고통과 같이 부정적 개념에 대한 동의어가 더 많다. 하지만 'murderer'의 반대말은 없다. 펜실베이니아 대학교 연구진은 좋은 말이든 나쁜 말이든 이렇게 반대

말이 없는 '독특한 명사'를 찾아보려 했지만, 모두 나쁜 것만 약간 찾아낼 수 있었다.

그들은 '연민(sympathy)'에 대한 동의어(예를 들면 compassion, pity와 같은 단어)는 찾았지만, 누군가의 불운이 아닌 행운에 공감한다는 뜻을 담은 단어는 찾을 수 없었다. 예측하지 못한 부정적 사건을 의미하는 단어로는 '사고(accident)', 안 좋은 일이 일어날 가능성을 의미하는 단어로는 '위험(risk)'이 있었으나, 대부분의 사람들은 그 반대말은 생각해 내지 못했다('뜻밖의 기쁨(serendipity)'이라는 단어가 후보에 오를 수 있겠지만, 대부분의 사람들에게 그리 익숙한 단어는 아닌 듯하다). '혐오(disgust)'의 반의어도 마찬가지였다. 연구자들은 많이 사용하는 언어부터 아이슬란드어, 이보어(Ibo: 나이지리아 남동부에 사는 부족의 언어—옮긴이)처럼 상대적으로 쓰는 사람이 적은 언어까지 20개 언어[4] 모두에서 반대말이 없는 명사를 찾아보았다. 그 결과 극단적인 부정성 편향이 나타났다. 부정성이 너무 강해서 사람들이 그것을 긍정성과 비교하려조차 하지 않는 경우도 있었다.

서로의 연구 결과를 비교해 보던 바우마이스터와 로진은 동일한 원리를 독자적으로 알고 있었음을 깨달았으며, 2001년에 각자 논문을 출판했다. 현재 그들의 논문은 사회과학자들이 즐겨 인용하는 연구다. 그들은 심리학자들을 비롯한 많은 연구자에게 영감을 주었고, 다양한 분야에서 부정성 편향의 효과를 분석하고 그 대응 방법을 검증하는 연구가 이루어졌다. 우리는 이 책을 통해 원래의 연구를 재확인하는 동시에 부정성 편향에 대한 우리의 이해를 깊이 있게 해주는 연구를 소개하고자 한다.

로진이 펜실베이니아 대학교의 에드워드 로이즈먼(Edward Royzman)과 함께 쓴 논문[5]은 〈부정성 편향, 부정성의 지배, 그리고 전염(Negativity

Bias, Negativity Dominance, and Contagion)〉이다. 이 논문의 결론은 "부정적 사건은 긍정적 사건보다 훨씬 더 뚜렷하고, 강력하며, 지배적이고, 효과가 크다"는 것이다. 바우마이스터의 논문[6] 제목은 간단히 〈나쁜 것이 좋은 것보다 강하다(Bad Is Stronger Than Good)〉이다. 케이스웨스턴리저브 대학교의 엘렌 브라츨라브스키(Ellen Bratslavsky)와 캐슬린 보스(Kathleen Vohs), 암스테르담 자유 대학교(Free University of Amsterdam)의 카트린 핀케나우어(Catrin Finkenauer)가 함께 집필한 이 논문에서 연구사들은 여러 증거를 탐색한 뒤 "좋은 사건을 넘어서는 나쁜 사건의 힘은 일상적인 사건·주요 인생사건(예: 외상)·친밀한 대인관계·사회적 관계망 패턴·대인 간 상호작용·학습 과정에서 모두 나타날 수 있다"고 결론 내렸다.

바우마이스터와 공저자들은 심리학 역시 부정성의 힘에 의해 한 세기 동안 편향되어 왔다고 말한다. 심리학 학술지와 교재에서는 행복과 안녕감(well-being)의 원천을 밝히는 것보다 문제를 분석하는 데 두 배 더 많은 지면을 할애했다. 왜 그럴까? "한 가지 가설은 심리학자들이 비관적으로 인간을 혐오하는 사람이거나 가학적인 사람이어서 그들의 고통과 실패를 연구하면서 변태적인 만족감을 느낀다는 것이다." 그러나 그들이 제시한 더 나은 설명은 신생 과학인 심리학의 연구자들이 통계적으로 의미 있는 결과를 내야 한다는 부담을 느끼기 때문이라는 것이었다. "그들은 오차변량의 어둠 속에서 빛을 내며 나타날 가능성이 가장 높은 효과를 연구해야 했다. 만약 나쁜 것이 좋은 것보다 더 강력한 것이 사실이라면, 초창기 심리학자들은 인간 생활의 부정적이고 문제가 되는 측면을 연구하는 데 집중할 수밖에 없었을 것이다."

연구자들은 그동안 그들만의 '안나 카레니나(Anna Karenina)' 원리를 따라왔다. 이 이름은 행복한 가족은 모두 비슷하지만 불행한 가족은 각자의 방식대로 불행하다는 톨스토이의 유명한 관찰을 따라 붙여졌다. 불행한 사람들의 문제를 찾아내어 측정하는 것이 훨씬 쉽기 때문에 심리학자들은 거기서부터 시작했던 것이다. 이러한 연구 결과는 영향력이 큰 뉴스, 즉 나쁜 뉴스를 전하고 싶어 하는 기자들을 통해 대중에게 알려지면서 더욱 왜곡되었다. 그래서 그들은 외상과 정신증과 우울증에 대해 수많은 기사를 썼지만, 탄력성과 행복할 수 있는 능력에 대해서는 별로 관심을 기울이지 않았다.

외상 후 스트레스 증후군(post-traumatic stress syndrome)은 이제 유명한 개념이 되었지만, 훨씬 흔한 외상 후 성장(post-traumatic growth)은 그렇지 않다. 외상을 겪은 사람 중에는 외상 경험이 궁극적으로 자신을 더 강하고, 지혜롭고, 성숙하며, 관대하고, 나은 사람으로 만들었다고 느끼는 경우가 대부분이다. 영향력 있는 심리학자 마틴 셀리그먼(Martin Seligman)은 사람들이 나쁜 사건이 부정적 영향을 줄 것이라 생각해서 외상 후 성장이 아닌 외상 후 스트레스 증후군에 지나치게 주의를 낭비하는 데 종종 유감을 표시했다. 공포를 야기하는 사건에 노출된 사람들 중 적어도 80퍼센트[7]는 외상 후 스트레스 증후군을 겪지 않는다. 나쁜 사건이 좋은 사건보다 강력하다고 해도, 사람들은 시간이 지나면서 다양하고 건설적인 방식으로 이 사건에 대응함으로써, 결과적으로 인생의 여러 도전에 더 잘 대처하게 될 때가 많다. 결국 나쁜 것은 우리를 더 강하게 만들 수 있다.

심리학자들과 기자들은 부정적인 것을 강조하느라 인간의 회복탄력성에 대한 더 큰 진실을 놓쳐버렸다. 심리학자들이 자신의 분야에 부정성 편향이 존재하는 것을 깨닫고 이를 보완하기 위해 단순히 비극에 대처하는 방법보다 끈기·성장·안녕감을 증진시키는 방법을 연구하기 시작한 지는 얼마 되지 않았다. 이러한 방법을 찾기 위해 심리학자들은 다른 학문 분야의 연구자들이 그래온 것처럼 부정성의 힘을 더 자세히 들여다보기 시작했다. 인지과학자들은 불안을 비롯한 여러 장애를 치료할 때 부정성의 힘에 대응하는 방법, 그 힘을 학습 속도를 높이는 데 이용하는 방법을 찾아냈다. 경제학자들은 부정성의 힘이 어떻게 노동자의 생산성을 높일 수 있는지를 연구하기 시작했다. 사회학자들은 종교에서 부정성의 힘이 어떻게 도덕적 행동을 촉진하는지, 빠르게 퍼져나가는 종교에서 지옥의 개념이 왜 그렇게 흔한지를 파악했다. 고대 그리스 비극에서 한 번의 안타까운 실수로 저주를 받는 영웅의 운명이 불공정해 보이는 것처럼, 기독교의 원죄(아담과 이브가 지은 죄로, 기독교 교리에 따르면 이로 인해 인류가 영원히 반복되는 고통을 받게 되었다)라는 개념은 가혹해 보인다. 하지만 이런 믿음은 인간의 심리와 진화의 기본 요소에 잘 들어맞는다.

살아남으려면 삶은 매일 승리해야 한다. 그러나 죽음은 단 한 번만 승리하면 된다. 작은 실수나 계산 착오가 성공을 물거품으로 만들 수 있다. 부정성 편향은 적응적이다. 적응적이라는 말을 생물학자들은 개인이나 집단의 생존 확률을 높여주는 특질(trait)을 가리킬 때 쓴다. 사바나 초원에서 수렵·채집을 하면서 살아남은 우리 선조들은 맛 좋은 열매를 따는 것보다 독이 든 열매를 골라내는 데 집중했다. 가젤을 사냥하는 것보다 사람을 해치는 사자를 피하는 데 주의를 기울였다. 친구의 친절을 알아주는 것은 보통은 생사가 달린 문제가 아니지만, 적의 악의를 무시하는 것은 치명적일 수 있다. 집단의 생존은 연구자들이 〔'쇠사슬의 강도는 가장 약한 고리에 달렸다(A chain is only as strong as its weakest link)'는 영어 격언(가장 취약한 구성원이 집단의 약점이 될 수 있다는 말로, '미꾸라지 한 마리가 온 웅덩이를 흐려 놓는다'는 우리 속담과 비슷한 뜻이다―옮긴이)에 기초한〕 사슬 원리(chain principle)라고 일컫는 것에 달려 있다. 선한 사람 한 명이 집단의 안전을 보장할 수는 없지만, 한 명의 요리사가 부주의로 독이 있는 부분을 도려내지 않은 감자로 요리를 하면 모두가 중독될 수 있다. 한 명의 배신자가 모든 동료를 적에게 넘길 수 있다.

오늘날에도 작은 실수 하나가 당신의 목숨을 앗아갈 수 있다. 한 명의 적이 당신의 삶을 불행하게 만들 수 있다. 한 번의 손해가 소중한 결실 전체를 무너뜨릴 수 있다. 위협에 각별한 주의를 기울이는 것은 진화론적 관점에서 여전히 유효한 전략이다. 그러나 나쁜 것을 감지하기 위해 세심하게 조율된 우리의 감각은 재조정할 필요가 있다. 수렵채집을 하던 조상들과 우리는 다르기 때문이다. 초원에서 굶주리며 살아가던 때는 몸속에 열량을 많이 축적해 두는 것이 생존에 유리했으나, 정크 푸드의 유혹이 하루 종일 이어지는 세계에서는 비만과 건강 악화로 이어질 수 있다. 오늘날에도 부정성 장사꾼들은 정크 푸드를 판매하는 사람들처럼 미디어를 교묘하게 이용하고 있다.

이것이 현대 사회가 그토록 위험해 보이는 이유다. 테러리즘은 미디어 시대의 창조물[8]이다. 19세기 말까지 무고한 시민 몇 명을 살해하는 것은 의미 없는 전략이었다. 그러나 전신(電信)과 저렴한 인쇄물을 통해 뉴스가 빠르게 퍼지면서 테러리스트들은 단 한 번의 끔찍한 공격이 가진 힘을 새롭게 발견하게 되었다. 케이블 TV·웹사이트·소셜 미디어가 대중의 관심을 끌기 위해 쉬지 않고 뉴스를 쏟아내며 경쟁하는 가운데 테러에 대한 공포의 확산은 더욱 가속화했다. 그들은 자연·기술·외국인·정적으로부터 오는 위협을 선전하기 위해 원초적인 정서를 건드린다. 도널드 트럼프의 미국 대통령 당선은 당사자에게는 행운이었지만 양쪽(공화당과 민주당─옮긴이) 모두에게 최악의 결과를 가져왔으며, 이제 서구 문명이 멸망할 것이라는 새로운 종류의 경고가 나오지 않고 일주일을 넘기는 때가 거의 없는 지경에 이르렀다.

부정성의 힘은 온종일 우리의 기분을 좌우하고 선택에 영향을 미친다. 기자·정치인·마케터·블로거 또는 소셜 미디어와 인터넷에서 관심을 끌고자 자극적인 기사를 퍼 나르는 사람들이 이 힘을 이용하여 뉴스를 생산하고 담론을 형성한다. 21세기는 지금까지 인류 역사에서 예외적으로 평화로운 시기였지만, 사람들은 전투와 유혈 사태를 그 어느 때보다도 더 많이 목격했다. 미국의 강력 범죄[9] 발생률은 급격히 떨어졌지만, 미디어를 통해 이러한 범죄를 너무나 자주 접하기 때문에[10] 사람들은 그 발생률이 올라갔다고 생각한다. 나쁜 뉴스에 잠식당하면서 사람들은 무력감을 느낀다. 걱정거리를 부풀려 생각하고,[11] 세계의 상황에 절망한다.

기대수명이 늘어나면서, 우리는 남는 시간에 '왜 당신의 식습관이 당신을 죽이고 있을까' 같은 뉴스를 클릭해 본다. 가정생활이 행복해도 인터넷 기사 목록에서 '배우자가 바람을 피운다는 일곱 가지 신호'나 '자녀 유괴를 예방하는 다섯 가지 방법'을 보면서 충격을 받는다. 아무리 바르게 살고 있더라도 이런 기사를 쓰는 사람들은 당신에게 겁을 줄 방법을 찾아낼 것이다. 심지어 귀여운 동물 동영상을 보고 있을 때조차도 웹사이트 알고리즘이 이런 기사를 추천한다. '당신이 죽으면 반려견이 당신의 사체

를 먹을까? 팩트를 알아보자.'

이렇게 거대해진 부정성의 영향력을 극복하는 방법을 배우지 않으면 우리의 정서와 세계가 왜곡된다. 부정성의 힘은 역사상 가장 운이 좋은 오늘날의 사람들이 저주받았다고 느끼게 만들었다. 수천 년 동안 보통 사람들은 힘들게 농사를 짓다 짧은 생을 마감했다. 1950년대에 세계 인구 대부분은 하루에 1달러도 되지 않는 돈[12]으로 생활했고 글을 읽을 줄 몰랐으나,[13] 현재 빈곤율과 청년 문맹률은 10퍼센트도 되지 않으며,[14] 계속 떨어지고 있다. 우리는 조상들이 상상할 수 없었을 정도로 풍족하고, 건강하고, 자유롭고, 안전하게 살고 있지만 그러한 축복을 즐기지 못한다. 우리는 세상이 지옥이 될 것이라고 말하는 목소리에 귀 기울이고 그들에게 투표한다. 우리에게 오는 기회를 잡고 삶의 지평을 넓히는 대신, 불공정과 재난에 분노한다. 그렇게 상황은 더욱 나빠지고 만다.

부정성 편향은 우리가 외부의 위협에 특별히 더 관심을 쏟도록 해 위험성을 부풀게 만들지만, 우리가 자신의 내면을 들여다볼 때는 부정성 편향과는 다른 편향이 나타난다. 우리는 주로 자신의 장점을 실제보다 크게 지각하며, 우리의 자기 기만 능력은 놀라울 정도다. 폭력·강도·사기 등의 범죄로 복역 중인 죄수들[15]은 자신이 보통 사람들에 비해 더 도덕적이고, 정직하며, 연민이 많고 자기 절제를 잘한다고 평가했다. 그들이 다른 사람들보다 더 뛰어나다고 평가하지 않은 특성이 딱 한 가지 있었다. 실형을 선고받은 이들 범죄자들은 겸손하게도 자신이 준법성에서는 평균 정도라고 답했다.

우리 모두는 스스로의 능력과 운명에 대한 통제력을 과대평가한다. 고속도로를 달리는 사람들은 자신의 운전 실력이 평균 이상이고 자신을 방어할 수 있기 때문에 안전하다는 잘못된 생각을 하지만, 많은 사고는 통제할 수 없는 원인으로 인해 일어난다. 비슷하게, 프로젝트를 언제 끝낼 수 있겠느냐고 물어보면 사람들은 주로 기간을 짧게 잡는데, 이것은 지나친 자신감 때문에 피치 못할 지연이 있을 수 있다는 점을 고려하지 않기 때문이다. 이런 '낙관성 편향(optimism bias)'은 자신에게 어떤 부정적 사건이 일어날 위험을 과소평가하게 만든다. 사람들은 나쁜 일이 일어날 수 있다는 것은 충분히 알고 있다. 사실 그럴 가능성을 비현실적으로 높게 평가하기도 한다. 다만 남의 일이라고 생각할 뿐이다.

공포와 지나친 자신감의 해로운 조합은 반복적인 재앙을 초래한다. 정치학자들은 현대사에 나타난 여러 납득하기 어려운 실수를 이해하기 위해 이 조합을 적용해 보았다. 그들이 첫 번째로 택한 주제는 제1차 세계대전이었다. 독일은 왜 실익 없는 전쟁을 그토록 원했을까? 전쟁이 일어나기 전 독일은 유럽에서 경제력과 군사력에서 가장 막강한 국가였고, 어떤 이웃 나라도 그들을 공격하는 어리석음을 범하지 않았다. 1912년에 독일 총리는 '러시아인들이 몇 년 안에 쳐들어올 것이라고 생각했기 때문에' 자신의 소유지에 나무를 심어야 할지 고민했다. 역사가들은 이 편집증적 공포에 대한 합리적 이유를 찾으려 애썼는데, 정치학자 도미닉 존슨(Dominic Johnson)과 도미닉 티어니(Dominic Tierney)에 따르면 최선의 설명은 심리학 문헌에서 찾을 수 있다(이 두 정치학자는 친척이 아님).

이들은 최근 바우마이스터와 로진의 연구를 적용[16]하여 제1차 세계대전을 일으킨 독일 지도자들과 2003년 이라크를 침공한 미국 정부가 가지고 있던 두려움을 설명했다. 독일과 같이 미국도 적의 위험성을 과대평가했다. 사담 후세인이 대량 살상 무기를 가지고 있다고 믿은 것이다. 또한 독일이 신속한 승전을 자신했듯이, 미국도 후세인 대신 안정적인 민주 정부를 이라크에 세우고 상상 속의 위험을 제거할 수 있는 자신들의 능력을 과신하며 낙관성 편향을 드러냈다. 결국 혼란 속에서 ISIS를 비롯한 이슬람 극단주의자 집단이 여럿 생겨났고 위험은 현실이 되고 말았다.

제1차 세계대전과 이라크 전쟁은 우리가 위기의 위기(Crisis Crisis)라고 이름 붙인 현상의 사례가 될 수 있다. 상상 속의 위험 때문에 진짜 위험을 초래하는 행동을 하는 악순환이 시작되는 것이다. 미국은 사상 최대의 군사력을 갖추고 있으나, 정치인들은 대중이 이란과 북한이 미국을 위협하고 있다고 믿기를 바란다. 길거리가 안전해질수록 미디어는 불법 이민자들이 일으키는 폭력의 파도[17]가 덮쳐온다든지(이민자들이 범죄를 저지를 확률은 미국인에 비해 낮을 것이다), 아동을 유괴[18]하여 살해하는 '이방인의 위험'이 증가하고 있다(이런 일이 실제로 일어날 확률은 번개에 맞아 사망할 확률보다 낮다)는 것과 같은 종류의 새로운 위험을 찾아내려 한다. 뉴스거리가 뜸할 때면 미래에 있을지도 모를 위협, 즉 인류를 멸종시킬 바이러스, 로봇의 세계 정복, 세계적인 환경 파괴에 대한 공포를 다룬 기사를 내보낸다. 묵시록적 예언이 너무 흔한 나머지, 미국의 열 살 미만 아동들[19]에게 나중에 어른이 되었을 때 지구가 어떤 모습일 것 같은지 물었을 때, 3분의 1이 지구가 더 이상 존재하지 않을까 봐 두려워했다.

이 아이들을 겁주는 어른들을 부르기에 적당한 말은 '가용성 장사꾼(availability entrepreneurs)'이다. 자신이 떠올릴 수 있는 사례의 개수에 기초해서 위험 확률을 추정하는 인간의 경향성을 이용하는 기자·활동가·학자·변호사·정치인이 이런 사람들이다. 지난 20년 동안 세계적으로 알카에다나 ISIS에게 살해당한 사람은 욕조에 들어가다가 사망한 미국인 수[20]

보다 적다. 그러나 우리는 매일매일 화면을 통해 테러 희생자들을 접한다. 결과는 티무르 쿠란(Timur Kuran)과 캐스 선스타인(Cass Sunstein)이 명명한 대로 '가용성 폭포(availability cascade)'[21]다. 위험에 대한 뉴스가 대중의 공포를 만들어내면, 더 많은 뉴스가 나오고 공포는 증폭된다. 이 때문에 미국인의 40퍼센트[22]가 가족이 테러로 인해 세상을 떠날까 봐 두려워한다. 그런데 욕조에서의 사망률을 다룬 기사는 자극적이지 않기 때문에 대중의 공포를 불러일으키는 데 실패한다. 그래서 수백만 명의 미국인이 목숨을 잃을 수도 있다는 사실을 모른 채 손잡이를 잘 잡지 않고 욕조를 드나든다.

우리는 불필요한 괴로움과 파괴적인 공공정책을 초래하는 공포의 폭포를 반격하고 싶다. 우리는 새로운 폭포를 만들어보고 싶다. 우리는 아이들이 다 컸을 때도 지구가 이 자리에 있기를 바라고, 자녀들과 부모들이 우리의 낙관주의를 함께할 수 있기를 기대한다. 더 이상 우리의 삶은 토머스 홉스(Thomas Hobbes)[23]가 우리 선조들이 겪은 어려움을 묘사한 것처럼 "거칠고 야만적이고 짧지" 않다. 그럼에도 심리학자들의 발견에 의하면 가장 부유하고 장수한 사람들조차 삶이 그렇다고 생각한다. 연구자들이 미국·캐나다·인도의 성인들에게 인생이 긴지 짧은지, 편안한지 힘든지를 물었을 때,[24] 미국과 캐나다의 응답자들은 인도인에 비해 통계적으로 기대수명이 더 길고 수입이 더 많은데도 그들보다 더 긍정적인 답을 하지는 않았다. 미국과 캐나다 응답자의 8분의 1만이 인생을 길고 편안하게 느낀다고 응답했으며, 대다수는 삶은 짧고 힘들다고 답했다. 당연하게도 이들 비관주의자들보다 전자의 낙관주의자들이 훨씬 행복했고, 투표·기부·봉사 등 사회 참여적인 활동을 더 많이 했다.

낙관주의자가 늘어나게 하려면 어떻게 해야 할까? 물론 우리는 부정성 효과를 제거할 수 있다고는 생각지 않는다. 하지만 이에 지배당하지 않는 방법을 소개하고자 한다. 먼저 우리는 부정성의 힘에 대해 알아볼 것이다. 나쁜 것이 좋은 것보다 얼마나 더 강력한지, 뇌에서 어떻게 작동하는지, 다른 사람들과 위험에 대한 지각을 어떻게 왜곡시키는지, 이러한 일을 피하려면 어떻게 해야 하는지 말이다. 그다음으로 부정성의 힘을 긍정적인 목적을 위해 사용하는 방법과 비즈니스와 온라인 세상에서 나타나는 부정성 효과에 대처하는 방법을 알아볼 것이다. 그러고 나서 인간의 타고난 강점과 의식적 전략을 활용해 부정성의 공격에 대응하는 방법도 알아본다.

인간은 부정성 편향을 통제하는 데, 적어도 인식하는 데, 다른 동물들에 비해 특별하다. 다른 동물들도 우리처럼 위험에 대한 혐오를 본능적으로 느끼고 신속하게 피하는 방법을 학습하지만, 우리에게는 이 혐오를 극복하는 능력[25]이 있다. 우리는 공포영화나 롤러코스터처럼 처음에는 무섭게 느껴지는 활동을 나중에는 즐길 수 있다. 커피나 마늘, 매운 고추를 처음 맛보았을 때는 얼굴을 찡그리지만 나중에는 그 맛을 음미한다. 추락에 대한 공포는 선천적이지만(말 못 하는 아기들도 그런 것으로 보인다), 스카이다이빙과 번지점프를 즐기는 사람들도 있다.

우리는 자신의 삶과 세계에 슬퍼할 일보다 기뻐할 일이 훨씬 많다는 관점을 취할 수 있으며, 이러한 관점을 통해 세상을 더 나은 곳으로 만들 수 있다. 우리는 부정성의 힘을 넘어서 삶을 꽃피울 수 있으나, 우선 그 방법을 배워야 한다. 가장 기본적인 전략은 적을 아는 것이다.

나쁜 것이 얼마나 나쁜가

합리적 마음을 사용하기

바우마이스터는 부정성 편향 관련 논문을 출판하기 오래전, 경력 초기 때 예비 연구라 할 수도 있는 연구를 했다. 연구 대상은 그 자신이었다. 그는 평소에는 똑똑하고, 매력적이고, 사랑이 넘치는 파트너를 만나고 있었다. 하지만 가끔씩 그녀는 소리치며 화를 냈고, 그럴 때마다 그는 슬프고 혼란스러웠다. 그는 부모님이 서로에게 목소리를 높이는 것을 한 번도 본 적이 없었고, 변덕스러운 사람을 만난 적도 없었다. 샤워하면서 욕실 바닥에 물을 튀기거나 셔츠를 다린 뒤 다리미 전원을 끄는 것을 잊은 일이 그에게는 그저 실수이지만 그녀에게는 분노를 일으킬 만한 일이었다. 한번은 그녀가 너무 화가 나서 접시를 부엌 벽에 내던져 박살 내 버렸다. 그는 자신이 무언가 잘못했다는 것을 알았고 관계에는 노력이 필요하다는 것을 깨달았지만, 이 도전은 너무 힘겨운 것이었다.

그러나 그녀는 이러한 일이 끝난 다음에는 진심으로 후회했다. 그녀는 그에게 사과했고, 자신이 잘못했다는 것을 인정했으며, 그가 왜 자신을 화나게 했고 다음에는 어떻게 하면 그러지 않을 수 있는지를 차분하게 설명했다. 말하는 동안 그녀의 명석함과 매력이 다시 빛을 발하면서 그의 의심은 사라졌다. 그는 그녀를 처음 만났을 때 영혼의 짝을 찾았다는 전율을 느낀 순간을 돌아보며 여전히 그녀를 사랑한다는 것을 알았다. 그들은 열정적으로 화해했고 서로 더 노력하기로 약속했다. 그녀는 성질을 부리지 않기로, 그는 그녀를 좀더 배려하기로 한 것이다. 그들 사이는 다시 좋아졌지만, 오래지 않아 다시 상황이 나빠졌다. 그가 그녀가 알려준 대로 행동하면 그녀는 그것을 속임수라고 깎아내리며 계속 그에게 화를 냈다. 그래서 그는 관계를 끝내겠다고 결심했다. 하지만 다음 날 아침이 되면 그의 희망은 되살아나곤 했다.

그는 나쁜 것과 좋은 것이 반드시 반대는 아니라는 것을 알게 되었다. 그것은 서로 분리된 영역에서 함께 존재할 수 있었다. 연인은 자신의 마음을 속이지 말고 충실히 따라야 한다는 것을 알고 있었지만, 어떤 날에 어떤 마음을 따라야 하는 걸까? 나쁜 날이면 그는 절실하게 자유로워지고 싶었지만, 또한 혼자가 되고 싶지는 않았다. 그는 사랑이 기쁨이기보다 의무에 가까운 가정에서 자랐기 때문에, 사랑에 빠진다는 것은 그에게는 세상이 바뀌는 경험이었다. 그런 강렬한 행복을 주는 관계를 포기하는 것은 경솔한 행동이 아닐까? 그가 심리학 수업에서 배운 것이 있다면, 인간의 마음은 정서에 의해 너무나 쉽게 흔들릴 수 있다는 것이었다. 그는 행복과 절망 사이에서 요동치는 감정을 믿을 수 없었다. 다시 이성적인 마음가짐으로 대화할 방법을 찾고 싶었다.

우리는 모두 그러한 마음을 안다. 우리는 무언가, 즉 연애·직업·우정·프로젝트를 분석하여 장점과 단점을 가늠해 보려고 한다. 그동안 헌신한 것을 헛되이 하고 싶지 않은데, 그 비용이 너무 크다면 어떻게 해야 할까? 당신의 본능은 그만두라고 말하지만, 나쁜 것이 좋은 것보다 정서적으로 훨씬 강력하기 때문에 본능을 믿는 것은 위험한 일일 수도 있다. 흥분하거나 어려운 순간에 나쁜 것은 더 크게 덮쳐온다. 나쁜 것과 좋은 것을 제대로 저울질해 보려면 합리적 사고, 대니얼 카너먼(Daniel Kahneman)이 명명한 시스템 2, 즉 논리적이고 천천히 작동하는 뇌가 필요하다. 시스템 2는 단기적으로는 본능, 즉 카너먼이 말한 본능적이고 정서적이어서 부정성의 힘에 빠르게 휩쓸리는 시스템 1을 따르는 것보다 정신적 노력이 더 많이 필요하다. 그러나 장기적으로 보면 에너지의 소모와 고통을 둘 다 줄일 수 있다.

젊은 바우마이스터는 혼란에 빠진 사회과학자가 쓰는 전통적 전략을 자신의 힘든 연애에 적용해 보기로 했다. 그것은 데이터를 모으는 것이었다. 그는 허술한 양자택일 측정도구를 조금 다듬었다. 매일 저녁 하루를 되돌아보며 그 관계가 기쁨을 주었는지 자신에게 물어보고, 수첩에 '예', '아니요'를 표시했다. 몇 가지 기준도 정했다. 나쁜 날이 좋은 날보다 많으면 헤어져야 할 분명한 이유가 된다고 그는 스스로에게 말했다. 나쁜 날 한 번에 좋은 날이 적어도 네 번이라면, 그때는 관계를 계속 이어갈 이유가 있는 것이었다. 만약 이 둘 사이라면, 글쎄, 헤어져야 하는 것과 계속 만나야 하는 것 사이라고 할 수 있었다. 그는 이러한 기준이 모호하다는 것을 알았고, 더 명확한 기준을 간절히 원했다.

몇 달 동안 기록을 계속한 뒤, 그는 나쁜 날과 좋은 날의 비율이 꽤 일정하다는 것을 알았다. 명확한 기준은 여전히 없었다. 비율은 나쁜 날 한 번에 좋은 날 두 번이었고, 이것은 그가 정한 두 개의 기준 사이에 있었다. 어떻게 해야 할까? 그는 나쁜 날보다 좋은 날이 확실히 많긴 하지만 나쁜 날에는 너무나 불행한 기분이 든다는 것을 깨달았다. 그는 데이터보다는 본능적인 느낌에 근거해서 그녀와 헤어지기로 결심했다. 나중에 다른 과학자들이 그의 결정과 그의 연구 방법에 대한 근거를 내놓았다.

그는 수첩에 매일 표시를 하며 나중에 '긍정성 비율(positivity ratio)'이라는 이름을 붙이는 개념을 우연히 찾아낸 것이다. 이는 나쁜 사건에 대한 좋은 사건의 비율을 뜻한다. 이 단순한 비율을 통해 사랑이나 인생의 복잡성을 다 측정할 수는 없지만, 부정성 효과를 이해하는 데는 가치 있는 도구다. 연구자들은 긍정성 비율을 통해 나쁜 것을 측정하고 그 영향을 짐작해 볼 수 있다. 치료사나 상담사는 이것을 통해 문제를 진단하고 경과를 분석할 수 있다.

아마 가장 중요한 것은 긍정성 비율이 우리 모두에게 부정성의 힘에 대처할 방법을 제시한다는 점일 것이다. 그것은 바로 우리를 약하게 하고, 삶의 폭을 좁게 만들고, 의사 결정을 방해하고, 대인관계를 꼬이게 만드는 두려움과 불안을 우리 뇌의 합리적인 부분을 사용하여 이해하고 극복하는 것이다. 어떤 사람·커플·집단이 잘해 나가고 있는지를 확인하고 부정성 편향을 넘어서기 위해서는, 부정성에 대항할 수 있는 긍정성의 힘이 상대적으로 어느 정도인지를 가늠해 볼 수단이 필요하다. 당신은 질문해야 한다. 나쁜 것이 얼마나 나쁜가?

긍정성 비율을 찾으려면

긍정성 비율을 처음으로 연구한 학자 중 한 명인 로버트 슈워츠(Robert Schwartz)는 임상심리학자로, 그와 동료 치료사들은 자신들이 내담자들에게 얼마나 도움이 되고 있는지를 알고 싶어 했다. 그는 치료 경과에 대해 "내담자가 치료를 받은 뒤 덜 우울해했다"보다 더 정확한 측정을 하고 싶었다. 그는 1980년대부터 몇십 년 동안 심리치료를 받는 사람들이 긍정적 감정과 부정적 감정을 보고한 횟수를 비교해 보았다. 그는 심한 우울감을 느끼는 사람들이 긍정적 감정보다 부정적 감정을 두 배가량 많이 느끼며, 대화를 통한 치료와 항우울제를 통해 이 비율을 개선할 수 있다는 사실을 알아냈다.

한편 다른 쪽 극단에는 90퍼센트의 시간 동안 긍정적 감정을 느끼는 사람들이 있었다. 그들은 위험할 정도로 비현실적이며, 이기적이거나, 조중(mania)이거나, 부정(denial)을 잘하는 것처럼 보였다. 인생은 계속해서 행복한 것은 아니며, 건강한 사람은 지나치지는 않지만 나쁜 것에도 반응을 한다. 슈워츠는 긍정적 감정과 부정적 감정의 비율이 같은 사람은 "조금 역기능적이고", 부정적 감정 1번에 긍정적 감정 2.5번 정도의 비율인 사람은 "정상적으로 기능한다"고 결론지었다.[1] "가장 기능적인" 내담자는 부정적 감정 1번에 긍정적 감정 4번이 조금 넘는 비율을 보였다. 이 모든 것이 매우 이론적으로 들릴 수 있겠지만, 치료자들이 더 정확하게 감정을 측정할 수 있는 도구를 개발하는 것은 우울증과 같은 고통을 해결하는 데 중요한 일이다.

다른 연구자들은 사람들이 서로를 사랑하는 방식, 혹은 사랑하지 않는 방식을 시(詩)적이지 못한 방법으로 세고 있었다. 한 가지 간단한 방법은 커플이 성관계를 가진 횟수와 말다툼한 횟수를 헤아리는 것이었다. 이 중 한 가지만으로는 가치 있는 정보를 얻어낼 수 없었다. 행복한 커플 중 어떤 커플은 조금 싸우고 성관계도 적게 가졌고, 어떤 커플은 많이 싸우고 화해의 성관계도 많이 가졌다. 그러나 성관계와 말다툼의 비율은 결혼이 계속 유지될지[2]를 예측하는 데 믿을 만한 변인으로 판명 났다.

더 야심적인 측정 방법은 연인들이 서로 함께하는 방법을 세는 것이었다. 심리학자 해리스 프리드먼(Harris Friedman)[3]은 1971년 부부가 협동해야 하는 힘든 게임을 하는 동안 서로에게 하는 긍정적인 말, 부정적인 말의 횟수를 기록했다. 그 결과 그는 부정적인 말에 대한 긍정적인 말의 비율이 부부의 결혼 만족도와 통계적으로 상관이 있음을 발견했다. 또 다른 심리학자 존 고트먼(John Gottman)은 문제가 있는 커플은 나쁜 상호작용과 좋은 상호작용의 비율이 거의 같은 반면, 미래의 행복을 함께 계획하고 있는 커플은 나쁜 상호작용보다 좋은 상호작용의 비율이 다섯 배 높다는 것을 발견했다.[4]

이러한 5 대 1의 고트먼 비율은 다양한 관계의 유형을 짐작하는 데 유용한 기준으로 입증되었다. 어떤 행복한 커플은 애정을 거의 표현하지 않지만 거의 싸우지도 않기 때문에 관계를 잘 유지하고, 다른 성공적인 커플은 더 자주 싸우지만 따뜻함과 친절함을 많이 보여줌으로써 이것을 보완한다. 어떤 연구자들은 공식적이지는 않지만 이 비율을 '한 번 싸울 때 다섯 번의 잠자리'라는 말로 표현하기도 한다. 이것은 지나친 단순화이긴 하지만―애정을 표현하는 방법에는 성관계 말고도 여러 가지가 있으므로―근본적인 문제를 분석하기 위한 지름길이기도 하다. 좋은 것이 나쁜 것보다 훨씬 중요한 것일까? 고트먼 비율은 커플이 목표로 삼을 가치가 있지만, 이것이 나쁜 것이 좋은 것보다 다섯 배 강력하다는 의미는 아니다. 커플 치료사들이 5 대 1의 비율을 추천하는 이유는 손익분기점을 가볍게 뛰어넘을 수 있기 때문이다.

행동경제학자들은 편리하고 간단한 수단을 이용해 긍정성 비율을 연구해 왔다. 그것은 바로 돈이다. 그들은 50년도 더 전에 사람들이 돈을 벌고 싶은 욕심으로 비합리적인 도박을 한다는 것을 알아냈다. 이것은 카지노 운영자들에게는 새로운 소식이 아니었다. 그러나 실험 결과 사람들은 돈을 잃을 위험이 있으면 더욱더 비합리적으로 행동하는 것으로 나타났다. 이러한 현상은 나중에 대니얼 카너먼과 에이머스 트버스키(Amos Tversky)의 연구 이후 손실 회피(loss aversion)라는 이름으로 불렸다. 그들은 사람들 대부분이 동전 던지기에 동일한 액수의 돈을 걸고 싶어 하지 않는다는 것을 발견했다. 사람들은 40달러의 이익을 볼 가능성이 없으면 20달러를 잃을 수 있는 동전 던지기를 하지 않으려고 했다. 왜 그럴까? "손실이 이익보다 커 보이기 때문"이라고 카너먼과 트버스키는 결론 내렸다.[5]

그러나 이러한 조심성에는 또 다른 이유가 있다는 것을 연구자들은 최근에 알아냈다. 사람들은 그저 돈을 잃기 싫어하는 것만은 아니다. 그들은 동전 던지기가 50 대 50 확률의 내기라고 믿지 않는 것이다. 그들은 만약 앞면을 고르면 뒷면이 나올 것 같다는 느낌을 받는다. 이는 제정신이 아닌 소리처럼 들리지만(분명히 비이성적인 생각이므로), 사람들이 미래를 그릴 때 흔히 나타나는 현상이다.

만일 런던과 마드리드의 강수확률[6]이 똑같이 10퍼센트라는 일기예보를 들었다면, 사람들은 흔히 런던에 비가 올 확률이 더 높다고 생각한다.

이는 수학적으로는 말이 안 되지만, 에스파냐보다는 영국에 비가 오는 것을 상상하기가 쉽기 때문에, 런던에 비가 올 확률이 더 높은 것 같은 느낌이 드는 것이다. 시나리오가 익숙할수록[7](즉 우리가 자주 보거나 상상한 이미지일수록) 일어날 확률이 높은 것처럼 느껴진다. 이러한 착각은 동전 던지기에 대한 판단을 왜곡할 수 있다. 도박하는 사람의 안구 움직임[8]을 추적한 연구 결과, 그들은 이익보다 손해의 가능성에 주의를 더 기울였다. 손해에 대해 생각하는 데 시간을 더 쓰기 때문에 손해가 일어날 가능성이 더 크다고 믿기 시작하며, 따라서 똑같은 돈을 걸기를 거부하는 것이다. 그들은 적어도 2 대 1의 승률을 요구할 것이고, 때로는 판돈의 액수를 비롯한 다른 요인에 따라 더 높은 확률을 원할 수도 있다. 경제학자 리처드 세일러(Richard Thaler)[9]는 정서적 비용을 높이면 훨씬 높은 비율이 나타나는 것을 확인했다.

4의 법칙

나쁜 것 하나를 보상하자면 둘에서 다섯 개의 좋은 것이 필요하다는 것을 알았다. 이보다 더 낮은 비율은 돈과 관련된 연구에서 나왔다. 이 실험에서 뇌는 느낌보다는 숫자에 집중하기 때문에 부정성 편향을 극복하기가 쉽다는 점을 고려하면, 이러한 결과는 놀라운 일이 아니다. 돈을 잃어서 타격을 입었을 때, 100달러를 잃었어도 다시 100달러를 따면 그 손해를 만회한 것이라고 스스로에게 말할 수 있다. 도박꾼들은 자신의 본능적 직감보다는 수학적 확률에 근거해 게임하도록 정기적으로 스스로를 훈련한다. 모두가 그렇게 할 수는 없지만, 돈 관련 실험에서 몇몇 사람은 의심의 여지 없이 합리적으로 손익 균형을 맞출 수 있었다. 그래서 평균 약 2 대 1 비율을 유지했다.

그러나 돈이 관련된 문제가 아니면 이 둘을 정확하게 비교하기가 훨씬 어렵고, 우리 삶에서 일어나는 좋거나 나쁜 사건은 대부분 그렇게 이성적인 반응을 불러오지도 않는다. 이미 언급한 것처럼, 우울한 생각이나 배우자와의 갈등을 해결하려는 사람들에게는 그 비율이 2 대 1보다 더 높은 경향이 있다. 노동자의 하루 기분을 추적한 연구[10]에 따르면, 한 번의 좌절은 하나의 긍정적 사건에 비해 2~5배 더 큰 정서적 영향을 미친다. 정서는 우리를 덜 이성적이게 만들어 부정성의 힘에 더 취약하도록 만든다.

정서적 안녕감을 측정하는 도구 중 많이 인용하는 것 중 하나는 심리학자 바버라 프레드릭슨(Barbara Fredrickson)[11]이 만들었다. 그녀는 미시건 대학교에 있을 때 학생들을 진단해서 그들을 발전하는 유형과 정체된 유형의 두 범주로 나누었다. 검사 결과에서 드러난 것처럼, 발전하는 유형의 학생들은 목적의식과 삶에 대한 통제감이 강했고, 스스로를 인정했고, 다른 사람들과 잘 어울렸다. 정체된 유형의 학생들은 개인적 갈등이 더 많았고, 공동체에 잘 녹아들지 못한다고 느꼈다.

검사를 받은 뒤 한 달 동안 두 집단의 학생들은 매일 좋을 때와 나쁠 때를 기록했다. 그들은 저녁마다 웹사이트에 접속해 하루 동안 다양한 정서를 얼마나 강하게 경험했는지 평가했다. 정서 목록에는 긍정적 정서(즐거움·감탄·기쁨·연민·만족·감사·사랑 등)와 부정적 정서(분노·경멸·슬픔·수치심·죄책감·두려움 등)가 모두 들어 있었다. 모든 기록을 분석한 결과, 프레드릭슨은 정체된 학생들이 부정적 정서보다 긍정적 정서를 많이 느꼈으나 전반적으로 긍정성 비율이 2 대 1에 그치는 것을 발견했다. 발전하는 학생들의 경우 이 비율은 3 대 1을 조금 넘었다.

이 발견은 긍정적 심리가 더 폭넓은 이점이 있음을 보여준다는 점에서 많은 관심을 끌었다. 이 연구보다 좀더 일찍이, 프레드릭슨과 또 다른 연구자들은 긍정적 자극을 받은 사람들이 창조적 과제를 더 잘 수행한다는 것을 입증하는 실험을 한 적이 있다. 그러한 사람들은 말 그대로 더 큰 그림을 보는 것이다. 그들의 눈은 부정적 자극을 받았을 때처럼 바로 앞에 있는 것에만 집중하는 것이 아니라, 더 넓은 범위를 훑었다. 이를 기반으로 프레드릭슨은 '확장과 구축' 이론을 발전시켰다. 즉 긍정적 정서는 당신의 관점을 확장시키고 개인적·직업적으로 모두 발전할 수 있는 기술을 구축하게끔 해준다는 것이다. 이 이론은 긍정심리학에서 가장 영향력 있는 아이디어 중 하나가 되었으며, 학생들의 일기 연구는 진짜 세계를 연구하고 사람들의 안녕감을 측정할 수 있는 수단[12]을 제공했다.

연구자들은 다른 종류의 좋은 효과와 나쁜 효과를 측정하면서 계속해서 비슷한 긍정성 비율을 발견해 냈다. 가장 간단한 측정 중 하나는 좋은 날과 나쁜 날이 몇 번인지 헤아려 보는 것이다(이것은 우리가 가장 좋아하는 측정이기도 한데, 바우마이스터가 힘든 연애를 할 때 사용했던 방법이기 때문이다). 이런 측정을 위해 어떤 연구자들은 사람들에게 좋은 하루를 보냈는지, 나쁜 하루를 보냈는지, 아니면 평범한 하루를 보냈는지를 물어보았다. 심리학자 랜디 라슨(Randy Larsen)[13]은 이러한 방법으로 사람들의 하루 기분을 한 달에서 석 달에 이르는 기간 동안 측정했다. 사람들은 자신이 경험한 긍정적·부정적 정서를 적으면서 하루 동안 가장 좋았던 일과 가장 나빴던 일도 적었고, 그 일이 자신에게 얼마나 큰 영향을 미쳤는지를 평가했다. 라슨은 이 응답을 모두 모아 하루하루가 긍정적이었는지, 부정적이었는지를 분류했다. 그 결과 사람들은 보통 좋은 날 세 번에 나쁜 날 한 번을 경험하는 것으로 나타났다.

그렇다면 평균보다 더 좋으려면 나쁜 날 한 번에 좋은 날이 적어도 네 번은 있어야 한다는 뜻이다. 이것은 우리가 추구할 만한 유용한 목표처럼 보이는데, 단지 바우마이스터가 젊은 시절 연애 관계에서 좋은 날과 나쁜 날을 세보면서 선택한 목표와 우연히 일치해서만은 아니다. 그가 그린 추측을 한 이래, 연구자들은 나쁜 것은 좋은 것보다 최소 두 배는 강력하고, 지폐와 동전이 아닌 정서와 관계의 경우에는 일반적으로 세 배 강력하다는 것을 계속해서 발견해 왔다. 이것은 좋은 것이 나쁜 것을 제압하기 위해서는 긍정성 비율이 적어도 3 대 1, 가급적 그보다 조금 더 높아야 한다는 의미다. 따라서 우리는 우리가 4의 법칙이라고 부르는 것, 즉 '나쁜 것 하나를 극복하려면 좋은 것 네 개가 필요하다'는 지침을 제안하고자 한다.

우리는 이것을 하나의 개략적 기준으로 제시하는 것이다. 우리는 빛의 속도나 아보가드로수(Avogadro's number: 화학에서 물질량의 기본 단위인 1몰에 들어 있는 미립자의 수. 이탈리아의 화학자 아메데오 아보가드로가 발견했다―옮긴이)처럼 보편적인 상수를 발견했다고 주장하는 것이 아니다. 이것은 자연법칙이라기보다 경험의 대략적 법칙이다. 4의 법칙은 모든 상황에서 모든 사람에게 적용되는 것은 아니고, 모든 종류의 좋은 사건과 나쁜 사건에 적용되는 것도 아니다. 어떤 형태의 나쁜 것은 비교할 수 없을 정도로 강력하다. 머리말에서 이야기했듯이, '외상'이나 '살인자' 같은 소수의 단어는 그에 대응하는 긍정적 단어가 없다.

그러나 거의 모든 부정적 단어는 반대말을 가지고 있는데, 왜냐하면 우리는 대부분의 나쁜 것을 좋은 것과 대비시켜 보기 때문이다. 우리는 많은 시간을 좋은 경험과 나쁜 경험, 좋은 느낌과 나쁜 느낌이 뒤섞여 있는 가운데 보낸다. 또한 좋은 것과 나쁜 것을 비교하면서 자신을 평가하고 미래를 전망한다. 4의 법칙은 바우마이스터가 사용한 것과 같은 날수 세어보기 기법을 활용해 관계나 직업을 평가하는 데 도움을 줄 수 있다. 만약 당신이 직장에서 월요일부터 목요일까지 네 번 좋은 날을 보냈다면, 그것은 일반적인 한 주에서 나쁜 금요일을 보상하기에 충분할 것이다. 만약 금요일에 해고당한다면 분명 4 대 1 비율이 그리 위안이 되지 않겠지만, 그런 일은 보통 때는 잘 일어나지 않는다. 4의 법칙은 좋은 사건과 나쁜 사건의 영향력이 비슷할 때, 예를 들어 직장에서 일상적인 성취와 장애물, 가정에서 애정 표현과 적대감과 같은 경우에 적용할 수 있다. 만약 당신과 배우자가 말다툼 한 번에 적어도 네 번의 성관계 비율을 유지하고 있다면, 그 관계는 꽤 건강해 보인다. 만약 그 비율이 2 대 1이나 3 대 1에 그친다면 관계의 전망은 덜 확실하다. 만약 비율이 1 대 1이라면, 그것은 동률이 아니다. 문제가 있는 것이다.

매일 운동을 하거나 더 건강한 식생활을 하겠다는 결심처럼 자기 수양을 시작할 때, 4의 법칙이 도움이 될 수 있다. 사람들은 흔히 새해 결심을 지키지 못하는데, 그것은 비현실적 목표를 세우고 첫 시도 이후 포기하기 때문이다. 다이어트를 하는 사람들은 영양학자들이 '에라 모르겠다' 효과(what-the-hell effect)라고 부르는 것에 번번이 항복한다(아까 아이스크림 한 그릇을 먹어서 어차피 다이어트는 망했으니 아예 한 통을 다 먹어버리자). 완벽을 기대하다가 실패하고 실망하는 대신, 적어도 닷새 중 나흘은 다이어트 식단을 지기는 것을 목표로 삼을 수 있다. 이 목표는 어떤 일에 대해서는 너무 느슨할 수도 있다(예를 들어 금연은 보통 단번에 끊는 전략이 필요하다). 하지만 대부분의 경우에는 좋은 것과 나쁜 것의 비율을 4 대 1이나 그 이상으로 유지하는 것이 효과적일 수 있다.

당신의 행동이 미칠 영향력을 예측할 때 이 비율을 고려하라. 만약 회의에 한 번 늦었다면, 다음 회의에 한 번 일찍 가는 것만으로 그 영향을 회복할 수는 없다. 다른 사람에게 상처 주는 말이나 행동을 했다면, 좋은 일을 한 번 하는 것으로 속죄할 수 있을 거라고 기대하지 마라. 연인이나 부하 직원을 한 번 비판했으면, 적어도 네 번은 칭찬해야 한다고 생각하라(이러한 칭찬을 언제, 어떻게 해야 할지는 나중에 더 얘기하겠다). 물론 4의 법칙을 항상 곧이곧대로 적용할 수는 없다. 한 번 실수한 사람에게 네 번 꽃을 보낼 필요는 없다. 그러나 꽃을 한 번 보내서 만회할 수 없다는 것은 분명하다. 다른 형태의 사과를 시도하라. 4의 법칙을 기억하면 관계, 일, 그리고 삶의 나머지 부분에서 실수를 만회하는 데 도움이 될 수 있다.

4의 법칙은 회사나 제품의 성공 정도를 평가할 때도 유용한 도구로 쓸 수 있다. 설문조사나 온라인 후기를 분석해 보면,[14] 성공적인 회사는 평균적으로 한 명의 불만족한 고객 대비 세 명의 만족한 고객이 있다. 옐프(Yelp)에 올라와 있는 수백만 개의 사업[15]에는 하나의 부정적 후기(별 한 개나 두 개)에 세 개의 긍정적 후기(별 네 개나 다섯 개)가 달려 있다. 따라서 평균보다 잘하고 싶다면, 최소 4 대 1의 긍정성 비율을 유지하는 것을 목표로 삼고 불만족한 고객에게 관심을 기울여라(이에 대해서는 7장에서 논의한다).

비슷하게, 나쁜 평판에 대해서는 아무리 사소하더라도 그것을 해소하기 위해 노력하는 것이 좋다. 문제를 바로잡는 것만으로는 충분치 않다.

나쁜 평판은 훨씬 더 많은 좋은 평판으로 덮어야 한다. 초콜릿 회사 캐드버리(Cadbury)[16]의 인도 지사가 2003년의 실패에 대응할 때 그렇게 했다. 10월은 인도에서 초콜릿이 가장 많이 팔리는 달로, 힌두교의 '빛의 축제'인 디왈리(Diwali)가 있는 달이다. 그런데 뭄바이의 몇몇 고객이 캐드버리 초콜릿에서 벌레가 나왔다고 신고했다. 인도 정부는 이 회사의 공장을 조사할 것이라고 발표했고, 관련 뉴스가 쏟아져 나오면서 캐드버리의 매출은 급감했다. 조사 결과 문제는 공장이 아닌 캐드버리와 직접 연관이 없는 소매점에서 보관을 잘못해서 생긴 것으로 드러났다. 그러나 회사 책임자들은 이러한 좋은 뉴스가 나쁜 평판의 영향력을 넘어서지 못할 것이라는 점을 깨달았다.

캐드버리 회사는 벌레가 들어 있는 초콜릿의 이미지를 깨기 위해 비시워즈(Vishwas) 프로젝트, 또는 신뢰 프로젝트라고 하는 공격적 전략을 다각도로 개시했다. 은박 선을 사용한 '위생 밀봉' 초콜릿 포장을 개발했고, 초콜릿을 깨끗한 환경에서 보관할 수 있는 금속 용기와 냉장고를 소매점에 제공했다. 또한 이러한 혁신을 홍보하기 위해 기자회견을 열고, 인도 전역을 다니며 광고 캠페인을 진행하고, 동영상 뉴스를 제작하고, 어린이를 위한 텔레비전 퀴즈 쇼를 후원하고, 신문광고를 11개 언어로 게재했다. 또한 막대한 비용을 들여 유명한 영화배우 아미타브 바찬(Amitabh Bachchan)을 광고 모델로 섭외했다. 소비자 설문조사에 따르면, 그는 인도에서 가장 믿을 만한 두 사람 중 한 명으로 나타났다(다른 한 명은 인도 총리였다). 그는 광고에서 캐드버리 회사 공장을 방문해서 새로운 포장을 살펴보고, 초콜릿이 안전하다고 손녀를 안심시켜 준다. 이러한 집중적인 엄호는 결국 나쁜 평판을 압도해서 캐드버리 회사의 매출은 회복했으며, 경영학을 공부하는 전 세계 학생들에게 효과적인 위기관리 사례를 제공했다.

우리는 지금까지 4의 법칙을 논의하면서 자신의 실수와 문제에 관심을 쏟아야 한다고 강조함으로써 우리 스스로도 부정성 편향을 저질렀다. 그러나 4의 법칙에는 그 반대의 측면으로, 외부의 문제에 반응할 때 염두에 둘 만한 긍정적인 교훈도 있다. 이 교훈은 다름 아니라, 부정적 효과가 당신의 판단을 왜곡할 수는 있지만 뇌의 비합리적 충동을 이겨낼 수 있다는 것을 기억하라는 것이다.

대부분의 미신은 부정성 효과에 기반을 두고 있다. 검은 고양이가 길을 건너는 것을 보고 나서 몇몇 좋은 일이 생기면 당신은 그것을 잘 알아차리지 못하겠지만, 나쁜 일은 하나만 생겨도 검은 고양이가 불운의 상징이 될 수 있다. 말의 편자나 토끼의 발이 행운을 가져다준다는 것과 같은 긍정적 미신도 있지만, 초자연적 현상에 대한 이야기는 대체로 무서운 사건에 관련된 것과 같이 대개의 미신은 부정적이다. 세계의 민담과 신화[17]에 대한 설문조사에 따르면, 인간을 도와주는 신이나 천사, 요정보다 사악한 신과 악마 이야기가 훨씬 더 많았다. 심리학자들은 실험 연구를 통해 우리가 나쁜 사건에 주의를 더 기울일 뿐만 아니라, 그것이 외적인 힘[18] 때문에 일어났다고 생각할 가능성이 높다는 것을 밝혔다. 어떤 야구팀이 매 시즌 좋은 결과를 내면 실력이 좋아서라고 생각하지만, 오랫동안 승리에 목마르게 되면 팬들은 밤비노의 저주나 염소의 저주 같은 설명을 생각해 낸다(보스턴 레드삭스와 시카고 컵스의 연패를 설명하기 위해 그렇게 하듯이).

초자연적 현상이 아니더라도, 우리는 아무 상관 없는 나쁜 일에 너무 큰 힘을 부여한다. 그러나 4의 법칙을 기억하면 이러한 성향을 보완할 수 있다. 모욕이나 비판 때문에 큰 충격을 받았을 때, 이러한 충격이 당신의 부족함 때문이 아니라 부정성 편향에 의한 것이라고 생각할 수 있다. 소셜 미디어에 올라온 악의적인 댓글 하나를 계속해서 생각하는 대신, 스크롤을 내려서 네 개의 칭찬 댓글을 읽어볼 수 있다. 나를 실망시킨 친구에게 화가 치밀 때, 그 친구가 나를 도와준 때를 회상해 볼 수 있다.

외부 집단을 판단할 때는 특히 주의해야 한다. 오늘날 정치적 극단화의 상당 부분은 정치와 무관한 행동이 일으킨 분노를 반대편이 이용하면서 시작된다. 이민자에 대한 소름 끼치는 이야기에 근거해서 판단을 내리기 전에, 당신이 매일 마주치는 네 명의 이민자에 대해 생각하라. 공화당원들이 인종차별주의자라거나 민주당원들이 공산주의자라고 단정하기 전에, 가족 가운데 공화당원이나 민주당원을 생각하라. 뉴스를 보고 절망하기 전에, 기자와 정치인은 거짓된 일반화의 유혹을 떨치지 못한다는 것을 기억하라. 그들은 큰 그림을 보는 대신 드문 사건이 기준인 것처럼 이야기하곤 한다. 그들은 대부분의 지역이 비교적 안전하다[19]는 것을 보여주는 자료 대신, 하나의 선정적인 살인 사건에 초점을 맞춘다. 한 공장이 문을 닫으면 이것을 미국 산업이 쇠퇴하는 증상으로 취급한다(그리고 보호주의 무역 정책을 위한 변명으로 이용한다). 그러나 사실 미국의 제조업은 지난 몇십 년 동안 계속해서 성장해 왔다[20](대부분의 미국인들은 이를 알지 못한다).

4의 법칙을 거스를 수는 없다. 하나의 나쁜 사건은 두 개의 좋은 사건보다 정서적으로 큰 영향을 미치기 때문이다. 그러나 직감에 의존해서 장기적 판단을 할 필요는 없다. 개인적인 어려움을 극복하려고 하든, 세계의 미래를 숙고하든, 한 가지 잘못된 일을 피할 수 없는 파국의 조짐으로 해석하지는 마라. 뉴스 헤드라인이 아무리 슬프고 절망적이어도 대부분의 날에는 나쁜 일 하나에 좋은 일이 네 개 이상 생긴다. 그것이 대다수 사람들의 삶이 점점 나아져 온 이유다. 또한 그것은 당신이 주관을 잃고 나쁜 것에 과잉 반응할 때 일을 더 나쁘게 만드는 이유이기도 하다.

안전 중독자들

모든 형태의 중독 중에서 그 대가가 가장 큰 것이 안전에 대한 중독인데, 이것은 가장 적은 관심을 받고 있다. 우리는 나쁜 것(그것을 개선하는 것, 상상하는 것, 피하는 것)에 너무나 큰 관심을 기울이기 때문에, 두려움이 우리의 삶을 좌우하게 되고, 우리는 위험을 멀리하려고 비합리적인 행동을 한다. 확실한 위험 하나를 피하는 데만 집중하느라 눈에 띄지 않는 여러 가지 문제를 예측하지 못하는 것이다. 그래서 역설적으로 행복과 성공을 위한 기회를 놓쳐버리고, 덜 안전한 공공정책을 채택하게 된다.

미국의 대중과 정부가 2001년 9월 11일 비행기 납치 때 어떻게 반응했는지를 생각해 보자. 그날 아침까지 조종사가 비행기 납치에 대처할 수 있는 최선의 전략은 납치범에게 비행기를 넘겨주는 것이었다. 납치범이 다른 사람들을 죽이는 동시에 자살하기보다는 비행기를 안전하게 착륙시키길 원할 것이라고 가정했기 때문이다. 비극적으로 어긋난 이 가정이 9월 11일에 납치범들이 비행기 세 대를 목표물에 충돌시킬 수 있게 한 약점이었다. 그러나 네 번째 비행기는 목표물에 도달하지 못했다. 이전 공격에 대한 이야기를 전해 들은 승객들이 새로운 반응을 요구하는 새로운 전략, 즉 납치범들이 비행기를 조종하지 못하도록 해야 한다는 것을 재빠르게 깨닫고 납치범들을 저지했기 때문이다.

그 순간부터 어떤 테러리스트도 비행기 납치 전략이 뜻대로 된다고 믿을 수 없게 되었다. 승객이 개입하지 않는다고 해도, 조종사가 조종석에서 나오지 않고 납치범의 요구를 무시할 수 있다. 그 9월 11일에 좋은 소식이 하나 있다면, 더 이상의 비행기 테러는 없어서 이 새로운 대처 전략이 쓸모없어졌다는 것이다.

그러나 나쁜 뉴스의 공포가 모두의 판단력을 흐려놓았다. 또 다른 비행기 납치가 있을지 모른다는 두려움 때문에 모든 항공기 운항이 이틀 동안 중단되었다. 이것은 테러리스트들에게 승리를 선전할 또 한 번의 기회를 주는 동시에 공격 그 자체보다 더 큰 경제적 혼란을 초래했다. 항공기 운항이 재개되었을 때, 손톱깎이나 가위를 소지하고 탑승하는 것이 금지되었다. 마치 누군가 이런 물건을 이용해 다른 비행기를 납치할 수 있기나 한 것처럼 말이다. 탑승객들을 보호하기 위해 미국 의회는 서둘러 승객 검사를 주 업무로 하는 교통안전국(Transportation Security Administration, TSA)을 신설했다. 이 조직은 지나치게 비대해서 이후 10년 동안 500억 달러를 지출하면서 결국 비효율성과 무능력[21]으로 악명을 떨치게 된다. 분노한 여행객들에게 "TSA(Thousands Standing Around, 기다리는 사람이 수천 명)"로 알려진 교통안전국은 짐에서 폭탄과 같은 진짜 위험물을 찾아내는 데 계속해서 실패했다.[22] 이러한 실패는 항공안전 전문가들에게는 처음부터 명확했다.[23] 2001년에 그들은 이스라엘을 비롯한 다른 여러 나라에서 테러 방지를 위해 사용하는 분산형 체계보다 중앙 집중형 부서가 훨씬 덜 효과적이라고 의회에 경고했다.

그러나 그 9월 11일의 후유증으로, 의회는 공황에 빠진 나머지 합리적으로 행동하지 못했고, 미국인들 또한 그랬다. 그 이듬해, 수백만 명이 비행기를 타는 대신 운전해서 목적지까지 갔고, 그 결과 '9/11 2막(9/11, Act II)'이라고 부르는 현상이 나타났다. 운전이 여객기 탑승보다 위험하기 때문에, 이러한 선택으로 부가적으로 1600명이 목숨을 잃은 것[24]으로 추산하고 있다.

안전 중독은 심지어 위험성이 매우 낮을 때에도 문제가 되고, 현명한 결정을 하는 데 기여하는 전문성과 이점이 있는 사람들에게도 문제가 된다. 한 홀에서 보기〔bogey: 기준 타수인 파(par)보다 한 타 많게 치는 것—옮긴이〕를 범하더라도 다른 홀에서 버디(birdie: 파보다 한 타 적게 치는 것—옮긴이)를 하면 점수에 아무런 타격이 없다는 것을 모르는 골프 선수는 없다. 그럼에도 최고의 선수들조차 그것을 모르는 것처럼 경기한다. 그들은 보기를 피하는 것이 버디를 하는 것보다 더 중요하다고 생각한다. 이 현상에 대해 타이거 우즈(Tiger Woods)는 이렇게 설명했다.[25] "한 타라도 실수로 놓치고 싶지 않은 거예요. 한 타를 놓치는 것과 버디를 하는 것의 심리적 차이는 제가 전자를 더 크게 받아들인다는 거죠." 그러나 이렇게 부정성의 힘에 항복함으로써 우즈를 비롯한 프로들은 점수는 더 떨어지고 획득한 상금은 줄어드는 결과를 자초하고 있다. 이것은 경제학자 데빈 포프(Devin Pope)와 모리스 슈와이처(Maurice Schweitzer)가 선수들의 퍼팅 수백만 번을 분석해 찾아낸 결과다.

그들은 버디 기회가 왔을 때 파를 하려고 할 때와는 다르게 퍼팅한다. 공을 힘껏 치는 대신 약하게 쳐서 홀에 가까이 붙이려고 하는데, 이것은 공이 홀을 지나쳐 가기보다는 파를 만들기 쉽게 하려는 것이다. 그러나 이런 조심성이 지나치면 한 번 칠 공을 두 번 치게 되고 결국 보기를 하게 된다. 이러한 전략은 보기를 피하는 데는 도움이 될 수 있지만 버디는 하지 못하게 되고, 버디를 노렸다면 없었을 한 타를 더한 채로 경기를 마치게 된다. 경제학자들의 계산[26]에 따르면 시즌을 통틀어 이러한 보기에 대한 두려움으로 인해 선수들이 잃는 상금은 1인당 60만 달러를 넘는다.

프로 미식축구 감독들은 이보다 더한 안전 중독자들이다. 그들은 지속적으로 경기 관련 통계를 분석하며 어떻게든 조금이라도 유리한 점을 찾아내 더 많은 점수를 냄으로써 수백만 달러의 연봉을 정당화하려고 한다. 그런데도 그들은 네 번째 공격(down) 결정을 내릴 때 똑같은 실수를 매주 반복한다. 네 번째 공격에서 공격권을 다시 가져오기 위해서는 1~2야드만 더 전진하면 되는데 그렇게 하지 않는다. 대신에 그들은 키커(kicker)에게 공을 상대 팀 쪽으로 차게 함으로써, 필드에서 40야드를 전진하는 대가로 공을 계속 가질 수 있는 기회를 놓친다.

이러한 타협(trade-off)은 경기에서 점수가 많이 나지 않고, 수비 위주이며, 팀이 전진하기 힘들던 이전의 미식축구에서는 가치가 있었다. 그러나 필드로 전진할 준비가 되어 있는, 패스를 기반으로 주로 공격을 하는 오늘날의 미식축구에서 이러한 전통을 유지하는 것은 말이 안 된다. 전미 미식축구 리그(National Football League, NFL) 경기 수천 건을 분석한 전문가들은 팀이 자기 진영 깊숙한 곳에 갇혀 있지 않은 이상, 네 번째 공격 기회를 날려버리는 것은 나쁜 전략[27]이라고 재차 결론 내렸다. 필드에서 유리한 위치를 점하는 것은 공을 갖고 계속 점수를 내는 것보다 가치가 적기 때문이다.

그레그 이스터브룩(Gregg Easterbrook)은 NFL 대표팀이 네 번째 공격에서 기회를 더 잡는다면 평균적으로 한 시즌에 한 게임을 더 이길 수 있다고 〈튜스데이 모닝 쿼터백(Tuesday Morning Quarterback)〉에 칼럼을 썼다[28] (이는 플레이오프 진출 성공과 실패를 가르는 차이다). 그는 자기 진영의 20야드 라인 안에 있는 경우가 아니면 네 번째 공격에서 전진할 것을 이 팀들에게 조언했다. 〈뉴욕타임스(New York Times)〉의 분석가들은 팀이 1야드만 더 전진하면 될 때는 자기 진영의 8야드 라인을 넘어 어디로든 나아가야 한다고 말한다.[29] 이러한 조언은 무모해 보일 수 있지만, 확률적으로 팀에 매우 도움이 되는 것으로 나타났다. 한 번 실패에 두 번 성공을 기대할 수 있는 것이다.

그러나 성공 2 대 실패 1의 비율은 이미 알아본 것처럼 부정성 편향을 넘어서기에 충분치 않다. 감독은 전진해서 성공하면 약간의 공(功)은 인정받겠지만 그 플레이가 하이라이트 영상으로 방송되지는 않으리라는 것을 알고 있다. 만약 시도가 실패해서 다른 팀이 공격하게 되면, 그것이 더 크게 부각될 것이다. 스포츠 방송 해설자들은 감독이 부주의하다고 비판하며, 그 실패의 순간이 게임의 전환점이 될 수 있었다고 경고할 것이다. 만약 팀이 아깝게 진다면, 네 번째 공격에서의 전진 실패가 패배의 원인이라고 비난하면서 그 장면을 방송에서 끝없이 되풀이할 것이다.

그래서 영리한 게임을 하려면 용감한 감독이 필요하다. 틀에 박힌 사고에서 벗어난(그리고 일자리의 안정성이 보장된) 빌 벨리칙(Bill Belichick)과 같은 사람 말이다. 그는 슈퍼볼 우승 경력과 현명한 전술로 이름 난 뉴잉글랜드 패트리어츠 팀의 감독이다. 그러나 이런 벨리칙조차 네 번째 공격에서는 가끔씩만 전진하며, 실패했을 때는 그의 명성도 중계위원과 팬들의 비판[30]으로부터 그를 보호해 주지 못한다. 몇 명의 다른 감독들이 분석 결과를 본 뒤 네 번째 공격에서 위험을 더 감수하겠다고 말했지만, 막상 그 순간이 되면 그런 선택을 하는 데 어려움을 겪는다.

이럴 때 감독은 스스로에게 확률은 자신의 편이라고 말할 수 있지만,

과거의 하이라이트 영상이 그의 머릿속에 들어 있기 때문에 성공보다 실패를 훨씬 더 또렷하게 상상한다. 따라서 동전 던지기 실험에서처럼 본능적으로 실패 확률을 과대 추정한다. 통계에 기초한 영리한 전략을 펼칠 수 있는 게임에서도 막상 때가 오면 망설이게 될 것이다. 그는 게임을 안전하게 풀어갈 변명을 찾을 것이고, 상대 팀의 방어가 너무 강력하기 때문에, 라인맨 중 한 명이 부상당했기 때문에, 혹은 러닝백이 운이 나쁜 날이기 때문에, 이 게임에는 통계가 적용되지 않는다고 자신에게 말할 것이다. 그는 수치를 무시하고 펀터(punter: 상대방 진영으로 공을 차서 넘겨주는 사람─옮긴이)를 경기장으로 들여보낸 뒤 안도의 한숨을 내쉴 것이다. 어떤 일이 일어나더라도, 안전을 택한 그를 비난할 사람은 없을 것이다. 부정성의 힘이 이긴 것이다.

그러나 그 힘을 극복할 수 있는 방법을 알고 있는 미식축구 감독이 있는데, 그의 전략은 경기장 밖에서도 적용할 가치가 있다.

그냥 전진하라

케빈 켈리(Kevin Kelley)는 어떻게 절대 펀트를 하지 않는 미식축구 감독[31]이 되었는지 질문을 받았을 때, 자신의 독서습관 이야기를 먼저 꺼냈다. 그는 미식축구에 대한 책보다 심리학과 행동경제학 책을 더 많이 읽는다. 그는 손실 회피의 원리를 잘 알고 있다.

그는 부정성의 힘이 자신을 포함한 모두를 비이성적으로 만들 수 있다는 것을 깨달았다. 그는 우리와 이야기하기 직전에 스마트폰을 충전하려다

충전 케이블을 거꾸로 꽂았다. 그러고는 말했다. "항상 이러는 것같이 느낀 단 말이죠. 바로 꽂을 확률도 50퍼센트인데 90퍼센트는 잘못 꽂는 게 틀림 없는 것 같다니까요. 우리는 항상 굉장히 부정적으로 생각하는 거예요."

켈리는 자신의 직업에서 이러한 편향을 넘어서기 위해 관점을 바꿔보도록 자신을 훈련했다. 훈련과 실천은 쉽지 않았지만, 켈리는 아칸소주 리틀록 지역의 펄래스키 아카데미 감독이 되었을 때 이것을 꼭 해야 하는 일이라고 생각했다. 그는 순위권 바깥의 이 고등학교 팀을 상위권으로 끌어올려야 했는데, 경쟁해야 하는 큰 학교에는 더 재능 있는 선수들이 많았다. 이러한 불리함을 제거할 길은 없었지만, 켈리는 자신이 경쟁자들에 비해 한 가지 심리적 이점이 있다고 결론 내렸다. "저는 제가 옳은 일을 하고 있다고 생각하는 한, 다른 사람들이 뭐라 하든 신경 쓰지 않아요." 그는 비판이나 야유를 듣더라도 틀에 박히지 않은 무언가를 시도해 보고 싶었다.

시즌이 시작되기 전, 켈리는 경기 기록과 통계를 연구했으며 네 번째 공격 기회를 잡았을 때 팀에 일어날 수 있는 좋은 일에 초점을 맞추고자 했다. 그것은 심리학자들의 동전 던지기 실험 일부에서 검증된 전략을 그 나름의 방식으로 적용한 것이었다. 앞서 살펴보았듯이, 사람들이 동전 던지기를 할 때 확률이 자신에게 불리하다는 비합리적 신념을 갖게 되는 한 가지 원인은 이익보다 손실에 대한 전망을 더 오래 생각하기 때문이다. 참여자들에게 손실에 대한 것만큼 이익에 대해서도 고려하도록 했을 때, 그들은 더 합리적으로 내기를 했다. 켈리는 네 번째 공격 기회에서는 매 번 전진할 때 추가할 수 있는 점수를 생각함으로써 똑같은 효과를 얻었다. 종이에 적힌 이익은 명확했지만, 그는 게임 중에는 본능적인 두려움 때문에 마음이 약해져서 펀트를 하라고 말할 수 있겠다는 사실을 알았다.

"저는 게임을 시작하기 전에, 그러니까 감정적으로 되기 전에 되도록 많은 결정을 내려놓고 싶어요. 작게 보면 네 번째 공격에서 안전하게 가는 게 말이 돼요. 실패하더라도 팬들도 화내지 않을 거고, 언론을 상대할 필요도 없고요. 그런데 큰 그림을 봐야 장기적으로 얼마나 많은 점수를 낼 수 있는지가 보이는 거죠."

그래서 켈리는 자신을 위해 간단한 규칙을 만들었다. 그것은 '펀트 금지'였다. 이 규칙에 예외를 둘 때는 팀이 자기편 골라인에 가까이 있고 경기 시간이 몇 초 남지 않았을 때, 혹은 첫 번째 공격에 성공해도 점수를 올릴 시간이 없을 때와 같은 몇 가지뿐이다. 켈리가 감독이 된 첫 시즌에 팀의 평균 펀트는 한 게임에 한 번이었고, 그 뒤 그는 규칙을 더 엄격하게 적용하여 지금까지 평균 펀트 횟수는 한 시즌에 한 번으로 유지되고 있다. 그는 네 번째 공격에서 전진해야 할 거리가 짧을 때뿐만 아니라 30야드를 더 전진해야 할 때도 펀트 금지 규칙을 따른다.

인생은 미식축구보다 더 복잡하지만, 이 방법은 경기장 밖에서도 적용할 수 있다. 결정을 스스로에게 맡기지 마라. 때가 왔을 때 느낌을 믿는 대신 미리 규칙을 정해둬라. 간단한 규칙(만약 내가 상황 x에 있다면, 행동 y를 한다)이 안전 중독을 비롯해 큰 그림을 보지 못해 생기는 자기 패배적 행동을 피하는 데도 도움이 된다. 이는 부정성 편향에 대한 방어로, 합리적인 뇌가 비합리적 충동에 대응하기 위해 사용할 수 있는 규칙이다.

미식축구 감독들처럼 우리도 불확실한 장기적 이익보다는 확실한 단기적 이익에 치우치곤 한다. 이러한 이유로 우리는 다음 달이 기한인 프로젝트를 처리하는 것을 미루고 웹 서핑을 한다. 또 흡연자와 알코올 중독자들이 미래의 건강보다 당장의 즐거움을 택하는 이유이기도 하다. 안전 중독이든 해로운 습관 중독이든 중독에서 벗어나는 방법은 본능 대신 규칙을 따르는 것이다.

규칙을 지키기 어려운 상황에 처할 때, 당신은 결정을 스스로에게 맡기지 않고 다른 사람의 조언을 따를 수 있다. 도박을 이용한 손실 회피 실험[32]에서, 참여자들에게 다른 사람이 어디에 돈을 걸어야 할지를 묻자, 그들은 자신이 걸 때보다 더 현명하게 결정했다. 그들은 자신의 돈을 잃을 걱정을 하지 않아도 되기 때문에, 딸 확률이 높을 때는 돈을 더 많이, 더 자주 걸었다.

이것이 중요한 발견인 이유는 부정성 편향의 영향이 모든 결정에 똑같지는 않다는 것을 보여주기 때문이다. 부정성 편향의 효과는 자신이나 배우자, 가족을 보호하는 것처럼 우리에게 더 중요한 경우에 더 강하게 나타난다. 그러나 도박 실험처럼 모르는 사람과 관련된 결정일 때, 뇌는 그렇게 취약하지 않다.

따라서 당신이 어떤 결정을 하든 그 대가가 따를 때, 위험을 알고는 있지만 개인적으로 잃을 것이 없는 동료·친구·상담가의 충고에 귀 기울임으로써 안전 중독을 피할 수 있다. 한 예로 주식시장에서 흔히 나타나는 실수 중 하나는 투자자들이 손실을 감수하기 싫어 주가가 계속 떨어지는 주식을 너무 오래 가지고 있는 것이다. 이는 경제학자들이 매몰비용 오류 (sunk-cost fallacy)라고 부르는 것으로, 개인이나 기업이 실패한 일에 투자한 시간과 비용 때문에 그 일을 포기하지 못할 때 나타난다. 이때 손실을 감수하는 것이 더 낫지만, 이런 결정은 너무 고통스럽다. 그래서 문제를 다른 시각에서 보고 개인적으로 손해를 보지 않는 외부인이 개입하지 않으면, 본인 스스로 그런 결정을 내리기 힘들다.

켈리는 안전 중독을 극복하고 다른 전문가들의 분석에 토대를 둔 규칙을 따르기 시작한 뒤, 전문가들이 사실은 이익을 과소 추정했음을 알게 되었다. 예측한 것처럼, 선수들은 네 번째 공격 기회에서 주로 성공했는데 불리한 상황에서도 그랬다. 이것은 팀이 실패했을 때를 보상하고도 남는 득점으로 이어졌다. 그러나 그것이 다가 아니었다. 한 가지 이득은 주중에 하는 연습 방식에서 나타났다. 그들은 이제 펀트를 연습하지 않아도 되었기 때문에, 그 시간에 매일 25분씩 다른 기술을 연습할 수 있었다. 또 하나의 이점은 게임에서의 유연성이었다. 보통 세 번째 공격 기회에 전진해야 하는 거리가 길게 남아 있으면, 상대 팀 수비는 물러나서 달리기보다 패스를 막는 데 집중할 수 있다. 공격 기회가 한 번밖에 남아 있지 않다는 것을 알기 때문이다. 켈리 팀의 공격에 맞서 수비하는 것은 훨씬 힘들었다. 켈리 팀은 세 번째 공격 때 원하는 게 뭐든 전진, 짧은 패스, 긴 패스를 모두 할 수 있었다. 네 번째 공격 기회가 남아 있다는 것을 알기 때문이다.

팀은 기대하지 않던 심리 효과의 이점도 누렸다. 감독들은 통계 전문가들의 말을 듣지 않는 이유를 '정신적 요인'을 들어 설명하길 아주 좋아한다. 이것은 네 번째 공격 때 안전을 추구하는 데 대한 전형적인 변명의 하나이기도 하다. 만약 팀이 위험을 감수했다가 실패하면 선수들의 사기가 꺾이고 수행이 떨어진다는 것이다. 이러한 설명은 설득력 있게 들린다(나쁜 사건이 과도하게 정서에 영향을 주는 것은 분명하다). 그러나 이런 일은 켈리 팀에서는 일어나지 않았다. 실패 이후 수행이 나빠지지 않은 것이다. 켈리가 네 번째 공격 전략의 효과를 알아보기 위해 기록을 분석했을 때, 그가 찾아낸 이러한 심리적 효과는 '상대' 팀에서만 나타났다.

상대 팀 수비가 펄래스키 아카데미 팀을 네 번째 공격에서 막지 못했을 때, 갑자기 실수가 훨씬 더 많아지고 다음 공격에서 긴 전진을 허용하는 확률이 높아졌다. 켈리의 선수들은 큰 그림을 보도록 배웠기 때문에 네 번째 공격 때 장애물에 대처할 수 있었지만, 하나의 실패에 초점을 맞춘 상대 팀은 혼란스러워했다. 켈리는 선수들에게 부정성 편향을 넘어서라는 말을 거의 하지 않았다. 그는 부정성의 힘을 상대방을 제압하는 데 심리적으로 이용했다.

이러한 여러 이점은 동시에 작용하여 아칸소주의 새로운 동력이 되었다. 일반적인 고등학교 팀이 공격에서 공을 얻으면, 그들은 3분의 1의 확률로 터치다운이나 필드 골을 해냈다. 켈리 팀은 네 번 중 세 번은 점수를 올렸는데, 이 점수는 게임당 평균 50점이었다. 켈리의 전략은 모든 종류의 킥을 하지 않는 것이었기 때문에, 이 점수는 거의 모두 터치다운에서 나왔다. 다른 감독들은 상대 팀의 골라인 근처에서 네 번째 공격을 하게 될 때, 6점짜리 터치다운을 노리는 위험을 감수하기보다는 안전하게 3점짜리 필드 골을 택했다. 그러나 켈리는 한 시즌에 한 번쯤 필드 골 성공 확률이 압도적으로 높은 경우가 아니면 터치다운을 노리는 위험을 감수했다. 그의 팀이 필드 어디에 있든, 몇 야드를 더 가야 하든 그는 그냥 전진했고, 큰 성공을 거두었다.

켈리가 부임하기 전 30년 동안 펄래스키 아카데미는 아칸소주 챔피언십 준결승에 단 두 번 진출해 두 번 다 패배했다. 켈리가 열여섯 시즌을 지도하는 동안 팀은 준결승에 열세 번 진출해 일곱 번 우승했다. 이 기록은 그에게 국가적인 명성을 안겨주었다. 그는 〈USA 투데이〉에서 주관하는 올해의 미식축구 감독상[33]을 수상했으며 미국 전역에서 자신의 새로운 전략에 대해 강연해 달라는 초청을 받았다.

그러나 그는 여전히 다른 감독들을 개종시키지는 못했다. 세상이 합리적이라면 그의 기록을 보고 따라오고 싶어 해야 맞지만, 안전 중독은 합리적이지 않다. 그는 말한다. "감독들은 내 말을 듣고 확률에 대한 이야기는 옳다고 하면서도 왜 그게 자기들 팀에는 적용되지 않는지, 왜 일자리를 잃으면 안 되는지를 설명해요. 손실 회피는 순위로 바로 이어지죠. 저는 대학팀 감독직에 대해 상의해 본 적도 있는데, 그 팀은 어차피 이기지 못하고 있으니까 학교는 잃을 것이 없을 줄 알았어요. 그런데 팀 관리자들은 저를 고용해서 실패하면 해고당할까 봐 두려워하더군요."

그가 마음을 돌려놓은 유일한 사람들은 팀이 네 번째 공격에서 실패하면 야유하던 홈 팬들이었다. 그의 첫 번째 시즌에서 그의 전략에 대한 반감은 극도로 심했고, 가끔 펀트가 나오면 팬들은 우레와 같은 함성을 질렀다. 그러나 이제 그들은 장기적 결과를 보았다. 켈리의 전체 긍정성 비율은 192승에 27패로 4 대 1을 훨씬 넘고, 좀처럼 변하지 않는 전통주의자들조차도 이를 인정한다. 켈리는 말했다. "만약 누가 야유하기 시작하면, 사람들이 돌아서서 '왜 야유하는 거야, 멍청아? 우리는 이렇게 해서 항상 이긴다고'라고 소리를 지르죠."

이것이 부정성의 힘을 줄이는 하나의 전략이다. 좋은 것으로 나쁜 것을 압도하는 것이다. 긍정성을 강조할 수 있는 수많은 전략이 있고, 우리는 그것에 대해 나중에 논의할 것이다. 하지만 먼저 우리는 더 효과적인 전략, 부정성을 제거하는 데 초점을 맞춰볼 것이다. 4의 법칙을 따르면 나쁜 것들을 해결하기 위한 더 큰 동력을 얻을 수 있다.

사랑의 교훈

부정성 제거하기

전통적인 결혼 서약에는 (서약의 결과가 좋은지 나쁜지와는 관계없이) 우아한 대칭성이 있다. 그러나 사랑은 대칭이 아닌데, 우리 대부분은 사랑이 얼마나 균형을 잃을 수 있는지 알지 못한다. 결혼이나 다른 관계에서 좋은 것보다는 나쁜 것이 훨씬 더 큰 영향을 미친다. 부정성의 힘이 판단력을 흐려 배우자·친구·자녀가 멀어지게끔 행동을 하면, 이런 가벼운 갈등만으로 관계를 망치는 결과를 가져올 수 있다. 부정성 효과는 그들이 당신에게 감사할 줄 모른다는 데서부터 시작하여 그들의 다른 실수(진짜이든 당신이 상상한 것이든)를 과장하게 만든다. 왜냐하면 당신도 자신의 강점을 과대평가하게 만드는 내적 과신에 편향되어 있기 때문이다. 그래서 당신은 배우자·친구·자녀가 어떻게 그렇게 이기적이고 당신이 기울인 노력을 몰라줄 수 있는지 의아해한다. 인생에서 가장 화나고 속상한 의문 중 하나, 즉 '왜 사람들은 나에게 고마워하지 않을까?'를 생각한다.

부부의 행복을 추적해 온 심리학자들 덕분에, 우리는 대답을 조금은 알고 있다. 그들은 통상적으로 결혼 생활은 나아지지 않는다는 것을 여러 쌍의 부부가 평가한 만족도에 기초해서 발견했다. 만족도 평가는 일반적으로 시간이 지나면서 떨어졌다.[1] 성공적인 결혼 생활은 발전이 아니라 퇴보를 막는 것에 달려 있었다. 이것은 결혼이 비극이라는 뜻은 아니다. 사랑의 전율은 시간이 지나며 사그라들기 때문에, 처음에 부부를 결합시킨 행복감이 수십 년의 결혼 생활을 유지시킬 수는 없다. 그러나 대부분의 부부는 만족감의 또 다른 원천을 찾아 (처음만큼 높은 만족도는 아니지만) 전반적으로 만족한 수준을 유지한다. 그러나 가끔은 만족도가 너무 급격하게 떨어져 결혼 생활이 끝나는 경우도 있다. 부부의 상호작용을 계속해서 관찰한 연구자들은 관계의 실패에 대해 놀라운 이론(또는 적어도 연구자 그리고 말다툼하는 부부들에게는 놀라운 이론)을 만들었다. 아마 이 이론은 실험실에서 하는 실험 없이 1869년에 자기 방식의 이론을 발표한 앤서니 트롤럽(Anthony Trollope)[2]에게는 별로 놀랍지 않을 것이다.

그의 소설 《그는 자신이 옳다는 것을 알고 있었다(He Knew He Was Right)》는 시대를 너무 앞서갔다고 할 수 있다. 빅토리아 시대의 평론가와 독자는 행복한 가족이 별 이유 없이 무너지는 이야기가 현실에서 일어날 것 같지 않다고 생각했고, 결국 소설은 반향을 일으키지 못했다. 루이스(Louis)와 에밀리 트리벨리언(Emily Trevelyan)에게는 모든 일이 순조롭다. 그들은 젊고 서로 사랑한다. 둘 다 매력적이고, 지적이며, 도덕적이고, 좋은 집안에서 자랐다. 에밀리는 외딴 식민지에서 근무하는 외교관의 딸로, 사회적 지위와 돈이 없다. 그러나 루이스는 이 둘을 모두 가지고 있고, 그것을 사랑하는 아내와 기꺼이 나누고자 한다. 신혼부부는 런던에 정착한다. 에밀리의 어머니가 사위가 "자기 방식대로 하는 것을 좋아하는 것 같다"는 것을 알아보고 남편과 대화할 때, 작가가 이 대화를 통해 살짝 비춘 단서만 빼면 그들은 완벽한 한 쌍처럼 보인다.

"그렇지만 사위 방식이 좋은 방식이잖아요. 좋은 안내자가 될 거예요." 에밀리의 아버지는 말한다.

"그렇지만 에밀리도 자기 방식대로 하는 걸 좋아하는걸요"라고 어머니는 답한다.

결혼하고 2년이 지나는 동안 아들이 태어났고 축복이 이어졌는데, 어느 날 아버지의 친구인 중년의 미혼 남성이 에밀리를 방문한다. 에밀리는 런던 사교계를 처음 겪어보기 때문에 그녀가 이 방문을 아무렇지도 않게 생각하는 것은 이해할 만하다. 그러나 루이스는 신경이 쓰였는데, 그것은 단지 부인의 외도를 의심해서가 아니다. 이 남성은 바람둥이로 이름 나 있었고, 기혼 여성의 가정을 방문해서 추문을 일으키는 바람에 그 가족이 런던을 떠나야 하는 상황을 만든 전력이 있다. 루이스는 에밀리에게 상황을 설명하고 그의 방문을 계속 허락하면 소문거리가 된다는 점을 그녀가 이해하기를 기대하지만, 에밀리는 그의 말을 심각하게 받아들이지 않으면서 누구도 자신을 의심할 수 없다고 주장한다. 그녀의 무관심에 좌절한 루이스는 크게 화를 내며 그가 방문하는 것이 싫다고 강력하게 말한다.

이러한 루이스의 반응은 에밀리에게 상처와 수치심을 준다. 어떻게 남편이 자신을 이렇게 존중하지 않을 수 있을까? 그동안 그에게 그토록 헌신해 왔는데 어떻게 자기의 명예를 이렇게 깎아내릴 수가 있을까? 다음 방문에서 그 독신 남성이 에밀리를 유혹하자, 그녀는 루이스가 옳았다는 것을 깨닫지만 여전히 남편의 무례함을 용서할 수 없다. 그녀는 루이스가 자신을 그렇게 심하게 대한 것을 먼저 사과해야 그 미혼 남성의 방문을 끝내겠다고 스스로에게 말한다.

하지만 루이스는 사과할 기분이 아니다. 어떻게 아내가 그런 바람둥이를 아직도 만날 수 있을까? 어떻게 자신의 감정을 그렇게 무시할 수 있을까? 그는 "왜 그녀는 나에게 고마워하지 않는 걸까?"라는 끝나지 않을 질문을 하며 지금까지 서로가 한 것들을 띠져본다.

그러고는 아내를 위해 한 모든 좋은 일, 감사받을 만한 이유를 되짚어 보기 시작했다. 그가 그녀를 품에 안고 그녀의 사랑 외에는 아무런 대가도 바라지 않으며 그가 가진 모든 것의 반을 그녀에게 내어주지 않았던가? 그는 삶을 살 만한 것으로 만드는 돈·지위·명예를 모두 가지고 있었다. 그는 이 세상 외떨어진 구석에서 재산도 가문의 명예도 사회적 지위도 없는 그녀를 찾았다. ……그는 그녀에게 그의 마음, 손 그리고 집을 주었다.

이 계산이 맞는 것이기는 하지만, 결국은 에밀리가 자신의 헌신적인 행동을 계산한 것만큼이나 허점이 있다. 그들의 결혼 생활은 잘못된 계산 때문에 파경을 맞는다.

위태로운 사랑

당신이 뭔가 마음에 들지 않는 점이 있는 사람과 만나고 있다고 상상해 보자(엄청난 상상력이 필요한 일은 아닐 것이다). 그 사람은 낭비벽이 심하거나,

당신 친구들과 시시덕거리거나, 당신의 이야기를 흘려듣는다. 아니면 구두쇠인 데다 당신 친구들 앞에선 쥐 죽은 듯이 조용하다가도 둘이 있을 때는 요점 없는 이야기를 끊임없이 늘어놓아 당신을 지루하게 한다고 치자. 어떻게 반응해야 할까?

    a. 그냥 내버려두고 관계가 좋아지기를 기대한다.

    b. 무엇이 거슬리는지 설명하고 타협을 위해 노력한다.

    c. 토라진다. 아무 말도 하지 않고 그 사람에게서 감정적으로 멀어진다.

    d. 관계를 끝낸다. 헤어지자고 협박하거나 다른 상대를 찾기 시작한다.

데이트하는 커플들이 문제를 어떻게 해결하는지 전통적인 방식으로 연구[3]할 때 이러한 응답을 활용한다. 켄터키 대학교(The University of Kentucky)의 심리학자들은 일반적인 두 가지 방법, 즉 건설적인 것과 파괴적인 것을 확인했는데, 이 두 가지를 각각 수동적인 것과 능동적인 것으로 나눌 수 있다. 건설적인 방법은 지혜롭고 바람직하게 들리지만 별 효과가 없었다. 수동적으로 계속 헌신하는 것은 관계에 눈에 띄는 변화를 일으키지 않았다. 능동적으로 해결책을 찾아나서는 것은 상황을 아주 조금만 개선시켰다.

중요한 것은 나쁜 것이었다. 심리학자들이 내린 결론처럼, "연인이 상대를 위해 하거나 하지 않는 좋고 건설적인 행동은 관계에 별 영향이 없고, 중요한 것은 문제에 대한 반응으로, 하거나 하지 않는 파괴적인 행동이다". 당신이 조용히 상대를 위해 참는다면[4] 보통 상대는 그것을 알지 못한다. 그러나 말없이 상대방에게서 멀어지거나 분노의 위협을 가하는 경우 물고 물리는 복수의 악순환을 시작할 수 있다.

연인 연구를 이끈 캐릴 러스벌트(Caryl Rusbult)는 말한다.[5] "장기적 관계가 매우 어려운 이유는, 한쪽이 오랫동안 부정적이 되면 다른 쪽도 부정적으로 반응하게 되기 때문이에요. 일단 그렇게 되면 관계를 회복하기가 어렵습니다." 부정성은 치료하기 어려운 질병이며 전염성도 매우 높다. 또 다른 연구자들은 연인들에게 그들의 관계를 생각해 보도록 했을 때, 좋은 것보다는 나쁜 것을 생각하는 데 훨씬 많은 시간을 쓰는 것을 알아냈다. 나쁜 것을 넘어서기 위해서는 부정성의 악순환이 시작되기 전에 멈춰야 한다.

그러나 당신이 별 문제 없이 성공적으로 구애를 했다고 가정하자(여기에는 상상력이 조금 더 필요할 것이다). 당신은 막 데이트를 졸업하고 축복받은 기혼자가 되었다. 당신의 영혼은 하늘을 날고, 마음은 노래를 부르고, 뇌는 옥시토신·도파민과 같은 사랑과 관련된 신경화학 물질로 가득 차 있다. 아마 과학적 연구에 참여할 기분이 아니겠지만, 어떤 신혼부부들은 PAIR[정식 명칭은 '친밀한 관계에서의 적응 과정(Processes of Adaptation in Intimate Relationships)'이다]라는 장기 프로젝트[6]에 참여한다. 펜실베이니아주 중심부에 사는 이 부부들은 결혼하고 두 해 동안 관계의 좋은 면과 나쁜 면을 심리학자들과 인터뷰했고, 학자들은 이것을 기록했다.

어떤 사람들은 이미 배우자에게 양가적이거나 적대적이었지만(그리고 빨리 이혼하는 경향이 있었지만), 대부분의 부부는 서로에게 많은 애정을 보여주었고 몇몇 기념일을 축하했다. 그러나 장기적으로 이러한 초기의 부드러운 감정은 믿을 만한 전조가 되지는 못했다. 10년이 더 지나고 난 뒤, '거의 어지러울 정도로 사랑에 빠졌던' 부부 중 상당수는 더 이상 함께하지 않았다. 집단을 놓고 보았을 때, 이혼한 부부는 길고 행복한 결혼 생활을 하는 부부에 비해 결혼 초기에 애정을 3분의 1 정도는 더 표현했다. 단기적으로는 그들의 열정이 걱정과 갈등을 해결할 수 있게 해주었지만, 그러한 긍정적 감정이 결혼을 영원히 지속시켜 줄 수는 없었다. 다시 말하면, 결혼의 지속 여부를 예측하는 것은 부부가 부정적인 것(의심·좌절·문제)을 어떻게 해결하느냐다. 부정성은 특히 젊은 사람들에게 크게 작용했는데, 이것이 일찍 결혼한 사람들이 늦게 결혼한 사람들보다 이혼할 확률이 높은 이유 중 하나다(또 다른 이유로, 젊은 사람들이 돈이 더 적어서 더 많은 스트레스를 겪을 수 있다).

물론 헤어지는 것이 더 나은 커플도 있지만, 훨씬 많은 수가 잘될 수도 있던 관계를 끝낸다. 커플 연구자들은 왜 심지어 명확한 이유가 없을 때조차 관계가 망가지는지 의아해 왔다. 이론을 검증[7]하기 위해 심리학자 샌드라 머리(Sandra Murray)와 존 홈스(John Holmes)는 실험실에서 커플들에게 설문지를 주고 서로 등지고 앉게 했다. 실험 보조원은 그들이 같은 설문지에 답할 텐데, 이때 어떤 방식으로도 소통하지 않는 것이 중요하다고 설명했다.

사실 두 사람이 받은 설문지는 서로 달랐다. 하나는 상대방의 마음에 들지 않는 점을 묻는 설문지였다. 참여자들은 원하는 만큼의 성격 특성을 적을 수 있었지만, 하나만 써도 좋다고 안내를 받았다. 평균 1년 반 정도 데이트를 한 커플은 불만이 없는 것은 아니었지만 거의 꽤 만족하고 있었다. 그들은 보통 연인의 이상적이지 못한 점 한두 가지를 적고 펜을 내려놓았다. 다른 쪽의 파트너는 매우 다른 과제를 받았다. 그것은 집에 있는 모든 것을 적는 것이었다. 적어도 25개 이상의 물건을 적도록 지침을 받은 후 그들은 쓰기 시작했다. 가구·부엌살림·가전제품·책·미술품······.
실험 보조원이 5분 뒤 돌아왔을 때도 여전히 적고 있는 사람이 많았다.

그동안 그들의 파트너는 상대방이 적는 소리를 들으며 할 일 없이 앉아
있었다. 분명 자신의 개인적 실패를 길게 나열하는 증거라고 생각했을 것
이다. 그들은 한두 가지 불만을 겨우 적었는데, 연인은 관계에 대해 아주
다른 관점을 취하고 있는 게 틀림없어 보인다. 이러한 연구에서 늘 그렇
듯이, 연인들은 나중에 속임수가 있었음을 알게 되어 아무도 불행한 상태
로 집에 가지는 않았다. 그러나 사실을 알리기 전에 실험지는 관계에 대
해 좀더 질문했고, 앞의 속임수가 어떤 사람들, 즉 자신감이 부족한 사람
들에게는 큰 영향을 주었다. (실험 전에 측정한) 자존감이 높은 사람들은 위
협받는 느낌을 조금 가졌지만 곧 이를 털어버렸는데, 상대가 자신을 가치
있게 여긴다는 것을 알 만큼 자신감이 있었기 때문이다. 그러나 자존감이
낮은 사람들은 비판이 쏟아진다고 생각하고 그러한 비판에 강하게 반응
했다.

등 뒤에서 연인이 계속해서 적는 소리를 듣는 순간, 자존감이 낮은 사
람들은 상대방이 자신을 거부할까 봐 두려움을 느꼈으며 결국 두려움에
통제권을 내주게 되었다. 그들은 자신을 보호하기 위해 태도를 바꾸었
다. 그리고 연인에 대한 존중과 애정을 낮추었다. 그들은 자신의 관계가
덜 가깝고, 덜 믿음이 가고, 덜 낙관적이라고 느꼈다. 자신감이 없는 사람
들의 이러한 반응은 불필요한 것이었다. 왜냐하면 자신감이 높은 사람들
이 그들의 파트너로부터 높은 가치를 인정받는 그만큼, 자신감이 낮은 사
람들도 그들의 파트너로부터 높은 가치를 인정받고 있었기 때문이다. 하
지만 그들은 자기에 대한 의심을 연인의 마음에 투사했다. 그래서 자신이

스스로를 판단하듯이 연인도 가혹하게 자신을 판단할 것이라고 생각한 것이다.

신혼부부 집단을 3년 동안 추적 조사한 머리와 홈스의 다른 연구[8]에서 나타난 것처럼, 이러한 종류의 자기 보호는 관계에 특히 해롭다. 이러한 부부는 대부분 관계를 잘 유지하고 있는 것으로 보였으나(그들은 비교적 갈등이 거의 없었다), 한 사람의 자신감 부족이 문제가 되곤 했다. 그들은 배우자를 정신적으로 밀어내거나, 신싸 위험이 없는데도 관계를 평가 절하했다. 저녁에 친구들과 외출하는 대신 집에 있어야 하는 것처럼, 그들은 이러한 일상적인 희생에 특히 분노했다. 《그는 자신이 옳다는 것을 알고 있었다》에 나오는 결혼처럼, 그들의 관계는 처음에는 가장 강했지만 빠르게 무너졌다.

트롤럽의 소설에서 아무도 루이스와 에밀리가 왜 그렇게 화가 났는지 이해하지 못한다. 친구와 가족들은 계속해서 루이스와 에밀리에게 불만과 억울함을 잊으라고 간청한다. 그러나 루이스가 결혼을 유지하자고 에밀리에게 쓴 편지처럼, 관계 회복을 위한 모든 노력은 실패한다. 그는 편지에 이렇게 쓴다. "나는 당신이 아직까지 잘못된 일을 했다고 전혀 의심하고 있지 않소. 당신은 남편인 나, 나의 아내인 당신의 위치를 손상시킬 만한 말조차도 한 적이 결코 없소."

루이스는 에밀리가 이런 안심시키는 말에 감사하기를 기대했으나, 그녀는 두 단어에 집중한다. 그는 아직까지(as yet) 그녀가 아무 죄도 저질렀다고 생각하지 않는다. 아직까지! 그러니까 그는 미래에는 그녀가 불륜을 저지를 수도 있다고 생각하는 것이 틀림없다! 그녀의 마음속에서는 이 두 단어가 편지의 나머지 부분에 있는 모든 사랑의 맹세보다 무거웠다.

그러나 루이스는 그녀가 계속 화를 내는 이유를 이해하지 못했고, 그래서 분노에 차 갈등을 고조시키는 방향으로 나아간다. 소설의 줄거리에 많은 독자들이 루이스와 에밀리의 친구들만큼이나 좌절했다. 사랑하는 두 사람이 어떻게 이렇게 계속 서로를 오해하고 과잉 반응할 수 있을까? 그러나 이것은 부정성 효과가 어떻게 관계를 녹슬게 하는지에 대한 드물게 정확한 묘사다. "진실은 사람들은 상대방이 자기의 잘못을 깨닫기를 간절히 바랐다는 것이다"라고 트롤럽은 쓰고 있다. "그들이 만났을 때, 둘 다 너무나 고통스러워서 아무 말도 하지 못했다."

부부가 괴로워하며 말다툼하는 것을 본 연구자들은 트롤럽이 보여준 것과 같은 성차에 주목했다. 루이스처럼 자신감이 부족한 남성들은 배우자의 성적 외도에 대한 두려움에 초점을 맞추는 경향이 있다. 그들은 심지어 이유 없이 질투에 불타 소유하고 통제하고자 한다. 이것은 관계에 스트레스가 되어 결국 여성이 멀어지게끔 한다. 자신감이 부족한 여성은 성적 외도와는 다른 종류의 거절을 더 걱정하며, 질투보다는 적대적인 반응을 더 많이 보인다. 이러한 다양한 반응은 컬럼비아 대학교 연구실에서 참여자들이 자신들의 문제를 의논하는 모습을 녹화한 뉴욕시 커플 연구[9] 목록에 기록되어 있다.

커플 중 한 명이 (불평·적대적인 어조의 말·눈 굴리기·책임 부정하기·상대를 모욕하기 같은) 부정적인 행동을 할 때마다 그러한 행동을 분류하여 세어보았다. 제럴딘 다우니(Geraldine Downey)가 이끄는 연구진은 자신감이 없는 사람들이 부정적으로 행동할 가능성이 가장 높다는 것을 알아냈다. 거절에 대한 그들의 두려움은 의심할 바 없이 스트레스를 가중시켰다. 왜냐하면 언쟁은 그들에게 단지 특정 주제에만 관련된 것이 아니라, 뿌리 깊은 문제의 신호이자 관계의 파탄을 예고하는 신호였기 때문이다. 그들은 부정성 편향에 너무나 민감해서 불안 상태에서 살고 있었다. 그들의 겁에 질린 반응은 연인을 밀어냈다. 연구자들은 커플들을 몇 년 동안 추적한 끝에 불길한 예언이 이렇게 적중한다는 것을 알았다. 거절에 민감한 사람들은 특히 혼자 남겨질 가능성이 높았다. 거절에 대한 공포가 자기충족적 예언(self-fulfilling prophecy: 자신의 생각과 행동이 타인에게도 영향을 미쳐 결국 믿는 대로 실현되는 현상. '말이 씨가 된다'는 속담과 비슷한 뜻이다―옮긴이)이 된 것이다.

이와 같은 부정성 효과는 시애틀에서 이루어진 좀더 정교한 연구[10]에서도 입증되었다. 이 연구는 부부의 맥박을 비롯한 생리적 반응을 측정했으며 그들이 하루 동안 있었던 일과 자신들의 문제를 얘기하는 것도 녹화했다. 그다음 참여자들은 배우자와 떨어져 녹화 영상을 보며 대화의 각 부분에서 자신이 느낀 긍정적·부정적 정서를 평가했다. 연구를 수행한 로버트 레빈슨(Robert Levenson)과 존 고트먼은 3년이 지난 후 이 부부들을 추적하여 어떤 부부가 아직도 행복하게 결혼 생활을 유지하고 있는지 알아보았다. 그 결과, 부정적 순간이 긍정적 순간보다 훨씬 더 중요했다. 가장 불행할 확률이 높은 부부는 생리적 각성 및 부정적 정서로 측정한 스트레스 수준이 가장 높은 부부였다. 긍정적인 느낌을 회상하는 것은 결혼 생활을 유지하는 데 효과가 거의 없거나 아예 없었다. 그러나 각 배우자가 상대방의 부정성에 어떻게 반응하는지는 매우 중요했다. 아내가 남편의 분노에 똑같이 화를 내거나 남편이 아내의 불만에 마음의 문을 닫아버리는 경우, 부부관계가 악화될 확률이 높았다.

부정성은 동성 커플에게는 문제가 덜 되는 것으로 보인다. 시애틀의 연구자들이 10년 넘게 동성 커플 집단[11]을 추적해 본 결과, 남성과 여성 동성 커플 모두 갈등을 해결할 때 이성 커플에 비해 더 희망적인 것으로 나타났다. 그들은 의견의 불일치를 얘기할 때나 비판에 반응할 때 더 긍정적인 방식으로 했고, 다툼이 끝난 뒤에도 긍정적이었다. 이성 커플에서 가장 흔한 갈등 유형은 '요구하는 여성과 회피하는 남성'이다. 이것은 여성이 불평이나 비판을 시작하면 남성이 회피하는 파괴적인 악순환이다. 이러한 유형은 동성 커플에서는 덜 나타난다. 남성 커플의 경우 누군가 불평을 시작할 확률이 낮고, 여성 커플의 경우 비판을 들었을 때 회피할 확률이 낮다.

성적 지향과 무관하게 많은 커플은 싸운 후 화해할 때 비언어적 방법을 택한다. 그러나 연구자들은 만족스러운 성관계조차도 나쁜 말다툼을 상쇄할 수는 없다는 것을 발견했다. 신혼부부의 언어적·비언어적 소통에 대한 연구[12]에 따르면, 부정적인 대화(분노·상처·억울함)의 양은 행복한 결혼 생활을 예측하는 데 강력하게 작용하는 변인인 반면, 언어적 애정 표현은 효과가 조금밖에 없었고, 성관계를 통한 애정 표현의 효과는 나타나지 않았다. 다른 연구에서는 성관계의 효과가 약간 나타났지만, 부정성의 힘이 더 큰 영향을 미쳤다. 커플 치료사이자 연구자인 심리학자 배리 매카시(Barry McCarthy)[13]는 성생활이 좋으면 결혼 생활의 행복이 15~20퍼센트 증가하는 반면, 성생활이 나쁘거나 없을 경우 부부의 행복도가 훨씬 더 큰 정도, 즉 50~75퍼센트 감소한다고 추산했다. 그의 결론은 영화 〈뜨거운 양철 지붕 위의 고양이〉에 등장하는 집안의 우두머리 빅 마마가 한 충고와 일치한다. "결혼 생활이 힘들어지면 문제는 저기 있는 거야." 그녀는 며느리에게 말하며 침대를 가리킨다. "바로 '저기!'"

대부분의 사람은 관계에서 나타나는 부정성 효과를 알아차리지 못한다. 바우마이스터가 학생들에게 자신이 좋은 연인이나 배우자가 될 수 있다고 생각하는 이유를 물었을 때, 그들은 긍정적인 것, 즉 친절하고, 이해심이 많으며, 성적 능력이 좋고, 충성스러우며, 똑똑하고, 유머가 있다는 점을 나열했다. 이러한 것들은 분명 중요하지만, 정말로 중요한 것은 부정적인 것을 피하는 것이다. 듣는 사람이 불쾌해하거나 악의에 찬 말을 하는 것보다는 입을 다물 줄 아는 것이 좋은 말이나 행동보다 관계에 훨씬 더 많은 도움이 될 것이다.

괜찮은 관계

부부 연구에서 위안을 주는 교훈은 결혼에만 적용되는 것은 아니다. 사회과학자들은 부정성 편향이 다른 많은 관계, 즉 부모와 자녀·스승과 제자·지도자와 후계자·관리자와 직원 관계에도 적용된다는 것을 발견했다. 이웃과의 관계처럼 가벼운 관계도 마찬가지다. 사회심리학에서 일찌감치 발견한 것 중 하나가 근접성 효과(propinquity effect)[14]다. 1940년대 보스턴에 새로 생긴 마을의 주택과 아파트에서 이웃 간 우정의 형성 과정을 세심하게 그려낸 연구를 통해서다.

우정은 부동산 가격과 같은 요인, 즉 처음부터 끝까지 위치, 위치, 위치의 문제였다. 사람들은 옆집에 사는 이웃과 친해질 확률이 가장 높았고, 친구가 될 확률은 거리가 멀수록 급격하게 떨어져 몇 집 건너에 살고 있는 사람들끼리는 거의 어울리지 않았다. (근접성의 원리라고도 하는) 근접성 효과는 사람들이 얼마나 쉽게 친구가 될 수 있는지를 보여주는 확실한 증거로, 심리학 개론서에 기분 좋게 넣을 수 있는 개념처럼 보인다. 충분히 서로 마주치게 하면, 사람들은 공감대를 찾을 것이다.

그러나 그 후 몇몇 다른 연구자가 다른 동네(로스앤젤레스 외곽의 공동주택 개발지역[15])에서 불화와 우정을 연구했다. 알고 보니 그들의 앙숙은 친구보다 훨씬 더 가까이 살았다. 근접성 효과에는 어두운 면이 있었다. 이웃과의 관계에서 나쁜 것이 좋은 것보다 더 강하고 빨랐다. 사회적 상호작용을 계산해 본 결과, 연구자들은 친구가 되기 위해서는 많은 시간을 함께 보내야 하지만, 나쁜 사건은 한두 가지만으로도 이웃을 적으로 만든다는 것을 알아냈다.

이러한 발견은 심리학 개론서에 넣을 만한 낙관적인 내용은 아니지만, 관계에 대한 이러한 발견 및 부정성 편향에 대한 또 다른 여러 발견에서 실용적이고 믿을 만한 교훈을 준다. 이웃·배우자·자녀, 아니면 다른 누구와 상대하든 지나치게 열심히 노력하지 말라!

모든 사람에게 관계를 위해 노력하라고 주문하는 심리치료사에게는 큰 관심을 기울일 필요가 없다. 매일 성관계를 갖고, 낭만적인 저녁 식사와 이국적인 휴가를 위한 시간을 내고, 해변에서 오랫동안 산책을 하며 마음을 터놓고 대화하라는 등, 남편과 아내는 계속해서 과제를 떠안는다. 부모의 과제는 더하다. 프로이트 학파가 아동의 신경증이 부모의 탓이라고 한 뒤부터 쭉 부모들은 모든 것을 제대로 해야 한다는 엄청난 책임감을 느껴왔다. 그러나 부정성 효과에 대한 최근 연구를 보면 안심해도 된다. 그러한 노력은 과대평가된 것이기 때문이다.

과중한 책임을 떠맡은 부모들에게 가장 큰 힘을 주는 증거는 지능 연구에서 나왔는데, 지능은 사람들이 가장 잘 이해하고 자주 측정해 온 심리학적 특질이다. 심리학자들은 아동의 지능지수(IQ)를 결정하는 두 큰 요인, 유전자와 환경을 분석하기 위해, 서로 떨어져 성장한 일란성 쌍둥이, 입양부모가 키운 아이들처럼 다양한 집단을 분석했다. 연구자들은 (생물학적 부모의 IQ에 기초하여) 아동의 유전적 잠재성을 측정한 뒤, 아동의 인지 발달[16]이 그들이 자란 가정환경에 어느 정도 영향을 받는지 파악했다. 생활이 풍족하고 교육 수준이 높은 부모들은 아이들에게 사교육·많은 책·좋은 학교·자기 계발 프로그램을 제공한다. 부모가 교육 수준이 낮고 생계를 위해 애쓰는 경우, 그 아이들은 지적인 자원에 접근할 기회가 적고 많은 장애물과 싸워야 한다.

아이들이 수입이 적은 가정에서 교육을 잘 받지 못했거나, 직업적 성취를 이루지 못한 양육자의 손에 자라면 자신의 지적 잠재력을 최대한으로 발휘할 가능성이 낮다는 것을 연구들은 반복적으로 보여주었다. 그러한 아이들 중 일부는 어려움에도 불구하고 또는 어려움 때문에 성공하지만, 평균적으로 그들의 IQ는 유전적 잠재력을 근거로 추정한 것보다 낮다. 몇몇 연구에서는 그들의 유전적 잠재력과 실제 IQ 사이에서 상관관계를 거의 찾을 수 없었는데, 이것은 많은 경우 부정적인 환경이 긍정적인 유전자를 압도하기 때문이다.

그러나 환경은 사회경제적 수준이 높은 부모들에게는 거의 문제가 되지 않는다. 그들 자녀의 IQ는 거의 전적으로 유전자가 결정한다. 부모가 학사 학위 아니면 박사 학위가 있는지, 중산층인지 아니면 부자인지, 단순히 직업적 능력이 있는지 아니면 큰 성공을 했는지는 중요치 않았다. 일정 수준 이상이면, 부모의 양육은 아이의 지적 성장에 큰 영향을 미치지 않았다. 부유한 부모들은 태교를 위해 모차르트를 들려주고, 최고의 가정교사를 고용하고, 가장 비싼 학교에 등록금을 내겠지만, 자녀들의 IQ를 크게 높일 수는 없었다. 부정적 환경을 피함으로써, 그들은 아이들이 유전적 잠재력을 온전히 발휘하도록 해주지만, 그 이상을 해줄 수는 없는 것이다.

자녀 양육의 정서적 측면[17]에서도 같은 패턴이 나타난다. 예일 대학교 심리학자 샌드라 스카(Sandra Scarr)와 동료들이 밝혀낸 바에 의하면, 부모가 폭력을 쓰거나, 학대하거나, 방임하지 않는 한, 그 밖에 그들이 무엇을 하는지는 중요하지 않다. 나쁜 양육은 아이들에게 상처를 주지만, 유난히 성실한 양육이 아이들을 더 행복하거나 건강하게 해주지는 않는다. 네덜란드 연구진이 부모의 좋거나 나쁜 특성에 대해 많은 청소년들과 인터뷰한 뒤 내린 결론처럼, 유난히 세심한 양육이 청소년기에도 큰 영향을 주지는 않는다. 사랑을 주거나, 정서적으로 지지적인 것과 같은 좋은 특성은 거의 효과가 없었다. 적어도 어떤 아이들이 불행하거나 법적인 문제에 얽히게 되는지를 예측할 때 중요한 것은 화를 내거나, 너무 가혹하거나, 불공평하게 훈육하는 것과 같은 나쁜 특성이었다.

이러한 발견 이후 몇몇 심리학자는 자신에게 휴식을 줄 것을 부모들에게 조언해 왔다. 완벽하려고 노력하거나, 축구 경기를 할 때마다 참관해야 한다거나, 학교 과제가 나올 때마다 도와주어야 한다고 생각하는 대신, '괜찮은(good enough)' 부모가 되라. 당신의 자녀는 그래도 잘할 것이고, 당신은 결혼 생활을 비롯한 삶의 다른 부분을 좀더 누릴 수 있을 것이다. 괜찮다는 개념이 헬리콥터 엄마나 호랑이 엄마에게는 큰 인기를 누리지 못하고 있지만, 이것은 다른 관계에도 적용할 만한 훌륭한 조언이다.

괜찮은 남편·아내·친구(또는 이웃)·교사(혹은 관리자)가 되라. 당신의 행동과 타인의 행동에 대한 해석 모두에서 완벽을 쟁취하는 것보다 초보적인 실수를 피하는 데 집중하라. 아래에 구체적인 지침이 있다.

힘에 부치는 약속을 하지 마라. 우리는 대부분 자신이 할 수 있는 것보다 더 큰 것을 약속한다. 이것은 심리학자들이 계획 오류(planning fallacy)라고 부르는 것으로, 과제에 필요한 시간과 노력을 과소 추정하는 경향성 때문이다. 시한을 맞추지 못하면, 우리는 가족·친구·동료가 자신의 좋은 의도만은 알아주기를 바란다. '내가 너를 위해 얼마나 노력했는지 봐!' 그러나 그들은 그러지 않을 것이다. 부정성 편향이 작용하기 때문이다. 그들은 좋은 의도보다 나쁜 결과에 초점을 맞출 것이다.

추가적으로 한 일에 대해 감사를 기대하지 마라. 에일릿 그니지(Ayelet Gneezy)가 아마존닷컴에서 영감을 얻은 실험에서 입증[18]한 것처럼, 당신이 약속한 것 이상의 일을 했을 때 그러한 노력은 인정받지 못할 가능성이 크다. 그녀는 아마존에 주문한 택배가 약속한 날짜보다 빨리 도착한 경우 자신이 특별히 감사하게 느끼지 않는다는 것에 주목했다. 그녀와 시카고 대학교의 동료 니컬러스 에플리(Nicholas Epley)는 학생들을 대상으로 한 실험에서 이것이 일반적인 반응이라는 것을 알게 되었다.

학생들은 암표상이 약속한 자리보다 나쁜 자리를 준 것에 대해서는 비난했지만, 약속한 것보다 좋은 자리를 준 것에 대해서는 특별히 감사하지 않았다. 한 실험에서는 학생들이 퍼즐 하나를 풀 때마다 그들에게 수당을 주었는데, 다른 사람이 (대가 없이) 그들을 도와 퍼즐 열 개를 풀어주겠다고 자원했다. 그가 열

개를 풀지 못했을 때, 학생들은 그가 지키지 못할 약속을 하고 충분히 노력하지 않았다고 했다. 그러나 그가 약속을 지켰을 때나 그보다 다섯 개를 더 풀었을 때의 평가는 동일했다. 약속보다 더 많은 퍼즐을 푼 것은 분명 노력이 더 필요한 일이었지만, 그의 호의를 받은 사람들은 그에 대해 감사하지 않았다.

무엇이 나쁜지는 보는 사람이 결정한다는 것을 기억하라. 다른 모든 사람이 보기에는 별것 아닌 문제도 한 사람에게 크게 다가온다면, 그것이 관계를 무너뜨릴 수 있다. 배우자의 반응을 전혀 이해할 수 없다 해도, 당신은 거기에 대처해야 한다. 부부 연구에서 보았듯이, 결혼 실패의 한 원인은 남성과 여성이 서로 다른 종류의 나쁜 것에 집중하는 경향 때문이다. 남성은 배우자의 성적 외도를 더 걱정하는 반면, 여성은 상대방의 정서적 회피를 더 걱정한다. 성격에 대한 문헌에 따르면 성별에 의한 차이가 큰 것으로 나타났다.

많은 국가에서 이루어진 연구[19]를 보면, 남성과 여성의 가장 큰 성격 차이는 부정적 정서와 관련이 있다. 여성은 남성보다 분노·불안·우울을 더 자주 경험한다. 또한 그들은 다른 사람의 부정적 정서를 더 잘 감지해 낸다. 서로 다른 정서를 나타내는 얼굴을 보여주었을 때,[20] 행복한 얼굴은 남성과 여성이 모두 잘 가려냈지만, 두렵거나 슬프거나 화가 난 얼굴은 여성이 더 정확하게 알아보았다. 이렇게 여성이 부정적 정서를 더 잘 파악하는 것을 진화론적으로 설명할 수 있다. 아기의 생존은 비언어적 스트레스 신호를 알아챌 수 있는 어머니의 능력에 오랜 시간 동안 달려 있었다(보통 여성이 남성보다 체구가 작기 때문에, 다른 사람의 분노가 물리적 폭력으로 이어지기 전에 빨리 눈치채는 것이 진화적으로 유리했을 수 있다). 정서적으로 닫혀 있는 남편은 자신이 부정적 감정을 숨겨서 가정의 평화를 유지하고 있다고 생각하겠지만, 사실 아내는 이미 그 감정을 알고 있을 가능성이 크다.

이러한 정서의 불균형은 보통 남성이 무엇이 잘못되었는지를 잘 이해하지 못하게 만든다. 트롤럽의 소설 《그는 자신이 옳다는 것을 알고 있었다》에 깔려 있는 큰 실패가 바로 이것이다. 루이스는 사실을 파악하는 데는 분명히 옳았으나(그가 아내에게 평판을 스스로 망치지 말라고 경고한 것은 맞아떨어졌다), 화가 난 그의 충고가 아내에게 미칠 영향을 고려하지 못한 것은 중대한 잘못이었다. 트롤럽은 쓰고 있다. "그는 그녀에게 부드럽게 말했어야 했다. 팔을 그녀의 허리에 두르고 그 '친구'와의 우정을 자제하는 것이 그들에게 더 좋을 것이라고 설명했어야 했다. 이런 말을 할 때는 시선의 방향이나 말하는 어조가 말 자체보다 훨씬 더 중요한 것이다." 루이스는 자신이 보기에는 옳은 행동을 했지만, 그의 아내는 완전히 다르게 보았기 때문에 결혼 생활에 위기가 온 것이다. 또한 그는 자기가 아내에게 얼마나 고통을 주고 있는지 잘 이해하지 못했다. 싸울 때는 배우자의 반응을 잘 살피고 그들의 처지에서 생각해 보는 것이 당신의 입장을 계속해서 주장하는 것보다 낫다. 적게 말하고 많이 들어라.

나쁜 순간들을 좋게 사용하라. 우리의 뇌는 부정적인 것에 집중하도록 진화했다. 그것이 무언가를 배우는 데 가장 효율적인 방법이기 때문이다. 관계에서 무언가 잘못되더라도 서로가 잘 맞는 짝이 아니라고 절망하지 마라. 교훈을 찾아라. 비판을 잔인한 공격이 아니라 유용한 피드백이라고 생각하라. 루이스가 에밀리에게 아버지의 친구를 만나면 평판을 떨어뜨릴 수 있다고 경고한 것은 그녀에게 가치 있는 정보를 준 것이다. 런던 사교계를 처음 접한 사람으로서 그녀는 그 세계가 어떻게 돌아가는지, 어떻게 나쁜 소문을 피할 수 있는지 배울 필요가 있었다. 그의 경고를 자신의 성격에 대한 비난으로 받아들이고 결혼에 문제가 있다고 생각하면서, 그녀는 자신과 결혼 생활에 도움이 될 교훈을 얻지 못한 것이다. 루이스 또한 아내와 처음으로 싸웠을 때 그의 강압적인 말투가 그녀에게 불필요한 모욕감을 주었다는 사실을 알아차렸다면 뭔가 배울 수 있었을 테지만, 그는 다음번 싸움을 막을 기회를 놓쳐버렸다. 나쁜 것은 훌륭한 교사가 될 수 있다.

비난하기 전에 생각하라. 기본적 귀인 오류(fundamental attribution error)[21]에 주의를 기울여라. 이것은 우리가 너무 자주 저지르는 실수에 심리학자들이 붙인 이름이다. 한 커플이 특별한 식당에서 분위기 있는 저녁 식사를 하기로 했는데 한 명이 늦었다고 해보자. 늦은 사람은 특정한 상황, 즉 사무실에 갑자기 닥친 위기나 예기치 못한 교통 체증을 탓할 것이다. 그러나 당신이 식당에서 혼자 기다린 사람이라면, 여기서 무언가를 더 읽어낼 것이다. "항상 그렇지." 당신은 혼잣말하며 상대의 불성실, 이기심 또는 그보다 더한 것("그녀는 더 이상 날 사랑하지 않아")의 증거 앞에서 속으로 분노한다.

당신이 맞을 수도 있다. 또는 당신이 기본적 귀인 오류를 범하고 있을 수도 있다. 이것은 외적 상황 때문에 발생한 행동을 보고 그 행위자의 내적 성격에 대해 결론을 내리는 경향성이다. 우리가 멈춤 표시판을 무시하고 달렸을 때는 주위 환경 핑계를 대지만("나무가 표시판을 가려서 안 보였어"), 다른 사람이 그랬을 때는 그의 책임이라고 생각한다("운전 진짜 못하네!").

연구자들은 이러한 오류를 좋은 행동과 나쁜 행동 모두에 적용할 수 있다고 생각했으나, 결국은 비슷한 부정성 효과만 발견했다. 이 오류는 부정적 행동을 판단할 때만 나타났다.[22] 누군가 긍정적인 뭔가를 했을 때, 우리는 그 속에 숨어 있는 것을 찾으려 하지 않지만("그가 올 A를 받은 건 교수님이 학점을 잘 줘서야"), 자신이 한 긍정적인 것은 자기에게 모든 공을 돌린다("내가 A를 받은 건 내가 잘해서야"). 우리가 불공정하게 일반화된 결론을 내리기 쉬운 때는 누군가의 부정적 행동을 판단할 때다. 이것은 우리가 잘 아는 사람에 대해서도 마찬가지다.

그래서 당신은 낭만적인 저녁을 즐기는 대신 지각한 상대방의 무례함 때문에 심사가 뒤틀리고, 상대는 자신이 통제할 수 없던 상황 탓에 부당하게 비난받고 있다고 느끼게 된다. 장기적으로 볼 때, 서로에 대한 이러한 종류의 오해는 관계에 치명적이다. 심리학자 벤저민 카니(Benjamin Karney)와 토머스 브래드버리(Thomas Bradbury)는 신혼부부들을 '귀인 양식'[23]에 따라 분류하면서 이것을 알게 되었다. 배우자의 실수를 일시적·외재적 특성보다 지속적·내재적 특성에 귀속시키는 경향이 높은 사람들이 이혼할 확률이 훨씬 높았다.

이러한 귀인 오류를 넘어서기는 쉬운 일이 아니다(이것이 '기본적' 오류라고 부르는 한 이유다). 그러나 일단 이러한 오류를 깨달으면, 당신은 의식적으로 보완할 수 있다. 배우자의 실수를 자동적으로 성격 결함이나 고칠 수 없는 고질병이라고 생각하는 대신, 더 설득력 있는 설명을 의식적으로 생각하라. 이러한 재고가 주는 이득을 상대방에게 나누어 주라.

싸울 때는 가상의 심판을 세워라. 생각을 달리하는 또 하나의 방법은 '결혼 지원(marriage hack)'[24]이다. 엘리 핀켈(Eli Finkel)은 자신의 사회심리학자 팀이 시카고 지역의 부부들에게 가르쳐준 간단한 기법에 이 같은 이름을 붙였다. 4개월마다 부부들에게 결혼 만족도와 요즘 가장 크게 부딪친 일이 무언지 물었다. 연구 첫해 동안 그들의 결혼 만족도는 일반적으로 그렇듯이 서서히 낮아졌다. 그러다가 두 번째 해가 시작되고 부부들이 자신들의 최근 갈등을 이야기할 때, 그들 중 일부에게 또 다른 과제를 주었다. 즉 당신이 이 갈등을 지켜보는 제3자라고 생각해 보라. 갈등이 어떻게 보일까? 갈등으로 인해 무엇을 얻을 수 있을까?

이 심판의 판정을 상상해서 적은 부부들은 집에서 다툴 때도 이 제3자의 관점을 취해볼 것을 권고받았다. 이것은 효과가 있었다. 결혼 만족도는 더 이상 떨어지지 않았고 이듬해까지 안정적으로 유지되었다. 반면, 실험에 참여한 다른 부부들의 결혼 만족도는 계속해서 감소했다. 가상 심판의 눈으로 상황을 바라봄으로써, 부부는 분노를 가라앉히고, 기꺼이 상대방의 말을 경청하고 타협하려고 했다.

다른 사람의 의견을 들어라. 가상의 심판이 효과가 없다면, 실제 심판을 데려와라. 자신감 부족이 당신의 관점을 왜곡할 때, 관점을 바꾸는 것은 특히 더 어렵다. 그러나 거절에 대한 두려움으로 판단력이 흐려지지 않은 사람의 의견을 들어볼 수 있다. 이것이 커플 치료의 가장 큰 장점이기도 한데, 다른 사람의 의견을 들어보기 위해 전문가를 찾을 필요는 없다. 트롤럽의 소설에서 루이스와 에밀리가 친구들에게 귀를 기울였다면, 그 모든 위기를 피했을지도 모른다. 소설에서 가장 값진 충고는 루이스가 에밀리를 모욕할 뜻이 없었음을 깨달은 에밀리의 여동생이 그녀에게 무료로 해준 "내가 언니라면 잊어버리겠어"라는 것이다.

판단을 보류하라. 당신이 상상한, 혹은 실제 일어난 배우자의 공격을 그냥 넘길 수 있는 것은 결혼을 유지하는 확실한 방법이다. 우리의 한 친구는 아내의 잘못을 한발 물러서서 바라보기 위해 화장실 거울에 "너도 똑같아"라는 쪽지를 붙여놓았다. 연인들의 뇌[25]를 촬영해 본 연구자들은 참여자들이 이러한 행동을 자동적으로 한다는 것에 깜짝 놀랐다. 사회심리학자 샤오멍 쉬(Xiaomeng Xu)와 아서 아론(Arthur Aron)은 신경과학자 루시 브라운(Lucy Brown)과 함께 아직 열애 초기 단계에 있는 베이징 연인들을 연구했다. 그들은 참여자들에게 다른 사람의 사진과 함께 연인 사진을 보여주었다. 그 결과, 코카인을 비롯한 강렬한 쾌락으로 활성화되는 도파민 보상 체계와 관련된 뇌 회로의 활동이 연인의 사진을 볼 때 매우 활발해졌다.

그러나 사랑의 불꽃이 사그라지고 나면 어떨까? 3년이 지나서도 그들 중 절반이 여전히 사귀고 있었다. 왜 그런지 이해하기 위해 연구자들은 그들의 원래 자료를 헤어진 커플과 비교해 보았다. 그러자 중요한 (그리고 예측하지 못한) 차이가 드러났다. 나중에도 연인과 함께한 사람들은 상대의 사진을 보았을 때 부정적 판단을 할 때 나타나는 전전두엽 피질 영역 활동이 줄어들었다. 그들은 비판을 삼갔고, 그 결과 관계는 발전했다.

이러한 발견은 20년 넘게 결혼 생활을 한 뉴욕 부부들의 뇌를 촬영한 연구에서 다시 한번 확인되었다. 사회심리학자 비앙카 아세베도(Bianca Acevedo)와 문화인류학자 헬렌 피셔(Helen Fisher)는 결혼 생활에 가장 만족하는 부부들은 (설문지로 측정한 결과와 같이) 다른 사람들을 부정적으로 판단하는 데 관련된 뇌 영역 활동이 적다는 사실을 발견했다. 그들도 배우자의 사진을 보았을 때 부정성 편향을 내려놓았다. 틀림없이 그들의 배우자도 허물이 있었지만 그들의 결혼 생활이 행복하게 이어진 것은 그들의 뇌가 시인 윌리엄 블레이크(William Blake)[26]가 읊은 원리를 자동으로 따랐기 때문이다. "사랑은 허물에 언제나 눈먼 것."

블레이크의 지혜는 커플들의 환상[27]을 추적한 다른 여러 연구에서도 입증되었다. 이 환상은 참여자들에게 자신과 상대방의 특성을 평가해 보는 것으로 측정했다. 가장 비현실적인 커플들, 즉 상대방을 이상화하고 상대방의 자기 평가보다 그를 더 높게 평가한 커플들이 만족감을 유지하고 연구 기간 동안 계속 함께할 가능성이 가장 높았다. 게다가 이러한 긍정적 환상에는 이점이 더 있었다. 즉 결국 상대방도 자신에 대한 이러한 이상화된 시각을 받아들이게 된 것이다. 모두가 기분이 더 나아졌다.

이러한 긍정적 환상을 자연스럽게 가질 수 없다면, 상대방의 강점을 의식적으로 생각하면서 이러한 환상을 키워라. 그녀가 그러한 강점 중 하나를 내보일 때는 당신이 그런 점을 정말 좋아한다고 말해줘라. 그의 습관 하나가 신경 쓰일 때는 그가 그렇게 하는 이유를 이해하고 밝은 면을 보려고 노력해 보라. 그래, 그가 휴가 갈 때 강박적으로 짐을 너무 많이 싸긴 하지만 적어도 뭘 잊어버리지는 않잖아. 내가 나중에 그 물건이 필요할 수도 있어.

말려들지 마라. 당신의 뇌 회로가 상대방의 죄를 감지했더라도, 알아채지 못한 것처럼 행동할 수 있다. 우리는 루스 베이더 긴즈버그(Ruth Bader Ginsburg: 미국 역사상 두 번째 여성 연방 대법관—옮긴이)의 결혼식 날 시어머니가 그녀에게 해준 충고를 따를 수 있다. "결혼 생활을 잘하려면 어떨 때는 귀가 좀 안 들리는 게 좋단다." 50년도 더 지나서 긴즈버그는 대학생 청중들에게 이 충고[28]를 전하며 자신은 이 충고를 집에서뿐만 아니라 대법원을 포함해 자신이 일한 모든 곳에서 열심히 따랐다고 설명했다.

"누군가 사려 깊지 못하거나 불친절한 말을 하면, 듣지 않는 게 가장 좋아요. 분노나 불쾌감을 느끼면서 반응하는 게 설득력을 높여주지는 않을 거거든요." 물론 언제나 못 들은 척할 수는 없다. 어떤 공격은 견디기에는 너무 고통스럽기 때문이다. 그런 문제는 직면해야겠지만, 분노에 찬 즉각적인 응수는 좋은 방법이 아니다. SNS 시대에는 더더욱 그렇다.

반응해야만 한다면, 악화시키지 마라. 자신의 입장을 변호하고 무엇이 문제인지를 설명하되, 침착하라. 당신에게는 끔찍해 보이는 것이 다른 모든 사람에게는 아무렇지도 않을 수 있다는 것을 다시 한번 기억하고, 상대방이 무례하거나 잔인하다고 단정 짓지 마라(우리는 나중에 비판이나 나쁜 소식을 어떻게 전하면 좋을지 이야기할 것이다). 삐치거나 되갚아주려 하지 마라. 사소한 의견 불일치가 순식간에 큰 싸움이 될 수 있기 때문이다. 갈등은 부정성 효과로 인해 점점 심해지는 특성이 있다. 심리학자 보아즈 케이자(Boaz Keysar)와 시카고 대학교의 동료들은 두 가지 종류의 독재자 게임[29]을 사용해 이를 잘 보여주었다.

이 게임은 원래 한 참가자에게 100달러를 준 다음, 그중 자신이 원하는 만큼을 다른 참가자에게 나누어 줄 수 있다고 알려주면서 시작된다. 이 참가자를 독재자라고 부르는 이유는 무엇이든 마음대로 할 수 있기 때문이다. 돈을 다른 참가자에게 똑같이 나눠 줄 수도 있고, 더 적게 줄 수도 있고, 자신이 다 가질 수도 있다. 그(독재자)가 결정을 내리면 이번에는 역할을 바꾸어 새로운 판을 시작하는데, 이번에는 그녀(상대방)가 100달러를 받고 돈을 나눈다. 그러고 나서는 번갈아 독재자 역할을 몇 번 더 한다.

이렇게 실험했을 때는 모든 것이 순조로웠다. 독재자는 보통 시작할 때 자기 몫으로 더 많은 돈을 가져가다가, 점차 상대방이 만족할 만큼 충분한 돈을 주었다. 다음 판에서 그녀는 최소한 그가 자신에게 주었던 만큼의 돈을 주는 식으로 보답했고, 그러면 그도 비슷한 정도의 관대함으로 화답했다. 그들이 게임을 더 많이 할수록 분배 비율은 50 대 50에 가까워졌다.

그러나 연구자들이 행운을 다른 방식으로 기술한 부정적인 게임을 했을 때는 일이 그렇게 우호적으로 진행되지 않았다. 연구자는 독재자에게 상대방에게 돈을 나눠 줄 수 있다고 하는 대신, 상대방이 100달러를 받았고 이제 독재자가 그중에 얼마를 가져야 할지 결정하면 된다고 안내했다. 이는 원래 게임과 같은 (독재자가 100달러를 나누는) 결정이었지만, 이득이 아닌 손실로 제시되었다. 상대방은 독재자에게 선물을 받는 대신 자신의 돈을 빼앗기는 것이기 때문이다.

이 부정적인 독재자 게임을 시작할 때는 독재자가 원래 게임보다 더 너그러운 모습을 보였다. 그는 상대가 자신의 돈을 빼앗기는 데 분노할 것이라는 점을 알았고, 그래서 자신의 몫을 더 많이 가져오는 대신 50 대 50으로 똑같이 나누었다. 그러나 그것도 여전히 그녀에게는 부족했다. 다음 판에서 그녀는 자신의 몫을 더 많이 가져와 60 대 40 정도로 돈을 나누었고, 그 뒤에는 참여자들이 점점 더 이기적으로 행동하면서 상황이 나빠졌다. 그들은 상대방의 공격을 되갚아 주는 것으로 그치지 않았다. 그들은 상황을 악화시켰다. 이 실험 결과를 보고 영감을 얻은 시카고의 심리학자들은 새로운 상호성 법칙을 제안했다. '당신이 내 등을 긁어주면 나도 당신의 등을 긁어주겠지만, 당신이 내 한쪽 눈을 가져간다면 나는 당신의 양쪽 눈을 다 가져가겠다.'

그러니 반응하기 전에, 당신의 분노를 제어하라. 복수하기 전에 이렇게 이야기해 보라. "나는 계속 긍정적이고자 노력하겠지만, 당신도 그렇게 해주지 않으면 혼자서는 계속할 수가 없어요." 어떤 말을 하든 두 사람 모두 쉽게 그 순간에 느끼는 것보다 상황을 훨씬 더 나쁘게 만들 수 있음을 기억하라.

부정성 황금률을 따르라. 우리 중 대부분은 자신을 좋게 생각하고, 우리의 빛나는 특성이 친구와 가족에게도 분명히 보일 것이라고 생각한다. 우리는 자신이 베

푸는 도움이나 희생, 기쁨과 웃음을 상대방이 알아주기를 바란다. 그러나 그들에게 가장 분명하게 보이는 것은 그것이 아니다.

연인·자녀·친구·동료, 아니면 다른 누구를 대할 때에도, 나쁜 것을 피하는 것이 좋은 것을 하는 것보다 훨씬 더 중요하다. 당신이 다른 이들에게 무엇을 하느냐는 별로 중요치 않다. 무엇을 하지 않느냐가 중요하다.

뇌 속의 악령

우리 안의 부정성

펠릭스 바움가르트너(Felix Baumgartner)[1]가 지상에서 40킬로미터 높이의 풍선 캡슐에서 뛰어내리기 전부터, 팬들은 이미 그를 두려움 없는 펠릭스라고 불렀다. 그는 세계에서 가장 높은 건물 두 동에서 뛰어내렸고, 탄소섬유 날개를 달고 스카이다이빙을 해서 영국해협을 건넜다. 또한, 그는 크로아티아에 있는 180미터 깊이 동굴 가장자리에서 검은 심연 속으로 뛰어내렸다가 언제나처럼 두려움 없는 승리자의 모습으로 돌아왔다.

성층권에서의 첫 번째 초음속 낙하 계획도 처음에는 그를 겁나게 하지 않았다. 항공우주 전문가들의 지도 아래 훈련하기 위해 최초의 초음속 비행이 이루어진 캘리포니아 모하비 사막의 공군기지 근처로 떠날 때, 그는 의욕에 차 있었다. 위험에 대한 질문을 받았을 때, 그는 임무 도중에 죽을 가능성을 차분하게 생각해 보았다. 면적이 약 16만 제곱미터에 달하는 거대한 고서머(gossamer: 거미줄로 짠 것 같은 얇고 투명한 특수소재―옮긴이) 풍선은 세탁소에서 옷에 씌우는 비닐보다도 얇았고, 이것이 처음 수십 킬로미터를 올라가는 동안 바람 때문에 찢어지면 그는 낙하산을 펼 겨를도 없이 땅에 내동댕이쳐지게 된다. 공기가 희박한 35킬로미터 상공에서 우주복의 압력이 떨어지면 혈액이 끓어오르기 시작하겠지만, 낙하 도중 몸을 통제하지 못하는 것에 비하면 걱정거리도 아니었다. 그가 시속 1130킬로미터 이상의 속도로 가속하는 동안 신체의 일부는 음속 장벽을 깨고 나머지는 음속하에 남아 있으면, 심각한 변화가 생겨 치명적인 '레드아웃(red-out)', 즉 몸이 빠르게 빙글빙글 돌면서 피가 눈으로 뿜어져 나오는 현상이 발생할 가능성이 있었다.

펠릭스는 어느 날 오후 훈련하다가 이렇게 말했다. "초음속으로 떨어지기 시작하면 어떻게 될지 전혀 몰라요. 나도 두렵죠. 하지만 두려움이 방해하지 않도록 통제하는 방법을 배웠어요." 어쨌든 그는 그렇게 생각했다. 오스트리아 낙하산 부대의 일원으로 마흔한 살의 나이에 2500번이 넘는 낙하를 했으며 도전을 직업으로 하는 사람이지만, 이번에는 맞춤 우주복과 헬멧이라는 새로운 도전에 적응해야 했다. 지상에서 이것을 착용하고 훈련을 받을 때 그는 고립감을 느꼈는데, 바깥 공기를 느낄 수도 없었고 자신의 숨소리 외에는 아무것도 들을 수 없었기 때문이다. 그는 가끔씩 덫에 걸린 느낌이 들었고 당장 우주복과 헬멧을 벗어던지고 싶었지만, 그래도 자신감은 있었다.

"마음에 달린 문제예요. 저는 마음의 준비를 하고 불속에 뛰어드는 것, 거기서 더 노력하는 건 정말 잘하니까 걱정하지 않아요."

그날 첫 번째 비행 테스트를 위해 풍동(wind tunnel: 공기의 흐름에 따른 변화를 관찰하기 위해 인공 터널 속에 센 바람을 일으키는 장치―옮긴이)에 들어갔을 때,

그의 자신감은 정당한 것처럼 보였다. 두툼한 압력 우주복과 헬멧은 모든 움직임을 어색하게 만들었다(뒤뚱거리며 풍동 안으로 들어갈 때, 그는 관절염을 앓는 헐크처럼 보였다). 하지만 일단 바람을 타고 떠오르자, 그는 전문가답게 몸을 움직여 머리부터 45도 각도로 떨어지는 적절한 낙하 자세를 취했다. 테스트가 끝난 뒤 그와 엔지니어링 팀은 의기양양했다. 그가 우주비행사에 적합한 자질을 갖고 있는 것이 모두에게 분명해 보였다. 그들은 다음 발걸음을 내디딜 준비를 했다. 그것은 텍사스의 공군기지에서 고고도 체임버(high-altitude chamber) 안에 펠릭스와 압축 캡슐을 태우고 다섯 시간 동안 얼음처럼 차갑고 희박한 성층권의 공기 속으로 올라가는 상황을 대비한 가상훈련이었다.

텍사스로 가기 전날 밤, 펠릭스는 로스앤젤레스의 아파트에서 짐을 다 싸고도 잠을 이룰 수 없었다. 그는 계속해서 생각했다. 다섯 시간. 그가 우주복을 입고 헬멧 속에 갇힌 채 그렇게 오래 버틸 수 있을까? 새벽 무렵 그는 답을 찾아냈다. '말도 안 돼.' 6시에 그는 오스트리아의 집으로 가는 비행기를 예약하고 로스앤젤레스 공항으로 향했다. 그곳에서 그는 프로젝트를 감독하는 항공우주 엔지니어 아트 톰슨(Art Thompson)에게 전화를 걸었다.

"아트, 죄송해요. 전 못하겠어요." 처음에 톰슨은 그가 농담을 한다고 생각했다. 그다음 펠릭스를 진정시키려 했다.

"거기서 꼼짝하지 마. 내가 공항으로 갈게." 톰슨이 말했다.

"아니에요. 전 못해요." 펠릭스가 말했다.

이때쯤 그는 공항 바닥에 앉아 울고 있었다. 그를 지원해 주는 레드불 회사(Red Bull energy drink company)는 드러내 놓고 말하지는 않았지만 이 프로젝트를 위해 3년간 수많은 엔지니어·신경생리학자·기술자를 고용하고 수백만 달러를 썼는데, 그들 모두에게 실패를 안겨주었던 셈이다. 저돌적인 인간으로서의 그의 경력은 끝난 것이다.

두려움 없는 펠릭스는 결국 부정성의 힘에 항복했다. 40킬로미터 높이의 우주 공간에서 뛰어내리는 것을 두려워하지 않던 그가 오늘은 너무 두려워서 우주복을 입고 땅에서 안전하게 다섯 시간 동안 앉아 있지도 못했다. 그는 몇 년 동안 훈련하면서 두려움을 숨기려고 했지만 그동안 그 두려움은 자라고 있었다. 처음에 그것은 그저 우주복과 헬멧을 착용하고 몇 분 뒤에 드는 가벼운 불편함이었다. 그러다 그는 헬멧을 미리 두려워하기 시작했다. 로스앤젤레스의 아파트에서 운전해 가다가 게티 뮤지엄(Getty Museum)이 보이면, 그는 사막에 있는 훈련장까지 한 시간밖에 남지 않았다는 것을 깨닫고 긴장했다. 랭커스터(Lancaster) 지역 근처에 다다라 팜데일호(Lake Palmdale)를 보면, 그는 15분밖에 남지 않았다는 생각에 다시 한 번 고통스러운 동요를 느꼈다. 그는 호수를 지날 때면 집행을 기다리는 사형수 같다고 느끼기 시작했다.

우주복을 입어야 할 건물 안으로 들어갈 때쯤에는 아주 사소한 것조차도 거슬렸다. 탈의실의 불빛은 너무 밝았다. 헬멧 이음새에 들어 있는 고무 냄새를 견딜 수가 없었다. 그는 모두에게 자신의 자질을 증명하고 싶었지만, 더 이상 감출 수가 없었다. 도망치며 수치심을 느끼는 것이 그 옷 안에 갇혀 있는 것보다 나았다.

왜 잘못된 자질이 우세하게 된 걸까? 처음에 우주복을 입고 훈련할 때 피력했던 자신감은 어디로 간 걸까? 펠릭스는 정확히 알 수 없었지만, 이전의 대화에서 한 가지에 대해서만큼은 그가 옳았다. 그것은 '마음에 달린 것'이었다.

두려워하는 뇌

뇌는 신체를 보호하기 위해 진화했다. 뇌는 대개는 낡은 구조를 대체하기보다는 새로운 구조를 덧붙이면서 천천히 발달했다. 그래서 뇌는 새로운 위험에 대처할 수 있는 새로운 체계를 만들 수 있었다. 신경과학자들은 세 가지 주된 위험 경고 체계[2]를 찾아냈다. 가장 간단하고, 진화적으로 가장 오래된 체계는 기저핵(basal ganglia) 체계다. 이 뉴런 집합체는 파충류에게도 있다. 그것은 말하자면 자동적으로 작동하는 것으로 보인다. 일반적인 위협을 감지하고 경보를 울려 동물이 싸우거나 도망가도록 하는 데는 이것으로 충분하다. 악어는 위원회 회의, 대책 수립, 반대편과의 협상에 의한 위협에는 반응하지 않는다.

이후의 진화에서 나타나는 다른 위험 경고 체계는 변연계(limbic system)다. 여기에는 편도체(amygdala)가 들어 있는데, 이것은 뇌 중간 부분에 있는 작지만 중요한 부분이다. 편도체는 위협·위험·문제에 반응하여 정서를 일으킨다. 이것은 기저핵을 대체하는 것이 아니라 그것과 함께 작동하여 생물체의 반응에 새로운 이해와 유연성을 더해준다.

이들 두 체계는 언어가 발달하기 오래전부터 진화해 왔으며, 우리가 위험을 의식적으로 깨닫지 못할 때도 반응한다. 신경과학자들은 적대적인 얼굴을 보면 뇌의 다른 부분이 그것을 인식하기 전에 편도체가 반응할 수 있다[3]는 것을 발견했다. 기저핵은 우리가 정서를 경험하기 전에 작동하며, 과잉 반응하도록 진화한 것으로 보인다. 편도체와 기저핵은 안전한 상황에서도 동물로 하여금 도망가게 만들지만, 이러한 실수는 포식자에게서 탈출하지 못했을 때보다 대가가 훨씬 적은 실수다. 오늘날 교외지역 주민들은 집 근처에서 죽음의 위협에 그리 자주 맞닥뜨리지 않지만, 아주 오래된 뇌 영역은 여전히 똑같은 방식으로 반응한다. 즉 후회하느니 안전한 것이 낫다.

진화적으로 훨씬 이후, 전전두엽 피질(prefrontal cortex)에서 세 번째 경보 체계가 출현한다. 맨 앞에 붙는 접두사 '전(前, pre)'은 뇌에서 이 영역의 위치를 가리킨다. 이것은 뇌 앞부분 중에서도 앞부분을 뜻하는 말로, 진화적인 측면에서 비교적 새로운 영역이라고 볼 수 있다. 이 부위는 다른 종에 비해 인간에게서 훨씬 많이 발달했다. 전전두엽 피질은 인간에게 특징적인 것으로, 파충류와는 별 상관이 없는 활동, 즉 논리적 추론·의식적 사고·통제의 실행과 같은 활동과 관계가 있다. 전전두엽 피질은 언어적 사고를 통해 사건의 상징적 의미를 평가할 수 있다. 또한 기저핵이나 변연계보다는 훨씬 유연하고 특화된 체계이지만, 이들 두 체계를 활성화시킬 수 있다. 어떤 생각(호수가 보이니까 이제 15분 뒤에는 우주복을 입어야 되는구나)이 기본적인 두려움이나 위험을 느끼게 하면, 그 사람은 감정적이고 비합리적으로 반응할 수 있다. 전전두엽 피질은 더 행복한 생각(우주복은 내가 세계기록을 세우는 데 도움이 될 거야)도 처리할 수 있지만, 그 결과가 그렇게 강력하거나 신속하지는 않을 것이다. 부정성이 뇌를 비롯한 신경계를 지배하기 때문이다.

우리는 세상을 볼 때 자동적으로 위험에 주의를 기울인다. 8개월 된 아기도 개구리 그림보다 뱀 그림을, 행복한 얼굴보다 슬픈 얼굴을 더 빨리 바라본다.[4] 다섯 살 아이[5]에게 여러 얼굴을 보여주면, 그들은 행복한 얼굴보다 슬픈 얼굴을 더 빨리 찾아내고, 두려워하거나 화난 얼굴은 그것보다도 더 빨리 찾아낸다. (양안 경쟁이라 부르는 실험을 위해) 양쪽 눈에 각각 다른 상이 비치는 안경을 썼을 때, 성인의 뇌는 두려움이나 혐오감을 일으키는 상에 초점을 맞춘다.[6] 연구자들은 양안 경쟁 실험[7]에서 참여자들에게 어떤 학생에 대한 소문을 전해준 뒤 그 학생의 사진을 제시했다. 어떤 참여자들에게는 그 학생이 한 할머니의 장바구니를 들어주었다고 이야기했고, 다른 참여자들에게는 그 학생이 같은 반 학생에게 의자를 던졌다고 이야기했다. 그다음 한쪽 눈에는 그 학생의 사진을, 다른 쪽 눈에는 집 사진을 제시했다. 이때 상을 제시하는 눈의 위치를 바꾸어가면서 뇌가 각 상에 얼마나 오래 집중하는지 측정했다. 학생이 의자를 던졌다고 말했을 때의 뇌는 그가 착한 사마리아인이라고 생각할 때보다 의미 있게 더 긴 시간 동안 그의 얼굴에 집중했다. 뇌는 말 그대로 좋은 것은 볼 수 없었다.

이러한 신경적 편향은 스트룹 검사(Stroop test)[8]를 이용한 실험에서도 나타났다. 스트룹 검사는 사람들에게 낱말을 보여주고 글자의 색깔을 물어봄으로써 뇌가 자동적으로 반응하는 과정을 연구하는 전통적인 방법이다. 빨리 대답하는 비결은 단어의 의미를 무시하고 글자 색깔에만 집중하는 것이지만, 어떤 단어에 대해서는 그렇게 하는 것이 어렵다. 만약 빨간색으로 '초록색'이라고 쓰여 있다면, 뇌가 자동적으로 단어의 의미를 해석하는 것에 저항해야 하며, 따라서 빨간색이라고 말하는 데 더 오래 걸릴 것이다. 같은 종류의 지연이 사람들에게 부정적 특질을 보여주었을 때 나타난다. '부정직함'과 같은 단어를 보았을 때 '친근함'과 같은 단어를 보았을 때보다 답하는 데 더 오래 걸리는데, 이는 뇌가 자동적으로 좋은 특질보다 나쁜 특질에 더 주의를 기울이기 때문이다.

날카롭거나 뜨거운 것을 만졌을 때처럼, 척추를 따라 전해지면서 회피 반사[9]를 통제하는 간단한 신경 신호에서도 부정성 편향이 나타난다. 이 것은 인간과 동물의 원초적인 반사로, 앞으로 나아가게끔 하는 폄근 반사(extensor reflex)와 함께 진화한 것이다. 하지만 회피 반사는 폄근 반사에 비해 물리적으로 훨씬 강력하며 방해를 덜 받는다. 편도체에서도 비슷한 불균형이 나타난다. 이 부분은 뇌의 원시적이고 감정적인 부분으로, 무언 가를 원하는 것과 같은 기본적 과정과 관련된다(프로이트 시대였다면 편도체를 욕망과 충동의 원천인 원초아(id)와 연결시켰을 것이다). 편도체는 무언가를 평가할 때 중요한 역할을 하는데, 왜냐하면 이것이 좋아 보이는지 아니면 나빠 보이는지는 당신이 무엇을 원하고 무엇을 필요로 하는지에 달려 있기 때 문이다. 배고플 때는 음식이 보기도 좋고 맛도 좋다. 욕구를 충족시켜 주 기 때문이다. 편도체는 무의식적 처리와 관련되지만, 의식적인 정보와 목 표에도 영향을 받을 수 있기 때문에 반응을 어느 정도는 통제할 수 있다.

편도체의 유연성[10]을 알아보기 위해 연구자들은 실험 참여자들에게 유 명인의 사진을 보여주고 편도체 활동을 측정했다. 참여자들에게 긍정적 인 사진을 찾으라고 지시했을 때, 편도체는 악당을 보았을 때보다 좋아 하는 영화배우나 테레사 수녀를 볼 때 더 활성화되었다. 반대로 부정적인 사진을 찾도록 했을 때, 편도체는 아돌프 히틀러와 같은 인물의 사진에 더 강하게 반응했다. 다시 말해, 편도체의 정서적 반응은 의식적으로 (그 리고 실험 보조원의 지시에 따라) 조절할 수 있는 것이다. 그러나 부정성의 힘은 여전히 분명했다. 사람들이 나쁜 것을 찾을 때는 긍정적 정보에 대한 처리는 감소했다. 이것은 좋은 소식이 관련이 없을 때 뇌가 이러한 정보를 억제하는 데 꽤 숙달되어 있다는 의미다. 그러나 뇌는 관련성이 없는 나쁜 소식은 잘 억제하지 못한다. 뇌는 좋은 것을 찾을 때에만 좋은 사람들에게 반응했지만, 나쁜 사람들에 대한 반응은 한 번도 멈추지 않았다.

일이 잘 풀릴 때조차도 편도체는 계속 햇살 뒤의 먹구름을 찾는다.[11] 참여자들이 돈을 따거나 잃는 선택을 연속해서 할 때, 편도체는 딴 돈의 양에 상관없이 발생 가능한 손해에 경계하고 있다는 것을 실험자들은 알아냈다. 항상 이익을 보는 선택을 했을 때도 편도체는 발생하지 않은 위협에 반응했다. 어떤 사람들의 뇌는 가능한 위험이나 위협에 민감해져, 절대 발생하지 않는 위험에도 불구하고 그것이 발생할 수 있다는 모든 실마리에 경보를 울렸다. 절대 일어나지 않는 일에 대해서는 소거라고 알려진 과정을 통해 더 이상 반응하지 않는 것이 마음의 정상적인 패턴인데, 이러한 자연스러운 소멸은 조절하기가 어렵다. 왜냐하면 진짜 위협의 회피와 존재하지 않는 위협의 회피 사이의 차이를 구분하는 것이 힘들기 때문이다. 당신이 아침으로 도넛을 먹지 않으면 지구가 폭발할까 봐 두려워한다면, 결국 도넛을 엄청나게 많이 먹게 될 것이다. 이봐, 그게 지금까지 효과가 있었지(지구가 폭발하지 않고 있으니까), 안 그래?

위와 같은 공포증은 (당신이 살을 빼려고 하지 않는다면) 큰 해가 되지는 않을 것이고, 위협에 대한 본능적인 두려움이 유용할 때가 분명히 있다. 편도체의 부정성 편향은 너무나 강력해서 뇌가 부상을 입은 후에도 부분적으로는 남아 있다. 연구자들은 편도체 일부를 다친 참여자들[12]을 대상으로 선택 과제를 실시했다. 어떤 때는 선택을 손실의 틀로 제시했다. 25센트의 벌금을 내겠습니까, 아니면 50 대 50 확률 게임에서 이기면 아무것도 내지 않고 지면 1달러를 내는 내기를 하겠습니까? (장기적으로 보았을 때, 평균 50센트를 내야 하는 내기를 하는 것보다 25센트를 내는 것이 더 현명하다.) 아니면 25센트를 내거나 1달러를 잃을 확률이 10퍼센트인 내기를 할 수 있습니다(이 때는 내기를 하라). 편도체 부상을 당한 사람들도 전반적으로 손해를 최소화하는 옳은 선택을 했다. 그러나 선택의 틀이 긍정적으로 제시되었을 때— 25센트를 '받겠습니까', 아니면 1달러를 '딸 수 있는' 내기를 하겠습니까? —그들은 형편없는 선택을 하는 도박꾼이 되었다. 그들은 장기적으로 보고 내기를 걸었고 돈을 벌 수 있는 확실한 기회를 놓쳤다. 좋은 것을 다룰 수 있는 뇌의 능력은 너무 약해서 편도체의 부분적 손상으로도 망가질 수 있었다. 부정성의 힘만이 부상을 넘어설 정도로 강력했다.

  뇌의 부정성 편향은 펠릭스 바움가르트너의 수렵-채집 조상에게는 유용했지만, 사형수처럼 느끼게 만드는 호수를 보거나 헬멧의 고무 이음새 냄새를 맡고 심장박동이 빨라질 때, 그러한 편향성은 그에게 아무런 득이 되지 않는다. 부정성 편향은 심박 수, 소화, 땀의 분비, 성적 반응, 소변 배출과 같은 기본적 기능을 통제하는 자율신경계에서 투쟁-도피 반응(fight-or-flight response)을 촉발시킨다. 자율신경계는 상당 부분 무의식적으로 작동하기 때문에, 의식적인 마음은 시를 쓰거나, 영화를 보거나, 인생에서 무엇을 할 것인지를 결정하는 것과 같은 새롭고 거창한 일에 자유롭게 집중할 수 있다. 하지만 이때도 빛의 양에 따라 눈의 동공을 조정하는 것과 같은 방식으로 자율신경계의 도움이 필요하다. 자율신경계는 과학자들이 각성(비슷하게 들릴 수 있지만 성적 각성과 혼동해서는 안 된다)이라고 부르는 신체의 에너지 수준도 조정한다. 펠릭스가 각성하면, 그의 아드레날린 분비선은 혈류 속으로 스트레스 호르몬을 펌프질하기 시작했다. 심장박동이 빨라지고 호흡은 더 짧고 가빠졌다. 땀을 더 흘렸다. 소화계의 활동도 느려졌는데, 이것은 근육에 에너지를 주기 위한 것이었다. 그러나 그것은 배가 조이는 느낌을 증가시켜 공황 상태를 악화시켰다.

자율신경계는 나쁜 것과 좋은 것 모두에 의해 각성될 수 있지만, 연구자들은 나쁜 것이 여느 때와 같이 영향력을 더 발휘한다는 것을 발견했다. 호흡은 나쁜 것에 대한 반응에서 특히 짧고 빨랐으며, 각성의 또 다른 신호로 동공이 커졌다. 사람들에게 카드 두 장[13] 중 어떤 카드에 더 큰 숫자가 적혀 있는지 맞혀보도록 했을 때, 예측이 맞았을 때보다 틀렸을 때 동공이 더 확장했다. 돈이 걸려 있을 때, 사람들은 이익보다는 손해에 더 각성되었고, 이러한 편향은 사람들이 의식적으로 두려움을 느끼지 못할 때[14]도 분명하게 나타났다. 한 실험에서 참여자들은 많은 돈을 거는 내기와 적게 거는 내기 가운데 하나를 선택했는데, 의식적으로는 아무런 의식적 선호를 보이지 않았다. 그들은 전전두엽 피질을 사용해서 어떤 경우든 확률은 같다는 것을 알았을 것이고, 그래서 금액이 큰 내기와 적은 내기를 비슷하게 선택했다. 하지만 금액이 큰 내기, 즉 더 큰 손해도 볼 수 있는 내기를 선택했을 때 그들의 심박 수는 더 빨랐고 동공은 더 커졌다.

성층권에서 뛰어내리기 위해서 펠릭스는 어떻게든 본능적인 두려움을 다스리고, 편도체를 통제하고, 자율신경계에서 투쟁-도피 반응이 일어나는 것을 막아야 했다. 그는 혼자서 이 일을 할 수 있다고 생각했지만, 마음에 달린 문제를 이해하는 누군가의 도움이 필요했다.

긍정적 사고의 스승

공항에서 눈물을 흘리며 통화를 한 지 석 달이 지나, 펠릭스는 우주복과 회의적인 팀에 직면하기 위해 돌아왔다. 그의 훈련 담당자들은 이런 종류의 두려움이 있는 사람을 즉시 걸러내는 미국 공군과 미국 항공우주국(NASA) 프로그램의 베테랑들이었다. 고고도에 오르는 조종사나 우주비행사가 되고자 하는 지원자들은 가장 먼저 이 프로그램의 테스트를 거쳐야 했다. 어떤 때는 지원자에게 압력 우주복과 헬멧을 착용하게 하고, 시험 감독관은 아무 설명 없이 또 언제 돌아오겠다는 말도 없이 방을 나가버리기도 했다. 우주복의 냉각 장치를 끄기 때문에 시간이 갈수록 그 안은 덥고 폐소공포증을 느낄 만한 환경으로 변한다. 시험 감독관은 숨겨놓은 카메라를 통해 지원자를 최소한 한 시간 동안, 혹은 그가 기겁하기 시작할 때까지 지켜본다.

다른 테스트는 지원자를 작고 어두운 상자에 들어가 24시간 동안 웅크리고 있게끔 하는 것이었다. 펠릭스의 트레이너 중 한 명인 나이 든 조 키팅어(Joe Kittinger)는 1950년대에 상자 테스트를 받는 도중 평화롭게 잠들었지만, 공군 동료들이 이 테스트를 망치는 것을 많이 보았다.

"문제가 되든지 아니든지 둘 중 하나야." 그가 말했다.

키팅어는 그 두려움을 극복한 사람을 한 번도 본 적이 없고, 프로젝트 감독인 아트 톰슨도 마찬가지였다. 펠릭스가 톰슨에게 공군과 NASA에서 폐소공포증이 있는 조종사와 우주비행사들을 어떻게 훈련시키는지 물었을 때, 톰슨은 이렇게 대답했다. "아주 간단한 해결책이 있지. 당신을 내보내고 다음 사람을 데려오는 거야." 그것은 자질의 문제였다. 자질이 있든지 아니면 없든지 둘 중 하나였던 것이다.

펠릭스가 랭커스터로 돌아온 날, 톰슨과 그의 팀은 펠릭스가 없는 자리에서 이 문제를 의논했다. 팀이 펠릭스와 이 프로젝트를 계속 진행하는 것의 위험을 논의하는 동안, 펠릭스는 밖에서 기다리고 있었다. 회의가 끝나고 결론이 그에게 전해졌다. 팀은 그에 대한 확신을 잃었다. 그들은 그가 성층권에 갈 준비가 되지 않았다고 생각했고, 나중에 그럴 수 있다고도 믿지 않았다. 이것은 펠릭스가 회의장에 들어갔을 때 확실해졌다. 그는 자신이 혼자 앉아 있다는 것을 알았다. 다른 사람들은 모두 회의실 반대쪽에 앉아 있었다. 펠릭스는 창피하고 화가 났다. 25년 동안 스카이다이빙과 베이스 점핑(BASE jumping: 고층건물, 대형 안테나, 교량, 절벽 등 높은 곳에서 뛰어내린 뒤 낙하산을 타고 착지하는 스포츠—옮긴이)을 하면서, 그는 무엇이든지 해내는 사람이었는데, 이제는 더 이상 아무도 그를 믿지 않았다. 한번 약점을 보이자, 그의 팀은 강 건너편으로 도망쳐 버렸다.

그와 함께 일하도록 초빙된 임상심리학자 마이클 저베이스(Michael Gervais)와 마주 앉았을 때도 펠릭스 기분이 그다지 나아지지 않았다. 저베이스의 특기는 '매우 위험한 환경'을 다루는 것이었다. 그는 중량급 권투 선수, 해군 전투 조종사, 프로 하키나 미식축구 선수들과 일했다. 첫 만남에서 저베이스는 펠릭스에게 빈 의자를 가리키며 아들이 저기 앉아 있다고 상상해 보라고 말했다(펠릭스는 아들이 없었다). 상상 속의 아들에게 이 상황을 어떻게 설명할 것인가?

펠릭스는 빈 의자와 대화하는 것이 우스꽝스럽게 느껴졌지만 이야기하기 시작했다. 이 연습의 목적은 자신의 문제에 거리를 두는 것, 즉 당장의 위기에서 한 발짝 물러나 자신이 사랑하는 누군가(진짜 존재하지 않는다고 해도)에게 큰 그림을 설명하는 것이었다. 저베이스는 자신의 인생에 대한 펠릭스의 이야기에 이 프로젝트가 잘 맞는지 알아보고자 했다. 이것이 정말로 그에게 얼마나 중요한 일일까? 고통을 감수할 가치가 있을까? 운동선수, 전투 조종사와 일하면서, 저베이스는 그들이 두려워도 밀고 나가고 막대한 위험을 감수하는 것은 그 일을 하지 않았을 때의 고통을 견딜수 없기 때문이라는 것을 알게 되었다. 그들은 기회를 놓쳐버렸다고 생각하며 사느니 차라리 뼈를 부러뜨리거나 죽는 것이 낫다고 생각했다. 펠릭스가 가상의 아들에게 말을 마쳤을 때, 저베이스는 그에게 의지가 있다고 생각했고, 그래서 펠릭스에게 방법을 찾아내겠다고 약속했다.

이를 위해 저베이스는 펠릭스가 최소화(minimization)라고 부르는 의식적·무의식적 전략을 이용하도록 할 필요가 있었다. 이 용어는 1990년대에 UCLA의 심리학자 셸리 테일러(Shelly Taylor)가 도입했다. 테일러는 중증 유방암 여성 환자들이 어떻게 '긍정적 환상'을 갖게 되는지[15]에 대한 연구에서 이 용어를 사용했다. 이 '긍정적 환상'은 비현실적으로 낙관적이지만 그들이 병에 대처하는 데는 커다란 가치가 있었다. 어떤 환상은 사건에 대한 장악력을 갖는 것이었다. 예를 들면, 암의 재발을 막을 수 있다는 미신적인 신념을 갖는 것이었다(한 여성은 으깬 아스파라거스를 많이 먹으면 재발을 막을 수 있다고 믿었다. 비록 그녀가 그 맛을 견딜 수 없기는 했지만 말이다. 어쩌면 바로 그 점 때문에 그렇게 믿었을지도 모른다). 다른 정신적 전략은 자신보다 상황이 더 나쁜 여성과 비교하면서 상황을 새롭게 보는 것이었다. 예를 들어, 한쪽 젖가슴을 절제한 여성들은 보통 양쪽 모두를 절제한 여성들과 자신을 비교했고, 일부만을 절제한 여성들과는 비교하지 않았다.

나중에 테일러는 좋은 사건과는 달리 나쁜 사건은 두 가지 다른, 어떻게 보면 반대되는 반응, 동원(mobilization)과 최소화[16]를 일으킨다는 이론을 내놓았다. 동원은 더 깊이 생각하고 치밀하게 분석하려는 의식적 노력뿐만 아니라, 우리가 앞에서 살펴본 무의식적이고 생리학적인 반응을 통해, 당신이 최대한 노력하도록 만든다(정신 차려서 문제를 해결해!). 테일러는 동원이 성별에 따라 다를 수 있다고 보았다. 남성은 전통적인 투쟁-도피 반응, 즉 공격성 아니면 사회적 회피 반응을 보이지만, 여성은 흔히 자녀를 비롯한 사랑하는 사람들에게 더 많은 애정을 쏟는다. 테일러는 이것을 돌봄과 친화 반응(tend-and-befriend)이라고 불렀다.

동원은 단기적으로는 유용할 수 있지만, 아드레날린과 코르티솔을 비롯한 스트레스 호르몬을 계속해서 뿜어내는 것은 소용이 없다. 충격이 잦아들면, 기분을 좋게 하기 위해 엔도르핀·세로토닌·옥시토신을 분비하는 최소화가 자동적으로 일어난다. 초보 스카이다이버들은 비행기에서 뛰어내릴 때 공포의 순간을 경험하지만, 착지할 때쯤에는 보통 행복감을 느낀다. 공포영화가 무서울수록 관객은 좋아하는데, 나중에 행복하고 편안한 느낌을 경험하기 때문이다.

최소화 효과는 반대로 작용하지는 않는데, 이것은 영화 산업에 다행이다. 코미디 영화를 본 사람들은 불안·증오·불안에 젖어 극장을 떠나지는 않는다. 신체에 좋은 일을 최소화하는 기제를 진화시킬 필요는 없다. 행복에 취해 사는 것은 진화적으로 훌륭한 전략이 아닐 수 있지만(사자가 다가오는 것을 보지 못할 수 있으니까), 유쾌한 일들을 즐기는 것은 위험하지 않다. 좋은 사건의 영향은 비교적 작고 빨리 사라지기 때문이다. 그 힘이 당신을 불구로 만들지 않도록 최소화해야 하는 것은 나쁜 사건이다.

쾌감을 주는 호르몬을 스스로 분비하는 것 말고도, 당신은 정신적으로 의식적·무의식적 전략을 통해 나쁜 것을 최소화할 수 있다. 프로이트는 이러한 기법을 방어기제(defense mechanism)라고 했는데, 이것은 그의 다른 이론 대부분보다 훨씬 잘 알려져 있다. 심리학자들은 사람들이 나쁜 느낌을 해결하기 위해 전위(배우자나 상사에게 매우 화가 났을 때 자녀를 꾸짖는 것)나 투사(네가 적대적인 거지, 내가 그런 게 아니야)와 같은 방어기제를 사용한다는 것을 보여주는 경험적 증거를 오랫동안 많이 쌓아왔다. 우리는 자신의 실수와 실패가 다른 사람 탓이라고 스스로를 설득하는 데 놀라울 만큼 소질이 있다. 이러한 자기 기만은 파괴적일 수 있으나, 테일러가 유방암에 대처하는 여성들에게서 보았듯이 긍정적 환상은 부정성의 힘을 극복하는 데 매우 유용할 수 있다.

펠릭스가 자신의 나쁜 느낌을 최소화할 수 있도록 돕고자, 저베이스는 그에게 우주복을 입고 묶여 있어서 탈출할 방법이 없다고 상상해 보도록 하는 것으로 시작했다. 어떻게 될까? 펠릭스는 공황이 너무 심해져서 심장마비가 올 것 같다고 말했다.

"공황 때문에 죽지는 않을 거예요." 저베이스가 말했다. 우주복에는 그만한 영향력이 없었다. 위협은 정신적인 것이지 신체적인 것이 아니었다. 그리고 이것을 넘어서는 방법은 로스앤젤레스의 아파트에서 랭커스터의 탈의실까지 오는 동안 불안을 유발하는 모든 요인을 밝혀내는 것이었다. 저베이스는 두려움을 창조하는 마음의 능력에 엄청난 흥미를 느꼈다. 그는 이것이 이야기를 만들어내는 인간 능력의 일부라고 생각했으며, 사바나 초원에서 불가에 앉아 있던 초기 인류에서부터 진화해 왔을 것이라고 상상해 보았다.

누군가 무리에게 무서운 이야기를 하는데, 그 이야기는 너무나 자세하고 선명하다. 뱀이 쉬쉬거리는 소리, 적대적인 부족과의 전쟁에서 들려오는 울부짖음, 창을 겨누고 있는 누군가의 번득이는 눈……. 이야기를 듣던 사람들은 몸서리를 친다. 그들 앞에 있는 것은 모닥불뿐이지만, 상상속의 형상들이 너무 뚜렷해서 신체가 반응한 것이다. 이것이 펠릭스가 랭커스터까지 오는 동안 자기 자신에게 한 일이었다. 스스로에게 이야기를 들려주면서 탈의실을 마치 고문실처럼 몸이 반응하게 한 것이다.

저베이스는 펠릭스에게 새로운 이미지를 제안했다. 그것은 폭주하는 기관차였다. 일단 펠릭스가 로스앤젤레스에서 우주복에 대한 걱정을 시작하면, 그는 부정적인 생각의 기차를 탄 것이다. 게티 뮤지엄과 죽음을 연상시키는 호수를 운전해서 지나갈 때, 탈의실의 형광등 불빛을 볼 때, 헬멧의 고무 이음새 냄새를 맡을 때, 헬멧의 얼굴 가리개가 철컥하고 내려갈 때, 기차는 재앙을 향해 곧바로 달려가는 것이다. 저베이스는 펠릭스에게 운전해서 오는 경로를 그리고 그 위에 기차를 그려보도록 했다. 또한 그가 경로의 각 지점을 지난다고 상상하는 동안 그의 심박 수를 측정했다.

펠릭스의 심박 수나 호흡이 어떤 지점에서 빨라지면, 그는 더 가기 전에 멈추고 자신을 진정시켜야 했다. 이렇게 하는 동안 저베이스는 펠릭스에게 자신의 불안 수준을 1부터 10까지의 척도로 평가해 보도록 했다. 호수를 지날 때 불안이 3까지 오르면, 불안이 1로 떨어질 때까지 더 갈 수 없었다. 탈의실에 도착했을 때 불안이 다시 높아지면, 마음이 차분해질 때까지 우주복을 입을 수 없었다.

목표는 저베이스가 펠릭스에게 가르쳐준 두 가지 방법, 즉 잘 생각하고 잘 숨 쉬는 것을 이용하여 두려움을 줄이는 것이 아니라 없애는 것이었다. 저베이스는 펠릭스에게 우주복을 감옥이라고 생각하는 대신, 그것이 얼마나 특별한지를 생각해 보라고 했다. 그것은 세상에 하나밖에 없는 맞춤 우주복이다. NASA의 우주비행사들은 세 가지 표준 치수 중 하나를 고르게 돼 있지만, 이 우주복은 당신에게 맞게 만든 것이다. 우주복은 아름다운 제복이다. 당신의 친구이지 적이 아니다. 당신이 숨 쉴 수 있는 신선한 공기를 주고, 다른 사람들은 갈 수 없는 곳에서 당신의 피가 끓어오르지 않도록 해준다. 우주복은 당신을 다른 사람과는 다르게 만든다. 고무 이음새의 냄새는 성공의 냄새다. 이 우주복이 당신을 보통 사람에서 영웅으로 만들어준다.

펠릭스는 이러한 격려에 회의적으로 반응했고 그런 반응은 이해할 만한 것이었지만, 이 방법은 심리치료의 최적 표준으로 떠오른 인지행동치료(cognitive behavioral therapy, CBT)에서 잘 확립해 놓은 기법이었다. CBT는 본질적으로 부정성 편향을 극복하는 다양한 전략이다. CBT는 불안과 우울을 치료하는 프로이트 학파의 전통적인 방식을 깬 심리학자들이 개발한 것이다. CBT의 개척자들은 이러한 감정을 일으키는 아동기의 외상을 밝히려고 하는 대신 현재에 집중했다. 그들은 우울한 사람들이 자기 자신이나 세계, 미래를 생각할 때 극도의 부정성 편향에 시달린다는 사실을 알아냈다. 우울한 사람들은 자신의 약점과 실수에만 초점을 맞추고, 강점은 무시하며, 성공은 우연으로 치부해 버렸다. 그들은 한 가지 장애물을 치명적인 실수로 해석했고, 그것이 최악의 결과로 이어질 것이라고 상상했다.

연구자들은 이러한 부정성 편향을 세 범주로 나누었다. 그것은 '부정성 집중(negative filtering)', '긍정성 경시(positive discount)', '파국화(catastrophizing)'다. 그들은 매우 간단한 방법, 즉 두려움을 적어보거나 상황을 억지로라도 다르게 해석해 보는 것이 큰 효과가 있음을 발견했다. CBT는 프로작(Prozac), 렉사프로(Lexapro)와 같은 항우울제[17]만큼 우울증에 부작용 없이 지속적인 효과가 있었다. 다른 어떤 치료도 이렇게 철저한 검증[18]을 거쳐 우울, 불안, 그 밖의 장애[19]를 비롯한 광범위한 문제[20]가 안전하고 효과적인 것으로 밝혀진 적이 없다.

펠릭스는 '대치 진술(coping statement)'[21]이라고 부르는 CBT 기법을 사용했는데, 이것은 사람들이 두려움을 극복하도록 도와주는 방법이다. 실험실 연구에서 이 기법은 신체적 고통을 견디는 능력까지 높여주는 것으로 나타났다. 저베이스는 긍정적인 진술을 계속 반복함으로써, 펠릭스가 불안이 생기기 시작할 때 이 진술을 스스로 암송할 수 있는 주문이 되도록 했다. 펠릭스는 이들 주문을 듣고 따라 할수록 더 믿을 만하다고 느꼈다. 우주복은 특별했다. 그는 우주복을 입고 거울을 보면서 생각하기 시작했다. '야, 이거 제법 괜찮네.'

그들은 인내력을 높이기 위해 헬멧에서부터 시작했다. 이때 펠릭스는 우주복은 입지 않았는데, 팔에 닿는 공기를 느끼고, 세상과 차단되는 것 같은 공황의 느낌을 피하기 위해서였다. 첫 회기에서 펠릭스의 불안은 한 시간이 지날 때쯤 8까지 올랐고, 그들은 거기서 끝냈다. 그러나 다음번에 그는 더 길게 버텼고, 펠릭스가 새로운 호흡법을 배우면서 그들은 우주복을 완전히 갖춰 입고 회기를 진행하기 시작했다. 긍정적인 주문으로 충분치 않을 때, 전전두엽 피질의 이성적인 안심시키기가 편도체의 원시적 반응을 상대하기에 역부족일 때, 펠릭스는 심호흡에 집중했다.

호흡법은 자율신경계에 무의식적 신호를 보내는 의식적 전략이었다.

기차 비유를 계속하면, 자율신경계에는 가속 장치와 제동 장치 역할을 하는 하위 체계가 있다. 가속 장치는 교감신경계로, 맥박과 호흡을 비롯한 투쟁-도피 반응을 촉진한다. 제동 장치는 부교감신경계로, 휴식-소화 (rest-and-digest) 반응이나 먹이-양육(feed-and-breed) 반응처럼 투쟁-도피 반응과 대비되는 반응을 일으킨다. 이것을 이완 반응[22]이라고 부르기도 하는데, 이것은 심호흡이 이런 반응을 활성화시킬 수 있음을 명상하는 사람들을 관찰하며 알게 된 연구자들이 붙인 이름이다.

펠릭스는 손발을 마주 대고 누르면서 숨을 30초 동안 참았다가 깊고 느리게 쉬면서, 불안이 지나가고 다음 순서로 넘어갈 준비가 될 때까지 기다리는 방법으로 이완 반응을 활성화시켰다. 그는 헬멧을 써야 할 때 불안한 대신 침착했으며, 얼굴 가리개를 내렸을 때 불안이 1에서 3으로 올라가도 그것에 대처할 수 있었다. 그는 불안이 1로 돌아갈 때까지 계속해서 주문(이건 나를 영웅으로 만들어주는 거야)을 외우고 깊은 호흡을 유지했다. 예전에 그는 헬멧이 닫히면 자신의 힘겹고 거친 숨소리를 들으며 공황을 느끼고 산소가 부족하다고 생각했다. 이제 그는 느린 호흡을 하면서 완전히 긴장을 풀었고, 순수한 산소로 폐를 채우는 경험에서 기쁨을 찾기 시작했다.

"바보 같고 간단하게 들리는 그만큼, 호흡은 도움이 돼요. 좋은 공기를 폐 속으로 들이마시는 것이 모든 것을 바꿉니다." 펠릭스의 말이다. 몇 주가 지나지 않아 그는 우주복을 입고 몇 시간을 보낼 수 있었다. 중요한 시험인 가상훈련 전날 밤에 그는 걱정하느라 잠을 못 이루지 않았다. 우주복을 입고 보내는 다섯 시간은 빠르게 지나가는 것 같았고, 그는 팀의 박수갈채를 받았다. 두려움 없는 펠릭스가 건물로 돌아온 것으로 보였다.

두려움 없는 마음 훈련하기

NASA와 공군 교관들은 펠릭스의 변화를 보며 놀라워했지만, 저베이스는 전혀 놀라지 않았다. 이 치료에는 새로울 것이 하나도 없었다. 그는 다른 내담자들, 즉 대중 앞에서 연설하는 것을 죽도록 무서워하는 사장, 중요한 게임에서 숨이 막히는 NFL 선수, 월급 인상을 요구할 생각을 하면 얼어붙는 직원, 승강기 타는 것을 두려워하는 폐소공포증 사람들에게서도 비슷한 결과를 얻었다. 저베이스가 보기에는 두려움을 이기기 위해 충분히 관심을 쏟으면 그렇게 할 수 있었다. 그리고 치료를 받기 위해 치료비를 지불할 필요도 없다. 당신의 악령이 무엇이든, 즉 거미, 높은 곳, 대중 연설, 아니면 전체 인구의 4분의 1이 넘는 사람에게 영향을 미치는 불안장애의 또 다른 종류든, 저베이스가 펠릭스의 사례에서 사용한 전략을 활용할 수 있다.

1. **이야기하라.** 펠릭스가 한 것처럼, 당신도 빈 의자를 놓고 이야기하는 것으로 시작할 수 있다. 그러나 어느 시기가 되면, 치료사든 당신이 믿는 어떤 사람이든 진짜 사람이 자기 얘기를 들어주길 바라게 된다. 두려움에 대해 이야기하는 것은 그것을 극복하는 데 도움이 되고, 발전하는 상황에 대해 이야기하는 것은 더 발전하는 데 도움이 된다.

   연구자들은 정보의 공유[23]에서도 평소처럼 나쁜 것과 좋은 것 사이의 상당한 차이를 발견했다. 좋은 일이 생겼을 때 그 소식을 누군가와 공유하면, 나중에 그 사건을 기억할 확률이 훨씬 높다(나중에 우리는 이 연구와 함께, 배우자나 친구가 좋은 소식을 전할 때 적절하게 반응하는 방법에 대해서 더 이야기할 것이다). 그러나 당신의 나쁜 일을 누군가에게 이야기하는 것은 나중에 그 일을 기억할 확률을 높여주지는 않는다. 이것은 이상하게 보이는데, 보통은 무언가를 단순히 이야기하는 것만으로도 그에 대한 기억이 확고해지기 때문이다. 이에 대한 두 가지 설명이 있다. 하나는 나쁜 사건이 일어나면 우리가 여기에 너무 많은 주의를 쏟기 때문에, 이야기하는 것이 기억을 향상시키지는 않는다는 것이다. 다른 설명은 당신이 나쁜 사건을 이야기했기 '때문에' 그 사건의 힘이 일부 사라진다는 것이다. 이야기를 듣는 사람은 당신이 문제를 해결하는 방법을 찾는 데 도움을 줄 수 있고, 아니면 최소한 그러한 문제가 있는 사람이 당신만은 아니라고 안심시킬 수 있다. 저베이스가 펠릭스와 같은 내담자에게 줄 수 있는 큰 이점 중 하나는 얼마나 많은 사람들이 비이성적인 공황과 씨름하고 있고 그것을 물리치는 방법을 배우고 있는지를 깨닫게 도와준 것이다.

2. **폭주 기관차의 경로를 그려보라.** 당신이 승강기 안에서 공황을 느끼는 폐소공포증이 있다고 가정하면, 아마 문이 닫히기 전에 불안 수준이 올라가기 시작할 것이다. 불안은 건물에 들어갈 생각을 할 때부터 시작해서, 입구에 섰을 때, 복도를 걸어갈 때, 승강기를 볼 때 점점 더 심해졌을 것이다. 그 지점들을 마음속으로 그려보라. 혹은 펠릭스가 그랬듯이 종이에 표시해 보라.

3. **기차를 제어하라.** 공황이 지나가는 지점을 경로에 표시하고 나서는 차분한 상태가 아니면 어느 지점도 넘어가지 마라. 투쟁-도피 반응이 시작된다고 느끼면, 펠릭스가 배운 다른 여러 기법을 사용하라.

4. **당신의 주문을 외워라.** 대처 진술로 마음의 준비를 하라. 마음속에서 반복할 수 있는 간단한 문장을 사용해 비이성적·부정적 사고를 밀어내라. 어떤 치료사들은 주문을 적어서 가지고 다니라고 조언한다. 이 주문은 짧고 현실적인

것이어야 한다. 당신이 대중 연설을 두려워한다면, 침착하게 흠 없는 연설을 할 것이라고 다짐하지는 마라. 대신 '내가 불안해하고 조금 더듬어도 사람들이 받아줄 거야'와 같은 것을 시도해 보라. 당신이 승강기를 두려워한다면, 현실적으로 생각해 보라. '승강기는 세상에서 가장 안전한 곳 중 하나야. 승강기는 내가 가고 싶은 곳으로 나를 데려다줘. 계단을 걸어 올라가는 대신 편하게 갈 수 있어.' 이런 말이 처음에는 바보같이 들리겠지만, 이 말은 사실이고 결국에는 효과가 있다. 당신이 예측하지 못한 상황에서 공황을 느낀다면, 저베이스가 펠릭스에게 가르쳐준 말에 의지할 수 있다. '공황 때문에 죽지는 않는다.' 어떤 일이 일어나더라도 당신은 스스로에게 계속해서 말해줄 수 있다. '이 또한 지나가리라.'

수도자들이 오래전부터 알고 있었던 것처럼, 말을 반복하는 것만으로도 마음이 차분해진다. 저베이스에게 배운 기법에 깊은 인상을 받은 펠릭스는 무술의 명소인 중국 산속에 있는 소림사 승려들에 대한 책을 읽기 시작했다. 소림 쿵푸를 개발한 수도승들은 주문을 외우면서 마음 수련을 했는데, 이 것은 유럽 수도사들이 덜 폭력적인 목적을 위해 그레고리안 성가를 활용한 것이나 마찬가지 방식이었다. 과학자들은 수도승과 초월적인 명상가[24]들이 '옴'과 같은 주문을 반복할 때 심박 수가 느려지고, 혈압이 떨어지고,[25] 이완 반응에 맞게 호르몬도 변화한다는 사실을 발견했다.

5. **호흡하라.** 30초 동안 손발을 모은 뒤 긴장을 풀고 횡격막으로부터 느리고 깊게 숨을 쉬어라. 저베이스는 "깊은 호흡은 우리가 안전하다고 몸에 보내는 신호"라고 말한다. 또한 이것은 두려움이 아닌 다른 무언가에 마음을 집중할 수 있는 방법이다. 저베이스는 10일 동안 깊은 호흡을 하루에 열 번 하는 것으로 시작해서, 20일 동안 하루에 스무 번 하는 식으로 늘려가며 규칙적인

연습을 통해 훈련할 것(그리고 일상적 스트레스를 낮출 것)을 제안한다.

스스로를 진정시키는 좀더 정교한 전략 중 하나는 인지 편향 수정(cognitive bias modification)이다. 이것은 우리의 뇌가 부정적 이미지와 생각에 자동적으로 집중하는 것을 극복하는 데 도움을 준다. 이것은 대중적으로 아동과 성인 모두에게 활용할 수 있는 잠재력이 매우 큰 치료 방법이다.[26] 왜냐하면 사람들 스스로 컴퓨터나 스마트폰 앱[27]을 사용해서 긍정적인 말이나 이미지, 모호한 진술에 대한 긍정적 해석을 강화할 수 있기 때문이다. 예를 들면, 참여자들은 화면에 깜박이는 두 얼굴을 보게 되는데, 그중 하나는 적대적인 표정이고 나머지 하나는 중립적인 표정이다. 화면에서 하나의 문자를 찾으라는 지시를 따름으로써, 그들은 적대적인 얼굴에 집중하지 않는 훈련을 하게 된다. 심리학자들은 칵테일파티에서 낯선 사람의 얼굴을 훑어보는 것과 같은 실제 상황에서 이것이 얼마나 도움이 될지 확신하지 못한다. 그러나 보통 이러한 훈련은 불안을 낮추어주는 것으로 보인다.[28] 또한 일부 연구에 따르면 훈련을 받은 사람들은 연설을 하는 것과 같은 도전[29]에 직면할 때 더 침착한 것으로 나타났다.

해석 훈련으로 불리는 인지 편향 수정 컴퓨터 프로그램 덕분에, 사람들은 고소공포증[30]을 극복할 수 있었다. 다른 공포증과 마찬가지로 이에 대한 전통적인 치료는 노출 치료였는데, 이를 위해서 치료사는 내담자가 몇 계단 올라서서 아래를 내려다보고, 그다음 계속 조금씩 더 높이 올라갈 수 있도록 격려해 주어야 한다. 그러나 버지니아 대학교의 심리학자들은 간단히 사람들을 컴퓨터 화면 앞에 앉히고 말로 하는 연습을 하게 함으로써 같은 효과를 얻었다.

예를 들면, 고소공포증이 있는 사람들은 다음과 같은 시나리오에서 빠진 글자를 찾아 채운다. "당신은 5층 아파트 건물 지붕 위에 있습니다. 난간을 부여잡으며 당신은 이렇게 높이 올라와 본 것이 처음이라는 것을 깨닫습니다. 필요할 때 지붕에서 내려오는 것은 쉬_ 일입니다." 나중에 그들에게 지붕에서 내려오는 것이 쉬울지 어려울지를 물었다.

펠릭스의 주문처럼 이것도 억지스럽게 들릴 수 있지만, 시나리오를 읽고 "쉽다"고 대답하는 이 간단한 행동이 의미 있는 영향을 미쳤다. 컴퓨터로 연습한 지 세 시간 만에 사람들은 노출 치료를 받은 집단과 마찬가지로 계단을 오르고 높은 곳을 견딜 수 있었다. 그들 중 많은 사람이 여전히 불안해했으나, 그들은 이제 펠릭스처럼 상황을 새롭게 생각하고 불안을 다스릴 수 있는 방법을 알았다.

"공포증이 있는 사람들은 공황발작을 피하고 싶어 하지만, 그것은 시작하기에 좋은 목표가 아니에요." 버지니아 대학교 연구자 중 한 사람인 베서니 티치먼(Bethany Teachman)은 말한다. "첫 번째 목표는 공황발작이 오든 말든 신경 쓰지 않는 것입니다. 공황발작은 불편하지만 위험하지는 않아요. 그것은 두려움에 대한 두려움으로, 잘못된 경보이지요. 그것을 견디겠다고 결심하면 장악력을 느낄 수 있고, 결국 두려움은 힘을 잃게 되어 공황발작은 더 이상 나타나지 않게 됩니다."

당신이 두려움을 어떤 방식으로 마주하든, 치료사의 도움을 받든, 웹사이트나 앱을 사용하든, 위의 5단계 전략을 사용하든, 궁극적인 목표는 언제나처럼 긍정성 비율을 높여 나쁜 것보다 좋은 것이 훨씬 앞서도록 하는 것이다. 마음이 위험에 사로잡혀 있을 때, 긍정적인 생각으로 그것을 제압하라. 스트레스 호르몬이 투쟁-도피 반응을 활성화시킬 때, 이완 반응을 활용하여 긴장을 풀고 안심시키는 항스트레스 호르몬을 만들어내라. 위협 대처에 도움이 되는 긍정성을 강조하도록 의식적으로 자신을 훈련하라. 자신의 머릿속에서만 존재하는 두려움, 폐소공포증을 해결하는 방법을 배우면서, 펠릭스는 진짜 위험이라고 할 수 있는 성층권의 위험도 마주할 수 있게 되었다.

자유낙하

우주복과의 마지막 싸움은 세계가 지켜보는 가운데 일어났다. 2012년 10월 14일 새벽 4시, 펠릭스는 미국 뉴멕시코주 로즈웰(Roswell) 비행장 트레일러 안에서 우주복을 입었다. 전 세계의 리포터와 취재진이 모여 있었다. 그는 트레일러 안에 차분히 앉아 깨끗한 산소를 들이마시면서 비디오를 보며 캡슐에 오를 때까지 기다렸다. 그의 심박 수는 계속 정상 범위인 60~70이었으며, 캡슐이 사람을 하늘로 띄우기 위해 만들어진 것 중 역사상 가장 큰 풍선을 매달고 땅에서 떠오를 때까지 100을 넘지 않았다.

성층권으로 올라가는 두 시간 반 동안 전 세계의 시청자 수는 1500만 명을 넘겼다. 풍선이 1.8킬로미터 상공에 도달하고 펠릭스가 헬멧에 관한 뭔가를 말하기 전에는, 모든 것이 순조로워 보였다.

"필, 모니터 확인하세요. 필, 모니터 확인하세요." 조 키팅어가 말했다. 갑자기 아무것도 들리지 않았다.

키팅어는 필이라는 사람에게 모니터 확인을 지시한 것이 아니었다. 취재진과 시청자들에게 전달되는 오디오 송출을 중단하라는, 미리 약속한 신호였다. 그들은 이 위기를 비밀로 하고자 했다. 펠릭스는 얼굴 가리개의 열선을 조절하는 다이얼을 이리저리 만져보았지만 온기를 느낄 수 없었다.

"숨을 내쉬면 김이 서려서 숨을 다시 들이쉴 때까지 분명하게 보이질 않아요. 그러니까 온기 때문이 아니라 산소 때문에 가리개가 선명해지는 거예요." 그가 말했다.

이것은 그가 비교적 따뜻한 캡슐 가장자리에 앉아 있을 때는 문제가 되지 않았지만, 캡슐 문을 열고 문가에 서면 데워지지 않은 가리개가 바로 얼어붙을 것이었다.

"밖에 서 있어서 가리개가 얼면, 나는 캡슐로 돌아갈 수도 없고 뛰어내릴 수도 없어요. 이건 심각한 문제라구요." 그가 본부에 말했다.

그는 다시 캡슐 안으로 들어가 문을 닫을 수 없을 것이고, 섭씨 영하 50도의 성층권에서 그가 빠르게 움직이는 동안 가리개가 계속 선명할 것이라는 보장도 없을 것이다. 아래쪽 땅을 볼 수 없으면 제멋대로 회전하는 것을 멈추도록 방향을 잡을 수 없을 테고, 언제 낙하산을 펴야 할지도 모를 것이다. 만약 너무 빨리 펴면, 땅에서 너무 먼 곳에서부터 산소가 부족할 것이다. 만약 너무 늦게 펴면…….

본부의 엔지니어들은 임무를 중단할 방법을 세우기 시작했으나, 펠릭스는 중단을 거부했다. 펠릭스가 본부의 스카이다이빙 전문가에게 조언을 구하고 시야 확보가 어려운 낙하에 대비해 비상계획을 세우는 동안, 그는 호흡과 맥박이 차분했다. 취재진과 시청자에 대한 음향 송출이 재개되었으나, 새로운 위험에 대한 언급은 나오지 않았다. 풍선이 역사상 가장 높은 유인비행 기록인 약 40킬로미터 고도에 이르자, 키팅어와 펠릭스는 40가지 체크리스트를 확인하며, 펠릭스를 캡슐의 구명 밧줄에서 분리하고 휴대용 동력장치를 켤 준비를 했다. 너무나 다행스럽게도 얼굴 가리개의 보온 장치는 잘 작동하는 것으로 보였다. 펠릭스는 캡슐의 해치(hatch)를 열었고, 아래 보이는 지구의 풍경, 우주의 어둠과 대비되는 푸르고 둥근 지구의 가장자리를 지구의 시청자들에게 보여주었다.

펠릭스는 산소통과 여러 대의 카메라, 낙하산, 동력장치 등 45킬로그램에 육박하는 장비를 착용하고 있었다. 이 장비를 메고 캡슐 밖으로 나오면서 그의 맥박은 160까지 올라갔다. 그러나 이것은 공황에 빠진 사람의 투쟁-도피 반응이 아니었다. 그는 발판에 서서 손잡이를 잡은 채 본인이 나중에 표현한 대로 "순간을 호흡하려" 했다. 본부의 리포터들은 그의 발밑에 펼쳐진 아득한 지구의 풍경을 보고 숨을 들이켰다. 어떻게 저기로 뛰어내린다는 걸까? 그러나 펠릭스의 생각으로는 최악의 순간은 이미 지나갔다.

그는 경례를 하고 성층권에서 마지막 말을 남겼다. "저는 이제 집으로 돌아갑니다." 그러고는 매우 조심스럽게 앞으로 기울여 캡슐 밖으로 몸을 던졌다.

34초가 지나 10킬로미터쯤 낙하했을 때, 그는 자신의 힘(그리고 중력의 도움)으로 음속을 돌파한 최초의 인간이 되었다. 지상의 농장에 있던 사람들과 구조팀은 희미하게 윙윙대는 소리를 들었다(물체가 음속을 돌파할 때 충격파로 인해 엄청난 에너지가 발생하여 우리가 들을 수 있는 소리를 낸다. 이를 음속폭음이라고 한다—옮긴이). 그는 계속 가속하여 시속 1530킬로미터, 마하 1.25의 최고 속도에 도달했다.

4분 20초가 지나 그는 마침내 낙하산을 폈고, 약 36킬로미터라는 자유

낙하 신기록[31]을 세웠다. 그는 사막의 고원에 두 발로 부드럽게 착지했고, 무릎을 꿇고 승리감에 차 허공으로 주먹을 날렸다. 그리고 일어서자 구조 팀이 도착해 그가 마지막으로 헬멧을 벗는 것을 도와주었다.

"해냈다!" 그는 하늘로 두 팔을 뻗은 채 소리쳤다. "어깨에서 900킬로 그램의 짐을 덜어낸 것 같아요. 온 세상을 껴안아 주고 싶습니다." 그가 나중에 설명한 바에 따르면, 그 순간에 그는 그가 세운 기록이 아니라 더 중요한 것을 생각하고 있었다.

"저의 가장 큰 성취는 낙하 자체가 아니에요. 그것은 저의 악령, 그러니까 우주복에 직면했다는 것입니다. 저는 그 불안을 극복할 수 있을 줄은 꿈에도 몰랐어요. 그러다가 저베이스가 제 마음을 완전히 바꿔놓았습니다. 기적 같아요."

그가 낙하 이후 가장 먼저 한 일은 저베이스와 함께 축하하는 일이었다. "저는 평생 쓸 수 있는 무기를 얻었어요"라는 펠릭스의 말에 저베이스도 동의했다. 저베이스는 펠릭스의 탐구를 두려움과 싸우는 모든 사람에게 영감을 주는 것으로 받아들였다.

처음에는 펠릭스가 훈련으로 고통받았듯이 당신에게도 나쁜 순간들이 찾아올 것이다. 그러나 두려움에 적절하게 대처한다면, 당신은 두려움을 견뎌낼 수 있고 통제할 수 있다. 펠릭스가 폐소공포증에도 불구하고 우주복을 입고 비좁은 캡슐 안에 들어가 성층권으로 올라간 것처럼 말이다. 그 뒤에는 그가 해치를 열었을 때 그를 반겨준 아름다운 풍경과 같은 보상이 당신에게도 주어질 것이다.

저베이스의 말처럼, "두려움을 없애고 나면, 무한한 가능성과 자유의 세계를 만나게" 된다.

부정성의 힘 사용하기

건설적 비판

부정성은 판단력을 왜곡하지만, 재치를 날카롭게 해줄 수도 있다. 이 장과 다음 장에서 살펴보겠지만, 부정성의 힘은 학생들에게 동기를 부여하고, 성인들이 성장하는 것을 도와주고, 가장 고귀한 동기를 촉진한다. 이러한 부정성의 힘을 사용하려면 먼저 비판의 영향력—그것이 초래하는 고통과 그것이 주는 이득—을 이해할 필요가 있다. 스티븐 포터(Stephen Potter)[1]의 사례가 좋은 출발점이다.

포터는 영국의 유머 작가로 심리학자들이 부정성 효과라는 용어를 생각해 내기 훨씬 전부터 이를 아주 잘 알고 있었다. 그는 이것이 얼마나 유용할 수 있는지 깨달았으며, 고상한 목표를 위해 그것을 이용하는 것처럼 가장하지 않았다. 포터의 책은 영리한 사회적 묘수의 모음집으로, "사람들이 뭔가 잘못되었지만 약간만 잘못되었다고 느끼게 만들기" 위한 것이었다. 그의 1947년 베스트셀러 《게임스맨십(gamesmanship)》의 제목은 그가 직접 만든 말로, 그는 말뜻을 "정말로 속이지는 않으면서 게임에서 이기는 기술(우리말의 '편법'과 비슷한 뜻이다—옮긴이)"이라고 소개했다. 나중에 그는 이 개념을 적용하는 영역을 삶 전체로 확장하면서 단어 하나를 더 소개했다. 그것이 '원업맨십(one-upmanship: 우월성 확보 전략, '기선 제압'과 비슷한 의미다—옮긴이)'으로, 이것은 지식이나 기술이 없는 사람이 우월한 사람을 제압할 수 있는 전략이다.

당신이 파티에 갔는데, 해외여행을 많이 다녀본 사람이 최근에 다녀온 여행 이야기를 늘어놓는다고 하자. 그가 무엇을 말하든(중국 정치든, 콩고 열대우림이든, 페루 음식이든), 그것에 대해 하나도 모르더라도 그를 제압할 수 있다. 그가 어떤 나라에 대해 어떤 일반화를 하면, 침착하고 권위 있게 딱 한마디만 해라. "그렇죠, 그런데 남쪽에서는 아니에요."

포터는 친절하고 영리하게 하는 비판을 원업맨십의 좋은 기회라고 보았다. 그가 서평을 쓰는 자신의 기술에서 소개했듯이, 비평의 핵심은 "시간만 있었다면 정말 이런 책을 써야 할 사람은 나였는데 시간이 없어서 쓰지 못했고, 분명 이것보다는 더 잘 쓸 수도 있었겠지만, 그래도 누군가 써주어서 기쁘다는 것을 보여주는 것"이다. 여기에서도 특별한 기술은 필요하지 않다. 예를 들어, 프리스버거 박사(Dr. Preissberger)의 《히말라야의 철쭉을 찾아서(Rhododendron Hunting in the Himalaya)》란 책에 서평을 쓴다고 하자. 식물학에 대해 아무것도 몰라도 된다. 이 책을 읽을 필요도 없다. 각주에서 인용한 아무 이름이나 하나 골라서, 본문에서 "결점 없는 학자 P. 칼라메사(그가 누구든 간에)"를 언급하지 않았음을 지적하라. 아니면 찾아보기에 없는 식물 학명을 하나 골라 짐짓 안타까운 듯 이렇게 써라. "프리스버거 박사는 로도덴드론 캄파눌라툼(*Rhododendron campanulatum*)

의 문제는 답하지 않은 채로 남겨두었다."

우리는 비평에 대한 이러한 접근을 추천하지 않으며, 특히 우리 책을 비평하는 사람에게는 더더욱 그렇다. 그러나 포터의 통찰력은 존경스럽다. 그는 칭찬과 비난을 섞을 때의 효과를 오늘날의 부모와 관리자 대부분보다 더 잘 이해했다. 연구자들이 그의 문학적 원업맨십을 이해하는 데는 시간이 좀 걸렸지만, 결국 몇 가지 명석한 실험[2]을 통해 이것을 검증해 냈다. 그중 하나기 긍정적인 서평을 참여자들에게 보여주는 실험이었다.

앨빈 하터(Alvin Harter)는 그의 첫 번째 소설에서 128쪽에 걸친 통찰력 있는 글을 통해 자신이 매우 재능 있는 젊은 작가임을 증명했다. 단편소설(또는 산문시라고도 할 수 있는) 〈더 긴 새벽(A Longer Dawn)〉은 강렬한 여운을 남긴다. 이 작품은 근원적인 것들, 즉 삶, 사랑 그리고 죽음을 대단히 치열하게 다루고 있으며, 작품 전체에 걸쳐 글쓰기의 새로운 전범을 보여주고 있다.

이 비평이 얼마나 지적으로 보이는가? 얼마나 호감이 가는가? 이제 다음 비평을 보자.

앨빈 하터는 그의 첫 번째 소설에서 128쪽에 걸친 통찰력이 부족한 글을 통해 자신이 매우 재능이 부족한 젊은 작가임을 증명했다. 단편소설(또는 산문시라고도 할 수 있는) 〈더 긴 새벽〉은 미미한 여운을 남긴다. 이 작품은 근원적인 것들, 즉 삶, 사랑 그리고 죽음을 다루고 있으나 치열함이 지나치게 부족하여 작품 전체에 걸쳐 피해야 할 글쓰기의 새로운 전형을 보여주고 있다.

두 서평의 문장 구조와 분석 형태는 같지만, 긍정적인 단어를 모두 반대로 바꿈으로써 비평가에 대한 평가는 놀라울 만큼 높아졌다. 부정적인 서평을 본 실험 참여자들은 긍정적인 서평을 읽은 참여자들에 비해 비평가의 지적 능력을 더 높게 평가했다. 비판적인 비평가는 친절함·공정함·호감에서 낮은 점수를 받았지만, 문학적 전문성에서는 높은 점수를 받았다. 이 실험을 한 심리학자 테레사 아마빌레(Teresa Amabile)는 〈뉴욕타임스 북리뷰〉에 실린 두 편의 비평(하나는 열광적인 호평, 하나는 혹평)도 사용해서 이 효과를 검증해 보았다. 두 글은 같은 비평가가 쓴 것이었지만, 아마빌레는 글쓴이 이름을 바꾸어 이를 숨기고 참여자들이 각 비평을 쓴 비평가를 평가하게끔 했다. 물론 실제로는 같은 사람이었음에도 불구하고, 혹평을 한 비평가가 열광적인 호평을 한 비평가보다 똑똑하게 보였다. 아마빌레는 인상을 남기고 싶으면 '똑똑하지 못하지만 친절하게' 보일 것인지 아니면 '영리하지만 가혹하게' 보일 것인지를 결정해야 한다는 결론에 다다랐다.

아마빌레가 다른 연구에서 입증[3]한 것처럼, 당신의 결정은 상황의 영향을 크게 받는다. 실험에 참여한 각각의 사람은 모두 청중 앞에서 다른 사람이 한 일을 평가했다. 비평을 하는 사람이 자신이 청중보다 지위가 높고 지적으로 시험받고 있다고 느끼지 않으면, 다른 사람의 일에 대한 평가가 후한 경우가 많았다. 그러나 지적인 면에서 청중보다 지위가 낮다고 느끼면, 부정적인 평가를 할 확률이 훨씬 높았다. 그런 사람은 '영리하지만 가혹한 사람' 전략을 취해 자신의 지위를 높이고자 할 것이다. 비판적인 평가가 친구를 만들어주지는 않겠지만, 비평이 공정하지 않아도 사람들은 그를 존경할 것이다. 이것은 제인 오스틴(Jane Austen)의 《오만과 편견(Pride and Prejudice)》의 주인공 엘리자베스 베넷(Elizabeth Bennet)이 보여준 업맨십[4]으로, 그녀는 사회적 지위가 더 높고 부유한 귀족 다아시(Mr. Darcy)를 만나자마자 바로 등 뒤에서 그를 놀리기 시작한다. 결국 그녀는 자신이 그를 부당하게 대했다는 것을 깨닫고, 자신이 왜 그랬는지를 언니에게 털어놓는다.

"나는 다른 사람들보다 똑똑해 보이고 싶어서 별다른 이유도 없는데 그를 싫어하기로 한 거야. 그런 식으로 누군가를 싫어하는 건 똑똑함과 재치를 보여주는 것 같으니까. 말 한마디 하지 않으면서 계속 다른 사람을 괴롭힐 수는 있어. 그러나 가끔 재치 있는 말 한두 마디 하지 않고 누군가를 계속 비웃는 것은 불가능한 일이거든."

똑똑하면서도 잔인하게 보이지 않기 위해서, 당신은 비판을 친절로 순화하거나, 적어도 포터가 가르쳐주었듯이 친절한 흉내라도 낼 수 있다. 그가 특히 좋아하는 수단 중 하나는 부정적인 말을 꺼낼 때 서두를 '죄송합니다만'으로 시작하는 것이다. 이를테면 "이런 말씀을 드리기 죄송합니다만, 프리스버거 박사가 이 글 때문에 곤란을 겪을 수도 있겠네요"와 같은 식이다. 포터는 이를 '죄송합니다만(I'm afraidmanship)' 전략이라고 불렀고, "당신이 좋은 사람이라는 것을 놀랍도록 잘 보여줄 수 있다"고 주장했다. 연구자들은 포터의 지혜를 다시 한번 입증했으며, 이러한 술수에 '부정성 표시(dispreferred marker)'라는 새로운 이름을 붙였다. 이것은 문장이 무언가 부정적인 내용을 담고 있다는 표시의 역할을 하는 '죄송합니다만'과 같은 어구에 대한 언어학적 용어다. 우리는 이러한 표시를 '솔직히 말씀드리면', '외람되지만', '유감스럽지만'과 같이 문장 첫머리에서 자주 쓴다. 그러나 충격을 완충하기 위해서 이것을 문장 어디에나 위치시킬 수 있다. "철쭉을 찾기 위해 열일곱 번째 사냥을 떠날 때쯤 대부분의 독자들은 지치겠지만, 프리스버거 박사는—'신이 그를 도우시기를'—200쪽을 더 밀고 나간다."

이러한 어구의 효과를 검증[5]하기 위해 소비자심리학자 라이언 해밀턴 (Ryan Hamilton)이 이끄는 연구팀은 참여자들에게 아마존닷컴의 상품목록과 구매자들의 후기를 보여주었는데, 후기 대부분은 우호적이었지만("이 시계는 감탄할 만해요") 끝에는 비판도 들어 있었다("시곗줄이 가끔 걸리거나 쓸려요"). 다른 참여자들은 비판적인 말 앞에 몇 마디("나쁘게 말하기는 싫지만")를 추가한 후기를 보았다. 이러한 몇 마디 말이 차이를 만들었으며, '솔직히 말하자면', '깎아내리려는 것이 아니라'와 같은 어구도 마찬가지였다. 참여자들은 편집하지 않은 후기를 보았을 때보다 시계를 더 사고 싶어 했다. 그들은 시계가 완벽하지 않다는 것을 알았지만, 후기를 쓴 사람이 더 호감이 가고 더 믿을 만하다고 생각했기 때문에 단점에 신경 쓰지 않았다. 이 연구를 〈소비자 연구 학회지(Journal of Consumer Research)〉에 출판할 때가 왔을 때, 연구자들은 이 전략을 직접 사용했다. 그들은 학술지에 맞는 논문 제목인 '구전을 통한 소통에서 부정성 표시의 사용'을 붙였지만, 앞에 '솔직히 말씀드리면 이것이 여러분이 앞으로 읽을 최고의 논문은 아닐 것입니다'라는 단서를 달았다.

비판은 당신을 더 똑똑하게 보이게 하지만, 그것이 당신의 주된 목적이 아니라면 어떨까? 만약 포터와는 다르게 당신이 정말로 건설적 비판을 하고 싶다면 어떻게 해야 할까? 이것은 더 어려운 과제다. 비판을 비롯한 부정적 메시지를 전달하는 것은 다양한 긍정적 결과로 이어질 수 있지만, 이것은 제대로 했을 때만 그렇고, 대부분의 사람들은 그렇게 하는 방법을 모른다.

나쁜 소식 전하기: 잘못된 방법

너무 오랫동안 기업 경영진은 직원들에게 '비판 샌드위치(criticism sandwich)'를 먹도록 강요해 왔다. '피드백 샌드위치(feedback sandwich)'라고도 하는 이 아이디어는 1980년대에 대중화한 것으로, 메리 케이 화장품 회사(Mary Kay Cosmetics)의 창업자인 메리 케이 애시(Mary Kay Ash)[6]가 관리자들에게 칭찬 사이에 비판을 끼워 넣을 것을 조언한 데서 유래한 것이다. 이는 충분히 논리적인 말로 들리며, 연례 평가를 해야 하는 관리자의 고통을 덜어주기도 한다. 면대면 비판은 대부분의 사람들에게 어려운 일이기 때문에, 좋은 것으로 시작하는 것이 훨씬 유쾌하다. 관리자는 직원의 강점과 성취를 길게 이야기한 뒤, 비판이라고 하는 샌드위치 속 재료에 들어선다. 그런 다음 갑자기 다시 몇 가지 친절한 이야기로 결론을 내리고 행복한 분위기에서 끝을 맺는다. 적어도 관리자가 보기에는 그렇다.

그러나 직원은 보통 그렇게 느끼지 않는다. 이때쯤이면 시작할 때 한 모든 칭찬은 잊는다. 직원은 마음속에서 나쁜 평가를 지울 수가 없다. 샌드위치를 먹다가 목에 걸린 것이다. 일을 더 잘하도록 격려해야 할 대화가 자신감을 잃게 만들었다.

물론 이 문제는 연례 평가에만 국한되지 않는다. 이것은 가장 오래되고 곤란한 사회적 난제 중 하나다. 나쁜 소식을 어떻게 전해야 할까? 위스콘신 대학교의 사회학자 더글러스 메이너드(Douglas Maynard)[7]가 이 질문을 체계적으로 분석하기 시작했을 때, 그는 그 대답이 여러 세기에 걸쳐 민담(folklore)을 통해 진화해 왔다는 사실에 주목했다. 누나가 여행을 떠난 동안 그녀가 사랑하는 고양이를 돌봐주던 남동생에 대한 농담에서 한 가지 예를 찾아볼 수 있다. 일주일 뒤 동생은 누나에게 전화를 걸어 나쁜 소식을 간단히 전했다. "누나 고양이가 죽었어." 누나는 매우 충격을 받았으며 그의 성급함을 비난했다. 누나는 그가 이 소식을 좀더 조심스럽게 전해야 했다며, 전화를 걸어서 고양이가 지붕에 올라갔는데 안전하게 내려올 방법이 없다고 먼저 말할 수도 있지 않았느냐고 했다.

"그리고 일단 전화를 끊는 거야." 누나가 설명했다. "그리고 나서 조금 있다가 다시 전화해서 고양이가 지붕에서 떨어져서 다쳤다고 말하는 거야. 그다음에 다시 전화해서 고양이가 죽었다고 말하는 거지. 그렇게 하면 내가 천천히 받아들일 수 있잖아." 남자는 사과했고 누나는 여행을 계속했다. 일주일이 지난 뒤 그녀는 다시 남자에게 전화를 받았다.

"여보세요. 음, 엄마가 지붕 위에 올라가셨는데, 내려오시게 할 수가 없네."

이 농담은 사람들은 나쁜 소식을 들을 준비가 되어 있지 않기 때문에 이를 조금씩 전달해야 한다는 상식적인 가정으로 장난을 친 것이다. 그런데 정말 그들은 나쁜 소식을 미루고 싶을까? 오래전부터 써온 "나에게 좋은 소식과 나쁜 소식이 있어"라는 말을 검증해 보기 위해 사람들에게 어떤 소식을 먼저 듣고 싶은지 물어본 연구자들에 따르면, 그렇지 않다. 4분의 3이 넘는 사람들[8]이 나쁜 소식을 먼저 듣기를 원했다. 두 가지 소식을 전달할 때 어떻게 하고 싶은지 묻는 질문에만, 좋은 소식으로 시작하는 것을 더 마음 편하다고 말했다. 관리자는 칭찬 세례로 이야기를 시작하면서 자신이 친절하다고 생각하겠지만, 사실은 자신을 위해 그렇게 하는 것이다. 대부분의 직원은 차라리 나쁜 소식을 먼저 듣고 싶어 한다.

사실, 바우마이스터가 임상심리학자 케네스 케언스(Kenneth Cairns)와 함께한 연구[9]에서 발견한 것처럼, 칭찬으로 시작하면 뒤따라오는 비판이 더 고통스러울 수 있다. 이 연구에서 대학생들은 성격검사를 받은 다음, 컴퓨터가 분석한 결과를 받았다(실제로는 이 결과가 학생들의 응답과는 아무 상관이 없었으나, 이 하얀 거짓말은 결과에 더 관심을 갖도록 하기 위한 것이었다). 컴퓨터 화면에는 학생의 성격에 부합하는 여러 형용사 목록이 나타났으며, 그 이후에 학생들에게 기억할 수 있는 형용사를 최대한 많이 써보도록 했다.

학생들 중 일부는 '자신감 있다'·'정직하다'와 같은 긍정적 형용사가 많고 '악의적이다'·'욕심이 많다' 같은 부정적인 단어는 조금밖에 없는 목록을 보았다. 반면 다른 학생들은 부정적인 단어가 주를 이루는 목록을 보았다. 본 목록에 상관없이 칭찬하는 말은 영향력이 별로 없었다. 학생들은 긍정적인 형용사를 절반도 회상하지 못했다. 비판의 영향력이 더 컸으나, 모든 상황에서 그렇지는 않았다. 학생들이 주로 부정적인 단어가 있는 목록을 보았을 때는 그 단어들도 대부분 잊어버렸다.

비판 샌드위치와 같은 목록, 즉 긍정적 형용사가 많고 부정적 형용사는 적은 목록을 보았을 때, 학생들은 나쁜 것을 정말로 잘 기억했다. 이렇게 눈에 띄게 아픈 말은 대부분 그들의 기억 속에 남았다. 이에 대한 설명은 연구자들이 비판을 처리하는 서로 다른 여러 방식을 분석했을 때 분명해졌다. 실험 초반에 실시한 심리검사 결과를 통해, 그들은 학생들 중 일부는 이미 부정(denial) 전문가라는 것을 알게 되었다. 그 학생들은 나쁜 것이라면 모두 피해가거나 부정하는 경향이 있는 억압자(repressor)의 정의에 꼭 들어맞았다(임상심리학자들은 억제자를 함께 일하기 가장 어려운 사람으로 보는데, 왜냐하면 그들은 도움이 필요하다는 것을 인정하지 않기 때문이고, 관리자들도 그들을 어려운 직원이라고 생각할 수 있다). 억압자들은 실험에서 비판의 길고 긴 목록을 무시하는 데 제법 능숙했다. 주로 부정적인 형용사로 이루어진 목록을 보았을 때, 그들은 재빨리 키보드를 두드려 한 단어에서 다른 단어로 빠르게 넘어갔으며, 이후에 신랄한 평가를 기억하는 비율도 다른 학생들에 비해 낮았다. 놀랄 일은 아니었다. 그것이 억압이 하는 일이기 때문이다.

그러나 억압자들에게 주로 긍정적 단어로 이루어진 목록을 보여주었을 때 놀라운 역전이 일어났다. 그들은 방어를 풀었으며 칭찬을 하나하나 즐기기 위해 시간을 더 썼다. 그러다가 '적대적', '부정직한' 같은 형용사가 나타났을 때 허를 찔렸다. 나중에 그들은 다른 학생들보다 그러한 단점을 더 잘 기억했다. 억압자들은 나쁜 소식을 피하는 데 전문가인 만큼, 그들은 비판 샌드위치에 특히 취약한 것으로 나타났다. 그리고 그들만큼은 아니지만 (억압하지 않는) 나머지 학생들도 실험에서 소수의 비판을 다른 어떤 단어보다 더 잘 기억했다. 이 실험의 결과는 토머스 제퍼슨(Thomas Jefferson)의 관찰[10]과 잘 맞아떨어진다. "근거가 명확하지 않다 해도, 작은 질책의 고통이 큰 칭찬의 기쁨보다 더 크다."

칭찬이나 그 외 다른 좋은 소식이 지속적인 영향력을 행사하려면, 뇌는 그것을 단기적인 작업기억에서 장기기억으로 옮겨야 한다. 좋은 소식 뒤에 나쁜 소식이 오면, 이런 과정이 방해를 받는다. 뇌는 새로운 위협에 집중하는 데 에너지를 쏟기 때문에, 역행간섭(retroactive interference)이라는 현상이 일어나 이전의 기쁨은 사라진다. 어떻게 사라지는지 그 자체가 연구자들 사이에서 논쟁거리다. 어떤 학자들은 정말 기억에서 지워진다고 하고, 다른 학자들은 여전히 기억 속에 있지만 새로운 부정적 정보와의 경쟁 때문에 인출(retrieve)이 어려운 것이라고 한다. 어느 쪽이든, 이것은 사람들이 나쁜 일이 생기기 직전에 하던 일을 회상하는 데 겪는 어려움을 설명해 준다. 이것 때문에, 너무나 많은 직원이 이전에 받은 모든 칭찬 대신 한두 마디의 비판에 사로잡혀 회의실을 나간다. 비판 샌드위치는 논리적일지 모르지만, 뇌는 위협이 되는 정보를 논리적으로 처리하지 않는다. 부정성의 힘은 좋은 것을 기억하는 능력에 오류를 일으킨다. 당신이 무언가 고통스러운 말을 해야 한다면, 부정성 효과를 고려할 필요가 있다. 그리고 그것을 당신에게 유리하게 사용하라.

나쁜 소식 전하기: 옳은 방법

비판이나 나쁜 소식을 잘 전하려면 먼저 대상을 알아야 한다. 이는 당연한 첫걸음처럼 보이지만, 이것을 건너뛰는 경우가 많은데, 모든 사람에게 똑같은 비판 샌드위치를 제공해 온 관리자들만 그런 것도 아니다. 의사들은 나쁜 소식을 전하는 데 세상에서 가장 앞서가는 전문가여야 하지만(그들은 하루 종일 나쁜 소식을 전한다), 그들 중 너무나 많은 사람이 이 기본적인 단계를 익히지 못했다. 환자에게 나쁜 소식을 어떻게 전해야 하는지에 대한 의학적 연구가 엄청나게 많지만, 대부분의 연구는 의사들이 얘기해야 할 안건을 정해야 한다고 가정한다. 의사들은 아는 것도 많고 권력도 가지고 있기 때문에 대화를 이끌어가고 환자의 반응을 통제하는 방법을 미리 정확하게 계획할 수 있다고 가정하는 것이다.

그러나 사회학자 더글러스 메이너드는 이러한 대화의 연구를 통해 환자들과 잘 소통하는 의사는 주제를 미리 정하지도 않고 대본을 따르지도 않는다는 점을 발견했다. 대신 그들은 환자에게서 단서를 찾았다. 이러한 의사들은 전화나 전자우편을 사용하지 않고 반드시 직접 만나서 대화했고, 그래서 환자의 반응을 관찰하고 그에 맞게 적절하게 맞춰갈 수 있었다. 그들은 환자에게 기분이 어떤지를 묻는 것으로 대화를 시작할 때가 많았다. 그런 다음 "지금까지 무엇을 알게 된 것 같으세요?" 혹은 "어떤 일이 일어나고 있다고 생각하세요?"와 같은 질문을 해서 환자의 생각을 알아보려고 한다.

질문을 하는 것은 환자가 수동적으로 의사의 말을 듣는 사람 이상이 될 수 있게 한다. 나쁜 소식을 듣고 충격을 받았을 때 생기는 첫 번째 충동은 자기 보호, 즉 투쟁-도피 반응이다. 어떤 환자들은 소식을 듣지 않으려고 한다. 다른 환자들은 소식을 전해준 사람을 쏴버리고 싶어 한다. 아니면 적어도 말다툼이라도 하고 싶어 한다. 그러나 환자가 자신의 생각을 묻는 질문을 받고 무언가 문제가 있다고 누구보다 먼저 말할 수 있다면, 그는 그 문제를 직면하고 대화를 계속할 준비가 좀더 잘 된 것이다.

일단 환자가 자신에게 문제가 있다는 것을 인정하면, 의사는 환자의 그러한 생각이 옳다는 것을 확인해 주고 왜 그런지를 설명해 줄 수 있다. 메이너드는 이것을 '관점 노출 순서(perspective display sequence)'[11]라고 불렀다. 이 순서는 의사가 먼저 환자의 관점을 파악하고, 그것을 확인해 주고, 나쁜 소식의 자세한 내용을 전달해 주는 3단계 과정이다. 의사는 나쁜 소식을 전해서 미움을 받는 대신, 환자의 의견에 동의하고 문제를 해결하기 위해 함께 노력하는 사람이 된다. 물론 항상 그렇게 되지는 않는다. 그들의 관점이 무엇인지 물었을 때 환자의 3분의 1은 질문을 되받아치며 "의

사시잖아요. 선생님이 저한테 말씀해 주셔야죠"와 같은 말을 한다. 하지만 그럴 때조차도 환자들은 동등한 존재라는 느낌을 더 받을 수 있고, 의사는 환자가 나쁜 소식에 어떻게 대처하고 싶은지를 더 잘 알 수 있다.

의사는 설명을 하면서, 환자를 계속 관찰하고, 질문하고, 너무 속단하지 않도록 조심할 수 있다. 나쁜 소식을 전하고 나면, 덜 고통스러운 무언가, 말하자면 격려를 해주거나 문제를 통제하는 과정에 집중하는 것으로 빨리 화제를 바꾸고 싶은 유혹이 생긴다. 그러나 나쁜 소식을 전한 뒤 취할 수 있는 최선의 방법은 입을 다무는 것이다. 잠깐 멈추는 것은 환자에게는 충격을 받아들일 수 있는 기회가 되고, 의사는 그 시간 동안 환자의 반응을 가늠해 볼 수 있다. 환자가 아무 말도 하지 않으면, 의사는 부드럽게 환자를 달래면서("받아들이기 힘드실 거예요"), "무엇이 가장 걱정스러우세요?"와 같은 질문을 할 수 있다. 다른 설명과 계획을 말하기 전에, 의사는 환자가 무엇을 필요로 하는지 알아낼 필요가 있다.

같은 원리를 나쁜 소식이나 비판을 전하는 데 모두 적용할 수 있다. 아래에 몇 가지 전략이 있다.

목적을 고려하라. 누군가가 유쾌하지 못한 사실을 받아들이는 데 단순히 정서적인 도움을 주고 싶은 것인가, 아니면 그의 변화를 촉진하고 싶은 것인가? 어떤 경우든 나쁜 소식과 함께 좋은 소식도 있다면 듣는 사람의 기분이 더 낫겠지만,[12] 그 순서는 당신의 목표에 달려 있다. 순서 전략을 연구[13]한 심리학자 앤절라 레그(Angela Legg)와 케이트 스위니(Kate Sweeny)는 사람들에게 성격에 대한 질문지를 작성하게끔 한 뒤 그들의 성격 특질에 대한 결과(늘 그렇듯 사실이 아닌)를 알려주었다. 사람들이 처음에 자신의 나쁜 특질에 대해 듣고 그 뒤 좋은 특질에 대해 들었을 때는 좀더 나은 기분으로 실험을 마쳤지만, 나쁜 성격적 특성을 고치기 위해 노력하고자 하는 마음은 덜했다. 나쁜 특질을 나중에 들은 사람들이 걱정은 더 했지만, 자기 개선을 더 하고자 했다. 자신감을 꺾지 않으면서 동기를 촉진하는 것은 쉬운 일이 아니지만, 당신은 마지막에 좋은 피드백에 집중하면서도 무엇이 문제이고 그것을 어떻게 고칠 수 있는지 분명히 상기시켜 주는 것으로 타협할 수 있다.

질문하라. 질문은 당신이 연인·친구·학생·직장동료 중 누구를 비판할 때에도 유용하다. 직원에 대한 공식적 평가를 하고 있다면, 비판 샌드위치나 다른 음식을 자동적으로 내어놓지 마라. 은유로라도 더 나은 음식을 줄 수 있다.

먼저 직원이 뭔가 좋은 일을 했다는 것을 그에게 알리고, 내년에는 더 좋은 성과를 내리라 기대한다는 식의 간단한 환영 인사로 시작할 수 있다. 연구자들은 작은 긍정적 강화가 그다음의 부정적 피드백[14]을 더 잘 받아들일 수 있게 한다는 사실을 발견했다. 당신은 그 직원이 끝에 가서는 결국 해고되는지 궁금해하면서 거기 앉아 있기를 원하지는 않는다. 그러나 그때 그가 어떤 얘기부터 하고 싶어 하는지 보라. 그에게 이야기하고 싶은 주제를 메뉴(그의 강점, 그다지 강점이 아닌 점과 발전할 수 있는 방법)에서 골라보도록 하라. 앞에서 이야기했듯이 대부분의 사람들은 먼저 나쁜 것들을 처리하기를 선호하지만, 이 직원은 그렇지 않다면 칭찬하는 것으로 시작하라. 다만 너무 길게 하지는 말고, 그가 그것을 기억할 것이라고 기대하지도 마라. 당신이 나쁜 것들을 다 다룬 후에만 그것이 입력될 것이기 때문에, 당신은 나중에 칭찬을 반복해야 할 것이다.

당신은 의사들이 나쁜 소식을 전할 때 사용하는 종류의 질문, 즉 "상황이 어떤 것 같습니까?"와 같은 질문을 통해 비판을 쉽게 시작할 수 있다. 만약 생각해 볼 기록물(생산성이나 판매 기록, 완료한 프로젝트 목록)이 있다면 직원에게 그것을 보고 판단해 보도록 요청할 수 있다. 몇몇 직원(바우마이스터가 연구한 억압자들)은 어떤 약점도 밝히기를 거부하고, 그들 자신이 완벽하지 않다는 것을 당신이 말하게끔 하려고 할 것이다. 그러나 대부분의 직원들은 발전할 수 있는 여지가 있다는 것을 알 것이고, 거기에 당신의 돌파구가 있다. 당신은 직원의 판단을 확인하고, 그의 문제에 대한 당신의 분석을 공유하기 위해 자연스럽게 논의의 범위를 확장시킬 수 있다. 비판할 때는 반드시 직원이 그것을 받아들일 시간을 주고, "이 말이 맞습니까?", "이 이야기에 찬성하십니까?"와 같은 질문을 한 뒤 그의 반응을 살펴보라.

비판 뒤에는 당신에게 이득이 되도록 부정성의 힘을 사용하라. 뇌가 비판을 받아들이고 나면, 기어를 올리고, 위협에 대처할 수 있는 정보를 찾아라. 이제 좋은 것들이 장기기억에 등록될 것이기 때문에, 당신은 긍정적인 것을 강조하기 시작할 수 있다. 단, 나쁜 것들도 마찬가지로 장기기억에 남는다. 언제나처럼, 나쁜 것 하나를 보상하려면 좋은 것 몇 개가 있어야 하니까 칭찬에 인색하지 마라. 긍정성 비율을 높이기 위한 한 가지 방법은 과거의 실수보다 미래의 성취에 집중하는 것이다. 당신은 직원이 작년에 마감 시한을 몇 번 지키지 못한 것을 지적할 수 있으나, 그다음에는 그가 내년에 성공적으로 직무를 수행하기 위해 어떻게 할지 의논하는 데 시간을 훨씬 더 많이 써라. 작년에 직원의 성격 때문에 팀 프로젝트에 문제가 생겼다면, 올해는 개인 프로젝트를 더 많이 계획하고, 그가 혼자 자유롭게 일할 수 있을 때 능력을 발휘하는, 스스로 일을 시작할 줄 아는 사람이라고 칭찬하라.

칭찬할 때[15] 그것이 과장되거나 거짓되게 들릴까 걱정하지 마라. 우리는 자신이 입에 발린 칭찬을 꿰뚫어 볼 수 있다고 생각한다. 그러나 사회학자 클리퍼드 나스 (Clifford Nass)가 스탠퍼드 대학교 실험실에서 그런 칭찬을 했을 때의 결과는 그렇지 않았다. 그는 사람들이 컴퓨터와 스무고개 게임을 할 때 그 사람들에게 아부하도록 컴퓨터 프로그램을 짰다. 컴퓨터가 동물을 하나 생각하는 척하면, 각 참여자는 일련의 '예–아니요'로 답하는 질문을 하면서 그 동물을 맞히고자 한다. 컴퓨터는 참여자들에게 동물을 맞혔는지 아닌지를 가르쳐주지 않는 대신, 그들의 질문이 '천재적이다'·'영리하다'·'매우 통찰력 있다'고 칭찬했다. 어떤 참여자는 자신이 칭찬받을 만하다고 믿었는데, 왜냐하면 컴퓨터가 그들이 게임을 얼마나 잘하는지를 정말로 평가한다고 들었기 때문이다. 그들은 자연스럽게 자신의 수행에도 만족했다. 그들은 컴퓨터에 대해서도 만족하여 호감과 정확성을 높게 평가했다.

그러나 또 다른 참여자들은 실험을 시작할 때 컴퓨터를 믿지 말라는 경고를 받았다. 평가 소프트웨어 개발이 아직 끝나지 않았기 때문에, 컴퓨터는 단순히 미리 입력된 견해를 보여줄 뿐 참여자의 수행 성적과는 아무 상관이 없다는 말을 들었다. 우연히 참여자는 컴퓨터과학을 공부하는 학생들이어서 상황을 명확하게 이해했다. 나중에 그들은 컴퓨터의 평가에 주목했는지 질문을 받았을 때 모두 아니라고 대답했다. 그들 중 한 명은 퉁명스럽게 다음과 같이 썼다. "멍청이나 진짜 수행과 아무 상관이 없는 평가에 영향을 받을 것입니다."

그렇더라도 입에 발린 칭찬은 '여전히' 효과가 있었다. 이러한 칭찬은 컴퓨터에 대한 평가뿐만 아니라 자신의 수행에 대한 평가도 향상시켰다. 참여자들은 그런 칭찬이 진짜라고 들은 참여자들만큼이나 컴퓨터를 좋아했다. 심지어 컴퓨터의 정확성에 대해서도 똑같이 높은 점수를 주었다. 비록 의식적으로는 칭찬이 가짜라는 것을 알고 있었지만, 무의식적으로는 칭찬을 흡수하고 칭찬한 사람을 좋아한 것이다. 나스는 연구를 통해 칭찬을 충분히만 하면 거의 언제나 효과가 있다는 것을 받아들이게 되었다.

창조적인 칭찬을 하라. 나스는 회의에서 몇 마디 부정적인 논평의 균형을 맞추려면 긴 목록의 긍정적인 논평을 준비하라고 조언한다. 이러한 긍정적 말은 놀랍거나 기발해서 기억에 남을 만한 것이 이상적이나. 영업사원의 수완을 칭찬하는 대신 그를 '해결사'라고 불러줘라. 이러한 칭찬은 분명 재능이 있고 무엇으로 보나 자신감이 있어 보이는 사람에게는 불필요하거나 과도하게 보일 수 있다. 그러나 성공이 비판에 대한 보호막을 제공한다고 가정하지 마라. 로널드 레이건 미국 대통령[16]이 뉴욕을 방문했을 때의 일이다. 뉴욕시장 에드 코크(Ed Koch)와 차를 타고 중심가를 지나가는 그에게 수만 명이 거리에 줄지어 환호를 보냈다. 그들이 42번가를 지나고 있을 때 레이건은 차창 밖을 내다보다 외쳤다. "저 사람 좀 보시오. 나한테 손가락 욕을 하고 있어!" 코크는 이 반응을 이해할 수 없었다.

"대통령님. 너무 마음 쓰지 마십시오. 저 많은 사람들이 대통령님을 응원하고 있고 한 명만 손가락 욕을 하고 있습니다. 무슨 상관입니까?"

"낸시(로널드 레이건 대통령의 영부인 낸시 레이건ー옮긴이)도 항상 그렇게 말한다오. 내가 손가락 욕하는 사람만 본다고."

비판에 면역이 되어 있는 사람은 아무도 없다. 리 대니얼스(Lee Daniels)[17]는 오스카상을 수상한 영화 〈버틀러(The Butler)〉를 감독하고 인기 텔레비전 드라마 〈엠파이어(Empire)〉를 만들었지만, 자신의 작품에 부정적인 글을 읽는 것은 여전히 견디기 어려워한다. 그는 칭찬 후기를 읽고도 단 한 문장의 비평에 사로

잡힐 것이다. "그건 칼을 들고 심장을 계속 찌르는 짓이나 마찬가지예요. 그래서 저는 후기를 읽지 않음으로써 저 자신을 지키는 방법을 배웠습니다."

당신이 무슨 일을 하건 대니얼스의 전략을 사용할 것을 추천한다. 당신이 한 일에 대한 후기는 다른 사람이 읽도록 하라(그 사람 역시 비수 같은 문장은 걸러내야 한다). 소셜 미디어의 탄생은 이제는 거의 모든 사업이나 전문직종이 비평의 대상이 되었다는 것을 의미한다. 당신은 그것을 전부 무시할 수도 없으며 무시해서도 안 된다. 옐프 웹사이트의 소비자나 레이트마이티처(RateMyTeachers)의 학생들에게서 유용한 정보를 얻을 수도 있다. 그러나 스크롤을 내리면서 그 모든 혹평을 직접 본다면 불쾌한 모욕과 불공정한 비난에 사로잡힌 나머지, 다른 것은 하나도 기억하지 못할 수도 있다.

다른 사람이 후기를 읽고, 공정한 비판을 골라내고, 그중 몇 개를 뽑아 긍정적인 평가와 부정적인 평가를 주의 깊게 배합한 대강의 내용을 당신에게 말해주는 것이 낫다. 당신의 개인적 검열관은 친절하게 많은 칭찬과 함께 비판을 살펴보고 나쁜 것의 유용성을 알 수 있을 만큼 강해야 한다. 윈스턴 처칠(Winston Churchill)은 말했다.[18] "비판은 인간 신체가 느끼는 고통과 같습니다. 고통이 유쾌하진 않지만, 그것 없이 몸이 있을 수 있겠습니까?"

신체적 고통처럼 비판도 필요하다. 왜냐하면 무언가 잘못되었을 때 그리고 더 잘못될 수 있을 때, 비판은 주의를 집중하도록 해주기 때문이다. 몇 마디의 부정적인 말은 칭찬과 섞어서 잘 전달하면 문제를 해결할 수 있을 만큼 강력하다. 하지만 가끔은 더 강력한 형태의 부정성이 필요하다.

천국 또는 지옥

보상 대 처벌

당신이 자신이든 아니면 다른 사람을 개선하려고 하든, 비판의 효과에는 한계가 있다. 결과가 나오지 않거나, 앞으로 발생 가능한 문제를 피하려면, 긍정적인 것이든 부정적인 것이든 직접적 보상(인센티브)을 사용해야 한다. 이것은 사회과학에서 무척 오래된 질문 중 하나이자 가장 미심쩍은 관용구 중 하나를 고려한다는 뜻이다. 당근이냐 채찍이냐?

어휘론을 연구하는 언어학자들[1]은 이 표현의 기원을 찾아 19세기 중반까지 추적해 갔다. 이때 기수가 자신의 말 앞에 당근을 매달아 경주에서 이기는 모습이 유럽과 미국의 만평에 나타났고, 채찍질이 아닌 보상에만 반응하는 당나귀의 이야기가 인쇄물을 통해 아동 양육에 대한 교훈으로 널리 퍼졌다.[2] 1851년 미국 잡지[3]는 민간의 이러한 지혜를 이렇게 요약했다. "당근에 설득당한 당나귀 실험에 따라 자연은 '끌고 가지 말고 이끌어라!'고 말한다."

그러나 정말 누군가 이런 실험을 했을까? 우리는 켄터키 더비〔Kentucky Derby, 미국 켄터키주 루이빌(Louisville)에서 매년 5월 둘째 주 무렵에 열리는 경마대회―옮긴이〕에서 우승한 말 앞에 당근이 매달려 있었다는 말을 들어본 적이 없다. 기수들은 당나귀와 노새에게 동기를 부여할 때 전통적으로 사용하는 채찍을 더 선호한다. 19세기에 설교를 늘어놓던 사람이 노새를 모는 사람들을 직접 봤다면, 유혹하는 채소를 보지는 못했을 것이다. 미국 남북전쟁 동안 대포를 실은 수레를 몰던 사람들은 수레 끄는 노새를 친절하게 설득해서[4] 진흙 언덕을 올라가지는 않았다. 그들의 채찍 다루는 기술은 창조적인 욕설만큼 유명했다. 노새를 모는 사람들이 동물들에게 욕하는 것이 직무의 중요한 부분이라고 주장했기 때문에, 상급 지휘관들은 이것을 참는 수밖에 없었다.

따라서 우리는 오래된 당근과 채찍 이야기에서 다른 교훈을 얻는다. 그 이야기가 정말로 보여주는 것은 처벌보다 보상의 효과가 더 낫다고 '믿고 싶은' 우리의 소망이다. 당근을 매다는 것이 채찍을 쥐는 것보다 더 유쾌한 일이기 때문에, 우리는 반박하는 증거에도 불구하고 당근이 더 효과적이라고 자신에게 말한다. 이러한 믿음은 오늘날의 부모나 교사, 관리자, 심지어 보상을 이용한 실험에서 부정성의 힘을 계속해서 밝히는 연구자에게까지도 이어진다. 이것은 또한 도덕적 행동의 동기를 아주 오랫동안 실험해 온 또 다른 전문가 집단인 성직자 집단에서도 나타난다.

3세기 이상 동안, 미국의 기독교 목사들은 고질적인 문제, 즉 일요일 아침에 교회의 신도 자리를 어떻게 채울지 그 해결책들을 시험해 왔다. 이것은 매사추세츠만 식민지(Massachusetts Bay Colony)를 건설한 열성적인 청교도들에게는 문제가 아니었으나, 그들의 헌신은 계속되지 않았다.

18세기 초에 이르자, 그들의 후손은 식민지에 살고 있던 다른 사람들처럼 불경한 사람들[5]이 되었다. 미국인 다섯 명 중 한 명만이 교회에 나왔다. 미국인들은 하루 평균 여섯 잔의 술을 마셨고,[6] 음주는 보통 아침 식사 때부터 시작했으며, 보스턴과 필라델피아의 1인당 술집 수는 암스테르담보다도 많았다. 결혼식 날부터 아홉 달이 지나지 않아 태어나는 아기의 수로 미루어 볼 때, 교회에 다니는 젊은 부부보다 혼전 성관계를 가진 부부가 더 많았다. 성직자들은 식민지의 후손들이 무신론에 빠졌다며 주기적으로 탄식했다.

그러나 1740년 여러 식민지를 방문하던 영국 목사 조지 화이트필드(George Whitefield)가 동부 해안에 파란을 일으켰다. 조지아주에서 메인주에 이르기까지 수천 명의 농부가 일하러 가야 할 밭을 내버려 두고, 그의 설교를 들으러 목장이나 가장 가까운 마을 광장으로 갔다. 그는 보스턴에서 3만 명의 군중을 끌어모았는데, 이는 도시 전체 인구보다도 많은 수였다. 화이트필드의 설교를 들은 사람들은 고통으로 소리치거나, 눈물을 쏟거나, 자신이 다시 태어났다고 선언하거나, 다시는 죄를 짓지 않겠다고 다짐하며 집으로 돌아갔다.

"우리 지역 거주자들의 삶에 금세 놀라운 변화가 일어났습니다. 종교를 생각하지 않거나 무관심한 상태에서 벗어나 온 세상이 종교적으로 성장하고 있는 것 같습니다. 저녁에 시내를 걸어갈 때 거리마다 찬송가를 듣지 않고 지나간 적이 없어요." 벤저민 프랭클린(Benjamin Franklin)은 필라델피아에서 이렇게 말했다.[7]

왜 미국은 갑자기 종교를 갖게 되었을까? 역사학자들은 화이트필드와 조너선 에드워즈(Jonathan Edwards)와 같은 미국 목사들이 이를 이끌었다면서, 1차 대각성(First Great Awakening)을 설명하려고 애썼다. 여러 이론이 문화적 변화나 사회적 혼란, 경제 상황과 관련된 공포를 다양한 방식으로 대각성에 연결시켰다. 그러나 가장 간단하고 설득력 있는 설명은 로저 핑크(Roger Finke)와 로드니 스타크(Rodney Stark)라는 두 사회학자에게서 나왔다. 그들은 교회의 발전과 쇠퇴를 연구하면서 부정성 효과를 독자적으로 확인했다.

지상의 지옥[8]

종교 교파는 자신들을 사회와 분리시킨 열성적인 신자들의 작은 모임, 즉 하나의 종파에서부터 시작한다. 성공회의 설립을 거부해 영국으로부터 도피한 청교도들도 그랬다. 그들은 매사추세츠에 정착한 뒤에는 더 이상 외부인이 아니었다. 그들이 바로 권력이었다. 이 종파는 회중교(Congregational Church)로 성장했으며, 미국 성공회(영국 성공회의 미국 지파)가 다른 식민지를 지배한 것과 같은 방식으로 뉴잉글랜드 지역을 지배했다. 이 주류 교회는 정부 보조금을 받았기 때문에 열성적인 새 신자들을 끌어모으지 않고도 살아남을 수 있었다.

이들 교회의 성직자들은 잘 교육받은 신사였지 마법의 선동가가 아니었다. 그들은 이성주의를 중요시하고 감성주의는 평가 절하하는 하버드나 예일 대학교에서 배운 신학에 기초해서 우아하고 지적으로 설교했다. 그들은 신을 멀고 추상적인, 구약 성경 속에서 죄 지은 사람들을 영원한 형벌에 처하는 분노에 찬 존재가 아닌, 모호하고 온정적인 절대자로 보도록 배웠다. 이 세련된 현대식 성직자들은 설교단에서 벗어날 수 없는 저주에 대해 천둥처럼 고함치지 않았다. 심지어 지옥을 믿지 않는 사람도 있었다.

부흥주의자들은 아주 열성적으로 지옥을 믿었다. 조지 화이트필드는 조지아주에서 설교[9]하면서 미국인 청중에게 "지옥에서의 고통은 영원하다는 것"을 부정하는 신학자를 보고 안심하지 말라고 말했다. 그는 지옥을 부정하는 것이 '부정과 불경을 부추기는' 가장 확실한 길이라고 경고하며 "눈먼 자들을 이끄는 그런 눈먼 지도자에게 화가 있으라"고 말했다. 그는 죄인들에게 '모욕을 주는 악마들', '영원한 지옥불', '절대 끝나지 않는 양심의 가책' 때문에 고통받는 자신을 상상해 보도록 촉구했다. 조너선 에드워즈는 그의 유명한 1741년 설교[10] "성난 하느님 손 안의 죄인들"에서 한 발 더 나아갔다. 예일 대학교에서 배운 신학을 버린 다음, 그는 코네티컷주에서 설교를 듣던 사람들을 지옥 구덩이에 매달려 있는 "혐오스러운 벌레"에 비유했다.

"오, 죄인들이여! 너희들이 처한 두려운 위험을 생각하라. 이것은 분노의 거대한 용광로요, 광대하고 바닥 모를 심연이다. 너희들은 하느님의 분노의 불꽃이 타오르는 가운데 가느다란 실에 매달려 있다. 매 순간 그 실이 그을리거나 타버릴 것을 준비하라." 에드워즈는 경고했다.

이러한 설교는 신학계를 큰 충격에 빠뜨렸다. 회중교 목사 연합은 화이트필드가 "사람들의 열정을 자극하고 마음을 얻기 위해 극도로 교활한 기술"을 사용한다며 공개적으로 비판했으며, 하버드 신학과 교수진은 그를 "열광"이라는 죄목으로 유죄라고 주장했다. 나중에 예일 대학교 총장이 된 회중교 목사 에즈라 스타일스(Ezra Stiles)는 부흥주의자들의 전략이 사람들을 "심각하게, 진지하게, 엄숙하게 겁에 질리게 만든다"고 나무랐다.

주류 교회들은 일부 지역에서 그들의 정치적 권력을 이용해 부흥주의자들의 설교를 막았지만 이는 헛된 싸움이었다. 특히, 미국 독립혁명 이후 공식 국교가 없는 국가가 탄생한 이후에는 더욱 그랬다. 주류 교회가 자신들의 특권적 위치(그리고 정부 보조금)를 잃어버리고 나자, 목사들은 경쟁에 나서야만 했고 그 경쟁은 (정말로) 지옥이었다.

불과 유황은 1차 대각성 시기에 동기 부여를 위한 전략으로 등장하여 오랫동안 영향력을 발휘했다. 18세기부터 지금까지 미국의 교회 신자 수는 세 배 늘었으며, 이것은 유럽에서 몇 세기에 걸친 지속적 신자 감소 추세와는 뚜렷이 대조적인 현상이다. 오늘날 유럽 교회의 신자석이 비어 있는 동안, 왜 미국인의 3분의 2는 교회에 나가는 것일까? 핑크와 스타크는 자신들의 통찰력 있는 사회학적 분석《미국 종교 시장에서의 승자와 패자(The Churching of America)》에서, 그 이유로 미국인들이 천성적으로 영적인 사람들이거나 세속적인 문화로 인한 불안으로 고통받기 때문은 아니라고 결론 내린다. 차이점은 유럽의 여러 정부가 계속해서 공식 국교로 지정하고 경제적으로 지원한 반면, 미국은 어떤 교회에도 독점권을 주지 않았다는 것이다.

일단 18세기에 경쟁이 시작되자마자, 가장 큰 헌신의 물결은 주류 교회가 아닌 화이트필드와 에드워즈의 지옥불 전통을 이어가던 신생 감리교회에서 일어났다. 감리교 목사들은 신학교의 산물과는 거리가 먼 지역 거주자로, 신학 교육이 부족한 순회 목사들에게 자문을 받는 무급의 비전문가였다. 1700년대에 조그만 종파였던 감리교는 1850년대에 미국에서 가장 큰 교파가 되었고, 동시에 그들은 주류 교회에서는 친숙한 문제에 부딪혔다. 감리교회는 번창하면서 신학교를 만들었고 졸업생들은 좀

더 부드러운 내용을 전달하는, 이른바 '개혁파' 목사가 되었다. 전통주의 자들은 "이 종파의 핵심 아이디어는 온정이다"고 불평했다.

이번에도 온화한 메시지는 지옥과 경쟁이 되지 않았다. 19세기 말 감리교는 더 이상 미국에서 가장 큰 종교 집단이 아니었다. 새로운 승리자는 지옥에 대한 두려움을 부추기는 가톨릭교와 침례교였으며, 이들은 20세기까지 빠르게 성장했다. 나중에는 이들 교회의 많은 성직자가 자신들의 메시지를 현대화시켰으며, 그들 또한 부흥주의자 목사들, 이번에는 1980년대와 그 이후에 급격히 세를 넓힌 복음교와 오순절 교파에게 그 기반을 넘겨주었다. 늘 그렇듯이, 지도부는 신진세력들의 신학이 너무 거칠다고 불평했으나, 1980년대 주류 목사 중 한 명인 리처드 윌키(Richard Wilke) 주교는 감리교회 동료들에게 경쟁에서 배울 것을 촉구했다.

윌키 주교는 설명했다.[11] "사람들을 끌어오는 교회는 죄·지옥·죽음을 믿는 교회입니다. 자신이 무슨 말을 하는지 알고 계신 예수님은 그러한 것들을 사람들에게 설명하고, 직접 경험하고, 이겨내셨습니다. 만약 죄가 없다면, 우리에게는 구원이 필요 없습니다. 우리에게 구원이 필요 없다면, 우리에게는 목사가 필요 없습니다." 악과 지옥의 위협이 없다면 목사들은 성공할 수 없을 것이고, 존재의 이유를 잃을 것이고, 직업도 잃게 될 것이다.

미국 기독교의 역사는 통제된 실험은 아니지만, 거기에서 나온 자료는 인상적이다. 수백만 명이 서로 경쟁하는 보상에 노출되어 있었다. 그들은 더 친절하고 부드러운 신에 대한 설교를 듣는 것을 즐겼겠지만, 그들을 신자석이 넘치도록 불러들인 것은 화가 난 신의 위협이었다. 그리고 이 효과를 심리학자 아짐 샤리프(Azim Shariff)와 동료들은 훨씬 통제된 조건에서 보여주었다.

한 실험에서 샤리프는 학생들에게 수학 시험을 보게 하면서, 컴퓨터가 고장 난 것을 이용해 부정행위를 하지 말 것을 부탁했다. 당연히, 이것은 실험을 조작한 것으로, 참여자들이 부정행위를 하면 그가 알 수 있었다. 그는 부정행위를 한 사람과 그렇지 않은 사람을 구분 짓는 요인으로, 성별이나 성격검사에서의 점수가 큰 영향을 미치지 않는다는 것을 알게 되었다. 학생들의 종교 여부도 중요하지 않았다(독실한 신앙을 가진 학생들도 부정행위를 하는 비율에서는 다른 학생들과 같았다). 영향을 미친 요인은 신에 대한 학생들의 인식이었다.[12] 그들이 신을 '복수하는', '두려운', '벌주는', '화가 난'과 같은 형용사로 묘사하면 시험에서 부정행위를 할 확률이 평균보다 의미 있게 낮았다. 그러나 그들이 '용서하는', '위로하는', '사랑의'와 같은 형용사로 신을 묘사하면 부정행위를 할 확률이 높았다. 조너선 에드워즈는 이 실험의 결과로 나온 논문 〈나쁜 신이 좋은 사람을 만든다(Mean Gods Make Good People)〉에 동의했을 것이다.

샤리프는 연구실을 벗어나 그 이상을 살펴보기 위해 수십 개 국가의 범죄율을 비교했다.[13] 그가 67개 나라에서 15만 명에 가까운 사람들의 설문조사 응답을 분석한 결과, 살인율(범죄의 가장 신뢰할 만한 척도)은 종교적 믿음에 비해 빈곤율이나 소득 불평등과는 관련성이 더 약했다. 이 설문조사에는 천국과 지옥에 대한 분리된 질문이 있었다. 많은 사람들이 지옥보다는 천국을 믿은 나라에서는 살인율이 평균보다 더 높은 경향이 있었다. 천상에서의 보상을 약속하는 것은 이들 나라에서 살인자들을 막는 데 별 도움이 되지 않는 것으로 보였다. 그러나 다른 나라들에서는 초자연적 억제력이 존재하는 것으로 보였는데, 지옥에 대한 믿음이 높을수록 살인율이 낮았기 때문이다. 부정성의 힘은 적어도 사람들의 폭력적인 충동을 억제하는 데에서만큼은 이 세계에서 다음 세계로까지 이어진다. 지옥이 천국보다 더 강력한 것이다.

보상과 처벌

조지 화이트필드 이후 3세기가 지났을 즈음, 실험심리학자들도 그들 나름의 대각성을 했다. 이때가 1950년대로, 거의 모든 미국 심리학과에서 동물학습 연구가 주된 일이었을 때다. 스키너(B. F. Skinner)의 연구 방법과 그와 비슷한 연관성을 통한 학습 형태가 지배적이었다. 널리 받아들인 원리 중 하나는 보상과 처벌은 즉각적이어야 한다는 것이었다. 동물에게 무언가를 하지 않도록 가르치려면, 그 행동이 나타난 직후 처벌을 해야 한다는 것이다. 당시의 가장 정확한 추정으로는 0.5초 이내여야 했다.

그런데 그때 존 가르시아(John Garcia)라는 젊은 심리학자가 뭔가 이상한 결과를 내놓았다.[14] 그는 샌프란시스코의 미국 해군 연구실에서 쥐를 이용해 방사선 효과를 연구하고 있었다. 이것은 핵무기 초창기 시절에는 큰 관심을 받는 주제였다. 그는 상자 안으로 쥐를 들여보내 다양한 수준의 방사선에 노출시켰다. 상자 안에는 플라스틱 물병이 있었는데, 가르시아는 쥐들이 여기에서 물 마시는 것을 금세 주저하는 것을 관찰했다. 그는 쥐들이 플라스틱 병에 든 물맛을 방사선 때문에 생기는 메스꺼운 느낌과 연결시키기 시작했는지 궁금했다(그 자신이 메스꺼움에 대해 잘 알고 있었다. 제2차 세계대전 때 그는 육군 조종사로 복무했으나, 흔들림과 고도로 인한 멀미 진단을 받고 비행을 포기해야 했다). 가르시아는 다양한 맛이나 광경, 소리에 대한 쥐들의 반응을 실험하기 시작했다. 그는 어떤 쥐에게는 방사선 상자에 들어가기 전에 그들이 아주 좋아하는 설탕물을 마시게 했다. 나중에 방사선에 노출되고 나서 그들은 더 이상 단 음료를 마시려고 하지 않았다.

가르시아의 발견은 논란을 일으켰다. 연결을 통한 학습에는 몇 단계의 강화가 필요한 것으로 알려져 있었지만(유명한 '학습곡선'이 담고 있는 내용이 이것이다), 가르시아의 쥐들은 단 한 번의 나쁜 경험 이후 단맛의 물을 피했다. 더구나 경험 직후 강화가 0.5초 이내에 일어날 때에만 학습이 일어난다고 알고 있었는데, 가르시아의 쥐들은 설탕물을 마신 지 몇 시간이 지난 뒤에 부정 강화(방사선 상자에서 일어난 메스꺼움)가 있었는데도 설탕물을 마시지 않는 것을 학습했다. 많은 전문가들은 가르시아의 결과가 분명히 틀렸고 가짜일 수도 있다고 생각했다. 그러나 후속 연구는 나중에 '가르시아 효과(Garcia effect)'로 알려진 현상을 확증했다. 쥐들은 정말로 강화가 몇 시간 뒤에 올 때조차도 학습할 수 있었는데, 강화가 부정적일 때만 그랬다. 쥐들은 자신을 메스껍게 만드는 음식을 피하도록 몇 시간 뒤에 학습할 수 있었지만, 나중에 좋은 효과를 주는 음식을 좋아하도록 학습하지는 않았다.

인간의 뇌와 미뢰도 비슷한 편향을 보일까? 벨기에의 연구자들[15]은 고등학생 참여자에게 별맛이 없는 액체에 (그들이 좋아하는) 설탕을 탄 것 혹은 아주 맛없고 쓴 음료를 섞은 것 등 여러 가지를 맛보게 했다. 일주일후, 그들은 별맛이 없는 액체 여럿을 맛보고 평가했는데, 이때는 설탕이나 맛없는 음료를 섞지 않았다. 그들은 쓴맛이 나는 음료를 섞은 액체의 맛을 싫어했으나, 설탕을 섞은 액체의 맛은 특별히 더 좋아하지 않았다.

쥐들처럼 이들도 나쁜 경험으로부터는 학습을 하고 좋은 경험으로부터는 학습하지 않았다.

이 효과는 사람들이 젊은 시절에 럼주나 마르가리타 같은 술을 마시고 구역질 경험을 한 번 하면 그 술을 영원히 끊게 되는 이유를 설명해 준다. 바우마이스터는 자신의 어린 딸에게서 비슷한 현상을 관찰했다. 스스로 걸을 수 있을 때쯤 딸은 새로운 음식을 먹어보는 것을 두려워하지 않았으며 심지어 날생선까지 좋아했다. 한번은 어른들은 초밥을 먹고 자신에게는 이유식을 주자 이렇게 저항했다. "나 이유식 안 고파. 나 초밥 고파." 네 살 때 딸은 부모의 연구실에서 공부하는 대학원생의 결혼식에서 화동(花童)이 되었는데 거기에서 초밥이 나왔다. 작은 꼬마가 초밥을 좋아하는 것이 신기하고 귀여웠던 대학원생들과 신부의 친구들은 아이가 행복하게 초밥을 먹는 모습에 달라는 대로 초밥을 주었다. 그런데 이것이 과했던지 아이는 조금 아팠다. 그날 이후 아이는 다시는 초밥이 고프지 않았다.

보상과 처벌에 대한 아주 우아한 한 연구에는 어린아이들과 구슬[16]이 등장한다. 실험에 참여한 아이들은 자신의 행동을 통제하는 방법을 배웠고, 구슬은 그들이 받는 보상이었다. 어떤 아이들은 시작할 때 빈 병을 받고 올바른 반응을 할 때마다 구슬을 하나씩 받았다. 다른 아이들은 구슬이 꽉 찬 병을 받고 실수를 할 때마다 구슬을 하나씩 잃었다. 보상과 처벌의 균형은 정확했기 때문에, 두 아이가 같은 비율로 학습한다면 어떤 병으로 시작했는지는 상관없이 정확히 같은 개수의 구슬이 남아 있어야 했다. 그러나 그들의 학습에는 확실한 차이가 있었다. 실수에 대한 처벌을 받은 아이들은 훨씬 빨리 배웠고, 그래서 그들은 끝날 때 보상을 통해 배운 아이들보다 구슬을 더 많이 가지고 있었다.

부모와 교사는 처벌이 아이들을 슬프게 할까 봐 걱정하지만, 심리학자 조지프 포가스(Joseph Forgas)는 기분 나쁜 것의 놀라운 장점을 보여주었다. 사람들에게 가게에서 본 여러 물건을 회상하거나 어떤 사건을 설명하도록 요청한 실험에서 입증한 것처럼 기억력이 좋아진다.[17] 기분이 나쁜 사람들은 더 정확했는데 이것은 주의를 더 기울이기 때문으로 보이며, 그들은 또한 더 간명[18]하여 같은 말을 반복하거나 관련성이 낮은 정보를 늘어놓지 않고 관련 있는 정보를 제시했다. 다른 사람이 한 작업의 질을 판단하도록 요청했을 때, 그들은 작업한 사람의 외모가 주는 인상에 좌우되는 편향을 덜 보였다.[19] 거짓말쟁이를 가려내는 능력[20]을 시험하는 실험에서, 불행한 기분의 사람들이 행복한 기분의 사람보다 더 잘 해냈다. 나쁜 기분이 그들을 덜 허술하게 만들었다.

실패는 기분은 나쁘겠지만 성공보다 더 많은 정보를 준다. 당신이 시험에서 좋은 성적을 받은 이유를 이해하는 것이 그렇게 많은 정보를 주지 않는 것은 시험에서 모든 부분을 잘했기 때문이다. 그러나 나쁜 결과를 분석하려면 어디서 잘못했는지 끝까지 파헤쳐야 한다. 유럽 전쟁사를 보면, 최강의 군대는 이전 전쟁에서 패한 군대라는 것이 반복적으로 드러나는데, 이것은 승자가 안주하는 동안 패배는 패자로 하여금 조직을 정비하고 전략을 혁신하도록 했기 때문이다. 보상은 내적인 부분에 초점을 맞추지만, 처벌은 세상을 더 주의 깊게 살펴보고 변화를 일으키도록 한다.

나쁜 것의 적응적 이점은 거슬리는 소음[21]을 예측하도록 사람들을 훈련시킨 실험에서 드러났다. 그들이 소음을 미리 막기 위해 무언가를 할 수 있다면 그들은 소음을 피할 수 없을 때보다 더 주의를 기울일 것이다. 이러한 이점은 사람들이 변화를 유도하는 보상에 대한 연구에서도 나타났다. 대부분의 사람들은 살을 빼고 싶어 하지만, 일차적으로 그들에게 행동하도록 동기를 부여하는 것은 뚱뚱해 보이는 것에 대한 두려움[22]이지 날씬하게 보이고 싶다는 희망이 아니다. 대부분의 사람들은 다른 사람들을 돕고 싶어 하지만, 긍정적 자극보다는 부정적 자극에 대한 반응으로 그렇게 할 확률이 더 높다. 한 현장 연구에서, 적십자사와 함께 일하던 연구자들은 조금 다른 두 방식으로 헌혈[23]에 동참할 것을 호소했다. 누군가의 생명을 구하는 것을 도와줄 것을 요청한 긍정적인 방식은 일부 사람들이 지역 헌혈의 집을 방문하도록 동기를 부여했다. 그러나 누군가가 죽는 것을 막아달라는 부정적인 호소 뒤에는 60퍼센트의 사람들이 더 왔다. 수십 개의 다른 연구[24]에서도 사람들, 특히 여성들은 (암, 심장병 검사를 권하는 것과 같은) 공공 보건 메시지가 두려움에 기초하고 있는 경우에 응답할 확률이 훨씬 높았다. 존슨 박사가 관찰했듯이,[25] 죽음에 대한 전망은 마음을 놀랍도록 집중시킨다.

이러한 증거가 당근이 채찍보다 낫다고 믿고 싶은 사람들의 소망을 약화시키지는 못했다. 부모와 교육자들[26]은 처벌의 가치를 인식하는 대신 그 반대쪽으로 움직여 왔고, 기준이던 엄격한 처벌로부터 멀어졌다. 그 결과는 많은 학생들, 특히 혜택받지 못한 가정의 소년들에게 재앙이 되어 왔다. 주류 종교에서 운영하는 교육기관에서는 효과가 없는데도 온건한 설교를 해왔다. 선생님들은 실수를 강조하는 대신 아이들을 칭찬하는 데 집중하도록 훈련받고, 학교에서는 교사나 학생의 실패를 처벌하는 데 주저한다.

이러한 철학은 부분적으로는 심리학사에 나오는 특히 유감스러운 실수 중 하나인 1970년대 자존감 운동[27]에 기인한다. 연구자들은 높은 자존감과 많은 분야에서의 개인적 성공 사이에 상관이 있다는 것에 주목했고, 그들은 자존감을 장려하는 것이 학생들의 발전에 도움이 된다고 결론지었다. 불행하게도 이 연구자들은 인과관계를 거꾸로 파악했다. 즉, 성공하는 것은 분명 자존감을 높이겠지만, 당신 자신을 높게 평가하는 것이 성공을 가져오지는 않을 것이다. 자존감 이론은 곧 실험심리학자들 사이에서 신뢰를 잃었지만, 소위 아동발달 전문가와 많은 교육자들 사이에서는 계속 남아 있었다. 당시 선생님들을 위한 안내서[28]로 널리 쓰인 《최고의 교육(Best Practice)》에 적혀 있듯이, "우호적이고 상호 지지적인 분위기에서" 하는 협동적인 활동을 위해 "경쟁과 성적을 덜 강조해야 한다는 것"이 그 당시 일치된 의견이었다.

그래서 아이들은 모두가 상을 받는 게임을 하고, 실패가 거의 없는 학교에 다녔다. 많은 학군에서 '사회적 격려' 정책을 포용한 결과 더 많은 학생들이 기본적인 읽기와 셈하기를 익히지 못한 채 고등학교에 진학했다. 학생들을 유급시키지 않아 재수강을 하지 않게 하는 것의 명분은 그들의 자존감을 손상시키지 않는다는 것이었다. 그런데 정말 그랬을까? 심리학자 허버트 마시(Herbert Marsh)는 많은 독일 중학생들을 몇 년 동안 추적함으로써 이것을 검증해 보았는데,[29] 그는 유급한 학생들에게 특별한 관심을 기울였다. 그들의 자존감은 그해에 위협받지 않은 것으로 드러났다. 대신, 자존감은 성적과 함께 올라갔으며, 이러한 향상은 그 뒤에도 몇 년 동안 유지되었다. 플로리다주의 초등학생 연구[30]에서도 비슷한 효과가 나타났다.

어린 동급생들과 함께 다니면서 특정 학년을 반복하는 것이 처음에는 부끄러울 것이라는 데는 의심의 여지가 없지만, 적응하고 나면 교재는 두 번째 볼 때 분명 더 쉬울 것이다. 그래서 성적을 더 잘 받게 되면 자신감도 더 생기고, 그래서 사회적으로 격려를 받았을 때보다 다음 학년 교재를 배울 준비가 더 잘된다. 당치 않는 격려는 기분을 나아지게 하지 않을 것이고, 확실히 배움에 도움이 되지 않을 것이다.

성적표의 당치 않는 점수 역시 배움에 도움이 되지 않을 테지만, 현재 학생들에 대한 처벌을 꺼리는 것이 여러 학교[31]에서 하나의 기준이 되고 있다. 많은 학교에서 F학점을 없앴다. 어떤 학교에서는 학점 자체를 없앴다. 학점을 주는 학교도 훨씬 관대해졌다. 최근 몇십 년 동안 고등학교 성적[32]은 계속 올라 이제 평균 학점이 B이지만 이것은 학생들이 똑똑해져서가 아니다. 그들의 학점은 높아졌지만 표준화된 시험 점수는 함께 오르지 않았다. 이러한 전반적인 학점 인플레이션은 만약 또래들 사이에 석차를 매긴다면 그렇게 큰 문제가 되지 않겠지만, 대부분의 고등학교에서는 학급 석차[33]도 폐지했다.

이러한 관대한 정책은 풍족하고 교육 수준이 높은 가정의 학생들에게는 영향력이 적었는데, 왜냐하면 그들과 그들의 부모(그리고 가정교사)는 상위권 대학에 들어가려는 장기적 목표를 겨냥해 왔기 때문이다. 그들은 대학입학시험(SAT)과 또 다른 표준화된 시험에서 좋은 점수를 받지 않으면 처벌(상위권 대학교에 불합격하는 것—옮긴이)에 직면할 것임을 알기 때문에 열심히 공부한다. 그러나 다른 학생들은 이런 관대한 정책으로부터 상처를 받고 있다.

1980년대는 대학생의 절반이 남성이었으나, 오늘날에는 여성이 남성보다 거의 3 대 2의 비율로 더 많다. 이것은 많은 남학생이 학업에서 어려움을 겪기 때문이다.[34] 교사들은 남학생이 학교 공부 대신 비디오 게임을 하느라 시간을 낭비한다고 탄식하지만, 단순히 남학생을 탓하기보다는 게임의 매력에 대해 생각해 볼 일이다. 게임을 하는 사람들은 더 높은 점수와 순위를 위해 경쟁하면서 배운다. 그들은 자존감 보호를 위해 실패를 차단하는 것이 아니라, 계속 죽고 다시 게임을 시작한다. 처벌은 그들로 하여금 실수에서 배우고 결과적으로 다른 사람들보다 더 높은 점수를 받아 성공하도록 한다. 만약 학교에서 이런 보상을 그들에게 준다면, 그들은 학교에서도 배울 수 있을 것이다.

남학생은 여학생만큼 빨리 성숙하지 않기 때문에, 자기 절제의 발달[35]이 느리다. 이것은 그들을 지도하고 훈육해야 할 부모가 (과중한 짐을 지고 있는 경우가 많은) 한부모 가정의 남학생들[36]에게는 특히 어려울 수 있다. 연구자들은 한부모 가정이 여학생보다 남학생에게 더 부정적인 결과[37]를 초래한다는 것을 계속해서 보여주고 있다. 만약 학교에서의 훈육도 소홀하다면, 그들이 학업에 어려움을 겪을 가능성은 더 높아진다. 보수적인 교육자들은 남학생들을 잘 가르치기 위해 분명한 규칙과 처벌을 활용하고, 협동이 아닌 경쟁을 강조하는데, 그들은 이것이 남학생들에게 동기를 부여하기 위한 아주 좋은 방법이라는 것을 알기 때문이다.

일부 미국 교육자들도 수입이 적은 소수자 지역의 남녀 학생 모두를 돕기 위해 비슷한 전략을 시도해 왔다. 이 혁신가들은 학교가 '모두에게 상을 주기' 철학을 수용하면서, 흑인 및 히스패닉계 학생들의 성취 수준이 백인 및 아시아계 학생들에 비해 떨어지고, 이 격차가 점점 더 벌어지는 데 주목했다. 미국 교육부가 전국적으로 측정했을 때처럼, 읽기와 산수 시험 점수의 차이는 1970년대와 1980년대에는 좁혀지고 있었으나 1990년대 들어 벌어졌다. 1990년대 말에는 히스패닉계 12학년 학생의 평균 점수는 백인이나 아시아계 8학년 학생의 점수와 거의 같았으며, 아프리카계 미국인 12학년 학생의 평균 점수는 그보다도 더 낮았다. 왜 이렇게 많은 소수집단 학생들이 4학년이나 뒤처졌을까? 학자들과 학교 관리자들은 이 격차에 대한 다양한 변명을 찾았으며, 교장과 교사의 통제 바깥에 있는 사회적·정치적·경제적 요인을 탓했다.

그러나 소수의 교장은 책임을 회피하지 않았다. 그들은 2000년에 나온 헤리티지 재단(Heritage Foundation)의 명예 회원(fellow) 새뮤얼 케이시 카터(Samuel Casey Carter)의 책[38] 《변명은 그만(No Excuses)》, 그리고 맨해튼 인스티튜트(Manhattan Institute)의 애비게일 선스트롬(Abigail Thernstrom)과 스테판 선스트롬(Stephan Thernstrom)이 쓴 속편[39] 《변명은 그만: 학습에서의 인종 차이를 좁히려면(No Excuses: Closing the Racial Gap in Learning)》에서 이름을 따온 운동을 시작했다. 변명 없는 학교는 규율·경쟁·처벌을 강조하는 전통 방식을 부활시켰다. 그들은 공동 프로젝트를 강조하는 대신, 각 학생의 개인 능력을 시험을 통해 정기적으로 확인했다. 학생이 손을 들 때만 호명을 하는 '상호 지지적인' 집단 토론을 장려하는 대신, 선생님은 학생이 손을 들지 않아도 지명해서 질문에 대답하게끔 했다. 학교는 학생과 교사 모두에 대한 명확한 기준을 정했고, 여기에 미달하는 사람들에게는 즉시 대응했다.

뉴욕시에서 가장 빈곤한 지역에 집중된, 변명을 용납하지 않는 47개 국비 지원 대안학교의 연합체인 석세스 아카데미(Success Academy)[40]에서는 학생들은 교복을 입어야 하고, 수업시간에는 똑바로 앉아 있어야 하고, 복도에서는 줄을 서서 조용히 걸어야 한다. 규칙을 깨거나 충분히 노력하지 않는 학생들의 행동은 바로 교정하고, 만약 그들이 저항하면 '진정 의자(calm-down chair)'에 앉아 있게 하는 것과 같은 더한 처벌에 직면하게 된다. 학교는 문제를 해결하도록 부모들을 신속하게 학교로 호출하고, 학생들은 공립학교에서보다 더 자주 정학을 당한다.

읽기 능력을 2주 내에 F단계에서 G단계까지 끌어올리는 것과 같이, 학생들은 긱자에게 맞는 '성장 목표'를 정한다. 또한 추기적인 보상으로, 전교생이 청팀과 오렌지팀 중 하나에 들어간 다음, 응원전과 목표 달성에서 상대편과 경쟁해서 이기면 상을 받는다. 학생들이 성취도 종합평가 시험을 보고 나면, 개개인의 점수를 1등부터 꼴찌까지 교실 게시판에 붙이며, 맨 아래쪽에 있는 학생들은 낙제하고 있음을 보여주는 '적색지대'도 표시해 둔다. 가장 점수가 높은 학생들은 상을 받고, 가장 많이 발전했거나 가장 열심히 노력한 학생들도 마찬가지다. 개근한 학생들은 '0의 영웅' 상을 받고, 가장 성실한 학생들은 '노력 파티'에 초대받는 반면, 노력을 덜 한 학생들은 '노력 학교'에서 보충 수업을 받는다.

교사뿐만 아니라 교장과 학교 전체를 관리하는 관리자가 학생들의 발전을 평가한다. 이들은 학생들이 어떻게 하고 있는지, 그리고 어떻게 지도받고 있는지를 알기 위해 학생들의 시험·작문·실습을 비롯한 여러 활동을 직접 볼 수 있다. 석세스 아카데미를 설립한 전 뉴욕시 의원 이버 모스코위츠(Eva Moskowitz)는 자신이 처음 교육계에 입문했을 때 받은 충격은 학생들에 대한 낮은 기대였다고 말한다. 그녀는 원래 기존의 교육과정을 채택하려고 했으나, 이용 가능한 것들이 죄 학생들에게 요구하는 것이 너무나 적어, 결국 그녀가 직접 만들었다. 또한 그녀는 교사들의 기대 역시 너무 낮다는 것도 알게 되었다.

"학생들의 글을 보기 시작했을 때, 교사들이 주는 응답 중에 가장 많은 것이 '잘했어요'라는 것을 발견했어요. 어떤 교사들은 거의 모든 학생들에게 A를 주고 있었어요. 저희는 그걸 바꿨습니다. 아주 적은 수의 아이들만이 A를 받아요. B를 받는 것도 어렵고요. C가 많죠." 그리고 통과 표시를 받지 못한 학생에게 사회적 격려는 없다. 그들은 유급한다.

학생들의 발전을 매주 또는 매달 확인하면서 교장과 지도부 관리자들은 어떤 학급과 학교가 뒤처지고 있는지, 즉 어떤 교사와 교장이 즉각적인 도움과 지원을 필요로 하는지 빠르게 파악할 수 있다. 감독관들은 수업에 자주 들어가며, 교사의 교수법이 적합하지 않은 경우 학생들 앞에서 고치는 것을 주저하지 않는다. 어떤 경우에는 학급을 잠시 넘겨받아 더 나은 방법을 직접 보여주기도 한다. 만약 추가적인 도움에도 궁극적으로 수행을 개선하지 못하면, 교사는 외부교사나 보조교사로 강등되고 교장은 교체된다. 대부분의 공립학교 구성원들과 달리, 석세스 아카데미의 교사와 교장은 정년을 보장받지 않는다. 그들은 실패하면 해고를 포함해 처벌을 받는다.

이러한 채찍 전략의 결과는 놀라웠으며, 학업 성취에서 인종과 수입에 따른 격차를 줄이지 못한 교육자들을 반박하는 것이 되었다. 석세스 아카데미의 학교들은 공공 기금으로 운영되고 누구나 추첨을 통해 입학할 수 있기 때문에, 지역 학생들 중 대표성 있는 집단을 교육시키고 있는 것이다. 학생들 중 4분의 3이 무료 점심 급식을 받을 만큼 가난하고, 90퍼센트가 넘는 학생들이 유색인종으로 주로 흑인이다. 보통 뉴욕시의 공립학교에서 절반이 채 안 되는 학생들이 주 성취도 평가[41]를 통과하고, 유색인종 학생들은 3분의 1도 통과하지 못하지만, 석세스 아카데미에서는 95퍼센트의 학생들이 통과한다. 이러한 점수는 뉴욕주의 모든 학교를 통틀어서 상위 1퍼센트에 속하는 것이다. 석세스 아카데미의 47개 학교는 백인과 아시아계가 주로 거주하는 부유한 교외 지역을 포함해 주의 모든 공립 학군보다 점수가 높다. 이 학교들은 지역에서 매우 인기가 좋아 지원자가 입학 정원의 다섯 배가 넘는다.

변명 금지 접근 방식은 보스턴·위싱턴·시카고를 포함한 여러 다른 도시의 공공 지원 대안학교에도 널리 알려졌으며, 세심한 연구를 통해 타당성이 입증되었다. 이러한 학교는 학생들을 추첨으로 뽑기 때문에, 자연스럽게 연구자들은 당첨되지 못한 학생들을 대조군으로 하는 무작위 실험을 수행할 수 있다. 당첨된 학생들과 당첨되지 못해 일반 학교에 다니는 학생들을 추적 비교한 결과, 연구자들은 도심의 공공 지원 대안학교 학생들이 근처의 공립학교 학생들보다 더 빨리 발전하는 것을 반복적으로 발견했다. 그리고 연구자들이 어떤 대안학교가 가장 잘하는지 더 자세히 들여다본 결과, 대부분의 성공은 변명 금지 접근 방식을 취하는 학교에서 나타났다. 5개 주와 위싱턴 D.C.의 대안학교에 대한 연구들의 2017년 메타분석[42]에서는 변명 금지 학교 학생이 일반 공립학교 학생에 비해 1년에 거의 두 배 발전을 하고, 이러한 발전이 4~5년 이어지면 인종에 따른 학업 성취 격차를 지우기에 충분하다는 결론을 내렸다.

불행히도, 이 모든 희망적인 자료는 채찍보다는 당근을 선호하는 대부분의 교육자들이 다시 생각하게끔 만들기에는 충분치 못했다. 연방법 및 주법의 압력으로 일부 공립학교는 공식적으로 (주로 무기와 약물 관련) 특정 일탈에 대한 '무관용(zero-tolerance)' 정책을 도입했으나, 이러한 정책은 학생들을 가르치는 방식에는 영향을 미치지 않았고, 그들의 관료주의적 경직성 때문에 많은 공립학교 학생들은 자신의 자동차 조수석 사물함에 주머니칼을 넣어서 정학을 받는 것과 같이 부당하게 처벌을 받는 사례가 많았다. 처벌이 효과적이려면 공정해야 하는데, 이는 교사와 학교장들에게 어려운 결정을 할 수 있는 권한과 책임을 동시에 준다는 의미다.

좋은 훈육에는 노력이 필요하며 모두에게 괴로운 일일 수 있다. 이것 때문에 아주 많은 어른들이 처벌을 피한다. 변명 금지 학교는 학교 관리자뿐만 아니라, 성적이 좋지 않은 학생들을 지도한 교사를 처벌하는 것에 반대하는 교사노동조합의 저항에 부딪쳤다. 이들은 석세스 아카데미가 많은 학생을 정학시키는 것을 비판하며, 이는 수행이 나쁜 학생들을 쫓아내려는 구실이라고 주장했다. 그러나 사실 석세스 아카데미에서는 공립학교보다 중도 탈락률이 낮았으며,[43] 정학은 학생들의 학습을 방해하기보다는 오히려 그 반대였다. 비판자들은 관련 없는 사건을 트집 잡아 학생과 교사에게 부담이 너무 크다고 주장했다. 석세스 아카데미의 한 좌절한 교사가 학생이 계산 실수를 하자 화를 내고 비난하면서 계산한 종이를 찢어버린 장면이 비밀리에 녹화된 뒤에, 진보적 교육자와 언론인은 비난의 화살[44]을 퍼부었으나 학부모들은 그러지 않았다. 학부모들은 교사를 방어하기 위해 즉시 나섰는데, 이것은 교사들의 엄격한 기준이 자녀들에게 얼마나 득이 되는지를 이해한 행동이었다.

당근에 대한 교육기관의 선호는 모두에게 상을 주기 철학을 규준으로 하는 대학교 캠퍼스에서 더욱 뚜렷하게 나타난다. 1960년대 초반 학생들은 평균 40시간 동안 수업에 출석하고 공부를 했고, 가장 흔한 학점은 C였다. 오늘날 학생들은 불과 27시간[45]을 투자하며 가장 많은 학점은 A[46]로, 이 중 거의 반이 상을 받는다. 이번에도 이것이 학생들이 똑똑해졌기 때문은 아니다. 연구자들이 (대학 교육의 여러 단계에서 학생들이 갖추어야 할 비판적 사고를 비롯한 여러 기술을 평가하는) 다른 측정도구를 도입했을 때, 그들은 오늘날의 학생이 과거보다 훨씬 적게, 그리고 느린 속도로 배우고 있다는 점을 알게 되었다.

2011년 세밀하게 진행한 한 연구[47]에서 학생의 거의 절반은 대학 생활의 첫 두 해 동안 비판적 사고·복잡한 추론·글쓰기에서 의미 있는 발전을 보이지 못했으며, 3분의 1은 졸업 학년이 되어서도 발전이 없었다. 후속 연구[48]에서는 학생들의 부족한 발전이 졸업 후에도 그들에게 악영향을 미치는 것으로 나타났다. 그들은 좋은 직업을 갖는 데 가장 많은 어려움을 겪었다. 그러나 학생들은 좌절하는 (또는 등록금으로 많은 돈을 낭비한 것에 화를 내는) 대신, 전반적으로 그들이 받은 교육에 만족했다. 그들은 자신이 대학에서 많은 것을 배웠다고 진심으로 믿었다. 그들 모두가 높은 학점을 받았다는 것을 생각하면 그들을 비판할 수도 없다.

학생들은 누군가 그들의 실수를 지적해 주지 않으면 배우지 못할 것이고, 처벌보다 더 강력하게 교훈을 깨닫게 하는 것은 없다. 우리는 빅토리아 시대로 다시 돌아가자고 주장하는 것이 아니다(구타가 더 이상 일반적인 훈육 방법이 아니라는 것은 매우 좋은 일이다). 그러나 우리는 분명 당근을 줄이고 채찍을 더 사용해야 한다고 주장한다. 학습 과정이 보상 위주로 이루어지면 아마 모두가 더 즐겁겠지만, 배움은 더 느리게 이루어질 것이고, 결국 아이들은 뒤처지게 될 것이다. 당신 자녀들이 식당에서 예의를 지키기를 바란다면, 아이가 생떼를 부릴 때마다 벌을 주는 것이 예의 바르게 행동할 때마다 무언가를 주는 것보다 효과가 더 좋을 것이다. 후식을 주지 않거나 잠시 혼자 있게 하는 것이 상을 주는 것보다 영향력이 더 오래갈 것이다. 자녀들이 좋은 성적표를 받아왔을 때 A학점당 주는 용돈같이 보상을 주는 것은 좋으나, 학점이 떨어지는 경우 정기적으로 주는 용돈을 깎기도 해야 한다.

어떤 학교에서는 A학점의 비율을 제한함으로써 학점 인플레이션과 싸우려 했으나, 이러한 노력은 학생과 (학생들이 나쁜 인터넷 후기로 복수할까 두려워한) 교수들의 광범위한 저항에 가로막혔다.[49] 학생들은 다른 모든 학교에서 후한 학점을 주는 한 자기 학교만 학점을 깎으면 경쟁에서 불리할 것이라고 설득력 있게 주장했다. 더 실질적인 해결책은 모든 학교에서 '진실한 학점 부여'[50]나 '정직한 성적표' 같은 개혁을 도입하는 것이다. 성적표에 단지 학생의 학점만 나열하는 대신, 각 과목의 평균 학점과 동년배 학생들과의 전반적 비교 결과도 명시한다. 이것은 학생들의 상대적 능력을 대학원이나 채용 대행업체에 알려주는 동시에, 여러 학과들 사이의 불균형을 보완해 줄 것이다(인문학 전공 학생들의 학점 평균은 과학 전공자들보다 거의 반 학점 정도 높았다).

지금까지 소수의 학교만이 이러한 개혁을 도입했으나, 우리는 학생·학부모·대학원·채용업체·공무원(텍사스주 의원들[51]이 주 소재 공립대학은 모두 정직한 성적표를 도입하도록 요구하고 있는 것처럼)이 다른 대학들도 이러한 제도를 도입하도록 더 압력을 가해주기를 희망한다. 더불어 우리는 하비 맨스필드(Harvey Mansfield)[52] 같은 교수들의 노력에 경의를 표하고자 한다. 그는 학점 인플레이션에 대응하여 자신만의 캠페인을 진행해 왔다. 그는 학점의 중앙값이 A마이너스인 하버드 대학교에서 정치철학을 가르친다. 맨스필드는 학생들에게 두 종류의 학점을 준다. 하나는 성적표에 기재하는 공식적인 학점으로 보통은 A이고, 다른 하나는 전형적으로 이보다는 더 낮으며 그들의 실제 수행을 반영한다. 비록 이것이 우리가 원하는 만큼의 처벌은 아니지만, 분명 또 다른 A보다는 낫다.

채찍의 옷을 입은 당근

어른의 세계에서는 모두가 상을 받지는 않지만, 어떻게 보면 학교와 그렇게 많이 다르지 않다. 관리자들은 채찍보다 당근을 훨씬 더 선호한다. 직원들에 대한 유인책은 보통 처벌이 아닌 연말에 지급하는 상여금인데, 표면적인 이유는 이것이 직원들을 동기 부여하기에 더 나은 방법이기 때문이다. 그러나 경제학자들이 그 원리를 시카고 근처의 작은 도시[53]에서 검증해 보았을 때 일어난 일을 고려하라.

그들은 전반적으로 가구 수입이 낮고 시카고주의 다른 지역보다 성취도 평가 점수가 낮은 학군인 시카고 하이츠(Chicago Heights)의 교사들에게 두 종류의 보상을 제공했다. 성과급 범위는 교사 한 명당 평균 4000달러(평균 연봉의 8퍼센트)로 책정했으며, 학생의 수학 점수가 한 해 동안 얼마나 올랐는지에 따라 정확하게 지급했다. 한 초등학교와 중학교 교사 집단은 평소처럼 연말 성과급을 지급받기로 약속받았지만, 이것이 그들에게 동기 부여가 된 것처럼 보이지는 않았다. 그들 학생들의 수학 점수도 유의미하게 오르지 않았다.

다른 교사들은 학년이 시작할 때 미리 평균 성과급 액수와 같은 4000달러를 받았고, 연말에 성과를 달성하지 못할 경우 돈을 반납하는 계약서에 동의하고 서명했다. 그들의 경제적 보상은 첫 번째 집단과 똑같았지만 그것을 보상이 아닌 처벌의 틀로 제시했다. 이것이 큰 차이를 만들었다. 그들이 맡은 학생들의 수학 점수는 의미 있게 올랐는데, 이는 교사들이 연말에 돈을 돌려주는 것을 원치 않았기 때문인 것으로 보였다.

이러한 증거로 볼 때, 회사가 전통적인 연말 성과급을 선지급 체계로 바꾸어야 할까? 처벌을 피하기 위해 열심히 일할 것이기 때문에, 직원들은 적어도 단기적으로라도 생산성을 향상시킬 것이다. 하지만 새로운 문제도 여럿 생길 것이다. 직원들이 돈을 반납하도록 회사가 어떻게 강제할 수 있을까? 미리 계약서에 서명하도록 요구할 수도 있지만, 이것은 법적 대응과 혼란을 의미한다. 그리고 직원이 연말에 돈이 없으면 어떻게 해야 할까? 나중에 받을 급여에서 제할 수도 있지만, 이것이 만약 그가 일을 그만두는 이유가 되면 어떻게 해야 할까? 또한 그가 연말에 처벌을 감수할 현금이 있다고 해도, 어떤 관리자가 명절이 다가오는데 스크루지 역할을 하고 싶어 하겠는가?

그러나 시카고 하이츠에서 교사들의 성과급에 대한 연구를 한 경제학자 중 한 명인 시카고 대학교의 존 리스트(John List)가 검증했듯이, 부정성의 힘을 사용해 성과급의 틀을 재정의할 방법이 있다. 실험은 디지털 사진 액자와 같은 제품을 조립하는 중국 난징의 완리다 공장[54]에서 진행했다. 생산하는 완제품 개수를 늘린다면 매 주 80위안(12달러 정도로 그들 급여의 20퍼센트가 넘는 액수였다)을 추가로 주겠다고 직원들에게 제안했다. 일부 직원들에게는 추가금 80위안은 주말에 목표를 달성했을 경우에만 성과급으로 지급하겠다고 한 반면, 다른 직원들에게는 그들의 정기 급여가 80위안 올랐지만 새로운 목표를 달성하지 못하면 그만큼을 언제든 급여에서 삭감할 것이라고 말했다. 두 제안은 다른 것처럼 들렸지만 결과적으로 똑같았다. 만약 이번 주에 목표를 달성하면, 다음 급여 지급 때 80위안을 더 받게 되는 것이다.

두 제안 모두 직원들이 생산을 더 하게끔 만들었지만 이번에도 틀이 중요했다. 그 제안을 처벌(급여에서 삭감)로 제시했을 때가 성과급으로 제시했을 때보다 생산성이 더 높았다. 이 효과가 몇 주 동안 이어져서, 직원들은 추가 급여를 받았으며 회사의 최저 생산 수준도 높아졌다. 직원의 생산성을 높이는 것이 새로운 직원을 고용하는 것보다 비용이 적게 들었으므로 회사의 생산 한계비용(재화나 서비스 한 단위를 더 생산할 때 총비용의 증가분―옮긴이)은 7퍼센트까지 떨어졌다. 시카고 하이츠 학군과는 달리 전자제품 공장은 스크루지 노릇을 하면서 직원들을 화나게 하지 않고도 부정성의 힘을 활용할 수 있었다. 단순히 처벌의 전망만으로도 충분했기 때문에 직원들에게 돈을 돌려달라고 강요할 필요가 없었다.

이것이 처벌의 이점 중 하나다. 처벌은 매우 강력하기 때문에, 실제 사용할 필요가 없을 때가 많다. 보상은 계속해서 주어야 하지만, 처벌은 단지 위협만으로도 그 영향력을 지속할 수 있다. 사실 한 식품회사가 당혹스러운 직원들의 태업을 겪은 후 발견한 것처럼, 한 가지 큰 위협이 작지만 많은 처벌보다 더 효과적일 수 있다.

감자칩 각성[55]

1969년 프리토레이(Frito-Lay) 회사는 새롭게 출시한 도톰한 감자칩 먼초스(Munchos) 광고를 제작하기 위해 인형극 배우 짐 헨슨(Jim Henson)을 고용했다. 헨슨은 아널드(Arnold)라는 이름의 보라색 털북숭이 먹보 인형을 통해 감자칩의 매력을 보여주었다. 중간중간 굵은 목소리로 행복하게 '먼초'를 외치면서, 인형은 감자칩을 봉지까지 몽땅 먹어치웠다. 이는 "먼초는 달라요!"라는 기억에 남는 문구가 등장하는 훌륭한 광고였다〔인형은 나중에 〈세사미 스트리트(Sesame Street)〉라는 프로에 나오는 쿠키 몬스터(Cookie Monster)가 되었다〕.

그러나 나중에 어떤 고객은 홍보 문구의 다른 의미를 발견하게 되었다. 그들은 먼초를 맛있게 먹다가 봉지 안에서 검은색 펠트펜으로 "엿 먹어"라고 휘갈겨 적힌 감자칩을 발견하고 프리토레이 회사에 편지를 보내기 시작했다. 이쯤 되면 소비자는 입맛을 잃기 일쑤였다. 확실히 먼초는 달랐지만, 이것은 너무 지나쳤다.

프리토레이 회사의 임원들도 기뻐하지 않았다. 그들은 사과하고 감자칩에 적힌 말이 고객에 대한 회사의 감정을 정확하게 전달하는 것이 아님을 설명한 뒤, 적나라한 과자를 추적하여 그것이 모두 댈러스(Dallas) 근처 공장에서 나왔음을 알게 되었다. 그곳의 직원들은 갓 만든 감자칩을 꺼내 외설스러운 말을 적은 뒤 포장 구역으로 들어가는 컨베이어 벨트에 다시 가져다 놓았다. 프리토레이 회사의 훈련 및 개발 감독관 딕 그로트(Dick Grote)가 "이 멍청이들을 정신 차리게 하라"는 지시를 받고 공장으로 파견되었다.

그러나 그로트는 회사에서 이 직원들만 멍청이는 아닌 것으로 결론 내렸다. 다른 많은 회사처럼, 프리토레이 회사도 '진보적 규율'이라고 부르는 관료제를 갖추고 있었으며, 이를 통해 결근하거나 안전수칙을 어기는 것처럼 무언가를 잘못하는 직원에 대한 처분을 결정했다. 직원의 첫 번째 위반은 공식적인 '구두 경고'와 인사기록으로 이어졌다. 그 뒤에 직원이 그 기록을 깨끗이 지울 수 있는 길은 없었다. 한번 문젯거리가 되고 나면,

다음번 잘못은 자동으로 서면 경고로 연결되었다. 감독자가 직원을 회의실로 불러 질책이 담긴 서류를 주고 서명하게끔 했다. 통상 직원은 비판과 재판도 없이 벌을 받는다는 느낌에 사로잡혀 서명하기를 거부했고, 그러고 나면 감독자는 인사기록부에 또 다른 위반사항을 추가하고 분노에 찬 그를 일터로 돌려보냈다.

오래 지나지 않아 새로운 문제가 생겼고, 직원은 바로 3일의 무급 휴직에 처해졌으며 가족의 일주일 생계가 위협받게 되었다. 그는 더 화가 난 채로 직장으로 돌아왔고, 그래서 감독자는 그가 한 번만 더 실수하면 그를 해고하기 위해 더욱 안간힘을 썼다. 그로트가 오기 전 아홉 달 동안 210명의 직원 중 58명이 해고당했고, 이것은 공장 내에 해로운 분위기를 조성했다. 그로트는 이러한 처벌 체계 아래서 어떻게 펠트펜을 내려놓게 만들 수 있을지 알 수가 없었다. 회사의 '진보적 규율'은 관리자의 명령에 대한 오래된 농담("매질은 사기가 진작될 때까지 계속될 것임")과 다를 바가 없어 보였다.

그로트는 감독자들과 이야기했고 그들도 처벌 체계를 좋아하지 않는다는 것을 알아냈다. 그들은 직원들과 친구이거나 이웃인 경우가 많아 서로 적대적으로 대립하는 것을 즐기지 않았다. 그들의 배우자가 함께 어울리고, 아이들은 학교 야구팀에서 같이 뛰는 경우가 많았다. 자동적인 처벌 때문에 우정에 금이 가는 것을 막기 위해, 감독자는 직원의 규칙 위반을 더 이상 참을 수 없을 때까지 모르는 척하는 경우가 많았다. 이때쯤이면 그는 참을 만큼 참았기 때문에 직원을 해고하기만을 원했다. 그래서 그는 공식적 절차를 시작해서 필요한 처벌을 가능한 한 빨리 내렸고, 이 때문에 직원은 처벌의 불공정성에 대해 당연히 분노할 수밖에 없었다.

그로트는 이 체계를 멈추고 사소한 처벌은 없앨 것을 제안했다. 대신 직원이 처음으로 어떤 잘못을 하면, 관리자와 '알림 1'이라는 회의를 하게 된다. 이 회의는 관리자가 실수를 지적하고, 회사가 기대하는 바를 설명하고, 직원이 어떻게 책임을 다할 수 있는지를 지도하는 방식으로 진행한다. 이것은 우리가 앞 장에서 추천한 기법이다. 즉 잘못된 것을 명확히 밝히지만 그다음에는 잘할 수 있는 방법에 대해 더 긴 논의를 한다. 만약 직원이 다음 여섯 달 동안 기대를 충족하면, 위반사항을 인사기록부에서 삭제한다. 만약 그렇지 않다면, '알림 2'라고 부르는 지도 회기를 다시 연다. 직원은 이후 1년 동안 위반사항이 없는 상태를 유지해야 인사기록부를 깨끗하게 만들 수 있다.

만약 1년 안에 그가 다시 잘못을 하면, 하루 동안 그를 집으로 보낸다. 그러나 이것은 처벌이 아니다. 이것을 '의사 결정을 위한 휴가'라고 한다. 그는 평소처럼 급여를 받는데, 왜냐하면 이날은 프리토레이 회사에서 자신의 미래와 다가오는 큰 위협에 대해 숙고하는 날이기 때문이다.

"쉬는 날에 임금을 지급하는 것은 회사가 이 상황을 매우 심각하게 생각하고 있다는 것을 알려주기 위한 거예요. 감독자는 직원에게 이렇게 이야기합니다. '우리는 전에도 이 문제에 대해 얘기했고, 책임을 지는 데 동의하셨습니다. 정말 여기서 일하고 싶으신지, 아니면 더 잘 맞는 곳으로 옮기셔야 할지 하루 동안 생각해 보셨으면 합니다. 만약 떠나기로 결정하신다면, 괜찮습니다. 하지만 돌아오기로 결정하신다면, 저희는 그러기를 바랍니다만, 만약 문제가 또 생기면 기회가 없다는 것을 아셔야 합니다.'"

그로트의 제안은 회사 임원들에게 회의적인 환영을 받았다. 작은 처벌 여러 개를 없애는 것은 위험하고 부주의해 보였고, 휴일 급여는 말이 안

되는 것 같았다. 자동적인 처벌 없이 감독자가 직원을 통제할 수 있을까? 게으름 피우는 직원이 하루 휴가라는 보상을 받는 데 성실한 직원들이 분노하지 않을까? 하루 쉬려고 일부러 문제를 일으키는 직원은 없을까?

그러나 일단 새로운 시스템을 도입하자 이러한 두려움은 근거가 없는 것으로 밝혀졌다. 그로트가 희망한 것처럼, 직원들은 상사에게 화를 내는 대신 행동에 대한 책임감을 느껴 적대감이 누그러졌다. 그로트는 직원들과의 인터뷰를 통해 능력 있는 직원들은 문제가 있는 직원이 하루 유급 휴가를 받는 것에 신경 쓰지 않는다는 것을 알게 되었다. 감독자가 문제에 신속하게 대처하는 한, 그들은 규율을 어떻게 적용하든 문제 삼지 않았고, 이제는 소통이 적대적이지 않았기 때문에 감독자들도 그렇게 하기 시작했다. "감독자들은 더 빨리 개입하고 싶어 했습니다. 왜냐하면 새로운 체계가 검은 모자를 벗기고 하얀 모자를 씌워주었거든요." 그로트의 말이다.

그리고 직원들이 즉각적으로 자동적 처벌을 받지 않아도, 결국 일자리를 잃을 수도 있다는 위협은 억제제로 충분했다. 새로운 체계를 시작하고 1년 동안 해고당한 직원 수는 3분의 2가 줄어 58명에서 19명이 되었다. 그 이듬해에는 단 두 명만이 해고되었다.

그리고 프리토레이 회사의 고객들은 더 이상 욕설이 적힌 먼초를 봉지에서 꺼내지 않게 되었다.

그때부터 세계의 여러 조직이 그로트의 체계를 활용하기 시작했다. 그의 표현처럼, 이 '처벌 없는 규율'은 직원이나 관리자가 치러야 하는 단기적 비용은 피하면서 부정성의 장기적 효과를 활용하는 것이다. 프리토레이 회사의 감독자들이 악역을 맡는 것을 두려워했듯이, 사디스트를 제외하면 누구도 처벌을 즐기지 않는다. 또한 때때로 처벌은 임무를 완수해야 하는 모두를 더 힘들게 한다. 위협이 처벌보다 더 실용적일 수 있으며, 그로트의 체계가 유일한 방법은 아니다. '유보 규율'이라는 방법은 처벌을 하되 그것을 지연시킨다. 직원은 2주의 무급 휴직을 받지만 6개월이 지날 때까지는 효력이 발생하지 않는다는 이야기를 듣는다. 만약 그가 그때까지 기록을 깨끗하게 유지하면 처벌을 면제한다. 화를 내며 복수를 다짐하는 대신 직원은 미래의 손실을 피하는 데 집중하게 된다.

이상적으로, 직원들도 무언가 다른 것을 느끼게 되는데, 그것은 죄책감으로 지금까지 과소평가된 정서다. 많은 사람이 죄책감을 개인적 신경증(주로 가톨릭 수녀·유대인 어머니·아시아계 부모들 때문에 생기는 내적 저주)으로 생각하기는 하지만, 이 정서는 사회적으로 꼭 필요하다. 분노나 불안, 우울과 같은 다른 대부분의 부정적 정서는 사람들을 덜 생산적으로 만드는 경향이 있지만, 죄책감은 바우마이스터·준 탱니(June Tangney)·프랜시스 플린(Francis Flynn)과 동료 심리학자들이 계속해서 보여주었듯이[56] 꽤 유용할 수 있다.

심리학자들은 조심스럽게 죄책감을 수치심과 구분하는데, 둘의 사회적 이득이 다르기 때문이다. 수치심을 느낀다는 것은 '나는 나쁜 사람이야'라고 생각하는 것이고, 자신의 핵심 자아를 바꿀 수 없기 때문에, 분노하면서 철수하거나, 숨거나, 공격할 가능성이 높다. 대조적으로 죄책감을 느낀다는 것은 '내가 나쁜 행동을 했어'라고 생각하는 것이고, 이것은 고칠 수 있는 것이다. 죄책감은 사람들이 고백·사과·노력·헌신에 대한 재확인을 통해 파트너나 친구와의 관계를 발전시킬 수 있도록 동기를 부여한다. 이것은 직업에서도 마찬가지다. 실험실에서 행한 실험과 직원들을 대상으로 한 설문 결과에 따르면, 죄책감이 더 높은 경향이 있는 사람들은 과업을 위해 상대적으로 더 많이 노력하고 회사에 더 헌신하고자 한다. 이 결과는 〈뉴욕타임스〉에서 일하는 티어니의 편집자 중 한 명의 경영 철학, "죄책감을 통제하면 리포터를 통제할 수 있다"를 뒷받침해 준다.

이것은 냉소적이고 타인을 조직하는 것처럼 들릴 수 있는데, 당신이 잘못이 없는 직원이나 친구, 학생, 자녀가 죄책감을 느끼게 만든다면 그럴 것이다. 그러나 우리 모두는 실수를 하고, 그렇기 때문에 어떻게 더 잘할 수 있는지를 배워야 한다. 누군가가 발전할 수 있도록 돕는 가장 빠른 길은 부정성 효과를 적절하게 활용하는 것이다. 일단 먼초스 공장의 직원들이 행동에 대한 책임을 받아들이고 나자, 그리고 그들의 분노가 죄책감으로 바뀌자, 그들은 즉각적인 처벌을 받을 필요가 없었다. 미래에 대한 한 번의 위협으로 충분했다. 그로트의 접근은 현대의 임원들에게는 혁명적인 것으로 보였지만, 사실은 새로울 것이 하나도 없었다. 조지 화이트필드와 조너선 에드워즈는 죄책감을 일으키는 방법을 알고 있었고, 그들도 즉각적인 처벌에 구애받지 않았다. 먼 미래의 위협으로는 지옥만 한 것이 없을 것이다.

경영학개론

네, 우리 중에는 썩은 사과가 없습니다

엘리자 바잉턴(Eliza Byington)은 학계에 발을 담기 전에 일하던 직장에서 우연히 부정성의 힘을 발견했다. 부정성이 친밀한 관계에서 매우 전염성이 강할 수 있는 것처럼, 더 큰 집단에도 아무도 모르게 빠르게 퍼질 수 있다. 바잉턴이 서부 해안의 비디오 생산 업체에 취업했을 때도, 이 회사의 아무도 이것을 알아채지 못했다.

　사무실은 크고 넓은 공간에 가림막을 여러 개 설치한 형태였는데, 이러한 실내 구성은 협업을 촉진하기 위한 것이었지만 협업이 그렇게 잘 이루어지지는 않았다. 가림막 안에서 일하는 영업직원들은 대화를 거의 하지 않았다. 외벽 주변에 사무실이 있는 관리자들은 사무실 문을 닫아놓았다. 대부분의 사람들은 공동 휴게실을 이용하는 대신 혼자 나가서 점심을 먹거나 자기 책상에서 해결했다. 영업사원 한 명이 심장질환 때문에 일주일에 사흘을 집에서 일하기 시작하기 전까지, 바잉턴은 그곳이 엄숙하고 쌀

쌀맞은 곳이라고 생각했다.

이 영업사원은 사무실에서 사교적인 편이었다. 그는 동료들과 이야기하는 것을 좋아했다. 하지만 그는 잔인한 면이 있었다. 그는 고객에 대해 얘기할 때, 그들이 얼마나 멍청하고 피곤한지를 보여주기 위해 그들을 흉내 내며 조롱했고 전화 통화를 재현하기도 했다. 직원회의에서 그는 사람들의 작은 실수를 가지고 놀렸고, 경험이 더 적은 동료가 말하는 동안 눈을 굴렸다. 무언가에 불만이 있을 때면 큰 소리로 불평을 했다. 그럼에도 그는 일을 잘했고, 그가 집에서 일하기 시작할 때까지 바잉턴은 그를 문젯거리로 생각한 적이 한 번도 없었다(그녀는 그에 대해 그렇게 많이 생각해 본 적이 없었다).

그가 없는 날, 관리자들은 사무실 문을 열어놓기 시작했다. 영업직원들은 서로의 자리에서 함께 어울리며 이야기하거나 전략을 나누었으며, 회의에서는 회사의 발전을 위해 더 많은 생각을 내놓았다. 그들 중 한 명은 사무실에서 나누어 먹으려고 집에서 만든 브라우니를 가져왔다. 다른 사람은 라디오를 들고 와서 고전음악을 틀었다. 더 많은 사람들이 휴게실에서 점심을 먹기 시작했고, 어떤 날 저녁에는 여럿이 함께 한잔하기 위해 나가기도 했다. 사무실은 갑자기 친근한 장소가 되었으나, 이것은 신랄한 영업직원이 없는 날만 그랬다. 그가 돌아오기만 하면 사무실은 다시 조용해졌다. 바잉턴은 이 이상한 역동을 워싱턴 대학교 경영대학원 학생 윌 펠프스(Will Felps)와 논의하기 시작했고,[1] 그들은 강한 흥미를 느껴 학문적 문헌에서 설명을 찾아보았다.

그들은 썩은 사과(bad apple)의 영향에 대한 연구가 증가하고 있다는 것을 발견했는데, 이는 오래된 속담에서 비롯한 말로 널리 쓰이면서 그 의

미가 변질된 용어다. 우리는 썩은 사과가 전체 집단을 대표하는 것이 아니라며 분리된 사례처럼 이야기한다. 조직이 추문으로 충격을 받았을 때, 조직을 변호하는 사람들은 몇몇 일탈자가 개인적으로 저지른 잘못 때문에 모두가 비난받는 것은 부당하다고 불평한다. 결국 이들은 가장 잘 돌아가는 곳에도 언제나 '썩은 사과 몇 개'는 있기 마련이라고 말하는 것이다. 언어학자 제프 넌버그(Geoff Nunberg)[2]에 따르면, 이러한 용어 사용의 변화는 1970년 오스먼즈(Osmonds)의 히트곡 〈썩은 사과 하나(One Bad Apple)〉〔"전체를 망칠 수는 없어요(Don't Spoil the Whole Bunch, Girl)"〕로 거슬러 올라간다. 이 곡은 전통적인 도덕주의자들만큼이나 음악 평론가들을 화나게 하는 '경박한 소울음악(bubblegum soul)'의 한 사례다.

원래 속담은 대부분의 사람이 농장에서 일하던 때, 사과가 무더기로 달리지는 않는다는 것과 냉장 보관하지 않은 과일 통 안에서 일어나는 일을 이해했을 때 생겼다. 적어도 14세기, '썩은 사과' 하나[3]가 '나머지' 모든 사과를 망친다고 에둘러 표현한 《캔터버리 이야기(The Canterbury Tales)》 때부터 생겨난 지혜를 조금 재활용하여 벤저민 프랭클린은 "썩은 사과는 다른 사과를 망친다"고 경고했다.[4] 제프리 초서(Geoffrey Chaucer: 《캔터버리 이야기》의 지은이-옮긴이)가 말하고자 한 것은 썩은 사과는 개별적인 사례로 남아 있는 것이 아니라는 것으로, 그의 사회과학적인 통찰은 오스먼즈보다 더 정확한 것으로 드러났다.

사과 통 망치기

사회적 접촉의 영향에 대한 초기 연구 일부는 심리학자 린다 조지(Linda George)가 듀크 대학교 병원의 환자들을 대상으로 했는데, 그녀의 동료들은 바로 코웃음 쳤다. 때는 1970년대였고, 세균과 질병이 환자가 가족, 친구와 나누는 대화에 영향을 받는다는 생각은 우스꽝스러워 보였다. 그러나 몇 년이 지나면서 증거가 너무 많아졌다. 방문자가 많은 사람들은 방문자 하나 없는 사람들보다 더 빨리 회복하여 더 건강한 상태로 병원을 일찍 떠났다. 사회적 지지는 의학 및 심리학 연구자들에게 화제의 단어가 되었다.[5] 가족과 친구로부터 정서적·물질적 도움을 받으면, 면역체계가 활성화되고, 스트레스 호르몬이 적어지며, 노인의 인지적 감퇴가 줄어드는 것으로 나타났다. 이것은 사람들을 더 행복하고 건강하게 만들었고, 감기의 감소에서부터 수명의 연장에 이르기까지 희망적인 결과와 연결되었다.

그러나 그다음 연구자들은 사회적 연결망의 다른 측면을 고려하기 시작했다. 맞다, 당신이 심각한 질병이나 직업적 어려움을 겪고 있다면, 당신을 응원해 주고, 경제적 측면을 비롯해 생활을 지원해 주고, 조언과 정보를 주고, 좋은 동반자가 되어주는 사랑하는 배우자와 신뢰하는 친구들이 있는 것이 큰 도움이 될 것이다. 그러나 당신의 배우자가 주로 잔소리를 하거나 문제를 축소하는 방식으로 반응하면 어떨까? 당신의 친구들이 "내가 그럴 거라고 말했잖아"라거나 달갑지 않은 충고를 하면 어떨까? 그들이 밖에서 당신의 걱정거리에 대해 험담한다면 어떨까? 그리고 직장의 경쟁자든 이미 당신에게 질린 배우자든, 당신에게 유감이 있는 사람들은 또 어떤가? 곧 연구 문헌에 다른 용어, 즉 '사회적 폄하'가 등장했다. 과학자들은 통계 분석을 할 때 지지와 폄하를 모두 측정하기 시작했다. 많은 낙관적인 연구자들에게는 실망스러웠겠지만(그리고 이 책을 여기까지 읽은 분들은 놀랍지 않겠지만), 부정성 효과가 힘을 발휘하고 있었다.

사회적 폄하는 사회적 지지보다 영향력이 더 큰 것으로 나타났다. 과부에 대한 연구[6]에서, 그들의 행복은 친구와 친척의 도움보다 사회적 연결망에서 생기는 갈등의 영향을 더 크게 받았다. 사별이나 장애를 겪는 노인 남성과 여성에 대한 여러 연구[7]에서, 그들은 좋은 사회적 관계보다 나쁜 관계의 영향을 훨씬 더 크게 받았다. 그들은 유쾌한 상호작용을 하고 나서 행복한 기분을 느꼈지만, 자신의 삶에 내재된 문제에 대해서는 여전히 걱정했다. 반면 좋지 못한 상호작용은 사람들을 더 불행하고 더 걱정하게 만들었다(여기서의 교훈은 우리가 병들거나 사별한 사람들을 모른 척해야 한다는 것이 아니다. 그들은 지지를 필요로 하지만, 부정성에 특히 더 취약하다는 것이다. 그들의 반응과 욕구에 세심하게 주의를 기울여야 한다. 2장에서 보았듯이, 일반적으로는 더 잘 듣고 말은 적게 하는 것이 낫다).

당신은 직장을 잃은 지 얼마 되지 않는 사람에게는 친구들과의 접촉이 특히 더 유리할 것이라고 생각할 것이다. 갑작스러운 실직은 사람을 우울하고 불안하게 만들기 마련이다. 그러나 연구자들이 실직자들의 사회적 접촉을 몇 달 동안 추적했을 때,[8] 그들이 친구를 만나는 것은 결과적으로 불리한 점이 있음을 알게 되었다. 실직 초기에는 친구들의 지지와 폄하가 균형을 유지했지만, 시간이 지나면서 비판과 냉소가 격려보다 더 큰 영향을 미치기 시작하면서 실직한 사람을 더 불안하고 우울하게 만들었다. 직장에서 쫓겨났을 때, 당신의 정신건강은 주위 사람들 때문에 겪는 슬픔에 비례해 악화된다.

그리고 당신이 직장에 다니고 있을 때, 어려운 상사와 일하는 것만큼 당신을 힘들게 하는 것은 없을 것이다. '직장에서의 사회적 폄하(Social Undermining in the Workplace)'라는 제목의 연구[9]는 슬로베니아의 경찰 조직에서 관리자와 동료들이 의도적으로 동료 경찰관을 폄하하는 방식을 세심하게 범주화했다. 그의 생각을 경시하기, 그의 말에 대꾸하지 않기, 모욕하기, 감정을 상하게 하기, 절차에 대해 질문할 때 무시하기, 무능하게 느끼도록 만들기, 뒤에서 험담하기, 나쁜 소문 퍼뜨리기 등이다. 이러한 모욕은 경찰관에게 고통을 주었으며(그는 두통을 비롯한 여러 신체적 문제를 더 많이 보고했다), 경찰 조직 전체에도 손상을 입혔다.

동료가 폄하하면, 경찰관들은 회사 물건을 훔치는 것과 같은 적극적 방법으로 경찰 조직에 보복하려는 경향이 있었다. 관리자가 폄하하면, 그들은 직장에서 시간을 낭비하는 것과 같은 좀더 수동적인 형태의 복수를 선호했다. 이 연구에서 관리자와 동료의 긍정적 행동이 부정적 행동을 보상하지는 않는다는 결과가 다시금 도출되었다. 사실 가장 절망적인 상황은 지지와 폄하를 번갈아 하는 관리자를 두는 것이었다. (전에도 격려를 받았으므로) 격려를 기대하면서 상사에게 갔다가 창피를 당했다는 느낌을 갖고 돌아올 때, 직원은 그 어느 때보다 일터에서 태업할 확률이 높아진다.

또 다른 증거가 오스트레일리아의 패스트푸드 체인 식당 연구[10]에서 나왔는데, 연구자들은 36개 지점에서 직원들의 '좋은 예절'과 '일탈적' 행동을 모두 분석했다. 그 결과, 고객들에게 잘 반응하거나 동료들을 도와주는 것과 같이 좋은 행동을 하는 직원은 관리자들로부터 더 높은 평가를 받았으나, 이것이 고객을 대하는 서비스의 속도를 더 빠르게 만들지는 않

있다. 수익에 차이를 만드는 것은 그들의 일탈행동이었다. 근무하는 직원 중 나쁜 직원(지각하거나 게으름을 피우거나 동료를 웃음거리로 만드는 사람)이 있으면, 손님들은 패스트푸드를 더 오래 기다려야 했고, 그런 직원이 낭비하거나 친구들에게 공짜로 주는 바람에 '행방불명된' 음식이 더 많아졌다.

일부 회사는 채용 지원자들에게 성격검사를 실시해서 썩은 사과를 걸러내는 시도를 했다. 성격검사는 적합한 측정도구를 사용하면 유용할 수 있다. 심리학자들은 소위 빅 파이브(Big Five: 성격 5요인―옮긴이) 성격 차원에 집중했는데, 이것은 수많은 성격 특질이 서로 어떻게 연결되어 있는지를 엄밀하게 분석해 얻은 통계다. 마음의 작동 방식에 대한 거시적 개념 체계에서 시작해서 빈 부분을 점차적으로 채우고자 한 프로이트나 융의 큰 이론과는 달리, 빅 파이브는 상향식으로 접근한다. 이는 수백만 개의 세부사항, 즉 하나의 성격 특질을 보이는 사람이 다른 특질도 보이는지에 대한 자료에서 시작한다. 통계학이 발달하면서 연구자들은 성격 특질의 여러 군집 사이에 작은 상관이 다수 존재한다는 사실을 알게 되었다. 다시 말해 한 집단의 성격 특질은 하나로 묶인다(그리고 다른 성격 특질의 집단과는 분리되었다). 숱한 계산, 그리고 통계적 분석과 그 결과에 대한 해석 방법을 놓고 적지 않은 논의를 한 끝에, 연구자들은 다섯 개의 주요 집단으로 나누는 데 합의했다(논쟁적인 과학자들의 특성에 친숙한 사람들은 도덕적 특질과 관련된 여섯 번째 군집을 추가하려는 최근의 움직임에도 놀라지 않을 것이다).

빅 파이브는 각 차원의 머리글자를 따서 만든 카누(CANOE)라는 단어를 통해 더 자세히 이해할 수 있다〔성실성(Conscientiousness), 우호성(Agreeableness), 신경성(Neuroticism), 개방성(Openness), 외향성(Extraversion)〕. 썩은 사과와 가장 관련이 깊은 특질은 앞의 세 가지(성실성·우호성·신경성)로, 이들은 직무 수행과 상관이 있는 것[11]으로 나타났다. 성실성은 자기 절제나 규율, 열심히 일하려는 의욕의 척도다. 우호성은 다른 사람들과 얼마나 잘 어울리고 함께하는지를 가늠해 주는 것으로, 계속 반대하고 싸움을 거는 것과는 반대의 특질이다. 신경성은 정서적 불안정성의 기준으로, 얼마나 불안하고 우울한지, 쉽게 화를 내는지, 불평을 하는지를 나타낸다.

정서적으로 불안한 사람은 혼자서는 일을 잘할 수 있지만, 공동 프로젝트를 위해 사람들을 모은다면 빈센트 반 고흐(Vincent van Gogh)나 실비아 플라스(Sylvia Plath: 남편과 별거 후 가스 자살로 삶을 마감한 미국 시인―옮긴이) 같은 사람은 이상적이지 않다. 실험실 실험에서 네 명으로 이뤄진 팀[12]이 브레인스토밍하는 모습을 관찰한 심리학자들은 정서적으로 안정된 사람들로 구성한 팀이 불안정한 팀보다 창조적인 아이디어를 훨씬 더 많이 낸다는 사실을 발견했다. 이것은 놀라운 일이 아니다. 그런데 불안정한 사람 둘과 안정적인 사람 둘을 한 팀으로 묶었을 때, 연구자들은 놀랄 수밖에 없었다. 이 혼합 팀은 네 명 모두 신경증인 사람으로 이뤄진 팀보다 나을 게 별로 없었다. 안정된 팀원을 추가하자 조금 나아졌지만, 통계적으로 의미 있는 결과를 만들 만큼은 아니었다. 연구자들은 친숙한 4 대 1 비율을 확인했다. 즉 나쁜 팀원을 추가하는 것이 좋은 팀원을 추가하는 것보다 네 배 더 영향을 미쳤다.

실험실을 벗어나서, 몇몇 제조 회사 직원들의 성격 연구[13]에서도 비슷한 현상이 나타났다. 연구자들은 작업 팀원들을 대상으로 빅 파이브의 핵심 요소인 성실성·우호성·신경성을 측정했다. 그다음 연구자들은 팀원들이 얼마나 잘 소통하고 갈등을 피하는지, 서로를 좋아하는지, 작업을 공평하게 분담하는지 등 각 팀의 수행을 살펴보았다. 이 과학자들은 팀의 평균적인 성격 점수를 통해 수행을 잘 예측할 수 있으리라고 예측했다. 평균은 모두의 강점과 약점을 포함할 것이기 때문이다. 하지만 팀의 기능을 가장 잘 예측하게 해주는 변인은 그 팀에서 가장 나쁜 사람의 점수인 것으로 드러났다. 한 명의 게으르고, 비우호적이고, 정서적으로 불안정한 사람이 전체 팀의 일을 망칠 수 있었으며, 팀에 특히 좋은 구성원 한 명이 있는 것은 별로 상관이 없었다. 스타는 실패자의 손실을 보상할 수 없었다.

이러한 연구 덕에 바잉턴과 펠프스는 사무실에서 잘못된 것을 파악할 수 있는 더 좋은 아이디어를 얻었다. 펠프스의 동료 교수 테런스 미첼(Terence Mitchell)과 일하면서, 바잉턴과 펠프스는 문제에 대한 큰 틀[14]을 〈어떻게, 언제, 그리고 왜 썩은 사과가 사과 통 전체를 망치는가: 부정적 집단 구성원과 역기능적 집단(How, When, and Why Bad Apples Spoil the Barrel: Negative Group Members and Dysfunctional Groups)〉이라는 논문으로 제시했다. 여기에는 세 종류의 썩은 사과를 가리키는 용어도 들어 있다. 이들 용어가 모두 상호 배타적인 것은 아니지만(한 사람이 한 가지 이상의 유형일 수 있다), 그 효과는 펠프스가 경영대학 학생들과 함께 진행한 실험에서 보여주듯이 유형에 따라 다르다. 그는 특정 사업에 대해 최선의 전략을 찾는 네 명 규모의 팀 여럿 중 하나에 학생들을 배정했다. 팀원 중 한 명은 다른 역할을 연기하도록 훈련받은 배우였다. 그는 어떤 팀에서는 자연스럽게 행동했지만, 다른 팀에서는 썩은 사과의 세 가지 유형 중 하나를 연기했다.

1. **'무법자(The jerk)' 유형.** 과학 문헌에 나타나는 공식 이름은 '관계적 일탈자'이지만, 연구자들은 이러한 유형의 썩은 사과를 '무법자'로 번역해서 설명했

다. 이런 사람은 동료를 놀림·모욕·불쾌한 장난·저주·거친 농담, 그리고 다양한 종류의 무례를 범하는 대상으로 삼는다. 펠프스의 실험에서 무법자 연기를 하는 사람은 다른 사람의 아이디어를 "장난하세요?" 또는 "전에 경영학과 수업 들어보신 거 맞아요?"와 같은 질문으로 반응했다.

2. **'무임승차자(The Slacker)' 유형.** 이들 '노력하지 않는 사람'은 책임을 회피하고 자기 몫의 일을 하지 않는다. 단순하게 보면 수행한 일이 적기 때문에, 그는 프로젝트를 지연시킬 수 있다. 그러나 그는 더 해로운 영향을 준다. 그는 집단에 불협화음을 만드는데, 다른 팀원들이 자기 몫 이상을 한 것에 화를 내면서 자신이 바보 같다고 느끼기 때문이다. 펠프스의 실험에서, 무임승차자를 연기한 배우는 팀과 함께 일하는 대신 책상에 발을 올리고 스마트폰으로 문자 메시지를 보내기 시작했다.

3. **'우울한 방관자(The downer)' 유형.** 이들 '정서적으로 부정적인 개인'은 나쁜 느낌으로 둘러싸여 있다. 펠프스의 실험에서 이 역할을 한 배우는 방관자 역할에 감정이입하기 위해 기르는 고양이가 방금 죽었다고 상상했다. 다른 팀원들이 아이디어 회의를 하는 동안, 그는 맥을 놓고 책상에 엎드려 있었다. 부정적 감정은 전염성이 매우 높기 때문에, 이러한 그의 행동은 집단에 빠르게 영향을 미쳤다. 사람들에게 화가 난 얼굴을 보여주는 것만으로도 그들을 화나게 만들 수 있었으며, 부정적 정서는 긍정적 정서보다 오래가는 경향이 있었다. 팀은 일에 의욕적이거나 적어도 적대적이지 않을 때 수행을 더 잘한다. 그러나 누군가 계속해서 침울하고,[15] 비관적이고, 불안하고, 화가 나 있으면 기를 유지하기가 쉽지 않다. 수많은 연구에서 우울한 사람과 소통한 사람은 나중에 나쁜 기분을 느끼는 것으로 나타났다.[16]

썩은 사과의 영향력은 펠프스의 세 가지 형태의 실험 모두에서 분명했다. 평균적으로, 무임승차자나 무법자 유형이 섞인 팀은 썩은 사과가 없는 팀에 비해 35퍼센트 더 나쁜 성과를 냈다. 우울한 방관자 유형은 수행에 영향을 미치지 않았지만, 다른 팀원의 의욕을 깎아먹었고 정서적으로 기분을 가라앉게 만들었다. 썩은 사과의 세 가지 유형 모두 팀의 행동에 충격적인 변화를 주었다.

회의를 시작했을 때는 대부분의 팀 구성원이 주의를 집중하고 의욕적이었으며, 자리에 똑바로 앉아 일할 준비가 되어 있었다. 그러나 일단 배우가 무임승차자 연기를 시작하자, 사람들은 "아무거나요" 혹은 "상관없어요" 아니면 "뭐든지 적고 끝내요"와 같은 제안을 받아들이기 시작했다. 배우가 무법자 유형을 연기했을 때, 팀원들은 타인을 모욕하고 무례하게 행동했으며, 이러한 반응은 배우에 대해서만 국한된 것은 아니었다. 그들은 다른 팀원들에게도 무법자가 되었다. 배우가 책상에 머리를 묻고 우울한 방관자 역할을 할 때는 팀원들의 자세도 곧 구부정해지기 시작했으며, 결국 그들도 고개를 수그렸다. 회의가 끝날 때쯤에는 모두의 고양이가 죽은 것처럼 보였다.

다행히도, 당신이 정말로 역기능적인 곳에서 일하고 있지 않다면, 대부분의 경우 당신은 동료들과 유쾌한 의사소통을 할 것으로 기대할 수 있다. 연구자들이 미국 중서부의 제조 회사[17] 직원들이 근무시간에 동료나 관리자와 어떻게 소통하는지를 추적했을 때, 직원은 보통 한 번의 부정적 소통에 대해 세 번의 긍정적 소통을 경험하는 것으로 나타났다. 그러나 연구자들이 직원들의 기분이 하루 동안 어떻게 변하는지를 살폈을 때, 부정성 효과를 다시금 확인했다. 즉 나쁜 소통 한 번이 주는 고통이 너무 커서, 많은 좋은 소통보다 전체적인 영향력이 더 컸다. 아침을 상쾌하고 행복한 기분으로 시작하더라도 썩은 사과 한 명이 빠르게 기분을 망칠 수 있었다.

세 가지 유형 중 무법자 유형이 가장 큰 고통을 초래한다. 다른 유형은 팀의 일을 지연시키거나 사람들의 기분을 가라앉히지만, 적대적이고 모욕적인 사람은 동료들이 상처받고 분노하게 만들 수 있는데, 팀원이 될 자격이 없다는 식으로 말할 때 특히 그렇다. 이러한 말은 사회적 거부에 대한 두려움을 촉발하는 것으로, 이것은 심리학자들이 최근에야 그 중요성을 인식하기 시작한 아주 뿌리 깊은 두려움이다.

"아무도 당신을 선택하지 않았습니다"

인간을 움직이는 가장 기본적인 본능은 무엇일까? 성과 공격성이라는 프로이트의 유명한 말이 있지만, 그의 결론은 이제는 의심스럽다. 어떤 사람들은 성적인 파트너를 구하거나 싸움을 걸지 않고도 만족스러운 삶을 살아간다. 성과 공격성은 중요한 동기이지만, 최근에 심리학자들과 신경과학자들은 훨씬 더 심오하고 기본적인 새로운 욕구에 집중하고 있다. 수십 년 동안 외로움을 연구해 온 테네시 대학교의 워런 존스(Warren Jones)[18]가 이를 잘 요약했다.

"저는 친구가 없다고 말하는 사람을 많이 만났습니다. 친구가 없었으면 좋겠다고 말하는 사람은 한 번도 만난 적이 없어요."

바우마이스터가 이에 대해 공식 용어로 '소속감 욕구(Need to Belong)'를 논문[19]에서 소개한 10~20년 전까지, 심리학자들은 이 욕구에 큰 관심을 기울이지 않았다. 물론 바우마이스터가 사회적 관계에 대한 사람들의 갈망을 최초로 깨달은 사람은 아니다. 바우마이스터와 공동저자인 웨이크 포레스트 대학교(Wake Forest University)의 마크 리리(Mark Leary)는 이런 욕구에 대한 예전의 관찰을 인용했다. 여기에는 17세기에 존 던(John Donne: 영국의 시인―옮긴이)이 한 "어떤 인간도 섬이 아니다(No man is an island)"는 말도 들어 있다〔그들은 더 최근에 관찰한 바브라 스트라이샌드(Barbra Streisand)의 노랫말 '사람들을 필요로 하는 사람들(people who need people, 뮤지컬 〈퍼니 걸(Funny Girl)〉의 유명한 삽입곡 〈피플(People)〉의 가사 일부―옮긴이)'을 인용하지는 않았다〕. 그러나 바우마이스터와 리리는 이 욕구가 잘 알려져 있음에도 불구하고 심리학자들이 '근본적인 인간 동기'로서 그 중요성을 인정하는 데 실패했다고 주장했다. 소속감 욕구는 거의 식욕만큼 강력한데, 이것은 사바나 초원에 살던 우리 조상들이 혼자서는 살아남을 수 없었기 때문이다. 생존은 집단의 일원이 되는 것에 달려 있었기 때문에, 인간의 뇌는 자신을 돌봐주는 사람들과의 긴밀한 접촉을 간절히 원하는 내재적인 인지적·정서적 체계와 함께 진화해 올 수밖에 없었다. 이것은 최소한 1995년 논문의 가설이었으며, 과학자들은 소속감 욕구를 체계적으로 탐구하여 이 가설을 검증해 보고자 했다.

첫 번째 난관은 이 욕구를 연구할 방법을 정하는 것이었다. 바우마이스터는 처음에 그의 대학원생 중 관심 있는 사람을 찾는 데 애를 먹었다(그때는 이것이 아직 관심을 끄는 주제가 아니었다). 그러나 바우마이스터는 결국 진 트웽이(Jean Twenge)라는 협력자[20]를 찾았는데, 그는 박사후 과정 연구원이었으며, 나중에 청년들의 자기애와 불안 연구로 이름을 알렸다. 그들은 두 가지 방법을 개발했다. 한 가지 방법은 사람들에게 성격검사를 실시한 후, 그들 중 일부에게는 검사 결과에 따르면 연인이나 가까운 친구 없이 살게 될 운명이라고 말해주는 것이었다(실험이 끝나고 나서 이 결과가 가짜임을 확인시켜 주었다). 이러한 사회적 사형선고[21]를 받은 사람들은 사고를 당할 경향성이 크고 계속해서 심각한 신체적 부상으로 고통받는 삶을 경험할 것이라는 말을 들은 다른 사람들보다 더 부정적으로 반응했다. 사회적 거부는 그저 수많은 나쁜 소식 중 하나가 아니었다. 이는 다른 유형의 나쁜 소식, 심지어 부러진 뼈와 응급실 방문으로 점철된 미래를 살게 될 거라는 소식보다도 더 강력하고 심오한 영향을 미쳤다.

다른 실험 방법은 놀이터에서의 우울한 기억, 즉 편을 가르는 이상한 의식을 되살리는 것이었다. 이 실험은 대학생 집단이 큰 방에 모여 이야기를 하는 것으로 시작한다. 그다음에는 학생들을 각자의 방으로 안내해서 다음 실험에서 같은 팀이 되고 싶은 두 사람의 이름을 적도록 요청한다. 그리고 나서 연구자 한 명이 그 결과를 가지고 돌아온다. 물론, 평소처럼 기니피그들에게 정말로 무슨 일이 일어나고 있는지를 이야기하지는 않는다.

누가 누구와 함께하고 싶은지를 정산하는 대신, 연구자들은 두 가지 소식 중 하나를 무작위로 전했다. 즉 어떤 사람에게는 "모두가 당신을 선택했습니다"라고 말하고, 다른 사람에게는 "아무도 당신을 선택하지 않았습니다"라고 말했다. 인기인과 외톨이 두 집단의 반응을 살펴본 뒤, 연구자는 그들에게 속임수임을 친절하게 밝히고 그들을 집으로 돌려보냈다. 이 연구 방법은 텔레비전 프로그램 〈서바이버(survivor)〉에서 경쟁자들을 추방하는 데 사용한 방법을 본떠서, 섬 떠나기 투표(voted-off-the-island protocol)로 알려지게 되었다.

다른 여러 방법과 함께 이러한 방법을 사용한 연구자들은 지금까지 소속감 욕구에 대한 몇백 개의 연구[22]를 진행했다. 그들은 소속감 욕구를 측정하는 척도를 개발했고, 이 욕구가 근본적이고 보편적인 동기라는 것을 확인했다. 설문조사에 참여한 수천 명 모두가 사회적 수용에 대한 욕구를 나타냈다. 다른 사람의 좋은 의견은 고독한 영혼으로 유명한 '북쪽 연못의 은둔자(North Pond Hermit)'[23] 크리스토퍼 나이트(Christopher Knight)와 같은 사람에게조차도 중요하다. 그는 27년 동안 메인주의 숲속에 숨어 살면서 사람과의 접촉을 피했다. 경찰이 2013년에 그를 발견했을 때, 그는 자신의 은신처를 보여주는 것을 부끄러워했는데, 그 이유는 먼저 청소할 기회가 없어서였다. 소속감 욕구는 뇌에 내재되어 있으며, 여기에는 분명한 패턴이 있다. 바로 우리에게 친숙한 부정성 편향이다.

사회적 거부는 사회적 수용보다 훨씬 더 강력하다. "모두가 당신을 선택했습니다"라는 말을 들은 학생처럼 갑자기 자신이 인기 있다고 느낀 사람은 전반적으로 중립적인 대조군과 같거나 혹은 아주 조금 더 낮게 반응한다. 그러나 외톨이라고 느낀 사람은 매우 다르게 그리고 일반적으로 더 나쁘게 반응한다. 일을 미루고, 건강하지 못한 음식을 먹고, 위험한 내기를 하고, 돈을 낭비할 확률이 높다는 것을 보여준 실험이 입증한 것처럼, 그들은 자기 절제에 어려움을 겪는다.[24] 대조군과 비교해 볼 때, 외톨이라고 느낀 학생들은 지능과 단기기억 검사[25]에서도 더 낮은 점수를 받지만, 그렇다고 인기 있는 학생들의 점수가 더 높은 것은 아니다.

연구자들을 놀라게 한 다른 효과가 없었다면, 외톨이들의 부정적인 반응은 더 악화되었을 것이다. 바우마이스터와 트웽이는 외톨이들의 부정적 정서가 한꺼번에 솟구쳐 오를 것이라고 예상했으나, 그들은 대체로 그렇게 반응하지 않았다.[26] 분명히, 외톨이들은 더 적은 수의 긍정적 정서를 경험했다는 점에서 다른 학생들보다 불행했지만, 부정적 정서의 뚜렷한 증가를 보이지는 않았다. 그들은 무감각한 것 같았으며, 이것이 정서적인 효과만은 아닌 것으로 밝혀졌다. 후속 실험에서는 사회적 거부가 심박률[27]의 갑작스러운 저하를 일으키는 것으로 나타났다. 집게에 손가락을 끼우고 점점 더 세게 누르는 실험에서 보여준 것처럼, 그들의 신체 감각은 둔화되었다.[28] 다른 학생들과 비교했을 때, 외톨이들은 고통을 더디게 느꼈으며 고통을 더 오래 견뎠다.

사회적 거부에 대한 그들의 반응은 부상을 당했지만 경기가 끝날 때까지는 고통을 느끼지 못하는 운동선수의 반응과 비슷했다. 이것은 다친 사람을 위기에서 벗어날 수 있게 해주기 때문에 진화해 온 것으로 보이는 자연스러운 방어기제다. 우리의 조상들은 동물과 반대편 부족의 공격에 대한 방어기제를 필요로 했듯이, 부족 내에서 발생하는 사회적 실망("아무도 사냥이나 채집에 너를 데려가고 싶어 하지 않아")에 대한 방어기제도 필요했을 것이다.

사실 몇몇 연구 팀이 발견한 것처럼, 여러 개의 동일한 신경 경로가 관여한다. 심리학자 나오미 아이센버거(Naomi Eisenberger)는 사이버볼(Cyberball)이라는 비디오 게임[29]을 하는 사람들의 뇌를 촬영했다. 이 게임에서 당신은 처음에는 다른 두 사람과 공을 주고받지만, 곧 그 둘만이 공을 주고받으면서 당신은 점점 배제되게 된다. 다른 연구자들은 이보다 훨씬 심한 형태의 거부를 당한 사람들의 뇌를 촬영했다. 즉 최근에 자신을 버린 연인의 사진[30]을 바라보게 한 것이다. 두 실험 모두에서 정서적으로 거부당한 느낌을 받을 때 반응한 뇌 영역은 신체적 고통을 느낄 때 활성화되는 영역과 동일했다.

더구나 그들의 정서적 고통은 신체적 고통이 있을 때 사 먹는 약으로 완화시킬 수 있었다. 심리학자 네이선 드월(Nathan DeWall)은 사이버볼 상황과 실제 상황에서 이루어진 뇌를 촬영한 결과, 사람들에게 타이레놀을 먹게 하면[31] 사회적 거부의 고통이 완화된다는 사실을 발견했다. 3주 동안 매일 아세트아미노펜(acctaminophen)을 복용한 사람은 사회적 거부로 인해 상처받은 느낌을 더 적게 보고했다. 후속 연구에서는 타이레놀처럼 일부 뉴런 수용기에 영향을 미치는 마리화나의 사용[32]도 사회적 거부의 고통을 줄이는 것으로 나타났다. 두통약이 마음의 통증까지 치료할 수 있다는 것이 이상하게 보일 수 있지만, 진화적으로 이것은 말이 된다. 사회적 거부도 신체적 위협만큼 치명적일 수 있고, 그래서 뇌는 이 두 가지 위협에 대처하기 위해 똑같은 방어기제를 효율적으로 사용하고 있는 것이다.

사회적 관계의 유지가 얼마나 중요한지 생각해 볼 때, 외톨이가 활용할 수 있는 가장 논리적인 전략은 다른 사람들과 어울리기 위해 더 노력하는 것이다. 그러나 대부분의 사람은, 적어도 배제된 직후에는 이렇게 행동하지 않는다. 거부는 신체적 공격처럼 큰 충격을 주기 때문에, 사람들은 투쟁 혹은 도피라는 두 가지 중 하나로 반응하게 된다. 더 간단한 전략은 도피, 연구자들의 용어를 빌리면 사회적 철수다. 학생들에게 자신이 거부당했다는 느낌을 갖게 만든 다음, 다른 사람의 부탁을 들어주는 것, 자선단체에 기부하는 것, 다른 학생과 협동이 필요한 게임을 하는 것 등을 요청한 실험들이 이 점을 검증했다. 평소와 마찬가지로, 부정성 효과가 힘을 발휘했다.

사회적 수용은 큰 차이를 만들지 않지만(인기 있는 학생들은 대조군과 비슷하게 행동했다), 외톨이들은 의미 있게 덜 도와주었고[33] 덜 협조적이었다. 한 연구에서, 실험자가 연필통을 넘어뜨려 연필을 학생 근처 바닥에 쏟았다. 대조군과 인기 있는 집단은 재빨리 몸을 숙여 연필을 줍는 것을 도와주었으나, 외톨이들은 그냥 앉아서 실험자가 연필을 줍는 것을 보고만 있었다. 이러한 예의 없는 태도가 그들의 사회적 지위를 개선하지는 않겠지만(더 좋게 행동하는 것이 더 현명할 것이다), 현실 세계의 외톨이들이 혼자 떨어져 나가거나, 연인에게 배신당한 사람들이 집에 앉아서 〈굳어진 내 심장(Harden My Heart)〉이나 〈다시는 사랑하지 않으리(I'll Never Fall in Love Again)〉 같은 노래를 듣는 것처럼 이러한 행동 역시 자기 보호를 위한 것이다.

또 하나의 흔한 반응은 투쟁, 즉 화를 내고 똑같이 갚아주려는 것이다. 분노와 공격성이 친구를 만들어주지는 않지만, 슬픔과 불안에서 벗어나게 함으로써 사람들의 기분에는 도움이 된다. 드월이 실험 결과를 요약한 것처럼, 외톨이들은 세상을 '핏빛 안경'[34]을 통해 보기 시작한다. 일단 사람들은 실험실에서 거부를 경험하면, 최악을 가정하기 시작했다. 그들은 다른 사람들이 모호하거나 중립적이라고 생각하는 말이나 행동에서 적대감과 공격성을 읽어냈다. 그들은 자신이 이전에 당한 거부와는 아무 상관 없는 사람을 포함해 타인을 처벌할 기회가 있을 때 더 공격적이었다.

실험 환경에서 조작한 가벼운 따돌림에 이렇게 강하게 반응한다는 것은 놀라운 일이었다. 일반적으로 연구자들은 실험실에서 반응을 유발하기 위해 힘든 시간을 보낸다. 수천 번의 연구에서 그랬던 것처럼, 공격적인 행동을 관찰하기 위해서는 보통 거친 모욕과 직설적인 공격으로 사람들이 반응하게 해야 한다. 그들은 누군가 자신을 특별히 공격하지 않으면 누구에게도 공격적으로 행동하지 않는다. 그런데 사회적 거부 실험은 완전히 예외였다. 아무도 자신을 선택하지 않은 사실을 알게 된 사람들은 무고한 사람도 공격했다.

연구자들이 그들에게 탈출구를 제공했을 때(다른 사람들의 직무 능력을 평가하거나 게임 중 심한 소음으로 처벌하게 했을 때), 그들은 자신이 당한 거부와는 아무 상관이 없는 누군가를 처벌할 기회를 잡았다. 심지어 실험실에서 겪은 사회적 거부조차 너무나 고통스러웠기 때문에, 그들은 다시 볼 일이 없는 낯선 사람들에게 보복했다. 물론 실험실 바깥에서는 거부가 더 큰 결과를 초래한다. 교내 집단 총격[35]에 대한 여러 연구에 따르면, 거의 모든 가해자들은 또래집단이나 연인으로부터 만성적으로 격심한 거부를 당하는 경험을 했다. 고립은 그들이 세상에 대해 적대감을 갖게 하기 때문에 그들은 대상을 정하지 않고 공격했고, 잘 알지 못하는 같은 학교 학생들을 쏘았다.

외톨이들에게 연인을 생각해 보게 하거나, 다른 사람과 친밀한 대화를 할 기회를 만들어주는 것처럼, 연구자들은 거부의 효과를 완화할 몇 가지 방법을 검증해 보았다. 이러한 작은 노력은 효과가 있었다. 외톨이들은 덜 적대적이고 덜 공격적이게 되었다. 당신이 한 집단에서 거부당한다고 느끼면, 다른 집단과의 유대를 강화함으로써 위로를 받을 수 있다. 그러나 이 전략은 개인적으로는 기분을 좋게 하지만, 집단 간 증오심을 불러일으킴으로써 조직 차원에서는 문제를 만들 수 있다. 영업팀의 무법자가 마케팅팀의 누군가를 모욕했을 때, 이 모욕당한 사람이 자기 팀에서 위안을 찾고자 한다면, 마케팅팀의 연대감은 강해지겠지만, 결과적으로 그들은 영업팀 전체에 대해 분노를 느낄 수 있다. 연구자들은 사람들이 집단으로 거부당한다고 느끼면 복수하기 위해 뭉친다는 것,[36] 그리고 그들은 혼자 있는 외톨이보다도 더 공격적으로 행동한다는 사실을 발견했다. 복수에 대한 그들의 개인적 욕망은 고대부터 내려온 또 다른 본능, 즉 공동의 적에 대한 부족의 연대로 증폭된다. 한 명의 썩은 사과는 동료들을 망치기만 하는 것이 아니다. 그들을 서로 적으로 만들기도 한다.

사과 통 구하기

로버트 서턴(Robert Sutton)은 바우마이스터의 논문 〈나쁜 것이 좋은 것보다 강하다〉를 읽었을 때, 썩은 사과를 가리킬 때 자신이 가장 선호하는 단어를 바로 떠올렸다. 이것은 아주 오래전 서턴이 스탠퍼드 공대(Stanford's engineering school)에서 조직심리학을 가르칠 때 참가한 학과회의에서 나온 말이다. 그와 동료들은 (좋은) 연구만큼이나 (나쁜) 성격으로도 유명한 사람이 학과 교수직에 지원하면 어떻게 할지 의논하고 있었다. 교수 한 명이 즉시 반대했다.

"보세요, 저는 이 사람이 노벨상을 탄다고 해도 신경 안 쓸 겁니다. 저는 멍청이가 우리 학과를 망치는 걸 원하지 않습니다."

나머지 교수들도 동의했다. 그들은 학계에 만연한 의미 없는 다툼과 배신으로부터 그 학과를 안전한 곳으로 잘 지켜왔으며, 아무도 이를 망치게 두지 않겠다고 결심했다. 그들은 비공식 정책을 도입했다. 그때부터 그들은 학과 임용 지원자에 대해 논의할 때 이렇게 질문했다. 이 채용이 우리의 명칭이 사절 규칙(no-asshole rule: 마이클 서턴의 책 제목이기도 한데, 우리나라에서는 《또라이 제로 조직》으로 출간되었다—옮긴이)에 어긋나는가?

이 규칙은 매우 잘 작동해서, 서턴은 이것을 발전시킨 논문을 학술지 〈하버드 비즈니스 리뷰(Harvard Business Review)〉에 실었으며, 그 뒤 유명한 책[37] 《또라이 제로 조직(The No Asshole Rule)》도 냈다. 명칭이 사절 규칙에 대한 과학적 정당화를 위해 증거를 찾던 그는 부정성 편향에 대한 문헌을 찾았고, 그때부터 자신의 연구에서 이 주제에 집중했다.

"논문 〈나쁜 것이 좋은 것보다 강하다〉는 정말 많은 부분에서 제 연구의 기틀이 되었습니다. 제 박사과정 학생들이 가장 좋아하는 논문이기도 하고요. 관리자들이 하는 것에 대한 저의 관찰과도 무관하지 않은 이 연구는 무엇이 효과적인 리더·팀·조직을 만드는지에 대한 제 관점을 바꿔놓았습니다. 경영의 1순위는 긍정적인 것을 강조하는 것이 아니라 부정적인 것을 제거하는 것이어야 해요." 서턴은 기업 컨설팅을 하면서 회사가 부정적 요소를 제거함으로써 경영에 성공하도록 도왔다. 그러나 그는 대부분의 조직이 부정적 요소를 없애는 방법을 아직도 배우지 못했다는 것도 발견했다.

썩은 사과에 대응하는 첫 단계는 그들을 식별하는 것이다. 당신이 누군가에게 이 호칭을 붙여야 하는지 결정하는 중이라면, 서턴은 두 가지 질문으로 시작할 것을 제안한다.

1. 멍청이로 의심되는 사람과 이야기하고 나면, 자신에 대한 느낌이 나빠지는가(억압·수치·무시를 당했거나, 기운이 빠졌다는 느낌이 드는가)?
2. 멍청이로 의심되는 사람이 권력을 쥔 사람보다는 힘없는 사람을 공격 대상

으로 삼는가?

더 치밀한 접근 방법은 빅 파이브 성격검사[38]를 이용하는 것이다. 연구자들과 채용 대행사들은 지원자가 성격검사에서 속임수를 쓰기는 어렵다는 사실을 발견했는데, 성격검사 결과가 누군가의 직무 수행을 예견하는 데 도움이 된다는 증거도 있다. 검사는 무임승차자를 가려내는 데 가장 효과적인 것으로 나타났는데, 이것은 많은 연구에서 성실성 점수가 낮은 것이 어떤 직무에서든 문제가 된다는 것이 밝혀졌기 때문이다. 우호성과 신경성의 점수는 전반적으로는 관련성이 없지만(관련이 있는지는 직무의 종류에 달려 있었다), 무법자와 우울한 방관자를 찾아내는 데 유용할 수 있다.

그러나 성격검사를 하는 것이 여의치 않거나 효율적이지 않은 경우가 많고, 최대한으로 활용한다 해도 도움이 되는 정보 정도로만 사용할 수 있다. 채용 과정에서 썩은 사과를 가려낼 수 있는 빠르고 정확한 방법은 없다. 노력이 필요하다. 면접은 많을수록 좋다. 이상적인 전략은 수습 과정에서나 직원들과 함께하는 프로젝트를 통해 반드시 실제 일하는 모습을 보고 고용하는 것이다. 그럴더라도 지원자는 최선으로 행동하기 때문에, 썩은 사과를 고용했다는 사실을 뒤늦게 깨달을 수도 있다. 그 시점에 다다르면 손을 놓아버리고 싶은 강렬한 유혹을 느낀다. 관리자들은 대립을 피하려고 하고, 직원들은 동료에 대해 대처할 힘이 없다고 느낀다. 하지만 당신이 미룰수록 손해는 커진다. 여기 썩은 사과에 대처할 수 있는 몇 가지 원리가 있는데, 그것은 연구자와 관리자가 검증하고 추천한 것들이다.

스스로를 보호하라. 썩은 사과와 일하는 것의 가장 큰 위험은 그가 당신도 그렇게 만들 것이라는 점이다. 이 과정은 눈에 잘 띄지 않을 수 있기 때문에, 펠프스와 바잉턴이 연구를 통해 밝힌 것처럼 대부분의 사람들은 무슨 일이 일어나고 있는지 알아차리지 못한다. 바잉턴은 "정서와 부정적 행동이 얼마나 전염성이 강한지를 기억하세요. 이것은 당신 자신의 경우도 마찬가지입니다. 자신의 기분을 좋게 유지하기 위해 노력하고, 집단의 기분에도 주의를 기울이십시오. 함께 일하는 동료들에게 존중을 보여줄 수 있는 기회를 찾고, 말과 몸짓으로 긍정적인 분위기에 기여하세요"라고 조언한다. 썩은 사과를 상대하는 것은 되도록 피하고, 대면을 피할 수 없을 때는 끝나고 난 뒤 회복할 수 있는 기회를 가져라. 화를 내거나 다른 사람에게 화풀이를 하기보다는 음악이라도 들어라.

통을 새로 정리하라. 때로 썩은 사과를 다른 곳으로 옮기면, 그 사과가 그렇게 나쁘지 않은 것으로 드러나기도 한다. 팀 내 긴장이 높아지면, 관리자를 신속하게 재배치하는 것이 또 다른 문제가 일어나기 전에 문제를 해결하는 방법일 수 있다. 어떤 집단에서 매우 무례하고 심술궂어 보이는 사람도 다른 집단에서는 신선하고 단도직입적인 사람으로 보일 수 있다.

썩은 사과를 결정하는 데 주의하라. 유용한 비판과 무례함을 혼동하지 마라. 당신은 주위 사람들이 문제를 솔직하게 말하고 다른 사람의 아이디어에 이의를 제기하기 바란다. 특정 상황에서 거슬리는 사람이 영원히 썩은 사과는 아니라는 점을 기억하라.

썩은 사과가 스스로 변할 것이라고 기대하지 마라. 그들은 행동 방식뿐만 아니라 정상적인 행동에 대한 기준에서도 좋은 사과와는 다르다. 사회심리학자들은 이러한 전망의 차이에 '삼각 가설'[39]이라는 이름을 붙였다. 이것은 공동의 이익을 위해 협동하려는 자발성을 시험하는 게임에 참여한 사람들을 관찰한 결과에서 유래했다. 협동적인 참여자들은 협조적인 사람과 비협조적인 사람 두 종류가 이 게임에 참여할 것이라고 정확하게 가정하는 경향이 있다. 협조적인 사람들은 시작할 때 다른 참여자와 함께 일하고자 하지만, 상대가 이기적인 것으로 드러나면 자신도 이기적으로 행동함으로써 복수한다. 반대로 비협조적인 사람들은 다른 가정하에서 움직일 가능성이 높다. 즉 다른 사람들도 모두 자기처럼 자기 중심적일 거라고 생각한다. 따라서 그들은 시작할 때부터 이기적으로 행동하고, 왜 다른 많은 참여자들이 화를 내는지 이해하지 못한다.

썩은 사과를 분리하라. 젊은 시절 스티브 잡스(Steve Jobs)[40]가 아타리(Atari) 회사에서 시간당 5달러를 받고 일을 시작했을 때, 과일이 주를 이루는 채식 식단, 탈취제와 샤워 기피 때문에, 그에게서는 정말로 썩은 사과 냄새가 났다. 그는 나이 많은 동료들을 "멍청한 엉터리"라고 불렀다. 그의 상사는 사무실의 평화를 유지하기 위해 그를 밤 근무로 이동시키는 분리 전략을 취했다. 다른 여러 회사에서도 물리적 분리를 성공적으로 활용해 왔다. 즉 썩은 사과를 멀리 떨어진 사무실에서 혼자 일하게 하는 것이다.

더 과감한 분리 전략에는 팀워크가 필요한 일이 있을 때 썩은 사과들을 한 팀에 모으는 것이 있다. 결과적으로 엄청난 싸움을 불러올 수도 있지만, 어떤 때는 비교적 잘 어울리기도 한다. 보통 때는 다른 사람을 괴롭히는 사람도 모든 팀원이 극도로 공격적인 팀에서는 정상적으로 보이기도 한다. 다른 사람들도 모두 이기적일 거라고 가정하는 자기 중심적인 사람들로만 팀을 구성하면, 적어도 서로에게 무엇을 기대해야 할지는 알 것이다.

빨리 개입하라. 그리고 그것을 불편해하지 마라. 조심스러운 조언과 지도로 시작해 볼 수 있지만, 기적을 기대하지는 마라. 아마도 경고와 처벌로 빨리 넘어가야 할 것이다. 실리콘밸리의 한 회사가 일상적으로 동료들에게 화를 퍼붓고 보조 직원들을 괴롭혀서 그만두게 만드는 스타 영업직원에 대해 그랬던 것처럼, 서턴은 회사가 '멍청이에 드는 총비용'을 고려할 것을 강조한다.

연말 상여금을 받을 시기가 왔을 때, 그는 한 해 동안 자신의 행동이 회사에 끼친 손해를 세목별로 정리한 청구서를 받았다. 여기에는 임원과 인사처 직원들, 변호사들이 그의 분노로 생긴 부정적 결과를 수습하느라 쓴 325노동시간, 그의 불합리한 요구로 쓴 초과 시간에 대한 2만 5000달러, 그가 명령에 따라 분노 조절 상담을 받느라 쓴 5000달러, 새로운 보조직원을 채용하고 훈련시키는데 든 비용 8만 5000달러가 포함되었다. 총비용은 16만 달러로, 이만큼을 그의 상여금에서 삭감했다. 당연히 그는 분통을 터뜨렸지만(그것은 그가 받을 상여금의 반이 넘는 액수였다), 그 합계에는 동료들의 정서적 혼란과 떨어진 생산성은 포함하지 않았기 때문에 사실 그는 싼 비용으로 넘어간 것이다. 이러한 비용도 추가했다면 그는 아마도 회사에 빚을 지게 되었을 것이다.

썩은 사과를 평가할 때는 통 전체를 봐라. 당신이 무법자의 개인적 수행만 고려하면, 그는 꽤 인상적으로 보일 수 있다. 그가 높은 이익을 창출해서 해고하기에는 너무 가치 있어 보일 수도 있다. 하지만 여기에는 심지어 스타를 쫓아내는 비용이 따를 수 있다. 멘스웨어하우스(Men's Wearhouse)[41] 회사에서는 임원들이 전체 의류 판매 지점을 통틀어 가장 실적이 좋은 판매사원 중 한 명에 대응할 때, 그들 나름의 명칭이 사절 규칙을 만들었다. 그의 실적은 인상적이었지만, 그는 계속해서 다른 판매사원들의 고객 응대를 도와주지 않거나 가끔은 고객을 가로채려 하면서 동료들을 괴롭혔다. 그가 해고된 뒤, 그 지점의 어떤 다른 영업직원도 그의 실적을 따라잡지 못했지만, 그 지점의 전체 실적은 30퍼센트 가까이 증가했다.

좋은 사과들이 나쁜 행동을 하게끔 만들지 마라. 몇 년 전 우리 중 한 명이 다른 분야의 전문가들이 모여 새로운 아이디어를 내기 위해 연 작은 회의에 참석했다. 처음에 대화는 자유롭고 생산적으로 흘러갔다. 그러나 점차 한 사람이 대화를 좌지우지하기 시작했다. 그는 집단 토의가 자신의 개인적인 세미나(자신과 나머지 사람들과의 대화)인 양 행동했다. 그래서 이 왕이 반을 말하고, 남은 사람들은 아홉 개의 집단으로 갈라지게 되었다. 다른 사람들이 말하려고 하면 그는 더 크게 말하면서 그들을 방해했다. 모두가 지쳤지만 아무도 이 무례한 사람에게 맞서려고 하지 않았다.

그래서 그 집단의 리더들은 고전적인 접근, 즉 새로운 규칙을 채택했다. 남은 회의 시간 동안 말하기를 원하는 사람은 먼저 손을 들어야 했고, 그러면 순서대로 호명을 받았다. 더 많은 사람이 이야기할 수 있게 되었지만, 이 방식은 토의를 심각하게 방해했다. 누군가의 아이디어에 대해 바로 대답하는 대신 차례가 돌아오기를 기다려야 했고, 순서가 돌아올 때쯤에는 토론이 다른 방향으로 바뀌어 있곤 했다. 그리고 물론 무례한 사람도 항상 손을 들었기 때문에, 결국 계속해서 방해가 되었다. 생산적인 브레인스토밍 시간이 되어야 할 시간이 조화를 이루지 못하고 목적 없는 말과 아이디어만 늘어놓는 시간이 되고 말았다. 생산적인 결과 하나가 나중에 나왔다. 그들은 다음번 회의를 계획할 때 이 무례한 사람을 초대하지 않기로 확실히 정했다. 그때는 서로 아이디어를 주고받으며 정말로 무언가를 해낼 수 있었고, 손을 드는 절차를 시행할 필요가 없었다. 그들은 멍청이 사절 규칙에 대한 또 하나의 발견을 했고, 이것은 이번에도 옳았다.

무법자를 해고하는 것에 주저하지 마라. 그러나 무법자처럼 해고하지는 마라. 다른 전략이 통하지 않았다면 되도록 빨리 썩은 사과를 제거하라. 하지만 그기 얼마나 문제를 많이 일으켰든 그것과는 상관없이 친절하게 대하라. 그것은 그만의 잘못이 아니다. 이것은 양쪽 모두의 실수이고(당신은 애초에 그를 고용하지 말았어야 했다), 이제 그는 그 결과의 충격을 감당해야 한다. 그가 자신에게 맞는 새로운 직업을 찾을 수 있도록 가능한 모든 도움(시간·조언·실업급여)을 관대하게 제공하라. 그것은 예의에 맞는 일일 뿐만 아니라 가장 현명한 전략이기도 하다. 그가 더 이상 여기 없다고 해도, 당신이 그를 어떻게 대우했는지는 남아 있는 사람 모두가 정확하게 기억할 것이며, 부정성 효과가 그 힘을 발휘할 것이다. 실직한 직원에게 보인 한 번의 무정함이 다른 사람을 위해 한 어떤 좋은 일보다도 훨씬 더 오래 기억될 것이다.

온라인의 위험

햇살 호텔[1] 대 달의 여인

카사블랑카 호텔(Casablanca Hotel)은 뉴욕시에서 가장 유명한 호텔도 가장 호화로운 호텔도 아니지만 가장 특별한 호텔이다. 이 호텔은 나쁜 온라인을 물리쳤다. 인터넷은 음모론자·모함꾼·악플러들이 어느 때보다도 많은 청중에게 직접 접근할 수 있는 통로가 되어 부정성 효과를 증폭시켜 왔으나, 카사블랑카 호텔은 이 새로운 경기장에서 승리하는 방법을 알아냈다. 매일 밤마다 500곳에 달하는 뉴욕시의 호텔이 트립어드바이저(TripAdvisor)에서 좋은 후기를 얻기 위해 경쟁하고, 매일 아침이면 카사블랑카 호텔이 이긴다. 이 호텔은 수많은 별 다섯 개 평점을 받으며, 10년 동안 매일 거의 1위로 뉴욕시 최고의 호텔 5위 안에 들었다.

카사블랑카 호텔의 선전은 호텔에 묵은 은혜를 모르는 사람들을 고려하면 더욱더 놀랍다. 그들은 (작은 침대 하나만 있다고 명시한) 가장 작고 싼 방을 예약하고 네 사람이 머물 수 없다는 이유로 별 한 개짜리 후기를 남긴다. 창문을 열 생각은 하지 않고 신선한 공기가 부족하다며 불평한다. 무료로 제공하는 조식이 '값어치를 못한다'고, 해피 아워(happy hour)에 제공하는 무료 와인이 '한 병에 12달러짜리'라고 조롱한다. 많은 사람이 맨해튼 중심가에 도로 소음이 있다는 것을 발견하고 화를 낸다. 별 한 개짜리 후기를 쓴 사람 중 한 명은 카사블랑카 호텔 주변에 인파가 몰렸다고 불평했는데, 이것은 그가 웨스트 43번가(West Forty-Third Street) '타임스 스퀘어(Times Square) 바로 옆'에 자리하고 있다고 홍보하는 호텔을 선택할 때는 전혀 생각해 보지 않은 문제로 보인다. 어떤 비판자는 타임스 스퀘어가 '형편없는' 데 대해 '한마디로 실망했다'고 주장했고, 물론 그는 이것을 호텔 탓으로 돌렸다.

그리고 달의 여인이 있었다. 그녀는 자정이 넘어 입실한 뒤 바깥 풍경이 보이는 방이 필요하다고 이야기했는데, 이것은 단순한 풍경이 아니었다. 그녀는 달을 봐야 했다. 그 호텔은 초고층 빌딩으로 둘러싸인 6층 건물이었기 때문에, 이것은 어떤 상황에서도 만족시키기 어려운 요청이었을 것이고, 그 당시(새벽 한 시)에 비어 있는 방은 그녀를 위해 예약해 놓은 5층 방 하나뿐이었다.

그날 밤 달의 궤도가 나온 천문도를 가지고 있지 않은 호텔 직원은 달이 보일 것이라고 장담할 수는 없지만 방이 마음에 드셨으면 좋겠다고 이야기했다. 그렇지 않았다. 방을 살펴본 그녀는 프런트에 전화를 걸어 방에 창문이 하나도 없다고 불평했다. 방에 나무 블라인드를 설치한 창문이 두 군데 있다는 것을 알고 있었던 직원은 직접 올라가 블라인드를 올려 그녀가 창문을 볼 수 있게 해주었지만, 그녀는 창밖을 보기를 거부했고 그 방을 받아들일 수 없다고 주장했다. 직원은 자매 호텔에 다른 방을 마련해 주겠다고 제안했지만 그녀는 그것도 거절했다. 대신 그녀는 짐 가방을 들고 호텔을 떠났고, 트립어드바이저에 카사블랑카 호텔의 공포를 담은 후기를 올렸다.

"뉴욕에 처음 와서 이 호텔에 묵는다면 뉴욕에 다시는 오지 않을 확률이 큽니다. **창문이 없었어요. 창문이 없다니,** 믿을 수가 없었어요. 방이 옷장 크기에 창문이 없어서 관 속에서 자는 것 같았습니다." 그녀는 이렇게 썼다. 이 별 한 개짜리 리뷰의 제목은 '너무 실망했습니다!!! 가지 마세요!!!'였다.

트립어드바이저 이전 시대의 호텔리어들은 다시는 그녀와 같은 손님이 로비에 어둠을 드리우지 않을 것임을 알고 행복하게 안녕을 고할 수 있었다. 그러나 오늘날 그녀와 같은 손님이 쓴 별 한 개짜리 리뷰는 트립어드바이저에 몇 년이고 남아 수천 명의 손님들을 겁주기 때문에, 사실 진짜로 떠난 게 아니라고 할 수 있다. 당신이 무슨 사업을 하든 불만족한 손님들은 온라인 세상에서 그 어느 때보다도 큰 문제가 된다.

그들이 너무나 큰 권력을 확보했기 때문에 부정성 효과를 이용하는 새로운 지하 산업이 생겨났다. 협박범들은 트립어드바이저·옐프·구글·페이스북에 나쁜 후기를 올리고 가끔은 가짜 먼지나 해충 사진을 첨부하면서, 호텔 이용료를 받지 않으면 지워주겠다며 호텔 지배인과 식당 경영자를 조종한다(이들은 식중독이나 빈대 사건이 한번 일어나면 그것이 얼마나 파국적인 결과를 야기하는지 알고 있다). 사업가는 경쟁자(혹은 경쟁자가 고용한 공격자들)가 올린 가짜 후기, 그리고 고객들이 올린 매우 부정확한 후기에 대처해야 한다. 이 문제는 너무 악화되어서 애드리언 애슐리(Adryenn Ashley)와 같은 반부정성 전문가들로 구성된 조그만 산업까지 생겨났다. 그는 샌프란시스코에서 사업가들이 나쁜 후기에 대응하는 것을 도와주는 일을 하면서, 옐프석스닷컴(yelp-sucks.com)이라는 웹사이트에서 끔찍한 경험담을 수집하는 컨설턴트다.

"저는 적어도 일주일에 한 번은 울면서 옐프 때문에 파산했다는 사람의 전화를 받아요.[2] 그들은 무기력하고, 희생자가 된 것 같고, 혼자인 것 같고, 가치 없고, 왠지 자기 잘못인 것 같다는 느낌을 받죠. 옐프가 어떻게 작동하는지 이해하지 못하고 나쁜 후기를 없애는 방법을 모른다고 자신을 탓하는 거죠." 옐프와 트립어드바이저의 위험은 사업에 한정되지만, 부정적인 온라인 댓글도 소셜 미디어를 사용하는 누구에게나 똑같은 절망감을 일으킬 수 있다.

카사블랑카 호텔에서 달의 여인의 후기를 없앨 수는 없다. 이 후기는 아직도 트립어드바이저 웹사이트에 올라와 있고 호텔을 고를 때 별 한 개짜리 후기로 직행하는 많은 여행자들이 바로 볼 수 있다. 그러나 카사블랑카 호텔은 어쨌든 번창하고 있는데, 이것은 그들이 온라인에서의 부정성의 힘에 대응하는 법을 배웠기 때문이다.

별 속의 과오

당신이 메이플 그로브 타워즈(Maple Grove Towers)라는 아파트 단지에 대한 온라인 후기를 살펴보다가 팻(Pat)이라는 사람이 쓴 후기를 보게 되었다고 가정해 보자.

주변 지역이 좋고 이웃들도 친절하고 친근합니다. 월세도 적당합니다. 저는 이 곳을 매우 좋아하고 다른 사람들에게도 추천하고 싶습니다.

당신은 이 후기에 얼마만큼의 무게를 두겠는가? 연구자들이 이 후기를 실험을 위해 만든 몇 개의 웹사이트에 올려서 그 영향력을 검증[3]해 보았을 때, 그들은 후기가 어디에 올라오는지에 달려 있다는 사실을 알아냈다. 후기가 '진짜 경험자들의 아파트 후기'라는 이름을 달고 있는 아파트먼트리뷰닷컴(ApartmentReview.com)보다 팻의 개인 블로그에 올라갔을 때, 그 신뢰도가 떨어져 보였다.

그러나 팻의 후기가 부정적일 때는 독자의 평가방식이 달랐다.

주변 지역이 나쁘고 이웃들도 심술궂고 불친절합니다. 월세도 적당하지 않습니다. 저는 이곳을 매우 싫어하고 다른 사람들에게도 추천하고 싶지 않습니다.

언뜻 보았을 때 이 유형의 후기에는 몇 가지 이상한 것이 있다. '모든' 입주자가 정말 심술궂고 불친절한 것일까, 아니면 그냥 팻이 너무 불친절해서 누구와도 어울리지 못하는 걸까? 월세가 '적당하지 않다'면 팻은 왜 여기로 이사해서 아직도 살고 있는 것일까? 팻이 어떤 이유에선가 아파트에서 퇴거당해 이제 집주인에게 복수하려고 하는 걸까? 이 후기는 메이플 그로브 타워즈의 문제보다 팻의 개인적 문제와 더 관련이 깊은 것이 아닐까?

만약 이러한 질문에 대해 생각해 보면, 긍정적인 후기보다 이 후기를 더 의심해 보는 것이 논리적이고, 그렇다면 후기가 어디에 올라왔는지에 관심을 더 기울이게 될 것이다. 그러나 실험에서 사람들은 관심을 '덜' 기울였다. 그들은 전혀 개의치 않았다. 그들은 후기가 팻의 블로그에 올라와 있든, 아파트먼트리뷰닷컴에 올라와 있든 불평이 신빙성 있다고 생각했다. 팻이 어떤 사람이든, 부정성 효과가 메이플 그로브 타워즈에 대한 그들의 판단을 바꾸었다. 누구도 그 지옥구덩이에 들어가기를 원치 않았다.

다른 연구에서도 이러한 온라인에서의 부정성 효과를 확인했다. 휴가를 계획하는 사람들[4]은 부정적 후기를 보는 데 시간을 더 썼고 긍정적 후기보다 부정적 후기의 영향을 더 받았으며, 특별한 문제가 드러나지 않는 부정적 후기에도 똑같이 영향을 받았다.[5] 아마존과 반스앤드노블(Barnes & Noble)의 판매 동향[6] 분석에서 비슷한 부정성 효과가 소설과 비소설 서적 모두에서 드러났다. 별 한 개짜리 후기는 별 다섯 개짜리 후기가 판매를 증가시키는 것보다 판매를 더 많이 저해했다. 팻이나 달의 여인처럼 화가 난 사람들이 초래하는 피해가 너무 커서, 경영학 연구자들은 그들을 특수한 고객의 범주, '테러리스트'로 분류했다. 이것은 트립어드바이저를 비롯한 온라인 사이트에 별 한 개짜리 후기가 올라오기 훨씬 전에 만들어진 용어다. 오래된 구전(word of mouth) 연구[7]에 따르면, 불만족한 소비자들은 만족한 소비자들에 비해 그들의 경험을 공유할 확률이 높았으며, 더 많은 사람에게 이야기했다.

초기 연구 중 하나는 1980년대에 제록스(Xerox)라는 회사에서 이루어졌는데,[8] 이들은 매달 4만 명의 고객에게 3점을 중간으로 하는 1점에서 5점까지의 척도로 만족도를 평가해 달라고 요청했다. 처음 목표는 모든 고객들에게 4점('다소 만족함')에서 5점('매우 만족함')을 받는 것이었지만, 회사는 4점은 고객을 다시 유치하기에는 충분치 못하다는 것을 발견했다. '다소 만족한' 고객들은 중립적이거나 불만족한 고객들보다 특별히 충성도가 더 높지는 않았다. 사소한 불만족이라도 판매에 영향을 줄 수 있음을 깨닫고, 제록스 회사는 모든 소비자에게 5점을 받는 것으로 목표를 바꾸었다.

이것은 자동차 구매자·비행기 승객·병원 환자·전화 회사 고객·컴퓨터 구매자들에게도 마찬가지였다. 1990년대 수만 명의 척도 평가를 분석한 하버드 경영대학원(Havard Business School)[9]의 연구자들은 충성도가 높은 고객들만이 5점을 준다고 결론 내렸다. 그리고 그들 중 대부분이 당신의 사업에 대해 소문을 내지 않을 것이다. 5점을 준 사람들 중 소수만이 연구자들이 분류한 것처럼 '사도(apostles)'가 될 정도로 열성적이다. 나머지 5점을 준 사람들과 다른 사람들에게 이러한 일을 기대할 수는 없다. 그들 중 대부분은 더 나은 거래를 할 수 있다면 계속해서 다른 회사로 옮겨가는 '용병(mercenaries)' 분류에 들어맞는다. 일부는 '인질(hostages)'로 그들은 그저 다른 선택이 없기 때문에 당신의 제품을 구매하며, 새로운 선택지가 생기면 기쁘게 탈출할 것이다. 최악은 '테러리스트'로, 이들은 불만족할 뿐만 아니라 나쁜 소문을 낼 준비가 되어 있다.

어떤 유형의 소비자에게 가장 관심을 기울여야 할까? 하버드 경영대학원의 연구자 토머스 O. 존스(Thomas O. Jones)와 W. 얼 새서 주니어(W. Earl Sasser Jr.)는 중립적이거나 약간 불만족한 소비자들을 설득해서 얻는 수익은 미미하다는 계산 결과를 내놓았다. 4점을 5점으로, 이상적으로는 사도로 바꾸는 데 집중하는 것이 더 생산적일 것이다. 그러나 가장 큰 보상은 가장 불만족한 소비자에게 집중하는 데서 온다. 소비자가 테러리스트가 되는 것을 방지하는 것은 투자 대비 네 배의 이익을 되돌려 준다. 이익은 그 소비자가 아니라 그 소비자가 겁을 주어 쫓아버릴 수 있는 미래의 소비자들에게서 오는 것이다.

　오늘날 '테러리스트'들의 힘은 광범위하게 확대되어 있다. 유나이티드 항공(United Airlines)의 수화물 운반 직원이 캐나다 음악인 데이브 캐럴(Dave Carroll)[10]의 기타를 부순 뒤 이 항공사가 배상을 거부한 후, 그는 포크 음악의 영웅이자 경영대학에서는 하나의 사례 연구가 되었다. 그는 〈유나이티드는 기타를 깨부숴 먹는다네(United Breaks Guitars)〉라는 노래를 만들었고[11] 2000만 회 이상의 조회 수를 기록한 유튜브 동영상들을 올렸다. 캐럴 같은 재능으로 불평할 수는 없다 해도, 소셜 미디어가 있으면 가장 불만족한 소비자들이 테러리스트가 되는 데는 큰 재능이 필요하지 않다. 맥도날드(McDonald)는 '트위터 출현율'을 높이기 위해[12] 소비자들에게 #맥도날드이야기(#mcdstories)라는 해시태그를 달아 맥도날드에 대해 트윗해 달라고 홍보했다. 많은 소비자가 칭찬을 트윗했지만, 식중독 일화와 맥도날드 음식을 먹으면 당뇨병에 걸린다는 비방(#McDialysis, I'm lovin' it: 맥도날드의 광고 문구 McDonald, I'm lovin' it에 '투석'을 뜻하는 'dialysis'를 끼워 넣어 맥도날드를 먹으면 당뇨병에 걸려 투석을 하게 된다는 빈정거림을 담은 해시태그－옮긴이)을 트윗한 사람 또한 많았다. 두 시간도 채 되지 않아 맥도날드의 소셜 미디어 담당자는 '#맥도날드이야기는_계획대로_되지_않았습니다(#mcdstories did not go as planned)'라고 설명하며 이 홍보 행사를 급히 끝냈다. 그는 그날 맥도날드에 대한 트윗 7만 2000개 중 2퍼센트도 안 되는 것만이 부정적이었다는 점을 언급했지만, 이 트윗들은 기사와 블로그에서 계속 인용되고, #맥실패(#McFail)라는 해시태그를 달고 리트윗되었다.

　사업 면에서 보았을 때는 다행스럽게도, 인터넷은 만족한 고객들의 목소리를 듣는 것을 더 쉽게 해준다. 지난 10년 동안 별점 평균[13]은 5점 만점에 4.0~4.5로 올랐으며, 이것은 부분적으로는 카사블랑카 호텔과 같은 사업장에서 어떻게 하면 더 많은 고객을 사도로 바꿀 수 있는지를 배웠기 때문이다. 만족한 고객은 불만족한 고객만큼 열정적이지 않지만, 그들은 '공적 자기 고양(public self-enhancement, '자랑하기'보다 덜 무례하게 들리기 때문에 심리학자들이 사용하는 용어다)'[14]에 대한 욕구로 동기화된다.

당신이 음식과 동네 식당에 관한 지식에 자신이 있다고 하자. 값은 비싸고 서비스는 느린 프랑스 식당에서 써 만족스럽지 못한 저녁 식사를 하고 난 뒤, 당신은 구글이나 옐프나 오픈테이블(OpenTable)에 실망을 내보일 수도 있다. 그러나 당신이 식도락에 일가견이 있다면 왜 그 식당을 선택했고 왜 돈을 그렇게 많이 낭비했는가? 나쁜 후기가 당신을 항상 좋게 비춰주는 것은 아니기 때문에, 당신은 그런 후기를 올리기를 원치 않는다. 당신이 발견한 작은 보석 같은 터키 식당에 찬사를 보내는 것이 더 교양 있어 보일 것이다. 이러한 자기 고양 전략은 사람들이 자신의 경험에 대해 주로 긍정적인 후기를 올리게 만들 수 있으며, 이것은 연구자들이 실험을 통해 관찰한 결과와 같았다.

사람들이 자신이 대가를 지불한 무언가에 대해 이야기할 때는 주로 가장 좋았던 식사와 성공적인 쇼핑을 말했다. 그러나 그들이 다른 사람의 경험을 이야기할 때는 끔찍한 식당이나 작동하지 않는 기구에 대해 말하는 것을 더 선호했다. 이 실험의 결과는 입소문이 온라인과 오프라인 모두에서 어떻게 작동하는지를 잘 정리한 〈자기 자랑과 소문(On Braggarts and Gossips)〉[15]이라는 논문에 나와 있다. 사람들은 자신의 승리를 자랑하는 것과 다른 사람들의 실패에 대해 뒷담화하기를 좋아한다.

자랑하는 사람들이 거짓말을 하는 것은 아니다. 대부분의 고객은 정말로 만족하며, 그것이 그 사업이 업계에 계속 남아 있는 이유다. 그러나 한 번의 나쁜 경험은 비교가 되지 않을 정도로 영향력이 있다. 아마존에서 책을 산 뒤 불만족한 구매자는 만족한 구매자에 비해 후기를 올릴 확률이 높았다. 그러나 만족한 소비자가 매우 많았기 때문에 보통 책은 별 네 개를 받았다. 책에 대해 초기에 올라오는 후기는 특히 긍정적인데, 이러한 열광은 책을 팔리게 할 뿐만 아니라 다른 팬들도 칭찬을 올리게끔 한다.

그러나 한번 나쁜 후기가 올라오면, 부정성 효과가 논의를 왜곡시킬 수 있다. 다른 사람들은 책을 좋아했더라도 칭찬을 올리기를 주저한다. 한 실험에서 사람들이 짧은 클레이 애니메이션[16]을 보고 자신의 의견을 밝힌 뒤, 그중 일부는 웹사이트에서 그 애니메이션에 대한 후기를 읽고 직접 후기를 쓰도록 요청받았다. 이들이 긍정적인 후기를 보았을 때는 판단에 영향을 받지 않았다. 즉 그들은 아무런 후기도 보지 못한 사람들과 동일한 평점을 주었다. 그러나 부정적인 후기를 보았을 때는 자신이 영화를 좋아하는 정도를 낮추고 더 낮은 평가를 올렸다. 그들은 영화에 대한 개인적인 의견을 진짜로 바꾼 것이 아니라, 그것을 공식적으로 표현하고자 하는 의도가 낮아진 것이다. 아무도 단점을 집어낼 만한 분별력이 없는 사람으로 보이고 싶어 하지 않았다.

많은 만족한 소비자들은 이러한 불안 때문에 한번 나쁜 후기가 나타나면 무언가를 올리기를 꺼리게 된다. 연구자들은 아마존의 책을 비롯한 다른 온라인 판매 상품에 대한 평가가 시간이 지나면서 낮아지는 경향[17]이 있다는 사실을 반복적으로 확인했다. 상품에 대한 비판적인 후기가 한두 개 올라오면, 다른 소비자들은 후기를 올리는 데 흥미를 잃게 되고, 그렇게 온라인에서의 논의가 뜸해지고 나면 소수의 활동가[18]가 토론을 지배하게 된다. 이들은 여러 상품에 대한 수많은 부정적 후기를 올림으로써 자신을 군중과 구분 짓기를 좋아하는 부류의 소비자다.

사실 그들 중 일부는 그들이 사지 않은 물건에 대해서도 소비자인 것처럼 행동한다. 전국 단위의 한 설문조사에서는 미국인의 5분의 1[19]이 사용하지 않은 제품이나 서비스의 후기를 올렸다고 고백했다. 온라인 의류 소매업 후기 및 구매를 비교한 연구[20]에서는 후기를 쓴 사람 중 5퍼센트가 옷을 사지 않았으며, 이 참견꾼들은 진짜 소비자들보다 별 한 개짜리 후기를 올릴 확률이 두 배 높다는 것을 알아냈다. 아마존의 서평에서도 같은 패턴이 드러났다. 즉 아마존에서 책을 사는 '검증된' 소비자들은 그렇지 않은 소비자들보다 더 높은 평가를 주는데, 아마 이 그렇지 않은 소비자들 중 일부는 책을 실제로 읽지 않았을 것이다. 이러한 사기를 잡아내기는 쉽지 않지만, 연구자들은 주의해야 할 몇 가지 신호[21]를 밝혀냈다. 가짜 후기는 긍정적이든 부정적이든 평균보다 좀더 길지만 상대적으로 제품이나 서비스에 대한 세부적인 내용은 적었으며, 대신 전반적 의견이나 관련성이 낮은 정보를 주었다. 또한 그들은 느낌표를 더 많이 사용하는 경향이 있었다!

온라인에서의 비판이 더 주의를 끄는 것은 한편으로는 우리의 부정성 편향 때문이고, 다른 한편으로는 우리가 긍정적인 후기를 더 의심하기 때문이다. 우리는 어떤 식당의 음식이나 소설을 평한 긴 글이 그들의 친구나 가족이 작성한 것일 수도 있다는 것을 알고 있으며, 심지어 그러한 연계가 더욱 직접적일 수도 있음을 알고 있다. 캐나다 아마존 웹사이트[22]의 오류로 후기를 쓴 사람들 중 일부의 실명이 잠시 노출되었을 때, (놀랍지 않게도) 작가들이 자신의 책에 별 다섯 개짜리 후기를 쓴 것으로 드러났다.

그러나 온라인 사기는 쌍방향적이다. 당신의 사업을 대박 나게 하거나 당신의 경쟁 사업을 쓰레기로 만들 후기 작성자들의 암시장이 존재한다. 누군가는 '레스토랑에 대해 잘 쓴 후기'를 하나당 25달러에 제공하기 위해, '50개 이상의 후기가 있는 옐프 계정'의 소유자를 찾는 광고를 크레이그리스트(Craigslist: 미국의 생활정보 사이트－옮긴이)에 싣기도 했다.[23] 만약 당신이 덜 까다롭다면 가짜 후기 하나에 5달러[24]를 받고 묶음 판매를 하는 거래도 찾을 수 있다.

사업가들이 온라인에서 일어나는 명예훼손과 싸우는 것을 돕는 영국의 컨설턴트 크리스 에민스(Chris Emmins)[25]는 한 달 동안 파리에 있는 호텔 51곳에서 머물렀다고 주장하는 사람을 트립어드바이저에서 찾아냈다. 그는 같은 달에 독일·이탈리아·에스파냐에 있는 여러 호텔에서 머무를 시간이 있던 것으로 보였다. 에민스는 본인이 직접 작성한 가짜 후기를 공개함으로써 한 번 더 트립어드바이저를 당황하게 만들었다. 이 가짜 후기는 몇 달 동안 문을 닫은 레스토랑을 런던에서 수천 개의 경쟁사를 물리치고 순위 17위로 올라서도록 했다. 아무도 이러한 종류의 사기가 정확히 어떻게 작동하는지 모른다. 그러나 서던캘리포니아 대학교의 디나 메이즐린(Dina Mayzlin)[26]이 이끄는 마케팅 연구팀의 유명한 연구에서 나타난 것처럼, 그 결과는 통계적으로 유의미하다.

트립어드바이저와 익스피디아(Expedia)의 호텔 후기를 비교해 본 연구자들은 지역 호텔이 가까운 체인점 호텔과 경쟁할 때 수상한 패턴이 나타난다는 점에 주목했다. 이러한 상황에서 지역 호텔 사장은 아마도 온라인 후기를 통해 사업을 부흥시키는 데 더 신경을 쓰겠지만, 이것이 체인 호텔에는 그만큼 중요하지 않다. 왜냐하면 여행객들은 매리어트(Marriott)나햄튼 인(Hampton Inn)에서 무엇을 기대할 수 있는지 이미 알고 있기 때문이다. 지역 호텔리어들은 외지인들을 유명한 호텔 브랜드로부터 끌어와야 하며, 따라서 그는 자신의 호텔을 극찬하고 경쟁하는 체인 호텔을 비판하는 후기를 조작해 내고자 하는 유혹을 받게 된다. 그리고 이것은 특히 트립어드바이저에서 쉬운데, 누구나 계정을 만들어 무료로 후기를 쓸 수 있기 때문이다. 익스피디아에는 실제로 (익스피디아를 통해) 호텔에 투숙하기 위해 돈을 지불한 소비자만 후기를 쓸 수 있다.

당연하게도, 연구자들이 비교해 보았을 때 지역 호텔에 대해 지속적으로 익스피디아보다 트립어드바이저에 별 다섯 개짜리 후기가 많이 올라오고, 체인 호텔에 대해서는 별 한 개짜리 후기가 더 많이 올라오는 것으로 나타났다. 누군가 트립어드바이저에서 체인 호텔을 더 나쁘게 보이게 만들려고 하고 있었으며, 용의자는 분명 바로 옆에 있었다. 일반적으로 지역 사기꾼들은 경쟁자를 흠집 내는 것보다 자기 사업을 칭찬하는 데 더 노력을 기울였다. 즉 그들은 가짜 비판보다 가짜 열광을 많이 올렸는데, 이것은 테러리스트보다는 사도인 척하는 것이 덜 추잡하게 느껴졌기 때문일 것이다. 하지만 여전히 비판의 영향력이 더 컸다. 또한 이것은 호텔의 기본 수입에 큰 영향을 줄 수 있었는데, 다른 연구에 따르면 별점 하나가 감소하면 호텔은 숙박비를 10퍼센트 낮추도록 압박을 받았다.[27]

이러한 셈법은 높은 순위권에 있는 사업에 특히 치명적일 수 있다. 수많은 경쟁자가 거의 완벽한 평가를 받고 있는 상황에서 한두 개의 나쁜 후기만 올라와도 순위가 곤두박질칠(그리고 잠재적인 고객들이 보는 웹사이트 첫 페이지에서 사라질) 수 있기 때문이다. 샌프란시스코 근처의 이탈리아 식당인 보토 비스트로(Botto Bistro) 사장들[28]은 옐프에 올라오는 부정적 후기의 지대한 영향에 질려 직접 반격해 보기로 했다. 그들은 옐프에 올라온 제멋대로인 비판을 조롱하는 글을 페이스북 페이지와 메뉴에 올렸고, 가장 낮은 평가를 받는 식당이 되기로 목표를 세웠다. 그들은 별 한 개짜리 후기를 올리는 사람에게 25퍼센트 할인 쿠폰을 제공했고, 충성도 높은 고객들은 옐프에 신나게 부조리한 비판을 적은 별 한 개짜리 악평을 올렸다. 올리브 안에 씨가 있어요! 물이 끔찍했어요! 물론 피자는 맛있었지만 좋은 중국 음식이 없었어요! 이 끔찍한 레스토랑은 캔에 든 소스와 야채 대신에 신선한 재료를 썼어요! 직원들이 우리 차 타이어에 펑크가 났는데 고쳐주지 못했어요!

　부정성 효과에 대한 반작용을 일으키기 위한 이러한 방법이 효과를 발휘했다. 부정적인 가짜 후기가 진짜 부정적인 후기의 영향을 덮었으며, 농담을 이해하고 옐프에 올라온 거침없는 공격의 진가를 알아본 많은 손님들이 식당을 찾았다. 그러나 우리는 보토 비스트로 주인의 정신은 존경하지만, 대부분의 사업에는 이 전략이 통할 것이라고 생각하지 않는다. 카사블랑카 호텔이 더 나은 모범이 될 수 있다.

최곳값-최종값 법칙

비결이 뭔가요? 아델 거트먼(Adele Gutman)은 이 질문을 많이 받는다. 그녀는 카사블랑카 호텔, 그리고 모회사인 라이브러리 호텔 컬렉션(Library Hotel Collection) 산하에 있는 다른 대여섯 개 부티크 호텔의 성공을 이끈 장본인이다. 뉴욕·토론토·프라하에 있는 이들 호텔은 모두 오랫동안 트립어드바이저의 10위권 순위 내에 머물렀으며, 부다페스트에 있는 아리아 호텔 (Aria Hotel)은 트립어드바이저의 2017년 세계 최고의 호텔 상을 수상했다.

그로부터 거트먼은 다른 호텔리어들의 많은 질문 세례를 받고, 무역학술대회에서 상급자용 강의가 쇄도했다. 그녀는 '최고의 평판 관리 전략'을 설명하고 '서비스가 마케팅이다'와 같은 주문을 들려주는 경영대학식 강연[29]을 할 수 있지만, 그녀가 계속해서 이야기하는 어구는 '햇살 퍼트리기(sparkling sunshine)'다. 그녀는 그 말을 할 때 미소를 짓고 완벽하게 매니큐어를 칠한 손을 움직이며 직원들이 모든 손님들에게 퍼뜨리는 햇살에 대해 설명한다.

"좋은 것을 두 배로 해야 돼요. 모든 손님 한분 한분과 소통을 하면, 그들은 자신의 친구에 대해 나쁜 얘기를 하지 않게 될 것이기 때문에 나쁜 후기에 보험을 드는 거나 마찬가지예요. 최고를 넘어서 손님들이 나쁜 것들을 잊게 해야 해요. 저는 절대 '사람들의 기대를 충족시켜야 한다'거나, '고객을 만족시켜야 한다'고 말하지 않아요. 저는 '햇살 퍼트리기'라고 말하고, 그러면 우리 직원들은 제가 무슨 말을 하는지 정확히 알죠."

이 햇살이 우연은 아니었다. 이것은 그녀가 2005년 트립어드바이저 순위에서 하위권이던 카사블랑카 호텔과 그 자매 호텔의 마케팅을 담당하게 된 뒤 개발한 전략이다. 그녀는 가격으로는 하위권 호텔들과, 호화로움으로는 상위권 호텔들과 경쟁이 되지 않는다는 것을 깨달았다. 그녀가 담당한 호텔은 스타일 감각이 있는 작은 호텔이었다〔카사블랑카 호텔은 험프리 보가트(Humphrey Bogart)가 출연한 영화를 참고해 모로코 양식으로 꾸몄다〕. 그러나 궁전 같은 방이나 반할 만한 경치는 없었다. 그러나 그녀는 호화로움이 트립어드바이저 최고 순위에 오르기 위한 공식이 아니라는 것 또한 알고 있었다. 뉴욕에 있는 세인트 레지스 호텔(St. Regis)이나 플라자 호텔 (Plaza Hotel) 같은 특급 호텔은 숙박비가 더 싼 호텔에 주기적으로 밀려났는데, 이것은 투숙객들의 기대가 컸고, 그로 인해 불평거리를 찾아냈기 때문이다. 트립어드바이저 첫 번째 페이지에 올라가는 비결은 부정적인 후기를 피하는 것이었다.

후기를 연구한 후에, 그녀는 예약할 때부터 체크아웃할 때까지 호텔과 손님 사이의 '접촉지점(contact point)' 목록을 만들었고, 모든 접촉점에서 햇살을 퍼뜨리기로 결정했다. 프런트 데스크에서는 손님의 모든 요청이나 불만 내용과 그것을 어떻게 처리했는지 기록하는 일지를 작성하기 시작했다. 거트먼은 밝고 외향적인 사람들을 고용해 할 수 있을 때마다 손님들과 소통하도록 지도했다. 카사블랑카 호텔에서 예약 전화를 받는 직원들은 방만 예약하는 것이 아니다. 그들은 손님에게 언제 뉴욕에 오는지, 혹시 특별히 필요한 것이 있는지를 물어본다.

문을 열어주는 직원부터 프런트 직원, 방을 안내해 주는 직원에 이르기까지 모두가 활짝 웃으며("저희 호텔에 오신 것을 환영합니다!") 손님이 도착한 것을 매우 즐거운 일로 받아들여야 한다. "아, 뉴욕에 처음 오신 거군요? 저희와 함께 즐거운 시간을 보내게 되실 거예요! 저희 일 중 가장 좋은 부분이 여러분이 뉴욕을 잘 즐길 수 있게 도와드리는 거예요. 추천이나 도움이 필요하시면 저희에게 꼭, 꼭 알려주세요." 직원이 손님에게 방을 보여줄 때는 그들의 반응을 잘 보고 지배인에게 알린다. 만약 손님이 그리 신나 보이지 않으면 지배인이 전화를 걸어 방이 괜찮은지 확인하고 가능하다면 방을 옮겨줄 것이다.

이러한 환영은 과한 것으로 보일 수 있으며, 지친 여행자는 이 모든 소란 없이 체크인하는 것을 더 좋아할 수도 있다. 그러나 이 전략은 사람들이 어떻게 판단을 형성해 가는지를 연구해 온 학자들에게는 완벽하게 말이 된다. 첫인상은 정말로 중요하며, 부정성 편향에 확실하게 영향을 받는다. 가장 명백한 증거는 면접관들의 반응을 추적[30]한 데서 나타난다. 지원자의 첫인상이 좋을 때 면접관은 가벼운 호감만을 가지며, 이러한 조금 우호적인 인상은 금방 역전될 수 있다. 그러나 만약 지원자가 일단 나쁜 인상을 주면, 남은 면접 시간 대부분을 이를 만회하기 위해 소모할 것이고, 중립적인 평가 정도만 회복해도 운이 좋은 것이다.

만약 면접이 개운치 않은 뒷맛을 남기고 끝났다면 지원자는 다른 곳을 알아보는 것이 나은데, 왜냐하면 나쁜 끝 인상은 나쁜 첫인상보다도 더 좋지 않기 때문이다. 이는 심리학자들이 최곳값-최종값 법칙이라고 부르는 현상의 예로, 사람들이 손을 얼음물에 담가보게 함으로써 검증했다.[31] 처음에 그들은 얼음물에 60초 동안 손을 담근다. 그리고 잠시 후 손을 다시 담그는데, 이번에는 90초 동안 담그는데 그중 마지막 30초 동안 물은 조금씩 따뜻해진다. 나중에 그들에게 손을 한 번 더 담가야 한다고 이야기하고 이전 두 번 중 언제를 더 선호하는지 물었다.

대부분의 사람들은 두 번째 경험을 더 선호했다. 비록 시간이 더 길고 전체적인 고통이 더 심했지만, 끝나고 난 뒤에는 조금 더 따뜻한 물로 마무리했기 때문에 덜 고통스러운 것으로 느꼈던 것이다. 이 효과는 담석을 제거하기 위한 대장내시경에 대해 환자의 반응을 다룬 연구[32]에서도 검증되었다. 시술의 지속 시간과 고통의 총량은 다른 두 요인, 즉 고통의 최고 수준과 최종 시점의 고통 수준의 복합작용보다 덜 중요했다.

최곳값-최종값 법칙의 덜 고통스러운 예시는 핼러윈 데이 때 나왔는

데, 다트머스 대학교의 연구자들[33]은 집에서 아이들에게 사탕을 나누어 주면서 그들을 주의 깊게 지켜보았다. 어떤 아이들은 허쉬 초콜릿 바를 하나 받았고, 다른 아이들은 처음에 허쉬 초콜릿 바를 받고 그다음에 풍선껌을 하나 받았다. 그 집에서 받은 것을 평가해 달라고 부탁했을 때, 두 개를 받은 아이들은 허쉬 초콜릿 하나만 받은 아이들보다 '덜' 만족했다. 마지막에 받은 시시한 껌 하나가 경험을 망친 것이다. 과자를 더 받고도 덜 행복하다는 것이 유치하게 들릴 수 있겠지만, 다른 실험에서 어른들도 선물에 대해 다를 바 없이 반응했다. 좋은 영화 DVD를 받고 나서 별로 좋지 않은 영화의 DVD를 받은 사람들은 좋은 영화 DVD만 받은 사람들보다 덜 만족했다. 선물을 줄 때를 위한 교훈은 가장 좋은 것은 마지막을 위해 남겨두라는 것이다.

최곳값-최종값 법칙은 나쁜 경험과 좋은 경험에 모두 적용할 수 있지만 물론 동일하지는 않다. 당신의 상사가 연말 상여금을 어떻게 분배할지 결정하려고 하고, 당신을 동료 영업직원과 비교하고 있다고 하자. 그녀는 주마다 지속적으로 수입을 올렸고, 당신은 더 기복이 심했지만, 1년을 놓고 보면 두 사람의 수입 평균은 같았다고 하자. 당신의 상사는 각자에게 어떻게 보상해 줄까? 이 시나리오의 다양한 유형을 실험해 본 한국의 연구자들[34]은 최곳값-최종값 법칙과 맞게 연평균보다 수입이 극단적으로 높은 주와 낮은 주에 주의를 더 기울일 것으로 예상했다.

연구자들에 의하면 이러한 가정은 절반 정도 맞는다. 만약 당신의 극단값이 나쁘다면, 상사는 당신이 한 해 동안 서서히 손실을 메꾸어왔더라도 동료보다 낮게 평가할 것이다. 그러나 만약 당신의 극단값이 좋다면, 동료와 동일한 상여금을 받게 될 것이다. 상사는 당신의 실적이 가장 뛰어난 주의 실적에 감탄하는 대신, 당신 동료의 실적이 당신보다 조금 더 좋았던 주가 많았기 때문에 당신과 동료를 별 차이가 없다고 볼 것이다.

최곳값–최종값 법칙은 트립어드바이저에 후기를 쓰는 사람들이 왜 체크아웃할 때 달갑지 않은 놀라움("미니바 계산서를 잘 살펴보세요!")에 화를 내거나 도로 소음 때문에 잠을 설친 데 집착하는지를 설명해 준다. 아델 거트먼은 우스울 만큼 사소해 보일 수 있는 불평("화장실에 샴푸가 하나밖에 없는 걸 보고 너무 화가 났어요")까지 모두 진지하게 받아들였다.

"여행자 후기는 무료 고객 초점 집단(free customer focus group) 같은 거예요. 불공정하더라도 거기에서 무언가를 배울 수 있죠." 거트먼은 방에서 미니바를 없애고 생수·와이파이·아침 식사를 무료로 제공함으로써 체크아웃할 때 경험하는 불편함의 분명한 원인을 원천봉쇄했다. 불쾌한 놀라움을 피하기 위해 웹사이트에 각 방의 사진을 올리고 무엇이 있는지(방과 침대의 크기)와 무엇이 없는지("도시 전망은 보이지 않음")를 매우 꼼꼼하게 명시했다. 앞쪽 객실은 43번가와 마주하고 있어 도로 소음이 더 많이 들리고, 뒤쪽 객실은 빛이 덜 든다는 것까지도 포함했다. 수면과 관련된 문제가 있는 손님들은 호텔에서 운영하는 '평화로의 탈출 프로그램(Escape to Serenity Program)'을 이용하고 싶어 했다. 이것은 매트리스 토퍼와 특수 베개, 귀마개, 백색소음 기계, 긴장을 이완시키는 소리를 들려주는 헤드폰이 장착된 머리띠를 제공하는 프로그램이다.

또한 거트먼은 라운지에서 하루 종일 간식과 커피를 제공하고, 매일 저녁 와인과 치즈가 나오는 환영 파티를 열어 손님들을 유혹함으로써 그들과의 '접촉지점'을 하나 더 만들었다. 이것은 단지 손님들에게 공짜 음식을 제공해 달래려는 것이 아니었다. 거트먼과 직원들에게는 이때가 햇살을 더 퍼뜨리고 불만을 예방할 수 있는 기회였다. "손님들의 상태를 계속해서 확인하면, 너무 사소한 것 같아서 말하지 못하고 있는 것을 찾아낼수 있어요. 이런 것이 별 네 개짜리 후기와 다섯 개짜리 후기를 가르는 차이가 될 수 있거든요." 이미 살펴보았듯이 나쁜 것에 귀 기울이는 것은 그것을 극복하기 위해 필수 단계다.

여러 전략 덕분에 카사블랑카 호텔은 10년 넘게 트립어드바이저에서별점 다섯 개의 평가를 유지하고 있다. 90퍼센트에 가까운 후기가 별 다섯 개짜리이며, 3퍼센트만이 별 네 개 아래다. 거트먼의 전략 중 몇 가지는 호텔 산업에 특화된 것으로 보이지만(대부분의 사업장에서는 와인과 치즈가 있는 환영 파티에서 매일 손님들과 어울릴 기회가 없다) 기본적인 부분은 다른 사업에도 적용할 수 있다. 거트먼의 비결은 부정성 편향과 최곳값-최종값 법칙을 극복하는 다양한 기법이었다.

1. 좋은 첫인상을 만드는 데 집중하라.
2. 다른 좋은 인상을 많이 남길 방법을 찾아라(만약 '햇살 퍼뜨리기'가 너무 식상하다면 당신만의 주문을 찾아보라).
3. 부정적인 최곳값이 될 수 있는 불편 사항을 예측하고 제거하라.
4. 예측하지 못했던 문제를 찾아내기 위해 고객들의 반응을 계속해서 관찰하라.
5. 불만이 접수되면 그것이 아무리 사소해 보여도 빨리 반응하라.
6. 나쁜 것을 고치는 데 그치지 마라. 좋은 것으로 그것을 압도하라.
7. 고객이 얼마나 이상하거나 무례한지와 상관없이 마무리를 좋게 하라.

대부분의 거래는 손님이 대가를 지불하면서 끝나기 때문에 기분이 최고이기는 어렵지만, 현명한 사업가들은 식당에서 무료 후식을 제공하거나 계산서와 함께 공짜 초콜릿을 주는 것처럼 고통을 완화할 길을 찾아낸다. 초기에 넷플릭스(Netflix)는 동네 비디오 가게에 비디오를 반납할 때 고객들을 분노케 했던 연체료를 없앰으로써 번창했다. 엘엘빈(L.L.Bean)·랜즈엔드(Land's End)·이케아(IKEA)·노드스트롬(Nordstrom) 같은 소매점에서는 불만족한 고객들이 통상적인 환불 기간인 30일이 지나도 환불할 수 있게 함으로써 그들의 화를 누그러뜨렸다. 여러 렌드카 회사와 호텔에서는 고객에게 비용에 추가될 수 있는 모든 세금과 추가 요금에 대해 미리 경고함으로써 범칙금 스티커의 충격에 대응하는 방법을 알아냈다.

그러나 어떤 사업은 고집스럽게 최곳값-최종값 법칙에 눈을 감고 있다. 왜 쇼핑을 가면 계산대에 길게 줄을 서야 할 때가 많으며, 비행기에서 내리면 짐 찾는 곳에서 30분씩 기다려야 하는 걸까? 왜 그렇게 많은 온라인 신문 기사가 사소한 실수와 수정에 대한 안내로 끝나는 걸까? 인쇄물의 시대에는 일단 신문이 인쇄기에서 나오고 나면, 수정 공고가 기사를 수정할 수 있는 유일한 방법이었지만, 오늘날에는 어떤 실수든지 온라인에서 바로 수정해 미래의 독자가 보지 않을 수 있도록 할 수 있다. 콘스탄티노플 전투 날짜나 누군가의 이름 철자가 틀린 것에 왜 신경 쓰는가? 수정은 정말로 심각한 오류, 즉 누군가에게 잘못된 혐의를 씌운 것과 같은 경우에는 필요하지만, 다른 경우에는 일반적인 독자가 아니라 하나의 웹페이지에서 모든 기사 수정을 다 보아야 만족하는 소수의 깐깐한 사람만이 관심을 기울일 뿐이다. 즉 지금 이대로 충분한 기사를 신문사는 불필요하게 나쁜 방식으로 끝맺는 것이다. "비록 이 기사가 당신의 마음에 들었더라도, 우리 회사에는 능력 없는 직원이 있고 이를 부끄러워하며 당신이 발견하지 못한 실수를 알려 당신의 시간을 허비하게 만들고 있습니다."

최곳값-최종값 법칙에서 '최종값' 부분은 온라인 세계에서 특히 대처하기 어려운 부분인데, 화가 난 채로 떠난 손님은 만족한 손님보다 후기를 올릴 확률이 훨씬 높기 때문이다. 이러한 부정성 편향을 완충하기 위해 거트먼은 모든 손님이 떠난 뒤 이메일을 보내 후기를 올려줄 것을 부탁하고, 트립어드바이저를 비롯한 수십 개의 사이트에 올라오는 후기를 즉시 보여주는 서비스도 이용한다. 어떤 사업장에서는 모든 후기에 답글을 달지만, 카사블랑카 호텔에서는 보통 후기가 긍정적일 경우 그렇게 하지 않는다. 트립어드바이저에서 답글의 효과[35]를 분석한 코넬 대학교 호텔경영대학(Cornell's School of Hotel Administration) 교수 크리스 앤더슨(Chris Anderson)에 따르면 이것은 현명한 전략이다. 그는 호텔이 답글을 다는 것으로 온라인 평가를 개선하고 수입을 늘릴 수 있지만, 이것은 너무 지나치지 않을 때만 해당된다는 것을 알아냈다. 스크롤을 내리며 별 다섯 개가 달린 열광적인 후기에 대한 감사의 말을 계속해서 읽어 내려가던 잠재고객들이 질려버릴(그리고 다른 호텔을 찾아 나설) 수도 있다. 그는 40퍼센트 이상의 리뷰에는 반응하지 말고, 거트먼이 했던 것처럼 부정적인 후기에 집중할 것을 조언한다.

별 세 개 이하의 리뷰가 올라오면 가능한 빨리 거트먼이나 호텔 지배인이 답글을 달고 손님에게 직접 메시지를 보낸다. 보통 손님들은 화를 풀고 후기를 지우거나 수정한다. 비평가가 후기를 그대로 두더라도, 응답을 달면 후기를 읽는 사람이 마지막으로 보는 것은 분노가 아니게 된다. 이 후기는 좋은 말로 끝나게 될 것이다.

"저희와 함께한 1박을 즐기지 못하셨다니 매우 유감스럽습니다." 카사블랑카 호텔의 매니저 존 타보아다(John Taboada)는 도로 소음에 불평하는 별 한 개짜리 후기를 올린 사람에게 이렇게 답했다. 그는 자신의 유감을 보여주기 위해, 이 손님을 위해 직원들과 상황에 대해 논의했으며 더 조용한 방을 찾아주거나 백색소음 기계를 비롯한 다른 수면 보조 기구(타보아다가 영리하게 언급했듯이 손님은 이를 거절했다)를 제공하는 것과 같은 가능한 모든 노력을 했다고 설명했다.

500~1000개의 단어로 이루어진 타보아다의 답글은 비판적인 후기보다 훨씬 길었다. 바로 이것이 핵심이다. 이것은 우리가 앞부분에서 논의한, 낭만적인 관계에 적용할 수 있는 전략의 경영학적 응용이다. 다른 사람의 말을 듣고, 그들의 부정적인 반응을 심각하게 받아들이며, 훨씬 더 많은 긍정성으로 이를 상쇄하라는 것이다. 상황의 여러 세세한 부분, 직원들의 노력, 이런 일이 다시 일어나지 않게 하기 위한 자신의 새로운 계획을 설명함으로써, 그는 부정성을 압도했으며 결정적인 발언을 했다. 후기를 읽은 사람은 비판한 사람의 불만이 아닌 손님들을 만족시키기 위한 호텔의 헌신을 기억하게 될 것이다(이 호텔은 이상한 사람한테도 친절하네).

카사블랑카 호텔은 달의 여인과 같은 손님에게까지도 햇살을 퍼뜨림으로써 번창했다. 그녀는 방이 창문 없는 관이나 다름없었다고 분노하고 나서 후기를 맹세로 끝맺었다. "저는 올릴 수 있는 곳에는 다 이 일에 대한 글을 올릴 것입니다. 이것은 옳지 못합니다. 어떤 여행자도 이런 경험을 해서는 안 됩니다." 카사블랑카 호텔은 그녀의 이상한 행동에 반격할 수도 있었지만, 그러는 대신 독자들을 위해 보충 설명과 창문 두 개가 나온 방의 사진을 올렸다. 이 후기를 쓴 사람이 이상하다는 분명한 사실을 지적하는 대신 호텔은 미래의 손님들에게 친절하게 안내했다. "달이 보이는 방과 같은 특별 요청이 있으시면, 저희가 요청을 들어드릴 수 없는 경우 확실하게 이를 말씀드릴 수 있도록, 미리 알려주시는 것이 가장 좋습니다." 달의 여인은 카사블랑카 호텔에 다시는 나타나지 않았지만, 다른 수많은 여행자들이 나타났다.

폴리애나 원리

부정성에 대응하는 우리의 타고난 무기

폴리애나 원리는 보기보다 훨씬 좋다. 이것은 하나의 강력한 심리적 효과로, 우리가 (어떤 것은 무의식적이고, 또 어떤 것은 의식적으로 드러나는) 부정성 효과에 대한 선천적 방어책을 가지고 있다는 확실한 연구에 기반하고 있다. 이 말은 정말로 역겨운 책에 등장하는 짜증나는 인물의 이름을 우연히 따온 것이다.

엘리너 H. 포터(Eleanor H. Porter)의 1913년 소설 《폴리애나(Pollyana)》[1]의 여주인공은 성녀와 같은 고아다. 이유 없는 잔인함, 예측할 수 없는 비극, 터무니없는 우연적 사건, 이와 마찬가지로 비현실적 등장인물들과의 민망한 대화가 이어지는 가운데서도, 그녀는 불가능할 정도로 긍정적이다. 그러나 어쨌든 그 무엇도 이 책이 출간 즉시 베스트셀러[2]가 되는 데 방해가 되지는 않았다. 빠르게 속편이 나왔고, 이 소설은 십대의 헬렌 헤이즈(Helen Hayes)가 경력을 시작한 브로드웨이 히트 뮤지컬이 되었다.

영화의 저작권은 당시로서는 천문학적인 액수인 11만 5000달러에 '아메리카스 스윗하트(America's Sweetheart: 미국 대중문화에서 호감 가는 미모의 여성 배우에게 관용적으로 붙이는 호칭. '만인의 연인', '국민 여친' 정도의 의미다—옮긴이)'로 알려진 스타 메리 픽퍼드(Mary Pickford)가 사들였다. 그녀는 영화를 제작하는 동시에 스물일곱의 나이로 스무 살의 폴리애나 역할도 했다. 대본은 할리우드를 이끄는 또 다른 인재 프랜시스 매리언(Frances Marion)이 담당했다. 매리언이 나중에 자서전에 쓴 것처럼,3 두 여성은 모두 소설의 감상적인 장면과 정서에 넌더리가 났다. "우리는 둘 다 역겹다고 생각한 영화를 만드는 지루한 과정을 계속했다. 나는 대본을 쓰는 것에 질렸고, 메리는 연기하는 것에 질렸다"고 매리언은 회상했다.

그러나 어쨌든 폴리애나는 다시 한번 승리했다. 1920년에 개봉한 영화는 대성공을 거두었다. 폴리애나는 픽퍼드의 경력에 큰 영향을 미치는 역할을 했고, 이것은 1960년에 공개한 디즈니판 영화의 주인공 헤일리 밀스(Hayley Mills)에게도 마찬가지였다. 폴리애나를 소재로 한 상품 사업은 지금까지 한 세기 넘게 살아남아 책은 수백만 권의 판매고를 올렸고, 더 많은 영화와 텔레비전 드라마, 보드 게임, 만화책, 그리고 다른 작가들이 쓴 십여 편의 속편이 나왔다.

폴리애나가 오래 살아남을 수 있는 것은 그녀가 가치 있는 무언가, 즉 부정성 효과를 넘어서기 위한 심리학적 전략을 제공하기 때문이다. 연구자들이 폴리애나 원리(Pollyanna Principle)라고 부르는 것은 그 원리를 설명하는 그녀에게 아무리 짜증이 나더라도 하나의 진정한 통찰이다.

소설에서 폴리애나는 버몬트(Vermont)의 작은 마을에 사는 이모 댁에 도착한 지 얼마 지나지 않아 이러한 원리를 드러낸다. 이모는 저택에 혼자 살고 있는 심술궂은 인물로, 폴리애나를 차갑게 맞아 위층으로 데려가는데, 거기에서 폴리애나는 주인 없는 침실의 좋은 카펫과 가구를 보고 감탄한다. 그러나 그녀는 곧 자신이 비좁은 다락방으로 밀려났다는 것을 알게 된다. 그녀는 텅 빈 벽과 커튼 없는 창문의 장점을 재빨리 찾아낸다(창밖 풍경을 바라보는 데 방해될 것이 없어!). 폴리애나는 돌아가신 아빠가 서부의 외딴 선교지에서 가르쳐준 게임을 기부 물품이 도착한 날부터 해왔다고 이모의 하인에게 설명한다. 폴리애나는 인형을 원했지만, 배로 실어온 물건 중 아이를 위한 것은 작은 목발 한 쌍뿐이었다. 그녀는 실망했지만, 아버지는 뭔가 기뻐할 이유를 언제나 찾으라고 가르쳐주었다(목발이 필요 없다는 것에 감사하렴!).

폴리애나는 이 기쁨 놀이(Glad Game)를 새 이웃에게 가르쳐주고, 이것은 곧바로 마을 사람 모두의 삶을 밝게 해준다. 몰인정한 이모마저도 미소 짓는 법을 배우고, 때마침 멋진 남편을 만나 보상을 받는다. 폴리애나는 자동차에 치여 다리가 마비된 후 자신의 믿음에 잠시 위기를 겪지만, 그녀의 영혼은 곧 회복되고, 소설 마지막에 그녀는 기적적으로 다시 걷게 된다. 이제 당신은 이 영화가 왜 픽퍼드와 감독 D. W. 그리피스(D. W. Griffith)[4]와 같은 할리우드 인사들에게 거슬렸는지 알 것이다. 그리피스는 이 영화의 "도금한 헛소리의 거짓된 철학" 때문에 그것을 "상영된 영화 중 가장 비도덕적인 이야기"라고 불렀다. 그러나 이것은 헛소리가 아니었다. 나쁜 예술이기는 했다. 그러나 기쁨 놀이는 과학으로서는 전혀 나쁘지 않았다.

행복에 대한 대화

당신이 지금 펜이나 키보드를 쓸 수 있다면, 다음 문단을 읽기 전에 해볼 수 있는 20초짜리 연습이 있다. 즉 정서와 관련된 단어를 떠오르는 대로 적어보라.

당신이 벌써 폴리애나의 영향을 받고 있는 것이 아니라면, 이 목록에는 아마 좋은 느낌보다 나쁜 느낌의 단어가 많을 것이다. 시카고,[5] 멕시코시티, 그리고 대여섯 유럽 국가에서 이루어진 연구[6]에서, 사람들은 '행복한'과 같은 단어보다 '화가 난'이나 '두려운'과 같은 단어를 더 많이 나열하는 것으로 나타났다. 다양한 언어의 사전을 검토[7]한 학자들도 비슷한 결론에 도달했다. 즉 좋은 정서보다 나쁜 정서의 단어가 훨씬 많다. 부정성의 힘에 대한 우리의 지식을 고려하면, 언어에서 나타나는 이러한 부정성 편향은 직관적으로 이해할 수 있다. 사람들이 부정적 정서에 더 많은 주의를 기울이기 때문에, 그것을 기술할 방법이 더 많은 것이다. 그런데 사람들이 더 많이 사용하는 단어는 무엇일까? 이에 대한 대답은 직관과는 다르다.

연구자들은 1930년대부터 이 질문을 연구해 왔는데, 그때는 미국 연방정부가 대공황 동안 사람들을 다시 일터로 보낼 수 있는 방법을 찾던 때다. 연구자들은 책을 비롯한 다른 출판물에서 단어를 세는 작업[8]을 위해 일자리가 없는 학자들을 고용했다. 그 결과, '나쁜'보다는 '좋은', '더 나쁜'보다는 '더 좋은'의 빈도가 각각 다섯 배 많았다. '사랑하다'와 '다정한'은 '증오하다'와 '불쾌한'보다 일곱 배 많이 나타났다. 행복에 대한 언급은 불행에 대한 언급을 15 대 1의 비율로 엄청나게 앞질렀다. 후속 연구자들은 12개의 다른 언어를 살펴보는 소규모 연구를 통해 비슷한 긍정성 편향을 발견했다. 이러한 증거를 조사한 후, 심리학자 제리 바우처(Jerry Boucher)와 찰스 E. 오스굿(Charles E. Osgood)은 1969년에 출판한 논문[9] 〈폴리애나 가설(The Pollyanna Hypothesis)〉에서 사람들은 긍정적 단어를 부정적 단어보다 '더 자주, 더 다양하게, 더 손쉽게' 쓰는 경향이 있다고 밝혔다.

그들은 "가설은 폴리애나주의(Pollyannaism)가 인간에게 보편적이라는 것"이라고 썼다. 그러나 빅 데이터의 시대가 도래한 후에야 이 가설을 제대로 검증할 수 있었다. 2012년 버몬트 대학교(University of Vermont)의 응용 수학자 팀은 노래 30만 곡, 〈뉴욕타임스〉 기사 200만 건, 책 300만 권, 트윗 8억 건에서 가장 많이 사용한 영단어 5000개를 분석한 결과를 출판했다. 부정성에 대한 우리의 편향된 민감성에도 불구하고, 폴리애나주의는 모든 미디어를 지배하고 있었다.[10] 연인들의 슬픔과 괴로움을 주로 다룰 것 같은 노래에서조차 긍정적 단어와 부정적 단어의 비율은 2 대 1 정도였다. 이 긍정성 비율은 트윗에서는 거의 3 대 1, 책과 신문 기사에서는 거의 4 대 1에 가깝게 올라갔다.

그다음 버몬트 대학교의 수학자들은 더 큰 규모의 세계적 데이터를 추적했다. 그들은 마이터 회사(Mitre Corporation)의 연구자들과 함께 10개 언어[11]로 된 글(책·뉴스 기사·노래 가사·영화 및 텔레비전 대본·웹사이트·소셜 미디어 게시물)에서 정서적인 내용을 측정할 수 있는 행복측정기(hedonometer)[12]라는 컴퓨터 알고리즘을 개발했다. 폴리애나주의는 다시금 모든 언어, 모든 미디어에서 승리를 거두었다. 심지어 《모비딕》, 《죄와 벌》과 같은 심각한 소설에도 전반적으로 부정적 단어보다 긍정적 단어가 더 많았다(비록 결말 부분은 명백하게 부정적이었지만).

이제 폴리애나 가설이 확증되고 폴리애나 원리로 격상된 지금, 다음 질문은 이것이 왜 존재하는가다. 한 가지 가능한 설명은 단순히 나쁜 것보다 좋은 것이 더 흔하기 때문에 우리 역시 좋은 것을 더 많이 이야기한다는 것이다. 주로 부정적 뉴스를 조달하는 신문마저도 행복측정기 분석에서 꽤 긍정적인 것으로 나타났는데, 이것은 지면에 실린 운동경기에서의 승리나 예술적 성취, 유산 기부, 혁신적인 행사, 결혼식, 시상식 보도가 세계의 수많은 우울한 이야기를 넘어섰기 때문이다. 우리가 앞에서 언급한 것처럼, 여러 일기 연구에서 사람들은 보통 한 번의 나쁜 날에 대해 세 번의 좋은 날을 경험하는데, 이것은 그들의 삶에 나쁜 것보다 좋은 것들이 더 많다는 의미다.

하지만 일기 연구는 나쁜 날이 더 큰 영향을 미친다는 것도 보여주었다. 오늘이 나쁘면[13] 내일도 나쁠 확률이 높지만, 좋은 날의 효과가 다음 날로 이어지지는 않는다. 또 다른 연구자들은 사람들에게 자신들의 삶에서 좋은 사건과 나쁜 사건을 물었을 때, 그들은 나쁜 것을 생각하는 데 더 많은 시간을 쓰고 더 오래 이야기한다[14]는 것을 발견했다. 뉴스 편집자들이 알고 있듯이, 사람들은 기분 좋은 기사보다는 무서운 이야기를 읽으면서 더 많은 시간을 보낸다. 따라서 좋은 사건의 단순 빈도가 우리가 왜 좋은 단어를 많이 사용하는지를 만족스럽게 설명해 주지는 않는다. 바우처와 오스굿이 1969년에 폴리애나 가설을 제안했을 때 추측한 것처럼, 우리가 나쁜 것에 더 많은 주의를 쏟는 상황에서 우리로 하여금 더욱 긍정적으로 말하도록 촉진하는 무언가가 있는 것으로 보인다.

"왜 이 세상의 대부분의 사람들은 대부분의 장소에서 대부분의 시간 동안 삶의 좋은 것들을 이야기하는 것일까?" 그들은 질문했다. "그 대답은 물론 심리언어학(psycholinguistics)을 넘어 인간 사회 구조의 본질과 이러한 구조를 유지시키는 조건과도 관련이 있다. 구성원들이 삶과 오랫동안 함께하는 이웃의 추한 부분을 끊임없이 찾아내고 이야기하는 인간 집단을 상상하기는 어렵다."

긍정적인 것을 강조하는 데는 분명한 사회적 이점이 있다. 사람들은 칭찬받는 것을 좋아하고, 그러려면 누군가는 좋은 말을 해야 하며, 그래서 사람들은 긍정적인 사람에게 매력을 느낀다. 사진 속의 얼굴 표정을 컴퓨터로 조작해서[15] 얼굴에 미소를 추가하면, 관찰자들은 그 얼굴을 더 매력적이고, 관대하고, 건강하고, 우호적이라고 판단한다는 것을 연구자들은 발견했다. 긍정적인 언어에도 같은 이점이 있다. 4장에서 우리는 비평가가 부정적 비평으로 '영리하지만 가혹하게' 보일 것인지, 아니면 긍정적 비평으로 '똑똑하지 못하지만 친절하게' 보일 것인지 선택에 직면한다는 이야기를 했다. 친절하게 보이는 것은 보통 최선의 사회적 전략이다. 적어도 전문 비평가가 아닌 사람들에게는 그렇다.

긍정적으로 말하는 것은 당신을 더 좋아할 만한 사람으로 만들고, 당신의 말을 직접 또는 온라인으로 듣는 사람들의 사기도 북돋울 수 있다. 트위터에서의 인기를 추적한 연구자들은 부정적으로 트윗하는 것보다 긍정적으로 하는 것이 팔로워 수를 늘리는 데 도움이 된다[16]는 사실을 발견했다. 또 다른 연구에서는 트위터를 사용하는 사람들이 어떤 트윗을 보느냐에 따라 긍정적인 게시물을 올릴지 아니면 부정적인 게시물을 올릴지 차이가 났지만, 그들은 긍정적 주제에 대한 이야기[17]를 더 원했다. 부정적 트윗은 즉각적으로 주의를 끌지만(이러한 트윗은 더 빨리 리트윗된다), 장기적으로 보았을 때 훨씬 인기 있고 널리 퍼지는 것[18]으로 판명된 것은 긍정적 트윗이었다. 긍정적 트윗은 부정적 트윗보다 두 배 많이 트윗되었고, 다섯 배 많이 '즐겨찾기'에 등장했다. 언론의 관심을 많이 끄는 트위터 전쟁은 전형이 아니다. 어떤 사람들(주로 정치인들로, 나중에 이들에 대해 논의할 것이다)은 온라인에서의 싸움을 사랑하지만, 대부분은 긍정적인 것을 강조하는 쪽을 선호한다.

물론 부정적 트윗이나 게시물 하나하나는 긍정적인 것보다 영향력이 더 큰데, 그렇기 때문에 어떤 사이트에서는 더 쉽게 화가 나는 것이다. 주류 플랫폼 중 기분을 상하게 할 확률이 가장 적은 것이 유튜브다. 적어도 영국 왕립공중보건협회(British Royal Society for Public Health)[19]에 따르면 그렇다. 이 협회는 소셜 미디어 플랫폼을 가장 많이 이용하는 청소년과 청년을 대상으로 설문조사를 실시하여 여러 플랫폼을 비교했다. 참여자들은 유튜브에서 시간을 보내고 난 뒤[20] 많은 긍정적 느낌과 아주 소수의 부정적 느낌을 보고했다. 이것은 그들이 보고 공유하는 것이 무엇인지─아주 적은 정치나 다른 뉴스, 아주 많은 뮤직 비디오와 텔레비전 드라마, 거기에 강습 동영상, 만화, 영감을 주는 이야기, 홈비디오(그 모든 귀여운 동물들을 포함해서)─를 생각하면 이해할 만하다. 전체적으로 유튜브는 그들을 덜 불안하고, 덜 우울하고, 덜 외롭게 했다.

다른 소셜 미디어 플랫폼도 이득을 주는데, 그것은 사용자에게 강한 공동체 의식과 친구들의 정서적 지지를 주는 것이다. 그러나 이러한 플랫폼에서 느낀 또래집단의 압력을 부정적으로 보고한 경우도 일부 있었다. 페이스북·스냅챗·인스타그램에 올라온 다른 사람들의 멋진 삶과 훌륭한 몸 사진은 선망과 FOMO(fear of missing out)로 알려진 공포가 뒤섞인 감정, 그리고 신체상에 대한 불안을 느끼게 한다. 신체상에 대한 불안을 가장 크게 일으키는 플랫폼은 인스타그램이었다. 분명히, 인스타그램은 유명인과 모델들이 비싸게 조각한 자신의 몸을 자랑하기 위해 그리고 개인 트레이너들이 '운동에 영감을 주면서' 체육관에서 사는 것 같은 사람들의 사진을 올리기 위해 즐겨 찾는 홍보 수단이기 때문이다. 어떤 연구자들은 이러한 사진이 사람들을 자신의 신체에 불만족을 느끼게 만든다고 보고했지만, 이러한 결과를 어떤 관점에서 보느냐가 중요하다.

우리는 뉴욕의 한 정신과 의사 이름을 딴 '프레드릭 워덤 효과(Fredric Wertham effect)'를 의심해 볼 필요가 있다. 그의 형편없는 연구는 1950년대의 젊은이들이 선호하는 매체에 대해 도덕적 공황을 불러일으켰다. 그의 책 《순수의 유혹(Seduction of the Innocent)》은 〈리더스 다이제스트(Reader's Digest)〉에서 '만화책-비행의 청사진'이라는 제목 아래 요약되었다. 궁극적으로, 국회 청문회와 수십 개 지역에서 금지 조치 뒤 이 만화책에 대한 공포[21]는 근거가 없는 것으로 밝혀졌지만, 연구자와 언론인은 그의 실수를 반복해 왔다. 그들은 청소년들이 텔레비전과 록 음악, 랩, 비디오 게임 같은 새로운 문젯거리에 이용당하고 있다는 결론으로 직행해 왔다. 오늘날에는 소셜 미디어를 '페이스북 우울증'과 '인스타그램형 질투'와 같은 문제의 원인으로 지목하고 비난하고 있다.

언론은 소셜 미디어의 사용을 외로움·불안·우울증과 연결 짓는 연구를 열성적으로 보도하고 있지만, 이러한 연구의 결론은 많은 경우 미심쩍은 상관관계와 문제가 있는 실험에 기초하고 있다. 반면에, 주의 깊게 진행한 여러 연구는 더 확실한 (그리고 덜 대중화된) 결과를 제시해 왔다. 소셜 미디어 사용자들은 실제로 다른 인터넷 사용자들보다 더욱 가까운 관계를 맺고,[22] 많은 사람들이 심리적 이득을 획득하며,[23] 사회적 연결망의 확장이 우울증으로 이어지지 않으며[24] 여러 다른 심리적·행동적 문제[25]를 야기하지도 않는다고 연구자들은 보고했다. 어떤 사용자들은 나쁜 감정을 느끼지만, 그들은 이미 불안으로 문제가 있는 사람[26]인 경우가 많았다.

젊은이들이 온라인에서 또래집단의 압력이나 적대감, 따돌림과 씨름하고 있다는 데는 의심의 여지가 없지만, 그들은 실제 세계에서도 늘 그래 왔다. 심리학자 크리스토퍼 퍼거슨(Christopher Ferguson)은 소셜 미디어 연구를 살펴본 뒤,[27] 온라인의 해로움은 과장되어 왔으며 젊은 사람들은 지금도 주로 오프라인의 또래집단과 상호작용의 영향을 받는다고 결론지었다. 신체 불만족 연구에 대한 그의 메타분석[28]에 따르면, 소셜 미디어에 나타나는 이미지는 남성의 신체 만족도에 의미 있는 영향을 미치지 않았으며, 이미 그 부분에 대해 많이 걱정하고 있는 일부 여성들에게만 작은 영향이 있었다.

교훈은 소셜 미디어를 피하기보다는 현명하게 활용하는 것이다. 온라인에서의 사회적 규범[29]과 사용자들의 감정[30]을 분석한 연구자들은 대부분의 사람이 자신을 '긍정적이지만 솔직하게' 표현하고 다른 사람들을 모욕하지 않는 것을 의무라고 생각한다는 사실을 알게 되었다. 그것이 바로 이기는 전략이다. 더 긍정적인 메시지를 올리는 사람이 훨씬 매력적으로 보이고, 그 대가로 사회적 지지를 더욱 많이 받고, 결과적으로 훨씬 행복하다고 느끼는 반면, 부정적 메시지를 올리는 사람은 덜 격려를 받고, 결국 더 나쁜 감정을 느낀다.

따라서 어떤 게시물을 올리고, 누구를 팔로우하고, 어떤 사이트를 보느냐를 결정할 때 폴리애나처럼 하면 이득이 된다. 당신이 불안을 느낀다면, 무대에 선 유명인과 모델의 보정한 사진을 보는 시간을 줄이고 친구와 가족의 사진을 보는 시간을 늘려라(그리고 당신의 친구 중 누군가가 계속 FOMO를 일으키는 휴가 사진을 올린다면, 팔로우를 취소할 수 있다는 데 기뻐하라). 당신의 긍정성을 유지하기 위해 분노, 극단적인 혐오나 비판 대신 낙관주의와 교양을 퍼뜨리는 사람들을 팔로우하라. 소셜 미디어에는 이런 행복한 사람들이 많다.

대중매체에 대한 유명한 격언 '(콘텐츠에) 피가 나오면 앞서가게 된다(If it bleeds, it leads)'는 말은 소셜 미디어에서는 통하지 않는다. 사람들이 읽는 것과 공유하는 것 사이에는 큰 차이가 있다. 펜실베이니아 대학교의 연구자들은 〈뉴욕타임스〉가 6개월 동안 메일로 가장 많이 발송한 기사 목록[31]을 분석했을 때, 부정적인 기사는 긍정적인 기사보다 공유될 확률이 낮다는 사실을 발견했다. 사람들은 추문이나 총격에 대한 글을 읽지 않을 수 없었고, 그래서 이러한 기사는 가장 많이 본 기사 목록 꼭대기에 올라와 있는 경우가 많았다. 그러나 공유할 때는 희망적인 기사('경탄하며 도시와 사랑에 빠진 새로운 입주민들')나 우주의 구조에 대한 새로운 이론과 같은, 영감과 경외감을 주는 기사를 선호했다.

우리가 보는 것과 공유하는 것 사이의 이러한 불일치를 신경과학자들은 사회적 흥분(social buzz)을 측정[32]하는 실험에서 탐색했다. 새로운 생각을 접한 사람들의 뇌를 촬영한 연구자들은 어떤 아이디어가 가장 흥미진진한 것인지를 알 수 있었다. 그것은 기억의 부호화와 인출에 관여하는 뇌 영역에 불을 지피는 아이디어였다. 그러나 그 이후, 그러한 아이디어가 대부분의 대화를 이끌어내는 것은 아니었다. 가장 흥분을 일으키는 아이디어는 뇌의 다른 영역을 활성화시켰는데, 이 영역은 사회적 인지, 즉 다른 사람들의 생각과 관련된 것이었다. 어떤 생각을 전달할지 결정할 때, 사람들은 개인적으로 가장 흥미로운 것이 아니라 다른 사람들에게 가장 매력이 있을 만한 것에 초점을 맞추었다.

물론 사람들은 나쁜 뉴스도 얘기하지만, 그럴 때도 폴리애나주의로 끝난다. 전 세계에서 수집한 1억 개 이상의 트윗을 분석한 행복측정기 팀에 따르면, 트위터 사용자들은 테러리스트의 공격을 비롯한 나쁜 뉴스에 대한 반응으로 더 부정적으로 되지만, 거기에는 반등이 있어서 그들은 가장 나쁜 날에도 부정적 단어보다 긍정적 단어를 더 많이 사용했다.

버몬트 대학교의 행복측정기 팀을 이끄는 피터 셰리든 도즈(Peter Sheridan Dodds)는 말한다. "뉴스에서 끔찍한 이야기가 나오고 트위터 스레드가 불쾌해도, 우리는 그걸 계속해서 이어가지는 않아요. 언어는 우리의 훌륭한 사회적 기술이고, 우리는 힘든 시기를 겪을 때 서로 돕기 위해 그걸 사용하죠. 언어는 우리가 의식하지 못하는 행동과 생각을 부호화할 수 있고, 긍정성 편향도 그런 것들 중 하나로 보입니다."[33]

긍정성 편향은 우리가 사용하는 언어보다 그 뿌리가 깊다. 이것은 단지 우리가 다른 사람들에게 보여주기 위해 쓰는 행복한 가면이 아니다. 심리학자들은 우리가 과거를 기억하고 현재를 보는 방식에서도 여러 긍정성 편향, 즉 폴리애나 원리의 내적 증거를 찾아냈다. 우리는 오늘 더 나은 기분을 느끼기 위한 방편으로 과거에 대한 향수를 이용한다. 나쁜 것은 언제나 좋은 것보다 우리에게 강력한 영향을 미치겠지만, 우리는 그 영향을 무력화하기 위해 의식적·무의식적으로 새로운 형태의 기쁨 놀이를 개발해 왔다.

우리 안의 폴리애나

지난 세기 대부분 동안 심리학자들은 행복하지 않은 이유, 그리고 상황이 나아질 것이라고 기대하지 않는 이유를 제시해 왔다. 심리학 교재에서는[34] 유쾌한 감정보다 불쾌한 감정에 지면을 두 배 더 할애했고, 학술지에서도 비슷한 부정성 편향이 나타났다. 심리학자들은 여러 사건의 부정적 영향력, 즉 어린 시절의 기억에서 비롯해서 내내 지속되는 신경증, 외상 후 스트레스의 지속적인 영향, 노화에 따른 약화, 우리 모두를 두렵게 하는 죽음에 대한 공포를 강조했다.

기껏해야 우리는 '쾌락의 쳇바퀴(hedonic treadmill)'에 묶여 있다고 할 수 있다. 왜냐하면 1978년 복권 당첨자들을 대상으로 한 유명한 연구[35]가 예시한 것처럼, 좋은 사건조차도 지속적으로 우리를 행복하게 할 수는 없기 때문이다. 복권 당첨이 처음에는 기쁨을 주지만, 이러한 기쁨은 점차 사라진다. 1년 후 그들에게 기분을 물었을 때, 당첨자들은 이웃보다 더 행복하거나 미래에 더 낙관적이지 않았다. 사실 그들은 사지가 마비되는 사고를 겪은 또 다른 집단의 사람들보다도 행복하지 않았다. 이러한 발견은 우리에게 무슨 일이 일어나든 우리는 쾌락의 쳇바퀴에 갇혀 있다는 사실을 보여주는 듯하다.

쾌락의 쳇바퀴는 심리학 교재의 단골 소재가 되었고, 복권 연구는 언론인들이 가장 좋아하는 연구가 되었다. 그들은 '복권의 저주'에 대한 대중의 믿음에 대한 증거로 이것을 인용했다. 이러한 저주는 거액의 당첨금을 받은 사람이 결국 이혼하거나, 우울해지거나, 파산하거나, 사망할 때마다 등장하곤 했다. 그러나 그 한 번의 연구가 결코 결정적인 것은 아니다. 일리노이주의 복권 당첨자 22명만이 연구에 참여했고, 복권 당첨이 참가자들의 행복에 어떤 영향을 미쳤는지 실제로 측정하지도 않았다. 단순히 어느 한 시점, 특히 당첨되고 1년이 지나기 전에 기록한 그들의 감정을 그들 이웃의 일부와 비교한 것이다. 연구자들 스스로 이러한 한계를 명시했고, 후속 연구에서는 복권 당첨 전후의 감정을 추적할 것을 권장했다.

영국의 복권 당첨자들[36]을 대상으로 한 몇몇 연구를 통해 마침내 관련 연구를 완료했다. 몇몇 당첨자의 심리적 안녕감은 당첨 직후 1년 사이 조금 떨어졌으며, 그들 중 일부는 자신의 행운에 적응하는 그 1년 동안 음주와 흡연을 조금 더 했다. 그러나 이러한 효과는 곧 사라졌으며, 2년이 지나자 당첨자들의 심리 상태는 당첨 전보다 유의미하게 더 좋아졌다. 복권의 저주는 끝난 것이다. 돈으로 정말 행복을 살 수 있었다. 이는 복권에 당첨되지 않은 우리 같은 사람에게도 좋은 소식이다. 우리가 쾌락의 쳇바퀴를 계속 돌릴 필요가 없다는 뜻이기 때문이다. 우리는 기운을 낼 다른 방법을 찾기만 하면 되고, 우리 안의 폴리애나를 깨움으로써 그렇게 할 수 있다는 증거가 늘어가고 있다.

연구자들은 심리적 외상에 대한 전통적 시각을 수정해 가고 있는 중인데, 이러한 외상은 제1차 세계대전에 참전한 군인들이 '셸 쇼크(shell shock)'라는 새로운 질환으로 진단받으면서 시작되었다. 나중에 '베트남 후 증후군(Post-Vietnam syndrome)'으로 불린 이 질환은 결국 더 포괄적인 '외상 후 스트레스 장애(post-traumatic stress disorder, PTSD)'라는 이름으로 알려졌다. 이 장애는 실재하는 것으로, 부정성 효과의 또 다른 예시다. 어떤 나쁜 사건은 좋은 사건과는 다르게 수십 년 또는 평생 동안 사람들에게 영향을 미친다. 사고로 팔다리를 쓸 수 없게 되는 경우처럼, 나쁜 사건이 지속적인 영향을 주면, 그 사람의 행복 수준이 영원히 떨어질 수 있다 (이 발견은 쾌락의 쳇바퀴 이론에 대한 또 하나의 타격이었다).

하지만 1990년대부터 심리학자들은 뭔가 다른 것에도 주목하기 시작했다. 많은 사람들(일부 추측에 의하면 적어도 전체 인구의 반)이 인생의 어떤 시점에서는 외상 경험을 견뎌내는 반면, 대부분은 외상 후 스트레스의 증상을 보이지 않았다. 외상 피해자의 5분의 4는 나중에 PTSD로 고통받지 않았다. 또한 장기적 관점에서 그들은 통상 더 강해졌다. 영원히 아물지 않는 상처를 받는 대신, 그들은 외상 후 성장(PTG)을 겪어냈다. 이 용어는 심리학자 리처드 테데스키(Richard Tedeschi)와 로런스 캘훈(Lawrence Calhoun)[37]이 제안한 것으로, PTG는 PTSD만큼 잘 알려지지 않았지만 (좋은 것은 나쁜 것만큼 가치 있는 소식으로 여겨지는 법이 없다), 훨씬 더 보편적이다. 여러 연구에 의하면 처음에는 PTSD 증상을 보이는 사람들을 포함해 60퍼센트가 넘는(어떨 때는 90퍼센트) 외상 피해자들이 외상 후 성장을 경험한다고 한다.

이러한 성장은 외상의 결과가 아닌데, 외상은 그 자체로 나쁘고 해로운 결과를 만들어낸다. 《폴리애나》의 작가조차도 자신의 주인공을 쓰러뜨린 다리 마비 이후 구름 뒤의 햇살을 상상하지는 못했다. "내가 걷지 못한다면 무엇에 기뻐할 수 있겠어?" 폴리애나는 절망 속에서 이렇게 묻는다. 그러나 오래지 않아 마을 사람들이 이모의 집으로 모여들어 그녀가 어떻게 자신들의 삶을 바꾸었는지 이야기할 때, 폴리애나는 그녀의 놀이를 다시 시작한다. 그녀는 자신이 한 좋은 일을 돌아보고 미소 지으면서 이렇게 말한다. "어쨌든 나는 다리가 있다는 것에 기뻐할 수 있어." 메리 픽퍼드가 진저리 친 이 반응에는 오늘날 심리학자들이 외상 후 성장을 확인하기 위해 사용하는 체크리스트와 일치하는 부분(삶에 대한 감사의 증가, 다른 사람들과 맺는 더 깊은 관계, 새로운 관점과 우선순위, 내적인 힘의 강화)이 있다. 이러한 성장은 외상에서 오는 것이 아니라, 더 친절해지고, 더 강해지고, 삶의 기쁨을 더 잘 깨우치기 위해 사람들이 외상에 반응하는 방식에서 온다.

사람들은 누구나 활용할 수 있는 여러 방어를 사용해 부정성 편향을 억제한다. 나쁜 사건이 좋은 사건보다 즉각적으로 더 강력한 반응을 불러오지만, 부정적 정서는 일반적으로 긍정적 정서보다 더 빨리 사라진다. 이러한 '정서 퇴색 편향(fading affect bias)'[38]은 보편적인 것은 아니지만(우울한 사람들의 경우 나쁜 정서가 더 오래간다), 사람들의 감정을 추적한 실험에서 반복적으로 나타났다. 먼저, 참가자들은 실험실에 와서 최근에 있었던 일에 대해 어떻게 느끼는지 기술하고, 나중에 다시 그 일을 회상한다. 이때쯤이면 모든 감정은 약해져 있지만, 부정적 감정은 긍정적 감정보다 더 많이 흐려진다. 이것은 나쁜 일에 대해 다른 사람들과 이야기하는 시간을 많이 가진 사람이 더 그렇다. 1장에서 살펴보았듯이, 부정성 효과는 자신이 위협받는다고 느낄 때 사람들의 판단을 가장 심하게 왜곡한다. 그들은 다른 누군가에게 나쁜 일이 생길 때 과잉 반응할 정도로 민감하지는 않다. 따라서 자신의 문제를 다른 사람들과 더 이야기를 나눌수록, 당신은 자신의 불안을 지울 수 있는 또 다른 관점을 취할 수 있다.

당신이 다른 사람의 도움을 구하든 그렇지 않든, 뇌 속에는 나쁜 것의 아픔을 줄일 수 있는 기제(mechanism)가 있다. 앞에서 우리는 이에 대한 두 가지 사례, 즉 유방암이 있는 (그리고 비현실적으로 낙관적이지만 유용한 기대를 지닌) 여성들의 '긍정적 환상' 그리고 행복한 결혼 생활을 유지하는 사람들이 배우자를 평가할 때 뇌의 비판적 영역을 억제하는 경향성에 대해서 논의했다. 사람들은 과거에 대한 긍정적 환상도 창조한다. 연구자들은 우리가 장밋빛 안경을 통해 과거를 본다는 이야기를 즐겨 하는데, 이것이 나이 든 사람이 젊은 사람보다 불행한 기억을 덜 하는 것처럼 보이는 이유다. 이것은 비논리적이지만(분명 더 오래 산 사람에게 나쁜 일이 더 일어났을 것이므로), 이러한 관찰 결과가 계속해서 나타나고 있다. 예를 들어, 영유아의 부모들에게 아이를 낳은 것을 후회한 적이 있는지 물어보면, 많은 수가 금방 그렇다고 할 것이다. 그러나 장성한 자녀를 둔 부모에게 같은 질문을 하면, 그들은 잠시도 후회해 본 적이 없다고 말할 확률이 더 높다.

새벽 세 시에 기저귀를 갈거나, 아이가 생떼를 쓰던 기억은 어떻게 된 걸까? 자신에 대한 긍정적이거나 부정적인 정보에 대한 사람들의 기억을 다룬 논문 제목을 빌리자면, 이러한 나쁜 순간들[39]은 '잊혔으나 사라지지는 않은' 것이다. 사람들은 단서가 주어지면 기쁘지 않은 것들도 칭찬만큼 기억해 낼 수 있다. 그러나 단서를 주지 않고 가장 먼저 떠오르는 것을 회상하도록 요청받을 때는 나쁜 것을 많이 회상하지 못했다. 나쁜 것은 여전히 기억에 남아 있지만, 접근이 더 어려운 어딘가로 옮겨져 있었다. 이것은 단서가 있을 때는 다시 수면 위로 올라올 수 있으며, 다른 여러 연구에 따르면 우리의 머릿속에 불현듯 떠오르는 불수의적 기억은 부정적일 확률이 높다. 그러나 우리가 과거에 대해 생각하려고 의식적으로 노력할 때는 장밋빛 안경을 쓰게 된다.

스포츠팬들은 자기들이 응원하는 팀이 이기지 못한 수많은 해보다 우승한 시즌을 훨씬 더 선명하게 기억한다. 나쁜 기억은 시간이 지나면서 흐려지지만, 그들은 승리의 순간을 마음속에서 그리고 서로의 대화에서 몇 번이고 되살린다. 우리의 동료 한 명이 복권을 사기 위해 줄을 선 사람들과 이야기하다가 눈치챈 것처럼, 복권을 사는 사람들도 이러한 경향이 있다. 그들은 자신이 당첨된 과거의 기억에 대해 이야기하기를 아주 좋아했다. 자신이 당첨되지 않은 때에 대해 예의 바르게 물었을 때, 그들은 재빨리 주제를 바꾸어 당첨된 때로 돌아갔다.

도박을 자주 하는 사람들은 기쁨 놀이를 특히 잘해야 하는데, 왜냐하면 부정성 효과 때문에 자신들의 도박 습관을 유지하기가 매우 어렵기 때문이다. 결국 손해가 이익보다 영향력이 크고, 도박하는 사람 대부분은 이길 때보다 질 때가 많다. 그들은 무엇 때문에 계속하는 것일까? 그 답은 노련한 스포츠 도박꾼들이 다가오는 일요일에 있을 전미 미식축구 리그 경기에 돈을 거는 실험[40]에서 나왔다. 경기가 끝나고 내기의 결과가 나왔을 때, 연구자들은 그들에게 잘된 것과 잘못된 것이 무엇인지 설명해 달라고 요청했다. 그리고 3주 후 내기를 한 경기를 회상하면서 각 경기에서 특별히 중요한 순간이 있었는지 말해달라고 했다. 그들이 단지 자신의 기분을 좋게 하고, 듣는 사람에게 자신이 숙련된 사람이라는 인상을 주고 싶어 한다면, 그들은 자신이 옳게 선택한 도박을 더 잘 기억할 것이라고 기대할 수 있다. 그러나 사실 그들은 좀더 정교한 형태의 폴리애나주의를 취했다.

그들은 '거의 이긴' 도박, 즉 자신이 더 잘하는 팀을 맞게 골랐으므로 이겨야 했는데 운 나쁘게 공을 놓치거나 심판의 잘못된 판정처럼 우연 때문에 진 경기에 주목했다. 그들은 자신이 맞힌 예측보다도 돈을 잃은 내기나 경기에서 일어난 우연을 이야기하는 데 더 많은 시간을 썼다. 이것은 자신의 승패 기록을 자기에게 유리하게 다시 계산하는 방법이다. 자신이 내기를 건 팀이 이기면, 그들은 자동적으로 이것을 자신이 내기에

능숙하다는 증거로 받아들였다. 그러면서 그들은 더 이상 그에 대해 깊게 생각하지 않았으며, 심지어 그 팀이 경기를 잘 못해서 정말로 우연 덕분에 이겼다고 해도 그랬다. 그러나 내기를 건 팀이 아깝게 졌다면, 그들은 자신이 옳았다고 스스로를 납득시키기 위해 우연에 초점을 두었다. 그리고 이전과 똑같은 두 팀이 다시 경기하는 데 내기를 걸 기회가 주어지면, 처음에 진 팀을 다시 고를 확률이 높다. 그들은 자신의 실수에서 배우는(이것이 부정성 편향이 진화한 이유다) 대신, 편향을 무시하고 더블다운(double down: 카드 게임 블랙잭에서 내기 판돈을 두 배로 올리는 것—옮긴이)을 선택했다.

도박의 경우에는 원조 폴리애나조차도 기쁨 놀이를 권하지 않을 것이다. 장밋빛 안경은 시야를 가리는 위험한 물건이 될 수 있다. 하지만 돈을 잃을 위험이나 꼭 배워야 할 교훈이 없다면, 이 안경은 제법 유용할 수 있다. 3장에서 우리는 사람들이 방에 들어갈 때 적대적인 얼굴보다 친근한 얼굴에 집중하도록 훈련함으로써 사회적 불안을 지울 수 있다는 사실을 알았다. 이러한 기술은 사람들이 나이가 들면서 자연스럽게 발달하는 것으로 보인다. 눈동자의 움직임을 추적하는 실험에서 노인들은 젊은 사람들보다 웃는 얼굴은 더 바라보고 찡그리거나 화가 난 얼굴은 덜 바라볼 확률이 높았다. 놀란 표정을 한 얼굴을 보았을 때, 젊은 사람들은 그 사람이 뭔가 나쁜 것 때문에 놀랐을 것이라고 생각한 반면 나이 든 사람들은 그 얼굴을 유쾌한 흥분의 표정으로 해석할 가능성이 컸다.

연구자들이 명명한 이 '긍정성 효과(positivity effect)'[41]는 어떤 종류의 단어나 이미지, 이야기가 사람들의 주의를 끌고 기억에 남는지를 측정한 십여 개의 연구에서 노인들에게 나타났다. 젊은 성인들에 비해 예순 살이 넘은 사람들은 부서진 차보다 웃는 아기들 사진을 회상할 확률이 더 높았다. 그들의 뇌를 촬영한 결과, 정서를 관장하는 영역이 부정적 사진에 는 더 적게, 긍정적 사진에는 더 많이 반응했다. 자신에 대한 비판을 들을 때, 나이 든 사람들은 젊은 사람들보다 화를 덜 냈다. 어떤 차를 사야 할 지, 어떤 의사나 병원을 골라야 할지, 실험실 실험에서 집으로 어떤 선물 을 가져가야 할지 결정할 때, 그들은 젊은이들에 비해 각 선택의 이점에 는 더 많은 주의를 기울였고, 단점에는 더 적은 주의를 기울였다. 또한 선 택을 한 뒤에는 그 선택에 젊은 사람들보다 더 만족했다.

그들 내부의 폴리애나주의는 비디오 게임과 일곱 개의 닫혀 있는 상자 가 등장하는 독일의 뇌 촬영 실험[42]에서 분명하게 드러났다. 심술궂은 작 은 악마가 들어 있는 상자 한 개만 빼고 나머지 모든 상자에는 금이 들어 있었다. 참여자들은 상자를 하나씩 열면서 거기에서 찾은 금을 가졌다. 그들은 이것을 원하는 만큼 계속할 수 있었지만, 악마가 들어 있는 상자 를 열면 지금까지 얻은 금을 모두 잃게 되어 있었다. 따라서 보통 그들은 상자를 몇 개 열어보고는 더 할 수 있을 때 그만두는 안전한 선택을 했다. 게임이 끝난 직후, 연구자들은 참여자들에게 어디에 악마가 숨어 있었는 지, 그리고 게임을 조금 더 했다면 돈을 얼마나 더 벌 수 있었는지를 보여 주었다.

이 잃어버린 기회가 어떤 효과를 발휘했을까? 연구자들은 참여자를 우 울증 진단을 받은 노인, 정신적으로 건강한 노인, 정신적으로 건강한 젊 은이 등 세 집단으로 나누어 분석했다. 그 결과, 평균 연령 스물다섯 살의 젊은이들이 우울증이 있는 평균 연령 예순여섯 살의 노인 집단과 비슷하 게 반응한 것으로 밝혀졌다. 그들이 잃어버린 돈을 생각할 때, 후회와 관 련된 뇌 영역 활동이 많아졌으며, 후속 게임을 하는 방식에도 영향을 미첬다. 건강한 젊은이와 우울증이 있는 노인들은 더 큰 (그리고 어리석은) 위험을 감수하려고 했다.

뇌 촬영과 후속 게임의 결과 모두에서 드러났듯이, 건강한 노인들만이 후회를 피할 수 있었다. 가질 수도 있던 것에 대해 후회하는 대신 얻은 것에 집중함으로써, 그들은 더 행복했을 뿐만 아니라 이어지는 게임을 더 빈틈없이 함으로써 더 많은 금을 확보했다. 신경과학자 스테파니 브라슨 (Stefanie Brassen)이 이끈 독일 연구자들은 "후회로부터 벗어날 수 있다는 것은 노인기의 정서적 건강에 필수적인 회복탄력성이 있다는 것을 의미한다"고 결론지었다.

물론 노인은 젊은 사람보다 후회할 일이 더 많다. 그들은 일상적으로 더 많이 아픔과 고통을 느낀다. 그들은 더 많은 실망을 견뎌왔다. 우리 중 한 명은 어느 나이 든 뉴요커가 브로드웨이 한복판에 있는 벤치에 앉아 자신의 인생을 슬픈 한 문장으로 요약하는 것을 들은 적이 있다. "나는 의류 사업에서 할 수 있는 실수는 다 해봤어요." 이 말은 당시에는 불길하게 들렸지만(나이가 들면 이런 불행한 절망이 우리를 기다리고 있는 걸까?), 지금은 그가 일반적인 노인이 아니었다는 증거를 보며 안도할 수 있다. 후회할 때의 그는 나이보다 25년은 더 늙어 보였다. 사람들 대부분은 나이 들면서 실망을 극복하고 더 큰 기쁨을 찾아낸다. 우리는 이러한 사실을 긍정성 효과를 증명하는 많은 실험실 연구를 통해서만 알 수 있는 것은 아니다.

노년기 폴리애나주의의 가장 확실한 증거(그리고 쾌락의 쳇바퀴에 대한 또 다른 반증)는 전 세계 사람들에게 행복과 삶의 만족을 평가해 달라고 요청한 설문조사에서 나타난다. 연구자들은 행복이 중년기에 하락했다가 다시 상승한다는 것을 연이어 발견했다. 행복은 통상적으로 쉰 살 즈음에 가장 낮았다가 그 뒤 10년 동안 올라 60대에는 20대 때보다 더 행복했고, 70~ 80대에는 그 행복한 상태를 계속 유지했다. 그래프 모양 때문에 그렇게 알려진 행복의 U자 곡선[43]은 십여 개 나라에서 나타났고, 수십 년 동안 사람들의 행복을 추적한 연구를 통해 확증되었다.

이것은 사람들이 나이가 들수록 더 풍족해지는 산업화된 국가에서 가장 확실하게 나타나지만, 이것이 단순히 돈이 더 생겨서 일어나는 현상은 아닌 것으로 보인다. 연구자들은 수입과 (고용 상태나 교육과 같은) 다른 요인을 통제했을 때도 노년기에 삶의 만족도가 높아지는 것을 발견했다. 이러한 현상의 증거는 여러 유럽 국가에서 항우울제 사용[44]이 40대 후반에 가장 많았다가 노년기에는 줄어드는 경향에서도 찾아볼 수 있다. 사람들은 심각한 질병이나 장애와 싸워야 하는 삶의 끝이 가까워올 때 침울해질 수 있지만, 보통 그때까지는 황금기라는 이름에 걸맞은 시기를 살게 된다.

이러한 현상은 우리의 동료 영장류에게서도 나타났다. 동물원과 야생 서식지에 살고 있는 500마리가 넘는 침팬지와 오랑우탄[45]을 대상으로 한 국제적 연구에서 밝혀졌다. 동물의 기분이 전반적으로 얼마나 긍정적인지, 그리고 사회적 상호작용에서 얼마나 기쁨을 느끼는 것 같은지 그들을 돌보는 사람들에게 물었을 때, 노년의 영장류(40~50대)가 중년의 영장류보다 더 높은 평가를 받았다. 나이가 많은 영장류에게서는 부정성 편향이 잘 나타나지 않았는데, 이것은 인간과 같은 진화적 원인 때문으로 보인다. 나이 든 동물들은 젊은 동물들만큼 많이 배울 필요가 없기 때문에 실수에 많은 주의를 기울이지 않아도 된다.

부정적 정서와 스트레스는 면역체계를 약화시키기 때문에, 노인들은 그 과정에서 건강상의 이득을 얻을 수 있다. 실험을 하던 학자들은 면역

체계가 더 강한 노인들[46]이 긍정적 사진을 더 잘 회상한다는 것도 발견했다. 이 발견은 긍정성 효과가 진화적 적응이라는 이론을 뒷받침한다. 즉 신체의 면역체계가 노화에 따라 약해지면서, 우리를 더 부드럽게 만드는 자동화된 과정이 있다는 것이다. 남성 노인들은 테스토스테론(남성 호르몬)이 적게 분비됨에 따라 덜 공격적이고 더 공감력이 높아지게 되는 데 비해, 여성 노인들은 에스트로겐(여성 호르몬)이 적게 분비되어 불안이 덜해지고 자신감이 더 높아진다. 노회에 따리 뇌에서 일이나는 다른 변화와 마찬가지로, 이러한 호르몬 변화는 왜 노인들이 부정적 정서를 더 잘 조절하는지를 설명하는 데 도움이 된다.

그러나 노인들의 폴리애나주의는 스스로 의식적으로 선택한 것이다. 긍정성 효과는 알츠하이머 치매와 같이 인지적 문제가 있는 노인에 대한 연구에서나 집중을 어렵게 만드는 연구에서는 줄어든다.[47] 실험을 진행하는 연구자들이 참여자들에게 사진을 보는 동시에 소리도 듣도록 요청했을 경우, 젊은 사람들보다 노인들은 강아지와 아기가 나오는 행복한 사진을 더 잘 회상하지 못했다.

노인들의 긍정성은 완전히 자동적으로 나오는 것은 아니다. 연구실에서 사진을 볼 때나 노화의 어려움에도 불구하고 일상 속에서 긍정적인 전망을 유지하려 할 때는 정신적 노력이 필요하다. 그들은 의식적으로 기쁨 놀이를 하고 있는 것이고, 그들이 사용하는 전략 중 일부는 어떤 연령대에서나 효과적일 수 있다.

기쁨 놀이

나이 마흔 살에[48] 콘스탄틴 세디키디스(Constantine Sedikides)는 이상하고 새로운 느낌 때문에 일주일에 몇 번씩 어려움을 겪었다. 그는 사우샘프턴 대학교에서 사회심리학을 가르치기 위해 노스캐롤라이나 대학교에서 영국으로 막 이사 왔는데, 계속해서 옛 고향에 대한 향수의 파도와 마주쳤다. 한 주에 몇 번씩 갑자기 채플힐(Chapel Hill)의 옛 친구들 생각이 났다. 그는 양고기 바비큐와 추수감사절 저녁 식사, 그 지방 커피의 진한 맛, 가을 주말에 축구를 하면서 느낀 습기 머금은 공기의 달콤한 냄새를 기억해냈다. 기억의 강렬함에 그는 놀랐다. 어느 날 그는 사우샘프턴 동료들과 점심을 먹다가, 이 향수의 폭발이 지나간 뒤 얼마나 기분이 좋은지 이야기했다.

"한마디도 못 믿겠어요. 과거를 회상하는 건 삶을 살아가는 데 도움이 안 돼요. 그건 부적응의 임상적 신호인데." 임상심리학자인 동료가 대꾸했다. 그는 세디키디스에게 진단에 사용하는 질문을 퍼부었다. 우울한가요? 무기력한가요? 성에 대한 관심이 없어졌나요?

세디키디스는 모두 괜찮다고 주장했지만, 동료는 향수가 문제를 의미한다는 생각에 변함이 없었으며, 심리학 문헌에 나오는 증거도 많이 가지고 있었다. 향수는 17세기 '주로 악령에 의한 신경학적 질병'을 설명하기 위해 스위스 의학 논문[49]에서 그 개념을 따온 뒤부터 줄곧 불신을 받아왔다.

의과 대학생 요하네스 호퍼(Johannes Hofer)는 외국에서 싸우는 스위스 용병들에게 나타나는 향수병의 이름을 귀향(nostos)과 고통(algos)을 뜻하는 두 그리스어 단어를 조합했다. 이 질병은 사람을 매우 무기력하게 만든다고 여겨져, 스위스 사령관들은 아마도 이 질병을 촉발하는, 알프스 산악 지방에서 가축 젖을 짤 때 부르는 노래[50]를 목숨을 걸고 금지시켰다. 군의관들은 스위스 사람들이 어린 시절 소 목에 달린 방울이 쩔그렁거리는 소리를 끊임없이 들어서 고막과 뇌세포가 손상되었기 때문에 특히 취약하다는 이론을 만들었다. 그러나 곧 의사들은 다른 나라[51]에서도 심각한 증상을 발견했다. 향수는 '우울병'의 한 형태로 분류되었으며, 19~20세기에는 '이민자의 정신병'·'퇴행적 현상'·'정신적 억압 및 강박 장애'라고 불렸다.

그러나 세디키디스는 우울하거나 억압되어 있다고 느끼지 않았고 더욱 정신병적으로 느끼지는 않았다. 그는 사회심리학계에서 전염성이 강한 웃음소리와 장난기로 유명했다. 그리스에서 태어난 그는 자신의 원래 성 'Tsedikides'에서 맨 앞 글자를 제거하여, 앞에서부터 읽으나 뒤에서부터 읽으나 똑같게 만들었다〔그는 이름을 '밥(Bob)'으로 개명해 이러한 회문(回文) 효과를 완성해 볼까 생각했지만, 자신이 밥 세디키디스처럼 생기지 않았다고 생각해 그렇게 하지 않았다〕. 그는 사람들이 자기 이미지를 높이기 위해 정보를 선별하는 방식을 연구한 노스캐롤라이나에서의 시간을 즐겼으나, 그곳으로 돌아가기를 바라는 것은 아니었다. 밀려오는 향수는 자신의 삶을 더 좋게 느끼도록 해주었고, 사우샘프턴에서 일할 수 있는 힘을 주었다. 1999년 그날 점심시간에 동료의 회의적인 말을 들은 그는 향수를 연구하기 시작했고, 결국 십여 명의 사회과학자들이 활동하는 하나의 연구 분야를 개척했다.

그들은 '향수'의 동사형(nostalgizing)을 만들어 과거에 대한 감상적 그리움을 단순한 회상과 구분했고, 실험실에서 젊은 시절의 히트송을 들려줌으로써 그러한 그리움을 촉발했다. 그들은 설문지를 통해 세계인의 향수 수준을 측정했다. 대부분의 사람들은 일주일에 적어도 한 번 향수를 경험했으며, 일주일에 서너 번 향수를 경험하는 사람도 많았다. 영국에 살든 중국에 살든 상관없이 사람들은 추운 날[52] 향수를 느끼는 경우가 더 많았고, 여러 실험에서 서늘한 방에서 느끼는 향수는 실제로 사람들이 더 따뜻하게 느끼도록 했다.[53] 또한 뭔가 나쁜 일이 일어나거나[54] 기분이 가라앉는다고 느낄 때 향수를 더 느꼈고, 이것은 실험실과 사람들의 일상에서 계속해서 검증된 것처럼 그 사람의 기운을 북돋워 주었다.

이 연구 이후 20년이 채 지나지 않아, 향수는 더 이상 이전과 같은 개념이 아니게 되었다. 향수는 병이기는커녕 외로움과 불안을 상쇄시키는 것[55]으로 드러났다. 향수를 더 자주 느끼는 커플의 관계가 훨씬 좋다. 향수를 일으키면 사람들은 더 창조적으로 글을 쓰고, 더욱 관대하게 행동한다(졸업생 동문회를 통해 향수에 불을 지핌으로써 기부금을 모금하는 대학 직원들에게는 이러한 발견이 놀랍지 않을 것이다). 향수는 우리가 과업을 끝마치고, 어려움을 극복하고, 목표를 향해 전진[56]하도록 동기화한다. 연구자들이 사람들에게 하루 일을 시작하기 전 몇 분 동안 향수를 느껴보도록 요청했을 때, 그들은 (무례하거나 불공정한 상사와 같은) 직무 스트레스[57]에 더 잘 대처했다. 향수는 우리의 시야를 넓힘으로써 삶이 더 의미 있다[58]고 인식하게 해준다. 세디키디스는 솔 벨로(Saul Bellow)의 소설[59] 《자믈러 씨의 행성(Mr. Sammler's Planet)》에 나오는, 과거를 돌아보기 좋아하는 등장인물의 말을 즐겨 인용한다. "모든 사람에게는 기억이 필요합니다. 기억은 무의미함을 피할 수 있게 해주니까요."

향수는 순전히 긍정적인 감정만은 아니다. 그것은 달콤하면서도 씁싸

름하고, 상실감도 살짝 섞여 있으나, 궁극적으로는 만족감을 준다. 문헌에 최초로 향수를 겪는 사람으로 등장하는 오디세우스[60]는 이타카(Ithaca)에 있는 가족에 대한 그리움으로 날마다 고통스러워한다. 그러나 그 기억은 집으로 돌아가는 길에서 만난 여러 장애물을 극복할 수 있도록 그에게 힘을 준다. 연구자들이 잡지 〈향수(Nostalgia)〉[61]에 실린 이야기를 체계적으로 분석했을 때(그렇다, 향수를 다룬 잡지가 있다), 그들은 긍정적 정서가 부정적 정서를 크게 앞지른다는 사실을 발견했다. 이러한 행복한 불균형은 여러 나라에서 실험을 하면서 수집한 다양한 이야기에서도 나타났다. 어느 곳에서나 사람들은 명절·결혼·소풍·산책의 따뜻한 기억을 간직하고 있었다.

세디키디스는 말한다. "전형적인 향수 어린 기억은 다른 누군가의 도움으로 문제를 해결하는 데서 시작해요. 예를 들면 이런 거예요. 내가 가족 모임에 갔는데, 해리 아저씨가 와서 '티나, 너 요새 살 쪘니?'라고 말해요. 그때 마르타 아주머니가 와서 '아, 티나야, 해리 아저씨 말에 신경 쓰지 마. 아저씨가 어떤지 알잖니. 이리 와서 나랑 한잔하자'라고 말해요. 그리고 우리는 가족에 대해 이야기하면서 즐거운 시간을 보내죠. 이 이야기는 바보 같은 해리 아저씨 때문에 나쁘게 시작하지만 좋게 끝나요. 향수는 당신이 다른 사람과 연결되어 있다는 느낌을 더해주고 과거와의 연속성을 느끼게 해주기 때문에, 당신은 더 행복하다고 느끼고 삶의 의미를 더 많이 느끼는 것입니다."

모든 나이의 사람들이 향수를 느낀다. 일곱 살 아이들조차도 생일 파티와 휴가의 기억을 돌아보기 좋아한다. 그러나 그 수준은 연령에 따라 다르다. 향수는 중년기에 떨어졌다가 노년기에 다시 올라가는데, 이것은 인생 주기에 따른 사람들의 행복을 보여주는 U자 곡선과 같다. 이는 우연이 아니다. 세디키디스와 동료들은 직접적인 관련성을 발견했다. 즉 성인이 과거를 돌아보며 향수에 젖어 지내는 시간이 많을수록, 그들은 현재에 더 만족했고 미래를 훨씬 낙관했다.[62] 사람들은 나이가 들면서 향수의 이득을 더 잘 활용함으로써 더욱 행복해진다. 이런 결과는 세디키디스 자신도 향수에 젖어 지내는 시간을 훨씬 많이 갖게끔 했으며, 그는 모든 나이의 다른 사람들도 이러한 시간을 좀더 많이 갖기를 원했다.

향수는 심리학자들이 한 세기 동안의 부정성 편향을 보완하기 시작한 이후 등장한 여러 확실한 전략 중 하나다. 마틴 셀리그먼이 긍정심리학 운동을 시작[63]한 이후 지난 20년 동안, 심리학자들은 무엇이 문제인지보다는 어떻게 사람들이 극복할 수 있는지에 초점을 맞추었다. 외상 피해자들에게 회복탄력성을 제공해서 더 강하게 할 수 있는 것은 무엇일까? 노인들이 몸이 더 나빠지는데도 기분은 더 좋다고 대답하는 이유는 무엇일까? 어떤 연구자들은 노년기의 긍정성 효과가 인지적 감퇴(노화한 뇌가 처리하기 어려운 부정적 정보를 피한다) 때문이라는 가설을 세웠지만, 이러한 이론은 지지받지 못했다. 노인들은 중요한 결정을 내릴 때는 여전히 부정적인 측면에 집중할 수 있고, 실험에서도 젊은 사람들과 마찬가지로 그러한 결정을 내린다.

노인들은 단순한 폴리애나가 아니다. 그들은 문제를 무시하거나 나쁜 감정을 묻어버리지 않지만 나쁜 것에 압도당하지도 않는다. 노인들은 난관에서 좋은 점을 찾는데, 이것은 외상 피해자가 새로운 힘을 찾아내는 방법이다. 노인들은 복잡한 정서를 훨씬 잘 다루는데, 이것은 향수를 느끼는 사람이 되돌릴 수 없는 과거의 기쁨을 서글픈 마음으로 생각하고 있을 때조차도 행복을 느낄 수 있는 방법이다. 노인들은 잃어버린 것보다는 남아 있는 좋은 기억에 초점을 맞춘다. 그들은 일상생활의 어려움에는 덜 주의하고 작은 기쁨에 더 주목한다.

경험과 함께 지혜가 생기고, 나이와 함께 새로운 관점이 나타난다. 노년기의 긍정성 효과에 대한 주요 설명 중 하나는 시간 전망의 변화다. 얼마 남지 않은 살아갈 시간 속에서, 그들은 장기적인 목표를 추구하기보다 현재를 즐기는 데 더 집중한다. 가까운 친구와 친척에게 시간을 더 할애하고, 칵테일파티나 새로운 만남에 쓰는 시간은 줄인다. 그들은 '사회정서적 선택성(socioemotional selectivity)'[64]을 통해 부정성의 힘을 피하는데, 심리학자 로라 카스텐슨(Laura Carstensen)은 긍정성 효과를 이 개념으로 설명한다. 젊은 사람들은 살아갈 날이 더 많기 때문에 보통은 미래에 더 집중하지만, 그들도 관점을 바꾸어볼 수 있다. 실험에 참가하고 있는 동안이나 삶의 취약성을 상기하게 될 때처럼, 그들이 현재에 즉각적으로 집중하면, 그들 역시 노인과 똑같은 긍정성 효과를 보여주고 똑같은 이득을 누린다.

《폴리애나》에서는 모두에게 기쁨 놀이를 가르쳐준 사람이 청소년이지만, 실제로 젊은이들이 노인들로부터 배워야 한다. 젊은이들은 부정성에 더 주의를 쏟아야 하기 때문에, 기쁨 놀이를 노인들만큼 잘할 수 없다. 경력을 시작하고 사랑을 찾는 젊은 사람들은 자신의 실수에서 배우고 지평을 넓혀야 한다. 그들은 칵테일파티와 소개팅을 견뎌내야 한다. 중년기 사람들은 자녀 양육과 연로하신 부모님을 돌보는 데 따르는 정서적·경제적 어려움에 직면한다. 그들이 스트레스를 더 느끼는 것은 삶에서 스트레스가 더 많기 때문이다.

그러나 젊든 중년이든 나이 들었든 간에 상관없이 모두가 기쁨 놀이를 더 잘할 수 있다. 아무도 행복을 제한하는 쾌락의 쳇바퀴에 갇혀 있지 않다. 여기 긍정심리학의 최근 연구에서 나온 몇 가지 구체적 전략이 있다.

이야기를 바꿔라. 부상당한 군인과 사고 피해자들은 자신들 삶의 이야기를 다시 씀으로써 외상 후 성장을 경험한다. 그들은 부상이 계획을 망쳐버린 것이 아니라, 새로운 길을 열어준 것으로 본다. 이와 똑같은 기술을 인생의 나쁜 일 어디에도 적용할 수 있다. 직장에서 해고당한 것을 실패나 경력의 살인자가 아니라, 더 나은 경력으로 이끄는 자극제로 볼 수 있다. 외상 피해자와 여러 다른 사람들을 대상으로 한 실험 결과, 당신의 문제 그리고 그 문제에 대한 당신의 느낌에 대해 하루에 15분 '자기 표현을 위한 글쓰기'[65]를 하면, 분명한 이득이 있는 것으로 나타났다. 이 연습은 당신의 삶에 존재하는 부정성에 직면하고, 그것에 대처함으로써 극복할 수 있도록 도와준다.

당신의 좋은 소식을 나눠라. 마크 트웨인의 모든 격언 중 경험적 지지를 가장 많이 받은 것은 《얼간이 윌슨(Pudd'nhead Wilson)》의 주인공으로부터 나온 하나의 지혜다. "비탄은 혼자 돌볼 수 있지만[66] 기쁨의 가치를 온전히 누리려면 그것을 나눌 누군가가 있어야 한다." 슬픔을 나누는 것에도 몇 가지 이득이 있기 때문에, 앞부분에 대해서는 심리학자들이 이의를 제기할 수 있지만, 기쁨을 나누는 것이 주는 이득[67]이 훨씬 크다는 것은 심리학자들이 계속해서 밝혀왔다. 이 현상을 지칭하는 심리학자들의 용어는 '자산화(capitalization)'다. 심리학자 셸리 게이블(Shelly Gable)과 해리 레이즈(Harry Reis)는 사람들의 일기를 분석하고 실험실에서 자신에게 일어난 좋은 일을 이야기하는 사람들의 모습을 관찰하면서, 자산화의 효과를 연구했다. 누군가가 당신의 좋은 소식에 열렬하게 반응해 줄 때, 당신은 더 행복하고 승리의 의미는 더 커진다. 또한 이것은 당신이 순간을 더 음미하도록 도와준다. 세디키디스가 대학생과 졸업생을 대상으로 한 여러 연구에서 발견했듯이, 당신이 오늘의 경험을 더 많이 음미[68]할수록 미래에 그것을 향수로 즐길 가능성이 더 크다.

다른 사람의 좋은 소식을 들었을 때 기뻐해 줘라(아니면 적어도 그런 척이라도 하라). 좋은 뉴스를 자산화하려면 두 사람이 필요하다. 듣는 사람이 열광적으로 반응하는 대신 그냥 조용히 앉아 있다면, 그것은 아무에게도 이득이 없고, 말하는 사람은 기가 꺾인 기분만 느낀다. 연구자들은 커플 관계를 발전시킬 수 있는 빠른 방법 중 하나가 일상적인 성취를 서로 축하하도록 훈련하는 것임을 보여주었다. 방법은 제법 간단하다. 좋은 소식을 잘 듣고, 미소 짓고, 힘차게 반응해주고("와, 정말 잘됐다!"), 더 자세하게 말할 수 있도록 질문하는 것이다. 이런 과정을 통해 성취는 더 크게 보이고, 성취를 거둔 사람은 더 행복할 뿐만 아니라, 상대방에게 친밀감·신뢰·관대함[69]도 더 크게 느낄 수 있다. 이것은 모두가 이기는 상황으로, 시인 존 밀턴(John Milton)[70]의 또 하나의 문학적 격언을 확인해 준다. "좋은 것은 나눌수록 더 풍요롭게 자라네."

당신의 축복을 적어보라. '감사하는 태도'[71]를 기르는 것은 긍정심리학 운동이 확인한 가장 효과적인 전략이다. 이것은 낮은 불안과 우울, 좋은 건강, 장기적 삶의 높은 만족과 연결되어 있다. 자신에게 주어진 축복을 세어보도록 했을 때, 사람들은 타인의 도발에도 덜 공격적이었고, 연인을 포함한 다른 사람들에게 더 친절했다. 밤에는 더 빨리 잠들고 더 오래 잤으며, 훨씬 상쾌한 기분으로 일어났다.

노인들은 청년들보다 이것을 더 잘하기는 하지만, 나이와 상관없이 누구나 연구자들이 검증한 다음의 방법을 사용할 수 있다. 당신이 감사하게 생각하는 다섯 가지를 적어보라. 이것은 오늘 있었던 구체적인 사건일 수도 있고 '훌륭한 친구들'처럼 좀더 일반적인 것일 수도 있다. 매일 일기를 쓰는 것이 이상적이지만, 실험에서는 일주일에 하루 쓰는 것[72]만으로도 효과가 있었다. 또 하나의 검증된 전략은 '감사의 방문'[73]이다. 당신의 삶을 더 나은 것으로 만들어준 누군가에게 이유를 자세히 적은 300자의 감사 편지를 쓰고, 그들을 찾아가 소리 내 읽어줘라. 실험에서 이러한 방문을 했던 사람들은 한 달 뒤에도 더 행복하고 덜 우울한 것으로 나타났다(그리고 편지를 받은 사람들도 기분이 더 좋아졌을 것이다).

만약 이것이 여의치 않다면 1년에 한 번, 2분 만에 할 수 있으며 식탁보 한 장 값밖에 들지 않는 감사 연습을 해볼 수 있다. 추수감사절 만찬에서 모두에게 펜을 나누어 주고 식탁보에 그들이 감사하는 일을 쓰도록 하라. 이 전략의 효과에 대한 데이터는 우리에게 없지만, 더 행복한 만찬을 만들었던 우리의 추수감사절 경험에서 나온 증거는 있다. 이러한 효과는 매년 추수감사절이 돌아올 때마다 같은 식탁보를 다시 사용하면 더 강해지며, 그 뒤 1년을 위한 좋은 읽을거리도 생긴다.

향수를 위한 시간을 내라. 그리고 좋은 기억을 더 만들라. 세디키디스는 과거의 기억을 즐기는 것에 덧붙여 미래에 행복하게 추억할 수 있는 순간들을 의식적으로 만들어가는 '선행 향수(anticipatory nostalgia)'를 권한다. 생일날의 저녁 식사나 주말여행과 같은 일의 기쁨은 그것이 끝난 뒤에도 오래 남는다. 세디키디스는 회사가 명절 파티를 위해 비용을 지출해야 할지 고민할 때, 자신의 연구 결과를 염두에 둘 것을 제안한다. 직원들이 회사 행사에 대한 향수 어린 기억을 많이 가지고 있을수록 그들이 다른 직장을 찾을 확률은 낮아진다. 세디키디스 자신도 친구나 가족, 동료들과 함께할 때, "기억에 남을 시간을 만들라"는 신조를 따른다.

과거를 소중히 여기되, 비교하지는 마라. 향수가 과거를 현재와 비교하여 "그때가 좋았지" 하는 후회의 감정을 불러일으킬 때, 향수는 유용하지 않다. 스디븐 스틸스(Stephen Stills)가 〈파란 눈동자의 주디(Suite: Judy Blue Eyes)〉에서 "과거가 지금의 우리 모습이 아닌 것을 떠올리도록 허용하지는 말아요"라고 노래할 때,[74] 여기에서 기술하는 함정이 바로 이것이다. 심리학자들은 이러한 상실감과 길 잃은 느낌을 '자기 단절성(self-discontinuity)'이라고 하는데, 이것은 신체적·정신적 질병과도 연관이 있다. 인생의 의미를 깨닫기 위해 그리고 기억을 상실의 단서가 아니라 자산으로 보기 위해, 과거를 활용하는 것이 더 낫다.

다리가 마비된 채 침대에 누워 있는 폴리애나가 한때는 걸을 수 있던 다리가 있어서 기쁘다고 말할 때, 이것은 믿을 수 없을 만큼 희망적이지만(가장 부정적인 의미로 폴리애나답다고 할 수 있다), 그녀의 기본적인 전략은 건강한 것이다. 이것은 훨씬 더 훌륭한 영화 〈카사블랑카(Casablanca)〉의 끝부분에서 훨씬 더 믿음직한 인물이 취한 전략과 같다. 험프리 보가트(Humphrey Bogart)[75]가 활주로에 서서 잉그리드 버그먼(Ingrid Bergman)에게 작별인사를 할 때, 그는 자신이 잃어버린 것을 생각하는 대신, 여전히 남아 있으며 누구도 빼앗아 갈 수 없는 것을 생각한다. "파리는 언제나 거기 있을 거요." 그는 이렇게 말한다. 그리고 이것은 옳은 말이다.

위기의 위기

나쁜 것의 상승

당신이 오늘의 나쁜 뉴스를 받아들이든 아니면 인류의 미래에 대해 숙고하든, 우리는 다음의 세 가지 가정으로 시작해 보길 권한다.

1. 세상은 언제나 위기에 빠진 것처럼 보일 것이다.
2. 위기는 결코 들리는 만큼 나쁘지는 않다.
3. 해결책은 쉽게 상황을 악화시킬 수 있다.

분명 풀어야 하는 진짜 문제도 있다. 그러나 모든 문제 중에서 가장 큰 문제, 즉 자유와 번영의 가장 큰 장애물은 위기 장사꾼(crisismonger)들이 사람들의 부정성 편향을 이용하는 것이다. 이것은 부정성 효과가 초래하는 가장 최악의 사회적 결과다. 파국의 예언자들은 지속적으로 공포를 조장함으로써 현재와 미래에 대한 대중의 시각을 완전히 왜곡시킨다. 그들은 공포반응을 유도하기 위해 사소하거나 존재하지 않는 위협을 과대 선전함으로써 문제를 풀기보다 더 많은 문제를 일으킨다.

그 결과는 우리가 위기의 위기라고 부르는 것이다. 누군가 인류의 생존에 새로운 종류의 위협이 나타났다고 생각하고 겁먹기를 바라고 하는 말이 아니다. 부정성의 공격은 현대에 접어들어 우리의 화면에 끊임없이 등장하는 선동가들 덕분에 특히 강하고 빨라졌으나, 사람들은 이러한 위기 장사꾼들에게 오랫동안 취약했다. 케이블 TV 뉴스와 인터넷이 나오기 한참 전인 1918년, H. L. 멩켄(H. L. Mencken)은 공개 담론을 '광인들의 전투'로 규정하며 정치와 공공정책의 근본적 문제를 빈틈없이 진단했다.

멩켄은 다음과 같이 언급했다. "실제 정치의 궁극의 목적[1]은 끊임없이 괴물을 만들어내어 대중이 걱정하고 두려워하도록 (그래서 안전을 향해 이끌어 줄 것을 요구하도록) 하는 것이다. 그러한 괴물의 대부분은 상상의 산물이다."

특정 괴물의 종류는 이념(ideology)에 따라 다르지만, 정치인들은 정치적 입장과 상관없이 동일한 기본적 인지 편향을 이용한다. 그들은 테러리스트나 이민자, 신기술, 환경 재앙에 대한 두려움을 퍼뜨릴 때 예측하지 못한 위협 때문에 세상이 지옥이 될 것이라고 말한다. 시민들은 도덕적이었고, 국가는 위대했으며, 지구는 깨끗했던 과거의 영광을 되돌리기를 갈망한다. 미래 세계에 대한 그들의 암울한 전망은 직관적으로 옳다고 느껴지는데, 이는 우리가 역사에 대해 이중 잣대를 적용하며 현재의 부정적 사건에 과잉 반응하기 때문이다(이는 일반적으로 나타나는 부정성의 힘이다). 8장에서 이야기했듯이, 우리는 자신의 과거를 장밋빛 안경을 통해 보는 경향이 있고, 나머지 세상의 과거를 돌아볼 때도 비슷한 긍정성 편향이 작용한다.

우리는 심리학자 캐리 모어웨지(Carey Morewedge)가 음반가게 효과(record-store effect)[2]라고 부른 것에 속는 것이다. 즉 우리의 기억은 요즘 노래는 폭넓고 다양하게 갖추어놓은 반면 과거의 것은 최고의 히트곡만 있는 음반가게와 같다. 그는 실험을 통해 사람들이 오늘날의 대중음악을 젊은 시절에 가장 좋았던 것과 비교하여 평가하는 경향이 있다는 사실을 보여주었다. 만약 당신이 현재 음악의 상황을 평가할 때 라디오에서 나오는 어떤 최신 곡을 너바나(Nirvana)나 펄잼(Pearl Jam)과 비교한다면, 황금기였던 1990년대 음악의 퇴보를 생각하며 슬퍼하는 자신을 발견하게 될 것이다. 그러나 1990년대 당시에는 그때가 그리 황금기처럼 느껴지지 않았다. 사람들은 너바나만 들은 것이 아니라, 〈아프고 슬픈 마음(Achy Breaky Heart)〉이나 〈난 너무 섹시해(I'm Too Sexy)〉 같은 노래도 들었다(그리고 그런 노래를 비틀스와 롤링 스톤스의 전성기와 비교하곤 했다). 비슷하게 우리가 현재의 지도자들을 링컨이나 처칠과 비교하거나, 오늘날의 정치적 입씨름을 역사책 속의 대단한 성취와 비교하면 틀림없이 우리나라는 옛날이 좋았다고 느끼게 될 것이다.

이러한 황금기 오류는 수천 년 동안 사람들을 속여왔다. 이는 우리가 바로 앞 장에서 경고했던 향수의 나쁜 형태다. 즉 다시 돌아갈 수 없는 과거를 더 좋았던 때로 보는 것이다. 이러한 오류는 기원전 8세기에 그리스의 시인이자 농부였으며 역사상 최초의 경제학자[3]로 불리는 헤시오도스(Hesiod)가 공식적으로 언급했다. 오늘날 파국 예언자들처럼, 그는 신기술의 위험을 한탄했다. 그는 한때는 인간이 '그들의 땅에서 축복의 신들에게 사랑을 받고 수많은 가축, 많은 좋은 것들과 함께 편안함과 평화 속에 살았다[4]'고 설명했다. 그러나 프로메테우스가 제우스에게서 불을 훔친 뒤, 신들은 골칫거리로 채워진 판도라의 상자를 내려보내 이러한 기술적 혁신을 처벌했다. 황금기는 열등한 은과 청동의 시기로 바뀌었으며, 결국 인간이 "노동과 슬픔으로부터 한시도 쉴 수 없는" 현재의 철기 시대로 이어졌다. 곧 상황은 더 나빠질 것이다. "제우스가 죽음을 피할 길 없는 인류를 파괴할 것이다."

그리스에 대한 헤시오도스의 사망기사는 다소 시기상조였다. 그가 파르테논 신전과 페리클레스의 시대보다 수 세기 전에 글을 썼다는 점을 고려한다면 말이다. 그러나 그는 현대의 파국 예언자들보다 더 현실적이라는 평은 들을 자격이 있다. 그가 살았던 시기의 그리스에는 침략자들의 정복, 때때로 일어나는 질병과 기근, 인구 대부분의 끝없는 가난이나 노예 생활 등 정말로 미래에 대한 걱정이 많았다. 이것은 산업화가 이루어지기 전까지 어느 곳에서든 사람들이 겪는 운명이었다. 인류는 끊임없이 묵시록의 네 기사(Four Horsemen of the Apocalypse), 즉 죽음·기아·전쟁·전염병의 위협을 받았다. 전체 아동의 반이 다섯 살이 되기 전에 사망했다. 작은 부상이나 감염도 치명적이었다. 작물의 실패는 곧 굶주림을 의미했다.

사실상 모든 사람이 가난했다. 부를 얻는 유일한 방법은 다른 사람의 것을 빼앗거나 그들이 당신을 위해 일하도록 강압하는 것뿐이었다. 농노들은 평생 동안 영주를 먹여 살려야만 했다. 노예제는 사람이 사는 모든 대륙에서 허용되는 관습이었다.[5] 현재 상태를 유지하는 데 위협이 되는 발명과 이단을 진압하는 지배자들의 변덕에 따라 이루어진 기술의 진보는 느렸고[6] 꾸준하지 못했다. 페르시아나 인도, 중국의 황제들과 마찬가지로, 고대 로마 황제들은 교육받은 엘리트들을 후원하면서도 자신들의 부와 지식을 일반 대중들과는 나누지 않았다. 중국의 첫 기계식 시계나 철을 제련하는 엄청나게 진보한 방법은 변화를 두려워한 관료들에 의해 억압받았다.

유럽 대중의 생활수준은 혁명적인 사상과 제도가 등장하기 전까지는 근본적으로 변하지 않았다. 로마 제국이 몰락하자 학자, 발명가 그리고 상인들은 제국의 간섭 없이 지식을 공유하고 혁신할 수 있는 독립적인 봉토로 분권화했다. 중세는 이전에는 로마 유한계급의 영화에 향수를 느끼는 사람들 때문에 '암흑시대'로 잘못 알려졌다. 그러나 프랑스 역사학자인 장 짐펠(Jean Gimpel)의 말에 따르면, 중세는 사실 '인류의 위대한 혁신시대 중 하나'[7]였다. 그는 중세를 최초의 산업혁명의 시대라고 부른다. 로마 경제의 동력이 노예 노동력이었던 데 비해, 중세 공학자들은 유럽 전역에 댐과 효과적인 새 물레방아를 만들어 자연의 힘을 활용했다. 풍차가 흥행하였으며 해안 저지대에 자리한 여러 국가에서는 그것을 배수에 활용했다. 독일의 '야만인들'은 훨씬 개량된 형태의 철을 개발했다. 바이킹들은 조선과 항해술에서 큰 발전을 이루어냈다. 기계식 시계와 안경이 발명되었다. 윤작의 발달과 써레 및 무거운 새 쟁기의 발달로 농업 생산성은 급격히 향상되었고, 로마 시대에 비해 평균적으로 사람들은 영양 섭취가 나아지고 건강해졌다.

중세 수도원에서는 연구와 기업가 정신을 장려했고, 수도원장이 CEO와 같은 역할을 하여 현대의 회사처럼 제품을 생산하여 판매했다. 이탈리아 북부 도시국가의 무역가와 은행가는 르네상스의 단초가 된 상업혁명, 즉 제품과 아이디어의 국제적 교환을 이끌었다. 이들 이탈리아 도시국가가 외국 군주의 통제 아래 놓이게 되자[8] 상인과 예술가들은 저지대 국가로 옮겨갔다. 그리고 도시인들이 합스부르크 통치자들에게 방해를 받게 되자 기업가의 자본은 군주의 권력을 법으로 제한하는 영국으로 옮아갔으며, 바로 그곳에서 과학자·공학자·자본주의자가 산업혁명을 위해 협력했다.

이것이 진정한 의미의 첫 번째 황금기였다. 경제학자 디어드리 매클로스키(Deirdre McCloskey)는 19~20세기에 이루어진 이 경이로운 번영의 폭발과 자유의 확대를 대풍요(Great Enrichment)[9]라고 불렀다. 평균적인 사람들의 수입은 수천 년 동안 침체기에 있었지만 이 두 세기 만에 열 배 늘어났다. 산업혁명은 정복이나 사람들을 노예로 만드는 일 없이도 거대한 부를 창출할 수 있게끔 해주었다. 철학자와 신학자는 오랫동안 노예제의 도덕적 결함을 인정했으나, 노예제 철폐 운동은 대신 일할 수 있는 기계가 나타난 뒤에야 힘을 얻었다. 신기술은 대중을 위해 상업화되어 모두의 짐을 덜어주었고, 보통 사람들을 새로운 보편적 권리와 자유를 요구할 수 있는 권력을 가진 부르주아 계급으로 변화시켰다. 두 세기가 지난 뒤 인류 대부분은 계속해서 번영해 나가는 민주 국가[10]에 살고 있다.

묵시록의 네 기사가 주는 위협이 이렇게 적었을 때는 없었다. 산업혁명 이후 기대수명이 두 배 늘어나는, 인류 역사상 가장 큰 기적이 일어나 죽음을 막아내 왔다. 전쟁은 여전히 일부 국가를 파괴하고 있지만 스티븐 핑커(Steven Pinker)가 말했듯이[11] 우리는 역사를 통틀어 가장 평화로운 시대로 보이는 시기를 살고 있다. 평범한 사람들이 전쟁이나 다른 형태의 폭력으로 인해 죽을 확률이 이렇게 낮은 적은 없었다. 미래에도 전쟁의 이득은 없을 것으로 보이는데, 이는 이웃 나라에서 부나 농지를 획득하는 일이 더 이상 긴요하지 않기 때문이다. 인구 증가에도 불구하고 농부들이 더 적은 땅에서 더 많은 식량을 생산할 수 있게 되면서[12] 북미와 유럽의 농지는 오랫동안 숲과 초지로 변해왔으며, 이러한 경향성은 나머지 세계에서도 나타나고 있다.

기아와 전염병은 이전 어느 때보다도 적은 사람들에게 영향을 미치고 있다. 지난 세기에는 세계 인구의 절반만이 적절한 영양을 공급받고 있는 것으로 추산했으나,[13] 오늘날에는 90퍼센트에 가까운 사람[14]이 그러하다 (현재 많은 지역에서 가장 큰 영양학적 문제는 비만이다). 1950년대부터 질병에 대항하는 데 세계적으로 큰 진보를 이루었고, 가난한 나라의 기대수명[15]은 30년가량 늘어나 역사상 가장 빠른 발전을 보였다. 문해율과 교육률[16] 또한 전 세계적으로 올랐고, 사람들은 전례 없는 긴 여가를 즐긴다.[17] 19세기 중반 영국 사람들은 평균적으로 열 살 때부터 50대에 사망할 때까지 일주일에 60시간 이상 연차 휴가도 없이 일했다. 오늘날 노동자들의 자유 시간은 20만 시간 늘어났으며, 이에 따르는 혜택으로 인생 전반에 걸쳐 세 배 많은 여가를 누린다.

인류의 안녕을 측정[18]하는 항목 평균은 단 하나, 희망만을 제외하고 거의 모두 올라갔다. 우리가 건강하고 부유해질수록, 우리의 세계관은 더 우울해진다. 여러 국제적 설문조사에서 가장 비관적이면서도 가장 무지한 사람들은 가장 부유한 사람들인 것으로 나타났다. 나이지리아, 인도네시아와 같이 개발도상국에서는 대부분의 응답자[19]가 전 세계의 생활조건이 나아지고 있고, 앞으로 수십 년은 더욱 발전할 것이라고 기대했다. 그러나 풍요한 나라들에서 대부분의 응답자는 얼마만큼의 발전이 이루어졌는지 인식하지 못했기 때문에, 그러한 낙관주의를 공유하지 않았다.

지난 20년 동안 개발도상국의 아동 사망률[20]은 절반으로 줄어들었으며, 세계 빈곤율[21]은 3분의 2로 낮아졌으나, 대부분의 북미 및 유럽인은 이러한 수치가 그대로이거나 더 악화되었다고 생각한다. 그들에게 세계가 더 나아졌는지, 나빠졌는지, 아니면 그대로인지를 물으면 10퍼센트가 안 되는 사람들만이 나아졌다고 응답한다. 압도적 다수[22]는 나빠지고 있다고 믿는다.

우리는 묵시록의 네 기사에서 벗어났으나, 우리의 뇌는 여전히 부정성 편향에 지배당한다. 우리는 "음식이 없으면 문제가 하나 있는 것이고, 음식이 많으면 문제가 많이 있는 것이다"라는 오래된 속담처럼 행동한다. 우리는 부유한 나라에만 있을 법한 문제를 찾아내고 멀리 있는 위험을 걱정한다. 우리는 문제가 없을 때조차도 문제를 보기 시작하는데, 2018년 사회심리학자 대니얼 길버트(Daniel Gilbert)와 동료들[23]이 이러한 고질적인 습관을 잘 보여주었다.

연구자들은 사람들에게 여러 개의 색점을 보여주고 각각의 색점이 파란색인지 아닌지를 결정하도록 했다. 점의 개수가 늘어날수록 파란색 점은 적게 나타났지만, 어쨌든 사람들은 계속 똑같은 개수의 파란색 점을 보고 싶어 했고, 그래서 보라색 점을 파란색으로 잘못 분류하기 시작했다. 사람들에게 여러 얼굴을 보여주고 위협적인 표정을 짓고 있는 얼굴을 가려내도록 요청했을 때도 같은 일이 일어났다. 사람들은 중립적인 표정의 얼굴을 적대적인 얼굴로 잘못 분류함으로써 위협적인 얼굴이 점점 적게 나타나는 것을 보충했다. 마지막 실험에서는 사람들에게 과학적 연구를 위한 제안서 여러 개를 평가해 줄 것을 요청했는데, 어떤 것은 분명히 윤리적이었고, 어떤 것은 애매했으며, 어떤 것은 명백하게 비윤리적이었는데, 이 중 비윤리적인 것을 떨어뜨려야 했다. 하지만 이번에도 비윤리적인 제안서의 비율이 점점 적어짐에 따라 사람들은 모호한 제안서를 더 많이 떨어뜨림으로써 비윤리적인 것을 보충하려 했다.

이러한 실수는 사람들에게 목표 대상의 출현이 점점 줄어들 것이라고 미리 명시적으로 경고해도 나타났으며, '일관적으로 하라'는 구체적인 지시를 하고 옳은 답에 대해 현금 보상을 주어도 나타났다. 그들은 한번 비정상적인 것을 찾기 시작하면 그것이 사라졌을 때조차도 그것을 보았다. 우리의 뇌는 좋은 비정상성보다 나쁜 비정상성을 찾는 데 준비가 더 잘되어 있기 때문에, 우리는 삶이 나아지고 있을 때마저도 새로운 문제를 연이어 상상한다. 길버트가 지적했듯이 "세상이 나아질 때 우리는 더 가혹한 비평가가 되고, 이는 실제로 세상이 전혀 나아진 것이 없다는 결론을 내리는 실수를 유발할 수 있다. 마치 진보가 스스로를 숨기는 경향이 있는 것처럼 보인다".

길버트의 표현을 빌리면 이러한 '빈도에 의한 개념 변화(prevalence-induced concept change)'는 우리가 대중적 담론에서 주목한 경향성을 설명하는 데 도움이 된다. 기대수명이 늘어나고 사람들의 목숨을 위협하던 것들이 사라지자, 우리는 인류가 처한 가설적 위험을 걱정하는 데 시간을 더 보내기 시작했다. 우리 조상들은 이른 죽음을 두려워할 이유가 충분했지만, 일반적으로 그들은 다른 사람들이 죽는 것까지 걱정하지는 않았다. 우리는 자신의 장수를 당연하게 받아들이면서도, 테러리즘이나 핵무기, 혹은 기후 변화가 지구상의 문명이나 삶에 '실존적 위협'을 가한다고 상상한다. 위험이 멀리 있을수록 경고는 종말론적으로 되는 이러한 상황은 마치 두려움의 반비례 법칙이 있는 것처럼 보인다. 즉 우리가 누리는 안전과 번영은 우리에게 더 많이 걱정할 시간과 더 많은 걱정거리를 제공한다. 그리고 이러한 감정을 이용하는 공포 장사꾼들은 더 늘어나고 있다.

부정성 장사꾼

현대 세계는 언제나 위기에 처하기 마련인데, 부와 자유가 위기 산업을 만들어냈기 때문이다. 농경시대에 사회는 단지 소수의 지식인들만 지원해 줄 수 있었다. 이때 왕실 후원자들은 자신들의 정책에 대한 비판을 좋아하지 않았고, 대중을 불안하게 만드는 사람에게는 돈을 주지 않으려고 했다. 이런 점에서 이 사회는 왕실 후원자들에게 신세를 지고 있던 셈이다. 멸망의 최고 예언자들은 가톨릭 사제들로, 그들은 영적 위기에 초점을 두고 있었으며 정치적 수완도 있었다. 그들은 신의 심판의 날이나 죄인들을 기다리는 개인적 심판의 날(지옥 위기)에 대해 경고했다. 하지만 산업혁명 이후 유럽에서 민주주의와 교육이 확대되면서 도표·이론·인쇄물로 무장한 새로운 세속적인 파국의 예언자 계급이 등장했다.

그들은 언론인·정책가, 그리고 학계·두뇌 집단·기업·비영리 단체의 끝없이 늘어나는 전문가들로 구성된 산업으로 성장했다. 뭔가 잘못되거나, 또는 적어도 그런 것처럼 보이기만 하면 그들은 전례 없는 위협이 나타났다고 주장한다. 그들은 장기적 경향을 분석할 인내심도, 사람들이 이러한 문제를 해결할 방법을 이미 가지고 있을 수 있다는 믿음도 없다. 파국은 전문가의 안내 없이는 피할 수 없게 되어버렸다.

그들은 현재의 사건을 우리 조상들의 생존에 필수적인 외국인 혐오(xenophobia)와 같은 고대의 정서를 부추기는 데 이용한다. 우르(Ur: 기원전 3000년경 현재의 이라크 남부 지역에서 생겨난 도시국가—옮긴이)와 예리코(Jericho: 기원전 8000년경 현재의 팔레스타인 지역에서 생겨난 고대 도시—옮긴이)부터 르네상스에 이르기까지 도시에서는 지속적으로 위협이 되는 외국 군대를 막기 위해 그들을 벽으로 둘러싸야 할 좋은 이유가 있었다. 그러한 위협은 이제 북미 지역에 존재하지 않지만, 외국인을 혐오하는 정치인들은 여전히 미국 남부 국경에 벽을 세우는 데 열광적인 찬성을 이끌어낼 수 있다. 미국은 유례없는 평화의 시기였던 지난 70년 동안 세계에서 가장 강력한 군사력을 갖추었으나, 전문가들은 계속해서 '미사일 격차(missile gap: 냉전 시기 미국이 보유한 탄도 미사일보다 소련의 것이 훨씬 강력해지고 있다는 주장. 실제 데이터를 분석한 결과 과장된 것으로 밝혀졌다—옮긴이)'나 '취약성의 창(window of vulnerability: 냉전 시기 소련이 미국의 지상 미사일 시설을 가장 먼저 공격할 것이라는 예측에서 나온 말로, 취약한 부분을 가장 먼저 공격당할 것임을 경고하는 말. 그러나 이러한 일은 일어나지 않았다—옮긴이)', 아니면 국가의 존립을 위협하는 또 다른 것에 대해 경고한다. 1990년대 초에 짧은 위기 공백기가 있었는데, 바로 소련이 해체되고 핵무기[24]의 4분의 3을 파괴하는 데 동의한 때였다. 그러나 필적할 만한 군사적 경쟁 상대가 사라지고 나서도 미국 전문가들은 재빨리 새롭게 경고할 거리를 찾아냈다. 이란이나 이라크와 같은 작은 국가가 갑자기 큰 위협이 되었고, 테러리즘은 2001년 9월 11일의 공격 이후 영구적인 위기로 자라났다. 테러리즘의 위협은 소련의 그것과는 비할 바가 아니지만 어쨌든 국방비용과 안보비용은 늘어났다.

외국의 적에 조바심 내지 않을 때면 위기 장사꾼들은 내부에서 얼마든지 적을 찾을 수 있는데, 평이 좋지 않은 집단 구성원들을 그 적으로 선택할 때가 많다. 우리의 부정성 편향은 미국 사회과학에서 엄청나게 각광받은 아이디어인 '접촉 가설(contact hypothesis)'에 대해 유감스러운 점을 시사한다. 이 가설은 집단을 서로 접촉하게 하는 것만으로 그들 간의 편견을 극복할 수 있다는 것이다. 외집단에 대한 편견은 무지의 결과이고, 사람들이 일단 외부인들을 알게 되면 편견을 극복할 수 있기 때문에 사회과학자들은 꽤 합리적인 가정을 한 것이었다. 그러나 이들이 인종적으로 다양한 공동체에서 이 가설을 검증해 보았을 때는 완전히 반대되는 결과가 나왔다. 다양한 집단이 모여 사는 지역에서 편견 수준이 더 높았다.

미국과 오스트레일리아의 최근 연구들이 이를 설명해 준다.[25] 접촉 가설에서 예측했듯이, 소수집단(흑인·무슬림·오스트레일리아 원주민)과 가장 긍정적인 상호작용을 하는 백인들은 정말로 편견이 줄어들었다. 그러나 백인과 소수집단 사이의 접촉은 대부분 긍정적이었던 데 비해, 사람들의 판단은 부정성의 힘에 의해 왜곡되었다. 각 개인의 부정적 경험의 영향력이 너무나 컸기 때문에 전체 효과는 부정적으로 나타났다. 즉 당신이 소수집단과 많이 접촉할수록 편견을 가질 확률이 높다. 만약 당신이 미국이나 오스트레일리아 원주민이고 이민자 가족이 운영하는 가게 옆에 살고 있다면, 아마 가게에서 물건을 살 때마다 긍정적 접촉을 많이 할 것이다. 그러나 거스름돈을 적게 받거나 그 집 십대 자녀가 길에서 소란을 일으킨 적이 있다면, 그 한 번의 부정적 접촉이 더 크게 보일 것이다. 그리고 이는 다른 이웃과 이야기할 때 도마에 오르는 종류의 일화이기도 할 것이다.

이러한 발견은 분명 인종차별적인 이웃에 대한 논쟁이 아니다. 여러 다른 연구에서는 긍정적인 상호작용이 부정적인 것보다 충분히 많으면 편견을 극복할 수 있다는 것을 보여주었다. 여기서 얻을 수 있는 교훈은 어떤 지역에 사는 사람이든 부정성의 힘을 기억하고 의식적으로 보완할 필요가 있다는 것이다. 외집단 구성원, 특히 주류에 의해 낙인찍힌[26] 외집단 구성원을 판단할 때도 똑같은 교훈이 적용된다. 부정성 편향은 우리가 개인의 잘못 혹은 범죄를 전체 집단에 대한 적대감으로 빠르게 일반화하고, 다른 더 많은 범죄자들을 찾아내게 만든다. 마녀사냥의 본능은 이렇게 쉽게 깨어날 수 있다.

많은 역사학자와 사회학자는 곧잘 도덕적 공황은 사회적 격변과 경제적 침체에 따른 일탈이라고 설명하지만, 사실 이는 나쁜 때와 마찬가지로 좋은 때에도 나타난다. 제시 워커(Jesse Walker)[27]는 망상의 역사에 대한 그의 유명한 저서 《편집증의 미합중국(The United States of Paranoia)》에서 끊임없이 나타나는 도덕적 공황과 음모론을 기록했다. 그리고 이는 단지 비주류 집단에 의해서만 계속되는 것이 아니다. 다수가 주기적으로 이를 받아들이며 소수집단을 겨냥한다. 18세기에 주류 성직자와 언론인은 사악한 감리교도와 셰이커교도에 대한 충격적인 이야기를 퍼뜨렸고, 19세기에는 똑같이 사악한 가톨릭 신자와 모르몬교도에 대해서 그렇게 했다. 물론 오늘날의 악당은 무슬림이다. 가장 최근에 들어온 이민자들은 독일인이든, 아일랜드인이든, 이탈리아인이든, 중국인이든, 일본인이든, 라틴계이든, 중동계이든 언제나 미국에 위협이 되어왔다.

일단 도덕적 공황이 시작되면, 정치인들은 고전적 환상 하나를 따른다. 그것은 '무언가 조취를 취해야만 한다, 이것이 그 무언가다, 그러므로 이것을 해야만 한다'는 삼단논법이다. 과연 그 해결책이 좋은 것이냐에 대해서는 놀라울 만큼 관심이 적다. 또는 그 해결책이 심지어 상황을 더 그르칠 것이라고 역사가 암시하는지에도 관심이 없다. 아편 유사제(opioid: 아편과 같은 작용을 하는 진통제와 마취제를 통틀어 이르는 말—옮긴이)와 관련된 사망의 증가에 따른 최근의 반응을 생각해 보라. 물질남용을 하는 사람들은 항상 있었지만, 정치인과 언론인은 이들을 치료하거나 내재한 사회적 원인을 밝히는 데 집중하는 대신 어쩌다 화제의 중심이 된 그 물질을 없애 버림으로써 문제를 해결하려고 한다. 마리화나·헤로인·코카인·메스암 페타민(methamphetamines: 흥분제의 한 종류로 필로폰도 여기에 속한다—옮긴이)을 비롯한 다른 마약들에 대항하는 사회적 조치로 수백만 명의 미국인이 감 옥에 갔고, 1조 달러가 넘는[28] 비용이 들었지만, 지금은 그 어느 때보다 도 쉽게 마약을 구할 수 있다. 암시장 가격[29]이 수십 년 동안 하락하고 있 기 때문이다. 그동안 마약은 훨씬 위험해졌는데, 이는 암시장의 마약상들 이 밀수꾼들에게 더 적은 양으로도 강력한 효과를 내는 종류의 약을 팔 도록 부추기기 때문이다(금주법 시절에 맥주 대신 집에서 만든 진을 밀거래했던 것처 럼). 그 결과, 경제학자 크리스토퍼 코인(Christopher Coyne)과 애비게일 홀 (Abigail Hall)이 결론 내렸듯이 마약을 상대로 한 미국의 긴 전쟁은 마약남 용의 증가로 이어졌다.

그러나 아편 유사제 관련 사망에 대한 공황이 진행되는 동안 이러한 교훈은 무시되고 있다. 부정성 효과가 지배하게 된다. 아편 유사제 처방 은 환자에게 큰 도움이 되며, 미국에는 만성 통증으로 고통받는 사람이 적어도 5000만 명은 된다.[30] 그러나 언론인들은〔〈리즌(Reason)〉의 제이컵 설 럼(Jacob Sullum)이나 〈사이언티픽 아메리칸(Scientific American)〉의 마이아 살라비츠 (Maia Szalavitz) 같은 적은 수의 예외를 제외하면〕 물질남용장애와 관련된 작은 흠에 집착하는 쪽을 택했다. 공화당과 민주당 정치인들 모두 처방을 제한 하는 데 표를 던졌다. 도널드 트럼프 대통령이 아편 유사제 사용에 대한 그들의 인식을 요약했다. "그건 아주 중독성이 강합니다. 사람들이 팔이 부러져서 병원에 갔다가 마약 중독자가 되어서 나와요."

사실, 의학 학술지에 실린[31] 환자 추적 연구와 연방정부의 연례 약물

이용과 건강에 대한 전국 조사(National Survey on Drug Use and Health)[32]에 따르면 환자가 중독될 위험은 1~2퍼센트[33]보다 낮을 것으로 보인다(사망할 위험은 훨씬 낮다). 이 조사 결과에 따르면 처방 진통제를 오용하는 사람 대부분은 의사를 통해 약을 처방받지 않는다. 치명적인 과용의 피해자[34]는 보통 알코올이나 마약남용의 전력이 있거나, 둘 다 있을 때도 적지 않으며, 정신병력이 있을 때도 많다. 이들은 진통제를 불법적으로 구해 이를 알코올·신경안정제·코카인·헤로인 또는 다른 위험한 물질과 함께 복용하고 사망[35]하는 경우가 많다. 뉴욕시 보건부(The New York City Department of Health)의 통계에 따르면 치명적인 마약남용을 일삼는 사람의 97퍼센트가 최소 두 가지 물질을 복용하는 것으로 나타났다.

아편 유사제 처방 금지로 환자들의 통증을 적절히 치료하기가 훨씬 어려워졌지만, 아편 유사제를 남용하는 사람들을 막지는 못했다. 암시장에서 구할 수 있는 처방약의 수가 줄어들면서 그들은 훨씬 치명적인 헤로인과 펜타닐(fentanyl: 아편계 진통마취제의 일종—옮긴이)[36] 같은 약물을 사용하기 시작했다. 그래서 아편 유사제의 처방률은 2010년에서 2017년 사이에 3분의 1로 떨어졌지만, 아편 유사제 관련 사망률[37]은 두 배로 증가했다. 위기 장사의 대가는 연간 2만 5000명의 죽음, 그리고 불필요하게 통증으로 고통받는 수백만 명의 환자들이다.

위기 산업을 위한 또 하나의 믿을 만한 원천은 기술 공포증(techno-phobia)으로, 이는 공포 장사꾼들이 항상 다음 판도라의 상자[38]를 찾는 이유이기도 하다. 19세기 〈뉴욕타임스〉에서는 전깃불이 사람들의 망막을 다치게 할 것을 우려했으며, 영국 의사들은 기차를 타면 뇌 손상이 생긴다고 경고했다(충격과 흔들림이 승객에게 매우 해로운 영향을 미쳐 갑자기 폭력적인 '철도 미치광이'[39]가 될 수 있다). 오늘날의 선동가들은 설득력 있는 증거 없이 스마트폰과 유전자 조작 식품이 암을 유발한다고 경고한다. 그들은 사전예방 원칙, 즉 식품의약국(FDA)과 같은 국가 기관을 지배하는 개념이자 EU와 UN에서 중요시하는 법을 적용한다. 먼저 안전성을 증명하지 않으면 어떤 신기술도 도입해서는 안 된다는 것이다. 이 원리는 1980년대까지 공식적으로 적용되지 않았으나, 그 핵심 내용은 기계식 시계를 사용하지 못하게 한 중국 고위 관료들이 따랐던 철학과 동일하며, 진보에 대한 부정일 뿐이다. 과학 기자인 로널드 베일리(Ronald Bailey)의 관찰[40]에 따르면 사전예방 원칙에 대한 가장 정확한 표현은 '절대 아무것도 가장 먼저 하지 마라'가 된다.

선동가들은 시골과 도시로 편을 가르고 산업혁명으로 가능해진 또 하나의 발명인 계급투쟁을 부추김으로써 오래된 부족의 본능에 호소한다(현재 미국에서 일어나고 있는 이념 대립처럼). 모두가 가난했던 긴 시간 동안에는 계급 분열을 이용하기가 어려웠다. 그러나 대풍요가 소득을 높이고 새로운 사회적 계층을 만들어내면서, 새로운 공포와 분노가 생겨났다. 작가 윌리엄 터커(William Tucker)는 선동에는 언제나 성공적인 두 가지 형태가 있어왔다[41]고 했다. 즉 가난한 사람들에게 부유한 사람들이 돈을 너무 많이 가지고 있다고 이야기하거나 부유한 사람들에게 가난한 사람들이 너무 많다고 이야기하는 것이다. 첫 번째를 이용한 것은 마르크스로 그는 유명한 '자본주의의 위기'를 논했으며 공산주의 국가에서 자본주의의 제거를 장려했다(이 국가들에서는 대풍요의 효과가 사라지기 시작해 결국 5000만 명이 넘는 사람들이 기아로 사망했다). 두 번째는 영국에서 산업혁명 시기에 기대수명이 늘어나면서 나타난 인구 폭발에 주목한 목사 토머스 맬서스(Thomas

Malthus)를 위시한 여러 지식인이 이용했다. 그는 1798년 인구 증가가 식량 생산 증가를 필연적으로 초과할 것이기 때문에 인류는 집단적 굶주림으로 멸망할 것이라는 수학적으로 확실한 결과를 발표했다.

그와 반대되는 일이 일어났으나, 다른 학자들이 같은 실수를 계속해서 반복하는 것을 막지는 못했다. 부정성 편향은 그들의 눈을 가려 장기적인 좋은 추이를 보지 못하게 한다. 20세기에 대풍요가 개발도상국가에서 인구 폭발을 일으키면서 1940년대 《우리의 약탈당한 행성(Our Plundered Planet)》,[42] 《생존의 길(Road to Survival)》[43]과 같이 베스트셀러가 된 여러 책에서는 세계적인 기아에 대한 예측이 등장했다. 1972년 로마 클럽(Club of Rome)[44]이라고 하는 저명한 경제학자와 과학자 집단이 컴퓨터를 이용해 식량과 에너지의 부족으로 인해 세계 인구가 급감하는 모형을 만들어냈다. 이 시나리오는 베스트셀러 《인구 폭탄(The Populatio Bomb)》과 《풍요의 종말(The End of Affluence)》의 작가인 환경학자 폴 에얼릭(Paul Ehrlich)에 의해 유명해졌는데, 그는 1970년에 6500만 명의 미국인을 포함한 40억 명이 1980년대에 "대멸망(great die-off)"[45]으로 사라질 것을 두려워했다.

에얼릭과 동료 학자 존 홀드런(John Holdren)은 1977년 환경학 교재에 정부는 집단적 기아를 방지하기 위해 가족 구성원 수를 제한할 권리가 있다고 썼다. 이 책에서는 사춘기 여성의 피부 밑에 "공식 허가"[46]를 받아야만 제거할 수 있는 "불임 캡슐(sterilizing capsule)"을 삽입하는 것을 포함하여 "비자발적 산아 제한"의 방법을 논의하고 있다. 지적 산업으로서의 "인구 위기"는 주로 서구의 현상이었고, 미국과 유럽의 많은 학자·언론인·활동가·자선가가 이를 장려했으나, 그 결과는 다른 곳에서 고통을 일으켰다. 경솔한 파국의 예언은 20세기 최악의 인권 침해[47]로 이어졌다. 수백만 명의 라틴아메리카, 방글라데시, 인도 여성들이 강제 불임 시술을 받았다. 중국에서는 여성이 한 명 이상의 자녀를 낳는 것을 금지했는데, 이 정책은 수천만 건의 강제 낙태로 이어졌다.

세계적인 기아가 제때 오지 않자, 에얼릭과 홀드런은 날짜를 뒤로 미루었다. 1980년대에 그들은 2020년에는 기후 변화로 인한 기근이 수십억 명을 죽일 수 있다[48]고 경고했으며, 홀드런은 백악관의 과학 자문으로서 2009년 청문회[49]에서 관련 질문을 받았을 때도 이러한 가능성은 남아 있다고 주장했다. 오늘날 홀드런의 예측은 어느 때보다도 나쁘게 보인다. 2010년 이후 세계의 연간 기아 희생자 수는 4만 명 미만[50]인 것으로 추산되는데, 이는 세계 인구가 맬서스의 시대에 비해 일곱 배 늘어났음에도 기록에 남아 있는 역사상 가장 적은 수다(그리고 아프리카에서 최근의 기아로 인한 사망은 식량 부족 때문이 아니라 내전[51]에서 적들이 서로를 의도적으로 굶겨 죽였기 때문이다).

홀드런의 잘못된 예측과 인간의 기본권을 침해하려는 자세도 그가 대통령의 과학 자문이 되는 것에 방해가 되지 않았다. 그런 것들은 심지어 별로 주목받지도 않았다. 언론인들은 파국의 예언자를 통상적인 전문가적 예우로 대했다. 위기 산업에서 오류가 경력에 치명적인 경우는 드물다. 이것은 정치과학자 필립 테틀록(Philip Tetlock)이 공공의 미래를 예측하는 일로 그 대가를 치른 학자와 칼럼니스트, 그리고 또 다른 이들의 3만 건에 가까운 예측[52]을 체계적으로 추적하여 발견한 것과 같다. 그는 이 전문가들의 적중률이 우연 수준보다 조금 낮고(그의 표현에 따르면 "다트 던지는 침팬지와 같은 수준") 사실 일부 비전문가보다도 못한 것으로 나타났다고 말했다. 전문가들은 부족한 정확성을 자신감과 과장으로 채웠으며, 이 것이 그들의 말이 계속해서 인용되는 이유다. 위기 산업은 언론인과 정치 인, 그리고 그들에게 무서운 예측을 계속해서 제공해 주는 전문가들의 합 작품이다. 언론인에게는 자극적인 이야기가 필요하다. 정치인에게는 선 거운동에 이용할 의제가 필요하다. 전문가에게는 대중의 관심, 특권 그리 고 지원금이 필요하다.

우리는 이러한 집단을 부정성 장사꾼이라고 부른다. 하지만 그들이 모 두 돈 때문에 그 일을 한다는 뜻은 아니다. 그들 중 많은 수는 정말로 위 기를 느끼고 있다. 가장 설득력 높은 파국 예언자들은 자신의 예언을 믿 는 사람들이다. 치킨 리틀(chicken little: 병아리의 머리 위로 도토리가 떨어지자 하 늘이 무너지고 있다고 믿는다는 서양 우화 - 옮긴이)은 진짜로 하늘이 무너질 것이 라고 믿었다. 병아리의 진정성이 문제가 아니라 머리 위로 떨어진 도토리 에 대한 잘못된 해석과 그에 대처하기 위한 계획이 문제였던 것이다. 멩 켄의 말을 빌리자면, 병아리와 다른 동물들은 이 상상 속의 괴물이 너무 무서워서 안전을 바란 나머지 여우 굴로 숨어들었고 결국 먹잇감이 되고 말았다. 그것이 이야기의 경고이자 교훈이며, 위기의 위기에도 적용된다. 세상에는 굶주린 여우가 많다.

집단적 어리석음

멸망의 예언자들이 과장하고 있다고 해도, 그들이 어떤 역할을 하고 있는 것은 아닐까? 부정성 편향이 손해를 더 크게 만들기 때문에 결국 나중에 불필요한 것으로 드러난다고 해도 각별히 주의를 더 기울여야 하는 것이 아닐까? 예언자들이 이번에는 맞으면 어떻게 해야 할까? 이것이 위기 산업이 유지되는 원리다. 그러나 여기에는 생각해 보아야 할 더 큰 문제가 있는데, 이는 맨서 올슨(Mancur Olson)의 말을 인용하자면 '사회적 어리석음(social stupidity)'이다.

올슨은 민주주의 사회에서 무엇이 번영에 가장 큰 장애물이 되는지를 밝힌 뛰어난 미국의 경제학자다. 그는 집단행동의 문제, 즉 개인들이 합리적으로 자신의 이익을 추구하다가 전체 사회에 악영향을 미치는 사회적 어리석음을 연구했다. 그의 가장 유명한 저서[53] 《국가의 발전과 쇠퇴(The Rise and Decline of Nations)》(1982)에서 그는 제2차 세계대전 이후 경제성장의 수수께끼 같은 특성을 분석했다. 왜 독일이나 일본 같은 패전국은 예상외로 그렇게 빨리 회복하여 '경제의 기적'을 이루어냈을까? 왜 승전국 중 하나인 영국은 '유럽의 병자'로 알려졌을까? 한때는 산업혁명의 동력원이었던 영국은 20세기에 성장이 너무나 느려서 경제학자들은 이 '영국병'의 원인을 찾아 나섰다. 올슨은 특정 이익집단에 대한 특혜로 침전물이 점진적으로 쌓여 경제의 동맥이 굳어진 것이 그 이유라고 진단했는데, 나중에 작가 조너선 라우치(Jonathan Rauch)[54]는 이러한 현상에 '민주경화증(demosclerosis: 민주주의를 뜻하는 democracy와 경화증을 뜻하는 sclerosis를 합친 말―옮긴이)'라는 이름을 붙였다.

올슨은 기업가·노조·농부·전문가 집단과 기타 특수 이익집단이 그들의 권력을 이용해 물가를 동결하고, 소득과 임금을 부풀리고, 보조금·관세·조세법의 허점·경쟁 제한 규제를 위해 로비를 할 때 각 국가가 어떻게 손해를 보게 되는지를 보여주었다. 그 결과는 끔찍하게 비싼 사회적 비용이었으며, 이는 특히 방어해 줄 특수 이익집단이 없는 가난한 사람들에게 더욱 그랬다. 그러나 사회적 어리석음은 이미 작용하고 있었다. 보통 시민들은 어떤 로비에도 싸울 개인적 동기가 없었던 것이다. 독일과 일본에서처럼 권력 구조를 파괴하고 경제를 처음부터 다시 시작하게 만든 전쟁과 같이 큰 붕괴가 일어나지 않는 한 이들 특수 이익집단은 공공의 비용으로 자신들을 서서히 살찌운다.

"이것은 천 번의 마름질로 인한 죽음이다. 이들 권력 집단으로 인해 일종의 현상 유지 편향이 사회에 구축된다. 사회를 움직이는 역동적인 힘의 원천이 되어야 할 새로운 사람·기업·생각을 차별하는 규칙을 만드는 것이다. 그래서 국가의 동맥을 막는 일종의 제도적 경화가 나타난다. 나는 사회에서 이것이 가장 중요한 문제라고 생각한다. 이러한 사회적 어리석음 하나하나는 치명적이지 않기 때문에 발견하기가 어렵지만, 그것들이 모이면 결국 사회를 죽음에 이르게 할 수 있다"고 올슨은 설명한다.

올슨은 위기 장사는 민주경화증에서 필수적인 부분인데, 왜냐하면 정치인과 특수 이익집단이 이를 악용할 준비가 되어 있기 때문이라고 했다. 그들은 전 시카고 시장이자 백악관 수석보좌관이었던 람 이매뉴얼(Rahm Emanuel)의 유명한 격언[55]을 따른다. "당신은 결코 심각한 위기가 그냥 허비되기를 원하지 않는다." 전체로서 사회는 과장되거나 존재하지 않는 문제에 과잉 반응하는 것으로 혜택을 얻지 못하지만, 위기를 폭로하는 일반 시민의 개인적 이익에서는 그렇지 않다. 따라서 치킨 리틀은 의심을 품지 않게 되고, 빠른 해결책을 제시하는 여우 역할을 할 준비가 된 특수 이익집단이 적어도 하나는 있기 마련이다.

위기는 사실이 아닐 수 있고, 해결책은 장기적으로 볼 때 이익이 아니겠지만, 정치인들은 그것을 찾으려고 너무 서두른다. 그들은 서둘러 구제책을 내놓음으로써 즉각적으로 관심을 얻을 수 있고 다른 혜택(선거기부금과 같은)도 얻을 수 있다. 그들이 어떤 정책을 발의하든 그 효과는 위기가 지나간 뒤에도 오래 남아 있을 것이다. 국가가 전쟁에서 싸우기 위해 군대를 늘리면, 그 뒤에는 군사 조직이 이전 크기로 축소되지 않을 것이다. 경제학자 로버트 힉스(Robert Higgs)가 정부 확대의 역사에 대한 연대기 《위기와 리바이어던(Crisis and Leviathan)》[56]에서 논했듯이, 관료제와 규제와 보조금은 위기가 끝났을 때도 사라지지 않는다. 그러한 정책으로 발생하는 특수한 이익도 마찬가지다.

위기의 비용은 누적되는데, 이는 금전적인 것만은 아니다. 우리는 사소하거나 가상의 위협을 걱정하느라 너무나 많은 시간과 힘을 소비하고 결국 덜 안전해진다. 신기술을 내친 고대의 황제들처럼, 현대의 두려움 장사꾼들은 대풍요를 이끈 것과 같은 형태의 혁신을 지연시킨다. 농업 과학자들은 20세기 중반 아시아에서 폭발적으로 증가한 인구의 식량을 녹색혁명(Green Revolution)으로 해결했다. 그들은 유전자 변형 작물의 사용을 통해 아프리카 농업에서도 유사한 혁명을 기대했지만, 그린피스를 비롯한 유럽과 미국의 반GMO 활동가들이 이 두 번째 녹색혁명을 가로막았다.[57] 그들의 활동은 대중을 겁주는 것(그래서 미국인의 반[58]이 GMO가 건강하지 않다고 생각한다) 말고도 각종 재단과 정부가 GMO 연구비 지원을 축소하고 아프리카의 농부들이 더 많은 사람에게 식량을 제공하고 영양 부족과 싸울 수 있는 씨앗을 사용하지 못하게 하는 역할을 했다. 두려움 장사는 잠비아의 공무원들[59]이 기근에 허덕이면서도 GMO를 포함했다는 이유로 외국의 식량 원조를 거부하게까지 만들었다.

매년 100만 명 이상의 사람이 사망하고, 최소 25만 명의 아동이 시력을 잃는 것으로 추정된다. 이것은 유전학적 방법을 이용해 개발한 쌀·바나나 등의 영양 강화식품을 통해 완화시킬 수 있는 비타민 A를 비롯한 다른 미량영양소의 결핍 때문이다. 반GMO 운동을 "인류에 대항한 범죄"라고 한 140명의 노벨상 수상자[60]를 포함한 압도적인 다수의 과학자들이 이러한 종자가 안전하다고 보고 있으나, 이 주제에 대한 과학자들과 대중의 의견 차이[61]는 진화와 기후 변화에 대한 의견 차이보다도 더 커져가고 있다. 노벨상 수상자들은 로비와 대중 광고에 쓸 그린피스의 예산이 없다. 비타민 A 부족으로 시력을 잃거나 죽어갈 아이들도 마찬가지다.

의학 연구자들은 유전학과 새로운 디지털 기술의 발전 덕분에 그들 고유의 혁명을 준비할 수 있었다. 그러나 그들 역시 새로운 장애물, 즉 고전적인 민주경화 방식으로 천천히 구축된 거대한 통제 장벽의 방해를 받았다. 언제든 새로운 약이나 기술에 문제가 있으면 희생자는 분명하며, 언론인과 법정 변호사가 미래의 신약에 보호 장치를 추가하도록 조정관들을 부추길 새로운 위기를 주장하는 데 이용하기 쉬운 먹이가 된다. 그러나 의학계의 가장 큰 스캔들은 이 모든 보호 장치의 누적된 효과가 비만·당뇨병·알츠하이머를 비롯한 여러 질병의 치료약 개발을 늦추고 있다는 것이다. 지난 25년 동안 신약 하나를 개발하는 데 드는 비용은 인플레이션을 고려할 때 여섯 배 증가했다. 전체 가격표는 현재 30억 달러[62]이며 (어떤 사람들은 60억 달러[63]로 보기도 한다), 승인 과정에는 보통 10년이 넘는 시간과 10만 쪽의 자료가 필요하다. 이처럼 수치스러운 일이 자신들의 목숨을 구할 수 있는 약의 상용화를 지연시키는 관공서의 요식 행위 일부를 타파하는 데 성공한 에이즈 환자들처럼, 잘 조직된 집단에 영향을 줄 때는 가끔 관심을 끌기도 한다. 그러나 이러한 문제는 희생자들을 특정하기 어렵기 때문에 보통 무시된다.

얼마나 많은 사람이 생명을 구할 약이 개발되거나 승인되기를 기다리다가 세상을 떠났을까? 의학경제학자들의 표현에 따르면 이러한 "보이지 않는 묘지(invisible graveyard)"가 얼마나 큰지는 아무도 모르지만, 이 묘지가 거대하다는 데는 의심의 여지가 없다. 두려움 장사꾼들이 얼마나 치명적일 수 있는지에 대한 한 가지 예시를 통해 그 크기를 짐작할 수 있다. 즉 해마다 유럽인과 미국인 수십만 명이 니코틴과 관련된 규제와 기술 공포증 때문에 사망한다.

니코틴은 흡연과 연결되어 평판이 나쁜데, 흡연은 대표적인 예방 가능한 사망 요인이기 때문에 이러한 두려움은 납득이 된다. 하지만 니코틴은 담배를 치명적으로 만드는 것이 아니다. 흡연자들은 담배를 피울 때 나오는 수천 개의 독성물질과 발암물질로 인해 사망한다. 니코틴 자체[64]는 영국 왕립공중보건협회의 표현대로 "카페인보다 건강에 해로울 것이 없다". 니코틴은 카페인처럼 의존성이 생기기는 하지만 분명히 이득도 있다. 니코틴은 체중을 줄이고, 불안을 낮추고, 집중력·기분·기억·주의력을 개선하는 데 도움이 되는 것으로 나타났다.[65] 바로 이것이 그렇게 많은 사람들이 흡연이 얼마나 위험한지 알면서도 계속 담배를 피우는 이유다. 금연하라는 반세기에 걸친 호소에도 한 나라를 제외한 모든 유럽 국가에서 성인의 최소 15퍼센트[66]는 여전히 담배를 피운다.

유일한 예외는 스웨덴으로, 많은 사람들이 스누스(snus)라는 니코틴 대체품으로 눈을 돌려 흡연율이 7퍼센트까지 떨어졌다. 스누스는 작은 통안에 들어 있으며 입을 통해 흡수하는, 연기가 나지 않는 형태다. 이 담배

대체품 덕분에 스웨덴은 유럽에서 흡연 관련 질환 비율이 가장 낮으며, 만약 나머지 유럽 국가들도 스웨덴의 예시를 따른다면 해마다 35만 명의 생명[67]을 구할 수 있을 것으로 추산한다. 그러나 이러한 경향을 격려하는 대신 유럽연합은 스웨덴을 제외한 모든 곳에서 스누스를 금지했다.

어떻게 공무원들이 생명을 구할 수 있는 상품을 사람들에게 금지할 수 있을까? 이것은 가능할 것 같지 않은 특수 이익집단들이 동맹을 맺어 두려움을 조장했기 때문이다. 경제학자들은 위기의 위기 상황에서 흔히 발생하는 이러한 유형의 동맹을 침례교-주류 밀매업자 연합(Baptist-bootlegger coalition)[68]이라고 부른다. 이 말은 금주법 지지 운동을 한 침례교 목사들과 일요일에는 주류 판매점의 문을 닫아 자신들이 불법적으로 술을 판매할 수 있기를 원한 주류 밀매업자들로부터 생겨난 것이다. 침례교 목사들은 정치인들에게 주류 밀매업자들의 이익을 늘려주는 데 대한 도덕적 변명거리를 제공해 주었다(또한 주류 밀매업자들이 감사의 표시로 주는 뇌물을 모을 기회도 주었다).

니코틴에 대항하는 연합체에서 도덕적인 침례교 목사의 역할은 반흡연 운동의 강경파들이 했는데, 그들은 모든 형태의 니코틴에 반대하며 허용할 수 있는 전략은 금연뿐이라고 주장한다. 여기에서 주류 밀매업자는 무연 담배 시장에서 경쟁을 억제함으로써 이득을 얻는 산업이다. 즉 (명백한 이유로) 니코틴 껌·사탕·패치와 같은 다른 니코틴 대체품을 판매하는 제약회사와 담배회사들이다. 이들 대체품 중 금연하려는 흡연자들에게 널리 인정받은 것은 없다.

무연 담배가 흡연보다 최소 99퍼센트 안전하다는 연구자들의 결론에도 불구하고, 이 동맹은 여느 때처럼 두려움을 조장하는 언론인들의 도움을 받으면서 무연 담배가 위험하다는 대중적 믿음을 만들어냈다. 스누스 사용자들에 대한 장기적 연구[69]에서 구강암·심장마비·뇌졸중과 그 밖의 흡연 관련 질병의 위험이 거의 없거나 증가하지 않았다는 것을 발견했다. 그러나 배후에서 능숙한 로비를 하는 두려움 장사꾼들은 스누스를 유럽에서는 계속 불법으로 묶어두었고,[70] 미국에서는 스누스 판매자들이 그들의 제품이 담배보다 얼마나 안전한지를 광고하지 못하게 했다.[71]

이제 이 동맹은 그들의 사업에 대한 더 큰 위협, 즉 전자담배와의 경쟁을 억제하는 것으로 관심을 돌렸다. 전자담배는 담배를 피울 때 나오는 독성물질 없이 증기로 니코틴을 흡입하는 형태다. 이는 2019년 진행된 연구[72]에서 (껌이나 패치 같은) 다른 니코틴 대체상품보다 금연하는 데 두 배 효과적인 것으로 나타났다. 2010년 전자담배가 처음 출시된 이후로 미국의 흡연율은 급격히 떨어졌으며, 사상 최초로 성인 흡연율이 15퍼센트 아래[73]로 내려갔다. 유명한 전자담배 쥴(Juul)[74]은 금연에 매우 효과적인 것으로 증명되어, 월스트리트의 분석가들은 이를 담배 판매와 함께 주식이 폭락한 담배 산업에 대한 실존하는 위협이라고 했다.

이 기술에는 세계적으로 수천만 명의 생명을 살릴 수 있는 가능성이 있지만, 전 세계의 정부는 침례교-주류 밀매업자 연합의 로비에 반응하여 전자담배를 금지하거나 강하게 제한하는 수순[75]을 밟고 있다. 그들은 사전예방 원칙을 내세움으로써 이러한 금지정책을 정당화한다. 니코틴 증기의 해가 지금까지 드러나지는 않았지만, 이 신기술이 완전히 안전한지 아직 확실하지 않다는 것이다. 이는 사실이지만, 한편으로는 사전예방 원칙이 얼마나 치명적일 수 있는지를 보여준다. 영국에서 최고의 의학적 권위를 인정받는 왕립의사협회(Royal College of Physicians)에 따르면 전자담배 흡입으로 어떤 해가 있다고 드러나든, 흡연과 비교해서는 "최소의 결과"이며, 결론적으로 전자담배가 흡연보다 최소 95퍼센트 안전하다.[76] 현재의 진짜 큰 위험 대신 미래에 있을지도 모를 조그마한 가설적 위험을 걱정하는 것은 안전 중독의 부조리한 형태이자 가장 신경증적인 형태의 부정성 편향이다.

그러나 이것은 정부뿐만 아니라 전자담배의 잠재적 위험에 대한 기사를 계속해서 내보내는 언론에서도 취하는 접근이다. 언론인들은 미국 청소년들 사이에서 퍼지는 전자담배 "전염"에 집착하면서 이것이 흡연으로 가는 "관문"이라고 주장하지만, 청소년 흡연율은 전자담배 출시 이전보다 훨씬 빠르게 역사적 급락[77]을 기록했다. 전자담배를 시도해 본 대부분의 청소년[78]은 이를 정기적으로 시도하지조차 않으며, 흡연은 훨씬 적게 한다(그들 중 많은 수는 니코틴이 없는 액체를 사용한다).

십대가 니코틴에 의존하게 되기를 바라는 사람은 없다. 전자담배 회사는 미성년자 판매 금지 정책을 지지한다. 그러나 그러한 위험이 모든 연령대의 흡연자들의 금연을 방해하는 제한(향미가 가해진 액상 전자담배의 제한과 같은)을 정당화할 수는 없다. 전자담배를 사용하는 십대보다 술을 마시는 십대가 훨씬 많고[79] 이것이 훨씬 위험하지만, 우리는 성인들에 대한 주류 판매를 제한하지는 않는다. 전자담배는 더 안전할 뿐만 아니라 막대한 이익이 있다. 전자담배가 출시된 이후 청소년과 초기 성인의 흡연율은 절반으로 줄었다.[80]

반흡연 집단이 이러한 발전을 반길 것이라고 생각하기 쉽지만(일부는 그랬다) 그들 중 대부분은 마치 오브 다임스 증후군(March of Dimes Syndrome)이라고 부르는 현상의 악성 사례를 발달시켰다. 이것은 훨씬 가치 있는 단체에서 그 이름을 따오기는 했지만, 위기 장사꾼 집단에서 흔히 나타나는 증상이다. 마치 오브 다임스는 소아마비와 싸우기 위해 설립된 기관이지만, 소아마비 백신이 개발돼 이 질병의 위협을 종식시키자, 이 기관은 승리를 선언하고 해산하는 대신 싸워야 할 새로운 질병을 찾아냈다. 반흡연 집단과 공공 보건 공무원들도 비슷한 상황에 있다. 그들은 대중에게 흡연의 잠재적 위험을 교육하고 대부분의 공공장소에서 흡연을 불법으로 만드는 임무에서 큰 성공을 거두었다. 흡연이 광범위하게 비판받는 지금 그들이 할 수 있는 일은 무엇이 더 있을까? 그렇게 오래된 위협의 뉴스로 어떻게 대중매체의 관심을 끌 수 있을까?

그들은 자신들의 직업을 정당화할 새로운 위험이 필요했고, 불행하게도 가장 편리한 것이 전자담배였다. 그들의 겁주기 전략은 공공 보건 공무원과 활동가의 예산에는 잘 맞았지만, 국민들의 건강에는 재앙이었다. 지난 10년 동안의 설문조사 결과는 전자담배에 대한 여론이 반대로 돌아서고 있음[81]을 보여준다. 전자담배는 처음에는 흡연보다 안전한 것으로 받아들여졌으나, 지금 미국인의 대부분은 흡연만큼, 혹은 흡연보다도 위험하다고 생각한다. 유럽인들도 비슷하게 잘못 알고 있다.[82] 이는 수백만 명의 흡연자들이 전자담배로 전환하는 것을 단념했고, 그들 중 많은 수가 위기의 위기로 사망한 희생자들의 보이지 않는 묘지에 묻힐 가능성이 있음을 의미한다.

우리는 사회적 어리석음이 초래하는 비용의 사례를 얼마든지 들 수 있으나, 우리 스스로 결국 파국 예언자들처럼 보이는 것을 원치 않는다. 우리는 문제 하나하나에 집중하느라 큰 그림을 놓치고 싶지 않다. 진보를 가로막는 모든 장애물에도 불구하고 인류는 더 건강하고, 부유하고, 현명해지고 있다. 대부분의 사람이 그렇지 않다고 믿는다 해도, 우리는 정말로 황금기에 살고 있다. 대풍요는 계속되고 있고 우리가 두려움 장사꾼들을 무시하는 방법을 배움으로써 유일한 진짜 위기를 극복하면 이러한 부흥은 더욱 빨라질 것이다.

여론조사는 대부분의 사람이 세상에 대해서는 비관적이지만, 자신과 자신이 속한 공동체의 전망에 대해서는 낙관하고 있음을 보여주는데, 이런 격차를 좁혀야 한다. 연구자들은 이를 낙관성 격차(Optimism Gap)[83]라고 하며, 이는 '나는 괜찮지만 그들은 아니다' 증후군("I'm OK, They're Not" syndrome)으로도 알려져 있다. 미국과 다른 풍요로운 나라에서의 설문조사 결과를 보면 대다수는 자신들의 재정 상황은 이듬해에 나아질 것이라고 생각하지만 국가 경제와 세계 경제에 대해서는 비관적이다.[84] 이민·실업·십대 임신·범죄·불법 약물과 같은 주제에 대해 질문하면 대부분은 이것들은 자신이 속한 공동체에서는 문제가 아니지만 국가적으로는 심각한 문제라고 한다. 그들은 자신이 사는 지역의 환경의 질을 국가적 환경의 질에 비해 훨씬 만족했으며, 세계적 환경의 질에 대해서는 훨씬 덜 만족했다.

연구자들은 낙관성 격차가 위기 산업과 관계가 있다는 것을 발견했는데, 이는 놀라운 일이 아니다. 텔레비전 뉴스를 보는 데[85] 시간과 주의를 많이 쏟을수록 세상을 비관하기 쉽다. 어떻게 그러지 않을 수 있겠는가? 당신이 좋은 하루를 보내더라도 특파원들은 돌아다니며 당신을 환상에서 깨어나게 할 신선한 공포를 찾아낼(혹은 만들어낼) 것이다. 개인적인 삶과 경력에서 부정성 편향에 대처하기 위해 이 책에 나온 전략을 얼마나 잘 활용하는지와 상관없이 당신은 여전히 위기의 위기와 싸워야 한다. 이는 다른 종류의 도전이며, 따라서 다른 전략이 필요하다.

파국의 이익 잘라내기

왜 워싱턴 D.C.는 미국에서 가장 부유한 행정구역[86]으로 둘러싸여 있을까? 왜냐하면 민주경화증으로 인해 수도가 특수 이익집단으로 막혀 있기 때문이다. 연방정부는 민주당뿐만 아니라 공화당 행정부를 거치면서도 수십 년 동안 세를 불려왔다. 이곳에 모여든 로비스트·변호사·도급업자·조정감시관·언론인을 비롯해 다양한 전문가들의 규모를 늘려왔기 때문이다. 미국의 나머지 지역에서는 이러한 부와 권력의 집중을 정기적으로 비난하지만 효과는 거의 없다. 왜냐하면 위기의 위기는 집단행동 문제이며, 보통 개인들은 파국 예언자들이 옳지 않음을 밝히거나 워싱턴에서 권력이 성장하는 것에 저항해서 얻는 이득이 없는 데 비해, 언론인과 로비스트, 그리고 나머지 위기 산업은 계속해서 두려움을 쌓아감으로써 엄청난 이득을 누리기 때문이다. 그들이 그 일을 자발적으로 포기하기를 기대할 수는 없다.

그러나 우리는 적어도 파국의 예언에 대한 이익을 바꾸도록 시도는 해볼 수 있다. 버락 오바마가 테러리즘이 실재하는 위협[87]이 아니라고 선언했을 때처럼, 우리는 정치인들이 위험에 대해 합리적으로 이야기할 때 보상을 더 주어야 한다. 우리는 영향력 있는 경제학자들에게 세계의 가난한 사람들을 돕는 가장 효과적인 방법의 순위를 정해볼 것을 요청한 코펜하겐 컨센서스(Copenhagen Consensus)와 같이 이러한 문제를 의제로 삼는 분석가들을 격려해야 한다(그들의 우선순위 목록에서는 지구온난화를 늦추는 것의 순위가 질병이나 영양 부족과 싸우는 것보다 훨씬 낮았다[88]). 그리고 보상보다 처벌이 더 효과적이기 때문에, 우리에게는 파국의 이득을 줄일 방법이 필요하다. 여기 몇 가지 제안이 있다.

위기의 위기 웹사이트(CrisisCrisis.com)를 만들자. 언론인들은 공포 소설을 좋아하는 것만큼이나 하나의 특정 장르는 줄이도록 강요받아 왔는데, 그것은 바로 도시 전설이다. 그들은 가볍게 화제를 돌려 뉴욕 하수관에 도사리고 있는 악어, 패스트푸드점 치킨에 들어 있는 설치류〔켄터키 프라이드 생쥐 전설(Kentucky Fried Rat legend)〕, 할로윈에 독이 든 사탕이나 면도날을 숨겨놓은 사과를 받은 사람과 같은 오래된 도시 전설을 아무렇지 않게 이야기하곤 했다. 이러한 전설은 모두 거짓이지만, 그렇다는 것을 누가 알겠는가? 리포터들이 즐겨 말하듯이, 어떤 도시 전설은 농담 같지 않고 정말 그럴듯하다.

그러나 지금은 도시 전설을 체계적으로 조사하는 웹사이트인 스노프스닷컴(Snopes.com)에서 이러한 이야기를 쉽게 찾아볼 수 있다. 이곳에서는 유명한 이야기들을 계속 저장해 두면서 참과 거짓으로 표시하여 분류하고 그것을 기자와 독자가 바로 이용할 수 있게 한다. 기자와 독자는 그 전설이 틀렸음을 폭로하는 스노프스의 증거 링크를 게시함으로써, 그런 기사를 올린 사람을 온라인상에서 즉시 난처하게 만들어줄 수 있다. 이러한 회심의 한 방이 효과적일 수 있는 것은 스노프스가 정확한 연구로 명성을 쌓아왔기 때문이다. 또한 이들은 독자를 확보하여 웹상에서 굉장히 유명한 사이트가 되었으며, 이는 폭로 시장이 있을 수 있음을 보여주었다.

우리는 파국의 예언을 평가하는 비슷한 저장소를 보고자 한다. 위기는 도시 전설처럼 간단히 검증할 수 없지만(확인해야 할 이야기가 하나만 있는 것이 아니기 때문이다), 작은 맥락을 파악하면 파국의 경고를 멈추는 데 큰 효과가 있을 수 있다. 일단 테러와 그로 인한 죽음이 1970~1980년대[89](아일랜드 공화군, 에스파냐 바스크 분리주의자들의 주요 활동시기)에 훨씬 많았다는 도표를 보고 나면 테러리즘을 실존하는 위협으로 보기가 어렵다. 북극곰이 멸종할 것이라는 전망[90](으레 녹아내리는 빙판 위에 아윈 곰이 서 있는 사진이 있는 예측)은 북극곰 개체 수 추이를 보거나(지난 수십 년 동안 개체 수가 늘어왔다), 곰들이 지구온난화에 대한 가장 심각한 예측보다도 더 더운 기후에서도 살아남은 적이 있다는 사실을 알고 나면 발생 가능성이 낮아 보인다. 이러한 종류의 정보는 지금 여러 주제에 대한 깊이 있는 분석을 약속하는 웹사이트에 흩어져 있으나, 대부분은 특정 진영과 관련이 있기 때문에 상대편에서는 그들의 분석을 믿지 않는다. 스노프스 닷컴처럼 중립성을 널리 인정받고 모든 정보를 하나의 살펴보기 쉬운 사이트에 모아놓을 저장소가 필요하다. 이러한 저장소는 공공 서비스가 될 것이며, 예언자들과 예언에 대한 득점표를 제시함으로써 부정성의 힘을 선하게 사용할 수 있을 것이다. 부정성 편향은 우리가 무서운 예측에 주의를 기울이게 하는 것처럼, 실수에 특별히 더 주의를 기울이게 만들기도 한다. 파국 예언자들이 얼마나 자주 틀리는지를 사람들이 보게 되면 그들은 힘을 조금이나마 잃게 될 것이다.

패티 법(Patty's Law)을 제정하라.[91] 패티 웨털링(Patty Wetterling)의 열한 살 난 아들 제이컵(Jacob)이 미네소타주에 있는 자신의 집 근처에서 강간당한 후 살해당했다. 그 후 그녀는 성 범죄자들에 대한 공공 기록을 법제화할 것을 주장하는 운동의 중심이 되었다. 제이컵의 이름을 붙인 연방법이 1994년에 통과되었고, 2년 뒤에 살해딩힌 다른 아동 메건 칸카(Megan Kanka)의 이름을 딴 개정안에 의해 그 요청이 확대되자, 그녀는 다시 워싱턴으로 돌아왔다. 그녀는 클린턴 대통령이 백악관 장미 정원에서 메건 법(Megan's Law)으로 알려진 법에 서명할 때 그 곁에 서 있었다. 그러나 지금 그녀에게는 새로운 목표가 있다. 바로 이들 법이 가져온 피해를 원상태로 회복하는 것이다. 그녀는 누구도 성 범죄자로 생각하지 않을 사람, 이를테면 결혼할 사이인 열일곱 살 소녀와 성관계를 가진 열아홉 살 남자, 혹은 다른 십대에게 문자 메시지를 보냈다는 이유로 평생 평판을 망치게 된 청소년처럼, 셀 수 없이 많은 사람을 덫에 걸리게 한 지나치게 가혹한 조항에 대해 목소리를 높여 비판하게 되었다.

불행하게도, 정치인들은 제이컵과 메건 법의 실수에서 배운 것이 없다. 대신 그들은 피해자들의 이름을 붙인 법안을 성급하게 마련함으로써 개인의 비극을 예전보다 더 많이 이용하고 있다. 도널드 트럼프는 샌프란시스코에서 이민자에 의해 살해당한 여성의 이름을 딴 케이트 법(Kate's Law)을 위한 캠페인을 벌였으며, 연방법과 주법에서 기념하는 피해자들은 수십 명이 더 있다. 이는 정서적인 협박이다. 법에 개인의 이름을 붙이는 것은 화제를 모으고(피해자 가족들이 기자회견에 나올 수도 있다) 법안의 빠른 통과에 도움이 되지만(누가 감히 공감할 수밖에 없는 피해자에게 반대할 수 있겠는가?), 이성적 토론을 저해하고, 나쁜 공공정책을 만들어낸다. 그래서 우리는 패티 웨털링을 기리기 위해, 개인의 이름을 붙인 마지막 법 하나를 제안함으로써 맞불을 놓고자 한다. 이것은 패티 법으로, 앞으로는 법에 아동을 비롯한 어떤 사람의 이름도 붙이지 못하게 하는 법이다.

토론형 특별 조사 위원회(The Red-and-Blue-Ribbon Panel)를 만들라. 24시간 뉴스를

하기 이전 시대에, 위기에 대한 일반적인 대응은 특별 조사 위원회(blue-ribbon panel)를 통해 조사하는 것이었다. 방대한 보고서가 나올 때쯤이면, 위기는 보통 오래전 뉴스가 되었고 권고는 묵살되었다. 특별 조사 위원회는 지연과 무능의 대명사가 되었고, 인내심이 부족한 언론인들의 조롱거리가 되곤 했다.

하지만 대중의 입장에서 볼 때 지연은 위원회의 특성이었지 오류가 아니었다. 그들은 나쁜 아이디어가 급하게 법이 되는 것을 방지했다. 보통 대중의 불안을 이용하는 것은 간단하지만, 급진적인 행동을 요구하는 대중의 외침은 곧 잦아든다. 특별 조사 위원회는 새로운 소식에 대한 언론인들의 끝없는 욕구와 텔레비전에 얼굴을 내밀고 싶어 하는 정치인들의 그치지 않는 갈망을 생각하면 한물간 이야기 같지만, 전통을 되살리고 발전시키지 못할 이유는 없다.

무언가 해야만 한다는 충동에 굴복해서 법을 제정하지 말고 대신 위원회를 구성하라. 다만 위기 산업 출신의 흔한 전문가들로 그 자리를 채우지 마라. 그들은 언제나 자신들을 위해 더 많은 자금의 지원을 추천하는 사람들이다. 대신에, 서로 경쟁하는 두 팀을 구성하라. 그리고 군사전략을 세우고, 우주선을 설계하고, 전자보안을 개선하고, 여러 다른 프로젝트를 수행하는 것처럼 공적 혹은 사적 영역에서 효율적으로 실행해 온 방법을 도입하라. 이 방법을 홍팀 연습[92]이라고 부른다. 청팀이 문제를 분석하고 해결책 하나를 개발하면, 홍팀은 그 단점을 찾아 비판한다. 심판진은 두 팀의 오락가락하는 토론을 중재하고, 마지막에는 위기를 다루기 위한 세심한 제안을 내놓는다. 그때까지 누군가는 여전히 문제에 관심을 가지고 있을 것이라고 가정하면서 말이다.

당신이 예측한 파국에 돈을 걸라. 전문가가 자신 있게 재난을 예측할 때, 그에게 해야 할 첫 번째 질문은 "내기하실래요?"다. 이 방법은 1970년대 에너지 위기 때 파국석 예인에 지친 경제학자 줄리언 사이먼(Julian Simon)이 학술지 〈사이언스(Science)〉[93]에서 활용한 것으로 유명하다. 그때는 증가하는 인구의 수요가 지구의 줄어드는 자원을 넘어서면서, 원유를 비롯한 다른 천연자원의 가격이 치솟을 것이라는 사회적 통념이 지배적이었다. 파국 예언자들과 다르게 사이먼은 장기적 경향을 연구했고, 새로운 물자와 대체재를 찾는 사람들의 창의성 덕분에 에너지를 비롯한 다른 천연자원의 가격이 수 세기 동안 하락하고 있다는 것을 알고 있었다. 그는 〈사이언스〉를 통해 원유와 다른 천연자원의 값이 미래에 더 저렴할 것이라고 장담하며 내기를 제안했다. 환경학자인 폴 에얼릭과 이후 백악관의 과학 자문이 된 존 홀드런이 도전을 받아들였다. 1980년에 그들은 다섯 가지 금속(구리·크로뮴·니켈·주석·텅스텐)을 골라 이것들의 가격이 10년 뒤에 더 올라갈 것이라는 데 1000달러를 걸었다. 내기가 끝나는 1990년[94]이 되었을 때, 다섯 가지 금속 모두 가격이 떨어졌고, 파국 예언자들은 돈을 내놓으며 자신들의 실수를 공식적으로 인정해야 했다.

티어니 같은 사람들도 사이먼의 지략을 사용했다. 그는 2005년 〈뉴욕타임스 매거진〉에 세계의 원유가 바닥나면서 가격이 급등할 것이라는 커버스토리를 쓴 저자에게 5000달러 내기를 제안했다(티어니는 2010년에 내기에서 승리[95]를 거두었다). 이러한 방법은 "책임 있는 예측의 장(場)"으로 자부하는 웹사이트 롱 베츠(Long Bets)[96]에서 공식화되었다. 환경학자 스튜어트 브랜드(Stewart Brand)와 작가 케빈 켈리(Kevin Kelly)가 아마존사의 제프 베이조스(Jeff Bezos)의 재정적 지원을 받아 설립한 이 사이트는 사람들이 어떤 주제에 대해 예측을 게시하고 내기를 할 사람을 초대한다. 지금까지 가장 큰 내기는 2007년에 워런 버핏(Warren Buffett)[97]이 시작한 것으로, 그는 헤지펀드(hedge fund: 소수에게 고액의 투자를 받으며, 투자 대상과 자산 운용에 제한이 없는 펀드—옮긴이) 매니저들에게

향후 10년 동안 일반적인 S&P 500 종목 주식의 인덱스펀드(index fund: 투자자를 제한하지 않고 다수를 대상으로 하며, 우리나라의 코스피와 같이 공신력 있는 주가지수에 큰 영향을 미치는 종목 위주로 투자하는 펀드―옮긴이)가 헤지펀드보다 수익이 좋을 것이라는 내기를 걸었다. 버핏은 220만 달러를 땄다(그리고 그 돈을 자선단체에 기부했다).

롱 베츠에서 돈을 거는 사람들 중 대부분은 2000달러를 넘기지 않지만, 중요한 것은 돈의 액수가 아니다. 돈을 거는 것의 장점은 사람들이 더 자세하고도 검증해 볼 수 있는 예측을 하고, 틀렸을 경우 그 대가를 치르게 만든다는 것이다. 만약 파국 예언자들이 사회가 위협에 대처하는 데 많은 돈을 쓰기를 바란다면, 자신들의 돈(그리고 명예)도 걸 수 있어야 한다.

테러리즘을 기념하지 마라. 죽은 사람들을 기리고자 하는 충동은 고귀한 것이지만, 테러리스트의 공격에 희생당한 사람들을 특별한 순교자처럼 대하는 것은 미래의 더 많은 희생자를 만들 뿐이다. 촛불집회, 국가 차원의 묵념, 기념일의 엄숙한 의식과 석조 기념물은 모두 좋은 의도에서 비롯된 것이지만, 무심결에 테러리즘을 미화하고, 대중의 두려움을 자극하며, 미래의 공격을 부추기는 것이다. 이슬람 성전의 전사가 되고 싶어 하는 사람에게는 맨해튼 시내에 있는 9·11 테러 기념물이 자신이 얻을 수 있는 불멸의 명성에 대한 환상을 심어줄 것이다. 희생자 가족들은 연민과 위로를 받아 마땅하지만, 이는 사고나 다른 비극으로 인해 숨진 사람들의 가족들도 마찬가지이고, 우리는 그들을 위해 해마다 행사를 열거나 공공 기념물을 짓지는 않는다. 테러의 희생자들을 기리는 최선의 방법은 살인자들을 찾아 벌주고 그들을 잊는 것이다.

테러 포르노(terror pornography)에 상을 주는 것을 멈추라. 테러리스트가 폭탄을 터뜨리거나 소시오패스가 광란을 시작하는 순간, 신문 기자의 머릿속에는 한 단어, '퓰리처상'이 스쳐 지나간다. 텔레비전 뉴스 프로듀서들은 피보디상(Peabody Award)을 떠올릴 것이다. 그들은 심사위원들이 비극에 대한 쉴 틈 없는 보도를 정기적으로 보상해 준다는 것을 알고 있기 때문에, 가능한 한 모든 사체를 다양한 각도에서 촬영하려고 하는데, 이것이 정확히 테러리스트들이 갈구하는 종류의 관심이다. 기자들은 팀을 이루어 소시오패스의 긴 이력을 작성하고, 그의 유년기 이야기, 그의 페이스북 페이지에서 가져온 폭언, 무장 특공대 같은 자세를 잡고 찍은 사진으로 마무리하는데, 이것이 바로 그가 갈망하는 종류의 영광이다. 이러한 유명세는 다른 소시오패스들도 자신만의 계획을 세우게끔 하고, 연구자들이 집단총격의 주요 원인으로 지목한 '미디어 전염(media contagion)'[98]을 초래한다. 연구자들은 희생자들의 부모 및 FBI와 함께 몇몇 단체[99]('이름을 부르지 말라(Don't Name Them)'와 '악명을 만들지 말라(No Notoriety)')를 만들어, 언론인들에게 살인자들의 이름을 자주 언급하거나 그들이 자신을 홍보하기 위해 내건 사진과 성명서를 기사화하지 말 것을 촉구했다. 일부 언론인[100]은 이런 권고를 따랐고 자신들이 테러에 명성을 부여하는 역할을 할 수 있다는 것을 인정했지만, 대부분의 기자들은 알릴 만한 흥미로운 소식이 남아 있지 않을 때도 집중보도를 멈추지 않았다. 우리는 그들이 경쟁의 압박을 받고 있다는 것을 이해하지만(아무도 극적인 이야기를 놓치기를 원하지 않는다), 퓰리처상과 피보디상 심사위원들이 공포 장사를 하는 사람들에게 계속해서 보상을 주어야 하는 이유는 이해하지 못하겠다. 심사위원들은 인터넷의 정보량을 폭증시켜야 한다는 압박을 받지 않는다. 원래 그들은 계몽적이고 공공선에 부합하는 저널리즘에 상을 주어야 한다. 테러 포르노는 둘 중 무엇에도 해당하지 않는다.

파국을 예언하는 것으로 이득을 취하는 사람들이 줄어들면 공개 담론은 더욱더 활발해지겠지만, 수요가 있는 한 부정성 장사꾼은 시장에 남아 있을 것이다. 결국 사람들이 테러 포르노나 다른 형태의 위기 장사를 중단시킬 수 있는 최선의 방법은 관심을 끊는 것이다. 부정성의 힘이 가진 대중적 영향력과, 파국의 예언을 24시간 내내 떠들어댈 수 있는 상황을 고려하면, 이것은 가망 없을 정도로 이상적인 말처럼 들릴 것이다. 디지털 혁명으로 잘못된 정보와 공포를 퍼뜨리는 것이 그 어느 때보다 쉬워졌고, 분명 그것은 사람들을 더 불안에 떨게 하고 서로에게 분노하게 만들었다.

하지만 늘 그렇듯이, 미래는 당신이 들은 것만큼 암울하지 않다.

좋은 것의 미래

나쁜 것은 좋은 것보다 언제나 강력하겠지만, 좋은 것의 전망은 나아지고 있다. 우리가 제시한 부정성 효과의 모든 해로움, 모든 판단의 실수와 불필요한 악감정과 사회적 어리석음을 고려해도 우리가 나쁜 것을 그 어느 때보다도 분명하게 이해하고 있기 때문에 나쁜 것이 그 어느 때보다 취약하다고 본다. 대풍요 동안 기대수명이 배로 늘어난 것은 자연세계에 대한 새로운 이해로 가능했던 것이며, 이를 통해 공학자와 과학자들은 그 힘을 활용하고 그 위험을 넘어설 수 있었다. 우리도 우리 내부의 본성을 이해함으로써 부정성 효과를 활용하고 극복하는 작업을 할 수 있다.

우리는 묵시록의 네 기사를 막아낸 것처럼 전전두엽 피질을 이용하여 원시 뇌의 본능적 충동을 길들일 수 있다. 혹은 적어도 이러한 부정적 충동이 어떻게 우리의 지각과 결정을 왜곡하는지를 인식하도록 자신을 훈련시킬 수 있다. 앞서 이야기했듯이 4의 법칙은 보편적인 자연법칙이 아니라 유용한 대략적인 지침이다. 만약 당신이 보통 하나의 나쁜 것을 넘어서는 데 네 개의 좋은 것이 필요하다는 것을 상기하면, 나쁜 사건에 대한 자신의 즉각적인 반응을 믿지 않아야 한다는 것을 받아들일 것이다. 장애물이 있을 때 파국화하는 대신 이성적으로 당신이 이루어낸 발전과 견주어볼 수 있다. 당신의 배우자가 당신을 실망시킬 때 최악을 가정하는 대신 그들의 관점에서 보려고 노력하거나 다른 누군가의 관점을 참고할 수 있다. 당신이 무언가 잘못했을 때 당신에게는 사소하게 보이는 실수가 당신의 배우자나 가족이나 상사에게는 왜 그렇게 큰 차이를 만드는지를 이해할 수 있다.

만약 당신이 부정성 황금률을 기억한다면(가장 중요한 것은 당신이 다른 사람에게 무엇을 하지 않느냐다) 비탄을 피하고 에너지를 아낄 수 있다. 약속을 깨지 않는 것이 약속한 것 이상의 일을 하는 것보다 당신에게 훨씬 도움이 될 것이다. 완벽을 추구하기보다는 충분히 잘하라. 비판의 영향력(그리고 비판 샌드위치의 비효율성)을 인식함으로써 당신은 비판을 더 유용하게 할 수 있고 훨씬 발전적으로 받아들일 수도 있다. 그래서 비판은 비탄에 빠뜨리기보다는 가르침을 준다. 벌이 상에 비해 얼마나 강력한지를 깨달음으로써 당신은 더 나은 부모나 교사나 관리자가 될 수 있다.

안전 중독의 비합리성을 깨닫고 나면, 새로운 위험을 감수할 수 있다. 그것은 쉬운 일이 아니고, 미식축구 감독들이 네 번째 다운에서 계속 펀트하는 이유이기도 하지만, 그들 중 일부는 조금 더 모험적이 되고, 우리는 더 많은 사람들이 케빈 켈리의 성공에서 교훈을 얻기를 바란다. 본능적인 반응을 극복하기 위해서는 노력이 필요하지만, 펠릭스가 그의 공황을 끝내기 위해 쓴 방법을 다른 사람들도 활용하고 있으며, 누구나 그렇게 할 수 있다. 문제가 있는 직원과 화난 소비자들을 상대하는 데에도 노력이 필요하지만, 경영자들은 썩은 사과를 피하는 방법을 배우며 부정성을 제거하기 위한 카사블랑카 호텔의 전략을 따르고 있다. 온라인의 부정성 효과는 여러 회사가 소비자들에게 더 나은 서비스를 제공하도록 하고 있다. 그들은 새로운 불평거리를 찾아내며 회사가 대중을 위해 더 헌신하도록 압력을 가한다.

이제 심리학사들은 그들 자신의 언구를 오랫동안 왜곡해 온 부정성 편향을 인식했으며, 긍정성을 강조하는 새로운 전략을 찾아냈다. 그들은 우리가 우리의 정서의 범위를 제한하는 쾌락의 챗바퀴에 갇혀 있지 않다는 사실을 깨달았다. 대부분의 외상 피해자들이 어떻게 더 강해지는지, 대부분의 사람들이 어떻게 노년기에 더 행복한지를 관찰함으로써, 심리학자들은 폴리애나의 기쁨 놀이가 이러한 경우에 정말 효과가 있다는 것을 확인했다. 모든 연령대의 사람들은 의식적으로 그들의 이야기를 다시 쓰고, 그들이 누리는 축복에 집중하고, 그들 삶의 좋았던 순간들을 음미함으로써 부정성의 힘에 대응할 수 있다. 향수는 과거에 감사할 뿐만 아니라 현재와 미래를 밝히는 데도 유용한 도구다. 연구자들은 삶에 만족하고 미래에 낙관적인 사람들의 심혈관계 질환 발병률 감소와 평균수명을 증거로, 긍정심리학 운동이 정신처럼 신체에도 도움이 될 수 있다는 사실을 알아냈다.

이러한 여러 행복한 발견은 그 속성상 나쁜 소식만큼 큰 관심을 끌지 않았다. 하지만 우리는 그것 역시 바뀔 수 있다고 낙관한다.

나쁜 것 섭취 줄이기

모든 새로운 통신 기술에 대한 첫인사는 의심인데, 특히 정치적·지적 특권층이 그렇게 한다. 소크라테스는 글쓰기가 사람의 기억 능력[1]을 약화시킨다고 불평했다. 오토만 제국(Ottoman Empire)의 지배자들은 종교적 기득권층과 전통적인 필경사의 직업을 위협하는 인쇄기 사용을 금지했으며,[2] 가톨릭교의 수장들은 이단적인 책을 금지했다.[3] 신문은 사람들을 사회적으로 고립시킨다고 비난받았다.[4] 라디오는 선동의 도구로, 텔레비전은 '거대한 황무지'로 폄하되었다.

그 황무지가 1980~1990년대에 수백 개의 케이블 방송국과 수백만 개의 웹사이트에 자리를 내주면서 변화하기 시작했을 때, 기술 공포증이 있는 사람들은 전보다 더 많은 재난의 예언을 내놓았다. 많이 인용된 '미디어 생태학' 교수[5]의 말에 따르면, 정보혁명(Information Revolution)은 미국을 '목적이나 의미에 대한 초월적인 감각'이 없는 '전체주의적인 기술 통치'로 바꾸어놓았다. 《데이터 스모그(Data Smog)》[6]나 《죽음에 이르는 오락(Amusing Ourselves to Death)》 같은 책에서는 '정보 과잉'을 경고하고 새로운 미디어의 경솔함을 한탄했다. 홈쇼핑 채널에서는 인조 다이아몬드 반지, 정보를 가장한 끊임없는 광고, 물리학자, 점성술사, 포르노 스타가 등장하는 프로그램을 판다.

파국 예언자들이 필연적으로 주의를 많이 끌 수밖에 없으나, 유명한 낙관주의자 조지 길더(George Gilder)도 언급할 가치가 있다. 아직 괴짜 몇 명만이 인터넷을 사용하고 있던 1990년에 그는 《텔레비전 이후의 삶(Life After Television)》[7]이라는 책을 내놓았다. 이 제목은 당시 두터웠던 지상파와 케이블 텔레비전 시청자층을 고려하면 무척이나 터무니없는 말로 들렸겠지만, 길더는 유쾌하게 대중매체의 몰락을 예측했다. 그는 1990년대 중반이 되어 인터넷의 시대가 무르익으면 엔터테인먼트의 황금기가 올 것이라고 예고했다.

1997년에 길더는 이렇게 말했다.[8] "지상파 텔레비전 임원들과 논쟁할 때면, 나중에 저에게 와서 이렇게 말합니다. '이보세요, 이해를 못 하시는 겁니다. 사람들은 우리가 내보내는 프로그램을 좋아해요. 우리는 시장조사를 다 했고 사람들이 바보라는 걸 알아냈습니다.' 글쎄요, 일반적인 TV를 볼 때는 저도 바보입니다. 뭔가 좋은 것을 찾으려면 노력이 너무 많이 필요하고, 만약 찾아낸다고 해도 당신의 관심사와는 맞지 않을 겁니다. 텔레비전은 50에서 500개의 채널이 있음에도 최소 공통분모 매체입니다. 책이 500권밖에 없는 서점에는 절대 가지 않을 겁니다. 책이나 잡지 산업의 99.7퍼센트는 당신을 위한 내용이 아니고, 인터넷도 마찬가지입니다. 선정적이고 자극적인 내용이 대부분이며 일반적으로 공유되는 관심사가 거의 없는 대신 인터넷은 각 개인에 맞게 편향된 최초의 선택 위주의 매체입니다."

길더의 낙관주의는 옳은 것으로 드러났다. 케이블 채널이 급증하고 인터넷이 자리를 잡으면서 사람들은 넷플릭스·아마존·유튜브 같은 플랫폼에서 원하는 것을 원하는 시간에 볼 수 있게 되었고, 지상파 텔레비전은 더욱 세련된 드라마·코미디·다큐멘터리의 황금기에 자리를 내어주게 되었다. 물론 가치 없는 것도 여전히 많지만, 이제는 스크린에 오른 어떤 작품보다도 더 내용이 풍부한 훌륭한 시리즈가 많이 나왔다. 일단 지상파 임원들이 프로그램 편성에 대한 결정권을 잃어버리자 텔레비전은 혁신적인 매체로서 영화를 뛰어넘었다. 사람들은 그저 식상한 시트콤을 보거나 인조 다이아몬드 반지를 사고 싶어 하지 않는다. 선택권이 주어지자 그들은 탁월한 것의 진가를 알아보았다.

이제 똑같은 종류의 진화가 소셜 미디어에서도 일어나고 있다. 사람들은 낡은 대중매체 뉴스의 독과점에서 벗어나 스스로 뉴스 매체를 찾고 있으며, 또다시 재난의 예언이 나타났다. 권위자와 전문가가 선거를 뒤흔들 '가짜 뉴스'의 출현과 대중을 양극화시킬 '이념 피난처(ideological silos: 미국 대중이 자신과 이념이 같은 사람들과만 고립되어 소통하는 현상을 이르는 말—옮긴이)'와 '반향실(echo chamber: 벽을 특수 재료로 만들어 소리가 밖으로 나가지 않고 안에서 메아리치는 방을 가리키는 말로, 소셜 미디어를 통해 성향이 비슷한 사람들끼리만 소통하며 의견이 증폭 및 강화되는 현상을 뜻하는 말—옮긴이)'을 비판했다. 미국과 유럽에서는 이미 구글·유튜브·페이스북·트위터를 비롯한 다른 소셜 미디어 회사도 공공기업처럼 규제해야 한다는 요구가 있었다. 비관주의자들이 또다시 문제를 과장하며 잘못된 해결책을 제시한 것이다.

이들의 주장대로 이념적 양극화가 일어날 수도 있으나, 온라인 행동을 분석하는 학자들에 의하면 실제로 그렇게 하는 사람은 거의 없다. 대부분의 미국인은 정치적 시각이 중도였고, 대중의 의견을 묻는 설문조사에 따르면 최근 몇십 년 동안 그들의 관점은 크게 변하지 않은 것으로 나타났다. 큰 변화(뚜렷한 의견의 양극화⁹)는 시민사회에서가 아니라 사회과학자들이 정치적 계급이라고 부르는 위기 산업의 상당 부분을 차지하는 사람들, 즉 국회의원·정치 활동가·선거운동 지도부·언론인·로비스트와 공공정책을 놓고 전투를 벌이는 학자들 사이에서 나타났다. 이들은 정치적 스펙트럼의 양쪽 끝으로 스스로를 분리시켜 나머지 국민들을 자기편으로 끌어오려고 애쓰는 사람들이다. 그들의 잔인한 싸움은 정치과학자 모리스 피오리나(Morris Fiorina)가 말한 '거짓 양극화(false polarization)'가 일어나고 있다는 인식을 널리 퍼뜨렸다. 보통 민주당과 공화당 유권자들은 자신들이 중도라고 정확하게 인식하지만, 상대 정당의 유권자들은 위험할 정도로 극단적이 되었다고 올바르지 않은 믿음을 가지고 있기 때문에, 상대편에게 갈수록 더 적대감을 느낀다.

이러한 적대감의 증가는 소셜 미디어 탓인 것으로 자주 비난받지만, 그러한 경향성은 페이스북이 등장하기 훨씬 전부터 진행되고 있었고, 이러한 당파 간 적대감은 나이 든 미국인들이 더 강하지는 않더라도 비슷하게 강하다. 그들이 인터넷을 사용하는 시간이 상대적으로 적은데도 그러하다(그들은 케이블 뉴스를 보면서 상대적으로 더 많은 시간을 보낸다). 거짓 양극화는 소셜 미디어 때문에 나타나는 것이 아니다. 가장 큰 잘못은 구식 대중매체와 정치인을 비롯한 나머지 위기 산업에 있다. 싸우는 소리가 끊임없이 대중을 두렵게 하고, 최근의 위기에 대한 그들의 해결책에 찬성하지 않는 사람이면 누구든지 악마화한다. 그들이 서로를 공격하는 모습을 하루 종일 지켜보는 것은 매일 밤 범죄 프로그램을 보는 것과 똑같은 효과를 나타낸다. 당신은 문제가 실제보다 나쁘다고 믿기 시작한다.

당신은 공포 장사를 업으로 삼은 사람들이 자신의 일을 하는 것이나, 그들의 주장이 원시 뇌 영역을 자극하는 것을 막을 수가 없지만, 애당초 그들을 지켜볼 필요가 없다. 우리는 부정성 편향을 살이 찌는데도 열량을 계속해서 섭취하고자 하는 욕구에 비유해 왔다. 두 욕구는 모두 원시의 사바나에서는 적응적이었지만 오늘날의 환경에서는 문제가 된다. 대풍요 이후 우리는 하루 종일 훨씬 살찌는 음식의 유혹을 받게 되었고, 이는 허리 치수의 증가로 이어졌다. 이러한 넘치는 풍요는 1980~1990년대 탄수화물을 지방으로 대체하라는 연방정부의 미심쩍은 조언[10]과 합쳐져 25년 동안 비만율의 길고 급격한 상승으로 이어졌다. 지난 15년 동안 많은 미국인이 식생활을 바꾸면서[11] 이러한 추세는 완화되었다(비만율은 실제로 몇 년 동안 낮춰졌다). 그들은 견과류·통곡물·생과일을 더 먹고, 탄산음료와 설탕이 든 음료를 줄였다. 우리가 쓴 자기 절제에 관한 책[12] 《의지력의 재발견(Willpower)》에서 우리는 정크 푸드가 가장 벗어나기 어려운 유혹이라고 언급했지만, 사람들은 정크 푸드의 유혹을 이겨내는 방법을 배우고 있다.

우리는 정보를 섭취하는 데서도 비슷한 경향, 즉 나쁜 정보의 섭취가 줄어들기를 바란다. 부정성 장사꾼들을 벗어나는 일은 정크 푸드 장사꾼들을 벗어나는 것처럼 불가능한 일이 아니다. 당신은 대인관계와 일에서 부정성의 힘에 대처하는 것과 기본적으로 같은 접근(부정성을 최소화하고 긍정성을 강조하는 것)을 통해 정치적·사회적 의견을 왜곡시키는 부정성 편향을 넘어설 수 있다. 학교 총격 사건이 일어나거나 테러리스트의 공격이 있을 때 몇 시간씩 실시간 뉴스에 빠져들지 마라. 정치인과 권위자가 서로를 공격할 때, 채널을 돌려라. 만약 당신이 나쁜 뉴스 하나마다 기운을 북돋우는 뉴스 네 개를 봄으로써 4의 법칙을 따르고자 한다면, 인터넷 뉴스 게시판을 보면서 보내는 시간은 훨씬 줄어들 것이다. 이렇게 하는 데는 노력이 조금 필요하지만, 이제 새로운 대안이 많기 때문에 더 쉬워졌다.

옛날 미디어는 최신 범죄나 추문에 대해 소리치는 타블로이드판 신문이었다. 새로운 미디어는 조지 길더가 예언했듯이 선정적이지 않은 모든 종류의 관심사를 만족시킬 수 있는 수천 권의 책이 있는 서점에 더 가깝다. 소셜 미디어에 넘쳐나는 악플과 분노와 모욕에도 불구하고, 이는 사실 대중매체라기보다는 폴리애나적이다. 우리가 8장에서 논의했듯이 사람들은 대규모 학살보다는 경이로운 자연 경관 사진을 올리는 것을 더 선호한다. 그들은 정적에 대한 공동의 혐오보다는 공동의 지적·문화적 열정을 기반으로 온라인 모임을 만든다.

그들은 유튜브에서 교수의 강의를 들으며 역사와 우주론에 대해 배우고, 인스타그램이나 페이스북에서 옛 친구들과 과거를 추억하는 혜택을 누린다. 그들은 과학적 진보와 문화적 혁신에 대한 책과 자세한 글을 읽어볼 수 있다. 온라인 친구를 신중하게 고르고 뉴스 피드를 선별함으로써 당신은 훨씬 밝고 정확한 세계를 볼 수 있다. 나쁜 것 하나에 네 개보다 훨씬 많은 좋은 것을 볼 수 있을 것이다.

모든 신기술에는 언제나 새로운 문제가 따라오기 마련이지만, 우리는 디지털 혁명의 이득이 그로 인한 손해를 크게 앞설 것이라고 확신한다. 대풍요의 가장 좋은 유산은 사람들을 중앙 집권적 권위에서 해방시키고, 자유롭게 실험하고 혁신을 나눌 수 있게 한 것이다. 사회적 어리석음과 도덕적 공황은 언제나 있겠지만, 사람들은 스스로 생각하는 방법을 배울 수 있다. 그것이 우리가 이 책을 쓴 이유다.

우리는 위기의 위기를 우리보다 오래전에 밝혀낸 스코틀랜드의 언론인 찰스 매카이(Charles Mackay)의 낙관주의를 공유한다. 그는 그 이름을 직접 사용하지는 않았지만, 고전으로 평가받는 저서 《대중의 미망과 광기 (Extraordinary Popular Delusions and the Madness of Crowds)》에서 문제를 명확하게 언급했다. 1841년에 나온 이 책에서 그는 마녀사냥·투기적 거품경제·세계 종말의 공포를 비롯해 역사 전반에 걸쳐 '유명한 어리석음'을 부추긴 광기를 되짚는다. 매카이는 진단하는 과정에서 의견을 많이 내놓지 않고(그때는 사회심리학자들과 경제학자들이 부정성 편향과 사회적 어리석음에 대한 이론을 만들기 훨씬 전이었다), 거창한 정치적 해결책이 있는 것처럼 가장하지도 않았다. 그는 사회를 쇄신하자고 주장하지 않는다. 그의 목표는 우리와 같이 독자들을 계몽하는 것이었다.

그는 이렇게 썼다. "인간은 집단 안에 있을 때는 정신이 이상해진 것으로 보인다. 인간은 오직 천천히, 그리고 한 명씩 한 명씩 이성을 되찾을 수 있다."[13]

우리 모두는 부정성 효과의 영향을 받는다. 그러나 한 명씩 한 명씩, 우리 각자는 이를 넘어설 수 있고 우리 자신과 사회에 이익이 되도록 만들 수 있다. 그렇게 삶은 나아지고 문명은 발전한다. 나쁜 것은 더 강력하고, 가끔은 극복할 수 없는 것처럼 보이지만, 우리는 좋은 것이 승리할 것이라고 확신한다.

감사의 글

책을 쓰다 보면 필연적으로 어려운 순간이 오지만, 우리는 나쁜 점보다 좋은 점이 훨씬 많은 친구와 동료에게 너무나 많은 도움을 받았다. 무엇보다도, 로이 바우마이스터와 논문 〈나쁜 것이 좋은 것보다 강하다〉를 함께 쓴 심리학자들, 엘렌 브라츨라브스키·카트린 핀케나우어·캐슬린 보스에게 빚을 졌다. 우리는 마틴 셀리그먼의 혁신적인 긍정심리학 작업과 로드니 스타크의 종교와 기술 혁신에 대한 새로운 역사를 빌려왔다. 오늘의 나쁜 뉴스에서 좋은 장기적 경향을 골라내는 과정에서 줄리언 사이먼부터 (네 번째 다운 때 펀트의 거짓에 대한 전문가이기도 한) 그레그 이스터브룩·스티븐 무어(Stephen Moore)·맷 리들리(Matt Ridley)·로널드 베일리·스티븐 핑커로 이어지는 훌륭한 낙관주의자들에게 도움을 받았다. 현대의 삶에서 나타나는 좋은 경향을 그토록 주의 깊게 분석해 준 맥스 로서(Max Roser)와 '데이터에 나타나는 우리의 세상(Our World in Data)'에서 함께하는 그의 팀에게도 빚을 졌다.

우리는 다양한 분야의 연구자와 작가, 즉 브라이언 앤더슨(Brian Anderson)·크리스 앤더슨·애드리언 애슐리·제시 오수벨(Jesse Ausubel)·

조나 버거(Jonah Berger)·폴 베스턴(Paul Beston)·(부정성 효과에 대한 트롤럽의 탐구를 가르쳐준) 데이비드 블랙(David Black)·루시 브라운·엘리자 바잉턴·네이선 드월·조지프 디마시(Joseph DiMasi)·피터 셰리든 도즈·크리스 에민스·윌 펠프스·크리스토퍼 퍼거슨·엘리 핀켈·모리스 피오라나·해리스 프리드먼·매슈 건츠코우(Matthew Gentzkow)·대니얼 길버트·조지 길더·빌 고드샬(Bill Godshall)·딕 그로트·조너선 하이트(Jonathan Haidt)·맷 허트슨(Matt Hutson)·케이 하이모위츠(Kay Hymowitz)·도미닉 존슨·앤절라 레그·존 리스트·제리 오스트롬(Gerry Ohrstrom)·P. J. 오로크(P. J. O'Rourke)·조너선 라우치·브래드 로두(Brad Rodu)·콘스탄틴 세디키디스·아짐 샤리프·마이클 시겔(Michael Siegel)·리노어 스커네이지(Lenore Skenazy)·제이컵 설럼·캐스 선스타인·로버트 서턴·케이트 스위니·필립 테틀록·리처드 세일러·테비 트로이(Tevi Troy)에게 관대한 원조와 안내를 받았다. 그들 모두에게, 그리고 인터뷰를 통해 그들의 이야기를 우리와 공유해 준 펄래스키 아카데미의 감독 케빈 켈리와 펠릭스 바움가르트너·마이클 저베이스·조 키팅어·아트 톰슨·레드불 스트라토스 팀(Red Bull Stratos Team), 그리고 석세스 아카데미의 이버 모스코위츠와 앤 파월(Ann Powell), 또 카사블랑카 호텔의 아델 거트먼과 존 타보아다에게 감사한다.

　우리는 이 프로젝트를 지지해 주고 바우마이스터를 비롯한 다른 심리학자들의 연구를 금전적으로 지원해 준 존 템플턴 재단(John Templeton Foundation)에〔그중에서도 특히 크리스토퍼 레비닉(Christopher Levenick)에게〕특별한 감사를 빚었다. 존 티어니의 보도는 (향수·폴리애나 원리·펠릭스 바움가르트너의 점프·전자담배를 포함해) 이 책에서 다룬 몇 가지 주제에 대한 그의 기사를 실은 〈뉴욕타임스〉와 〈시티 저널(City Journal)〉, 그리고 수크리티 야

디바(Sukriti Yadava)가 이 책을 위한 조사 작업을 할 수 있도록 인턴십을 제공해 준 컬럼비아 대학교의 예술 석사학위 글쓰기 프로그램(Columbia University's MFA writing program)의 지원을 받았다. 그녀는 자신이 받은 경제학적 훈련과 기자 본능을 부정성 효과 연구에 적용하는 데 놀라울 만큼 창의적이고 역동적이었다. 우리는 그녀와 인턴십 프로그램의 감독이었던 퍼트리샤 오툴(Patricia O'Toole)에게 감사를 표한다. 플로리다 주립대학교 러셀 세이지 재단(Russell Sage Foundation)과 뤼즐랜드 대학교에서 바우마이스터의 시간과 노력을 지원해 주었다. 연구 보조원 조던 랜더스(Jordan Landers)에게도 감사를 전한다.

우리는 처음부터 끝까지 우리의 뛰어난 에이전트 크리스틴 달(Kristine Dahl)의 격려에 힘입었다. 그녀는 ICM의 캐롤라인 아이센먼(Caroline Eisenmann)과 타마라 카워(Tamara Kawar)의 전문적인 도움을 받아 책의 아이디어를 구체화하는 데 도움을 주었다. 우리의 편집자인 버지니아 스미스(Virginia Smith)는 숙련된 솜씨로 책의 수정을 이끌었으며, 그 과정에서 훌륭한 아이디어도 주었다. 우리는 그녀와 캐롤라인 시드니(Caroline Sydney)·모린 클라크(Maureen Clark), 그리고 펭귄 출판사(Penguin Press)의 모든 팀원에게 감사를 전한다.

마지막으로, 우리는 우리의 집착을 참아주고, 원고를 쓰고 맞는 제목을 찾는 임무를 함께해 준 소중한 가족과 친구들에게 빚을 졌다. 크리스토퍼 버클리(Christopher Buckley)·패트릭 쿡(Patrick Cooke)·패트릭 티어니(Patrick Tierney)가 용감하게 가장 먼저 원고를 읽어주었다. 헬렌 피셔는 긍정적 환상을 영웅적으로 유지해 주었다. 루크 티어니(Luke Tierney)는 침착하게 계속 함께해 주었다. 다이앤 타이스(Dianne Tice)는 따뜻하게, 헌신적으로, 변함없이 그 자리에 있어주었다. 감사를, 감사를 전한다.

머리말: 부정성 효과

1. 자신의 전문 분야와는 거리가 먼 질문: 바우마이스터의 논문과 책 목록을 보려면 http://www.roybaumeister.com 참조.

2. 바우마이스터와 동료들: R. F. Baumeister, E. Bratslavsky, C. Finkenauer, and K. D. Vohs, "Bad Is Stronger Than Good," *Review of General Psychology* 5 (2001): 323-370.

3. 몇몇 뛰어난 실험: P. Rozin, L. Millman, and C. Nemeroff, "Operation of the Laws of Sympathetic Magic in Disgust and Other Domains," *Journal of Personality and Social Psychology* 50 (1986): 703-712.

4. 20개 언어: P. Rozin, L. Berman, and E. Royzman, "Biases in Use of Positive and Negative Words Across Twenty Natural Languages," *Cognition and Emotion* 24 (2010): 536-548, https://doi.org/10.1080/02699930902793462.

5. 로진이 펜실베이니아 대학교의 에드워드 로이즈먼과 함께 쓴 논문: P. Rozin and E. B. Royzman, "Negativity Bias, Negativity Dominance, and Contagion," *Personality and Social Psychology Review* 5 (2001): 296-320.

6. 바우마이스터의 논문: Baumeister, Bratslavsky, Finkenauer, and Vohs, "Bad Is Stronger Than Good," 323-370.

7. 적어도 80퍼센트: National Collaborating Centre for Mental Health (UK), *Post-Traumatic Stress Disorder: The Management of PTSD in Adults and Children*

in *Primary and Secondary Care* (Leicester, UK: Gaskell, 2005), https://www.ncbi.nlm.nih.gov/books/NBK56506/. E. Jones, "Victimhood: A Traumatic History," *Spiked*, September 2017, https://www.spiked-online.com/2017/09/01/a-traumatic-history/도 참조.

8. 테러리즘은 미디어 시대의 창조물: M. Boot, "The Futility of Terrorism," *Wall Street Journal*, April 16, 2013, https://www.wsj.com/articles/SB10001424127887324485004578426520067308336.

9. 미국의 강력 범죄: J. Gramlich, "5 Facts About Crime in the U.S.," Pew Research Center, January 3, 2019, http://www.pewresearch.org/fact-tank/2018/01/30/5-facts-about-crime-in-the-u-s/.

10. 범죄를 너무나 자주 접하기 때문에: Ipsos MORI, "Why Do People Think There Is More Crime?," January 2007, M. Roser and M. Nagdy, "Optimism & Pessimism," Our World in Data, 2019, https://ourworldindata.org/optimism-pessimism에서 인용.

11. 걱정거리를 부풀려 생각하고: W. M. Johnston and G. C. L. Davey, "The Psychological Impact of Negative TV News Bulletins: The Catastrophizing of Personal Worries," *British Journal of Psychology* 88 (1997): 85-91, https://onlinelibrary.wiley.com/doi/abs/10.1111/j.2044-8295.1997.tb02622.x.

12. 1달러도 되지 않는 돈: M. Roser and E. Ortiz-Ospina, "Global Extreme Poverty," Our World in Data, March 27, 2017, https://ourworldindata.org/extreme-poverty.

13. 글을 읽을 줄 몰랐으나: M. Roser and E. Ortiz-Ospina, "Literacy," Our World in Data, September 20, 2018, https://ourworldindata.org/literacy.

14. 10퍼센트도 되지 않으며: World Bank, *Poverty and Shared Prosperity 2018: Piecing Together the Poverty Puzzle* (Washington, DC: World Bank, 2018), 23; UNESCO Institute for Statistics, "Literacy Rates—UNICEF Data," July 2018, https://data.unicef.org/topic/education/literacy/.

15. 복역 중인 죄수들: C. Sedikides, R. Meek, M. D. Alicke, and S. Taylor, "Behind Bars but Above the Bar: Prisoners Consider Themselves More Prosocial Than Non-prisoners," *British Journal of Social Psychology* 53 (2014): 396-403.

16. 이들은 최근 바우마이스터와 로진의 연구를 적용: D. P. Johnson and D. R. Tierney, "Bad World: The Negativity Bias in International Relations," *International Security* 43 (Winter 2018-19): 96-140, https://doi.org/10.1162/ISEC_a_00336.

17. 불법 이민자들이 일으키는 폭력의 파도: 불법 이민자들 사이의 범죄율은 대부분의 범죄에 대해 비교적 낮은 것으로 추산한다(미국의 불법 이민자 수를 집계하는 데 불확실성이 있어 이 추산이 필연적으로 부정확하지만). 2018년 연구에서는 이민자들이 체포되거나 기소되는 비율이 전반적으로 미국에서 태어난 사람들보다 낮았으며, 특히 살인, 성범죄, 절도에 대해서 그랬다(A. Nowrasteh, "Criminal Immigrants in Texas: Illegal Immigrant Conviction and Arrest Rates for Homicide, Sex Crimes, Larceny, and Other Crimes," *Cato Institute Immigration Research and Policy Brief No. 4*, February 26, 2018 참조). 텍사스 데이터를 분리해서 분석한 뒤 나머지 모집단과 비율을 비교해 본(미국에서 태어난 사람들뿐만 아니라 이들보다 범죄율이 낮은 합법 이민자들도 포함해서) 결과(B. Latzer, "Do Illegal Aliens Have High Crime Rates?," *City Journal*, January 24, 2019 참조), 라처는 불법 이민자들의 살인율이 비교적 높으나 약물, 절도, 무기를 사용한 공격에서는 낮음을 알아냈다.

18. 아동을 유괴: L. Skenazy, *Free-Range Kids: How to Raise Safe, Self-Reliant Children (Without Going Nuts with Worry)* (San Francisco: Wiley, 2009), 16; National Safety Council, *Injury Facts Chart*, https://www.nsc.org/work-safety/tools-resources/injury-facts/chart.

19. 미국의 열 살 미만 아동들: J. M. Chua, "No Kidding, One in Three Children Fear Earth Apocalypse," *TreeHugger*, April 20, 2009, https://www.treehugger.com/culture/no-kidding-one-in-three-children-fear-earth-apocalypse.html.

20. 욕조에 들어가다가 사망한 미국인 수: J. Mueller and M. Stewart, *Chasing Ghosts: The Policing of Terrorism* (New York: Oxford University Press, 2016), 67.

21. '가용성 폭포': T. Kuran and C. R. Sunstein, "Availability Cascades and Risk Regulation," *Stanford Law Review* 51 (1999): 683-768, http://doi.org/10.2307/1229439; J. Tierney, "In 2008, a 100 Percent Chance of Alarm," *New York Times*, January 1, 2008, https://www.nytimes.com/2008/01/01/science/01tier.

html.

22. 미국인의 40퍼센트: Mueller and Stewart, *Chasing Ghosts*, 7.

23. 토머스 홉스: *Leviathan* (Mineola, NY: Dover, 2006), 70.

24. 연구자들이 미국·캐나다·인도의 성인들에게 …… 물었을 때: M. I. Norton, L. Anik, L. B. Aknin, and E. W. Dunn, "Is Life Nasty, Brutish, and Short? Philosophies of Life and Well-Being," *Social Psychological and Personality Science* 2 (2011): 570-575.

25. 혐오를 극복하는 능력: P. Rozin, "Getting to Like the Burn of Chili Pepper: Biological, Psychological and Cultural Perspectives," in *Chemical Senses*, vol. 2, Irritation, ed. B. G. Green, J. R. Mason, and M. R. Kare (New York: Marcel Dekker, 1990), 231-269.

01 나쁜 것이 얼마나 나쁜가: 합리적 마음을 사용하기

1. 슈워츠는 …… 결론지었다: R. M. Schwartz, C. F. Reynolds III, M. E. Thase, E. Frank, and A. L. Fasiczka, "Optimal and Normal Affect Balance in Psychotherapy of Major Depression: Evaluation of the Balanced States of Mind Model," *Behavioural and Cognitive Psychotherapy* 30 (2002): 439-450.

2. 결혼이 계속 유지될지: F. Fincham, "Marital Conflict: Correlates, Structure, and Context," *Current Directions in Psychological Science* 12 (2003): 23-27; J. W. Howard and R. M. Dawes, "Linear Prediction of Marital Happiness," *Personality and Social Psychology Bulletin* 2 (1976): 478-480.

3. 심리학자 해리스 프리드먼: H. L. Friedman, "A Test of the Validity of the Slater-Sussman Measure of Marital Integration" (master's thesis, Emory University, 1971).

4. 존 고트먼은 …… 발견했다: R. W. Levenson and J. M. Gottman, "Marital Interaction: Physiological Linkage and Affective Exchange," *Journal of Personality and Social Psychology* 45 (1983): 587-597; R. W. Levenson and J. M. Gottman, "Physiological and Affective Predictors of Change in Relationship Satisfaction," *Journal of Personality and Social Psychology* 49 (1985): 85-94; J. M. Gottman, "The Roles of Conflict Engagement, Escalation, and Avoidance in Marital

Interaction: A Longitudinal View of Five Types of Couples," *Journal of Consulting and Clinical Psychology* 61 (1993): 6-15.

5. 카너먼과 트버스키는 결론 내렸다: D. Kahneman and A. Tversky, "Choices, Values, and Frames," *American Psychologist* 39 (1984): 341-350.

6. 런던과 마드리드의 강수확률: P. D. Windschitl and E. U. Weber, "The Interpretation of 'Likely' Depends on the Context, but '70%' Is 70%—Right? The Influence of Associative Processes on Perceived Certainty," *Journal of Experimental Psychology: Learning, Memory, and Cognition* 25 (1999): 1514-1533.

7. 시나리오가 익숙할수록: B. Bilgin, "Losses Loom More Likely Than Gains: Propensity to Imagine Losses Increases Their Subjective Probability," *Organizational Behavior and Human Decision Processes* 118 (2012): 203-215.

8. 도박하는 사람의 안구 움직임: E. Rubaltelli, S. Dickert, and P. Slovic, "Response Mode, Compatibility, and Dual-Processes in the Evaluation of Simple Gambles: An Eye-Tracking Investigation," *Judgment and Decision Making* 7 (2012): 427-440.

9. 경제학자 리처드 세일러: R. H. Thaler, "The Value of Saving a Life: A Market Estimate" (Ph.D. diss., University of Rochester, 1974).

10. 노동자의 하루 기분을 추적한 연구: A. G. Miner, T. M. Glomb, and C. Hulin, "Experience Sampling Mood and Its Correlates at Work," *Journal of Occupational and Organizational Psychology* 78 (2005): 171-193.

11. 심리학자 바버라 프레드릭슨: B. L. Fredrickson, "Positive Emotions Broaden and Build," *Advances in Experimental Social Psychology* 47 (2013): 1-53.

12. 안녕감을 측정할 수 있는 수단: 불행하게도, 다른 연구자가 프레드릭슨의 일기 연구 결과를 우스꽝스러울 정도로 반대 극단으로 해석했다. 심리학자 마셜 로사다(Marcial Losada)는 유체역학(fluid-dynamic) 공식을 응용한 수학적 모형을 이용해 일기 자료를 분석했다. 그의 계산 결과 비율은 정확히 2.9013이었는데, 이는 아마 사람이 번영하기 위해 필요한 긍정적 정서와 부정적 정서의 비율 중 최소일 것이다. 대부분의 심리학자들은 계산을 이해하기 어려웠지만, 그들이 2005년 권위 있는 학술지에 결과를 출판했을 때는 인상적으로 보였다(B. L. Fredrickson and M. F. Losada, "Positive Affect and the Complex Dynamics of Human

Flourishing," *American Psychologist* 60 (2005): 678-686〕. 2.9013의 긍정성 비율은 로사다 선(Losada line)으로 알려졌으며, 다른 연구자들이 임의적인 가정과 초보적인 계산 실수에 기반한 오류라고 결론 내리기 전까지 경건하게 인용되었다〔N. J. L. Brown, A. D. Sokal, and H. L. Friedman, "The Complex Dynamics of Wishful Thinking: The Critical Positivity Ratio," *American Psychologist* 68 (2013): 801-813〕. 비판은 엄청났고, 로사다는 응답하지 않았으나, 프레드릭슨은 복잡한 수학적 분석에 문제가 있었다고 인정했다. 그 결과로 학술지 〈아메리칸 사이컬러지스트(American Psychologist)〉는 공식적으로 논문에서 로사다의 계산과 관련된 부분의 게재를 철회하되 프레드릭슨이 기여한 부분은 그대로 남겨두었다. 이 일화는 창피하지만(어떻게 그 많은 사회심리학자들이 숫자놀음에 넘어갈 수 있었을까?) 프레드릭슨이 2013년 응답에서 언급했듯이 프레드릭슨의 현장 연구나 좋은 사건과 나쁜 사건의 영향력을 비교하기 위해 기초적 계산법을 사용한 많은 연구가 무효화된 것은 아니었다〔B. L. Fredrickson, "Updated Thinking on Positivity Ratios," *American Psychologist* 68 (2013): 814-822〕.

13. **심리학자 랜디 라슨**: R. J. Larsen, "Differential Contributions of Positive and Negative Affect to Subjective Well-Being," in *Eighteenth Annual Meeting of the International Society for Psychophysics*, ed. J. A. Da Silva, E. H. Matsushima, and N. P. Riberio-Filho (Rio de Janeiro, Brazil: International Society for Psychophysics, 2002), 186-190. R. J. Larsen and Z. Prizmic, "Regulation of Emotional Well-Being: Overcoming the Hedonic Treadmill," in *The Science of Subjective Well-Being*, ed. M. Eid and R. J. Larsen (New York: Guilford Press, 2008), 258-289도 참조.

14. **설문조사나 …… 분석해 보면**: D. DiMeglio, "Customer Satisfaction Stagnates in Ominous Sign for Economy, ACSI Data Show," press release, National ACSI Q1 2018, July 12, 2018, https://www.theacsi.org/news-and-resources/press-releases/press-archive/press-release-national-acsi-q1-2018; R. East, K. Hammond, and M. Wright, "The Relative Incidence of Positive and Negative Word of Mouth: A Multi-category Study," *International Journal of Research in Marketing* 24 (2007): 175-184; T. O. Jones and W. E. Sasser, "Why Satisfied Customers Defect," *Harvard Business Review* (November-December 1995),

https://hbr.org/1995/11/why-satisfied-customers-defect.

15. 옐프에 올라와 있는 …… 사업: https://en.yelp.my/faq#rating_distribution.

16. 초콜릿 회사 캐드버리: B. Puri and S. E. Clark, "How to Transform Consumer Opinion When Disaster Strikes," *Reflections from Practice* (Medford, MA: Fletcher School, April 2012).

17. 민담과 신화: J. Campbell, *The Hero with a Thousand Faces* (New York: Pantheon, 1949).

18. 외적인 힘: C. K. Morewedge, "Negativity Bias in Attribution of External Agency," *Journal of Experimental Psychology: General* 138 (2009): 535-545; J. K. Hamlin and A. S. Baron, "Agency Attribution in Infancy: Evidence for a Negativity Bias," *PLoS ONE* 9 (2014): e96112, https://doi.org/10.1371/journal.pone.0096112; G. Bohner, H. Bless, N. Schwarz, and F. Strack, "What Triggers Causal Attributions? The Impact of Valence and Subjective Probability," *European Journal of Social Psychology* 18 (1988): 335-345. M. Hutson, *The 7 Laws of Magical Thinking: How Irrational Beliefs Keep Us Happy, Healthy, and Sane* (New York: Hudson Street Press, 2012)도 참조.

19. 대부분의 지역이 …… 안전하다: M. Friedman, A. C. Grawert, and J. Cullen, "Crime Trends: 1990-2016," Brennan Center for Justice, April 18, 2017, https://www.brennancenter.org/publication/crime-trends1990-2016.

20. 미국의 제조업은 …… 성장해 왔다: D. Desilver, "Most Americans Unaware That as U.S. Manufacturing Jobs Have Disappeared, Output Has Grown," Pew Research Center, July 25, 2017, http://www.pewresearch.org/fact-tank/2017/07/25/most-americans-unaware-that-as-u-s-manufacturing-jobs-have-disappeared-output-has-grown/.

21. 비효율성과 무능력: N. Gillespie, "TSA Celebrates 10 Years of Sucking!," *Reason*, November 17, 2011, http://reason.com/blog/2011/11/17/tsa-10-years-of-sucking.

22. 계속해서 실패했다: A. Halsey III, "GOP Report: TSA Hasn't Improved Aviation Security," *Washington Post*, November 16, 2011, https://www.washingtonpost.com/local/commuting/gop-report-tsa-hasnt-improved-aviation-security/2011/11/16/gIQAvqRQSN_story.html?utm_term=.3b3c0c70233b; J. Tierney,

"Monuments to Idiocy: Let's Honor the Public Servants Responsible for Giving Us the TSA," *City Journal*, Summer 2016, https://www.city-journal.org/html/monuments-idiocy-14620.html.

23. 실패는 …… 처음부터 명확했다: J. Tierney, "The Big City: Twisted Logic on Improving Air Security," *New York Times*, October 2, 2001, https://www.nytimes.com/2001/10/02/nyregion/the-big-city-twisted-logic-on-improving-air-security.html; J. Tierney, "Fighting the Last Hijackers," *New York Times*, August 16, 2005.

24. 부가적으로 1600명이 목숨을 잃은 것: W. Gaissmaier and G. Gigerenzer, "9/11, Act II: A Fine-Grained Analysis of Regional Variations in Traffic Fatalities in the Aftermath of the Terrorist Attacks," *Psychological Science* 23 (2012): 1449-1454.

25. 타이거 우즈는 …… 설명했다: Associated Press, "Tiger Grabs Doral Lead," *Gainesville Sun*, March 24, 2007, https://www.gainesville.com/article/LK/20070324/News/604156668/GS/.

26. 경제학자들의 계산: D. G. Pope and M. E. Schweitzer, "Is Tiger Woods Loss Averse? Persistent Bias in the Face of Experience, Competition, and High Stakes," *American Economic Review* 101 (2011): 129-157.

27. 나쁜 전략: D. Romer, "Do Firms Maximize? Evidence from Professional Football," *Journal of Political Economy* 114 (2006): 340-365; B. Cohen, "NFL Teams Should (Almost) Always 'Go for It' on 4th and 1," Eagles Rewind, August 13, 2013, https://eaglesrewind.com/2013/08/13/nfl-teams-should-almost-always-go-for-it-on-4th-and-1/.

28. 그레그 이스터브룩은 …… 〈튜스데이 모닝 쿼터백〉에 칼럼을 썼다: G. Easterbrook, *The Game's Not Over* (New York: PublicAffairs, 2015), 173-182.

29. 〈뉴욕타임스〉의 …… 말한다: "4th Down: When to Go for It and Why," *New York Times*, September 4, 2014, https://www.nytimes.com/2014/09/05/upshot/4th-down-when-to-go-for-it-and-why.html.

30. 중계위원과 …… 비판: Associated Press, "Belichick Defends Decision to Go for It on Fourth Down vs. Colts," NFL.com, November 16, 2009, http://www.

nfl.com/news/story/09000d5d81441ff6/article/belichick-defends-decision-to-go-for-it-on-fourth-down-vs-colts.

31. 절대 펀트를 하지 않는 미식축구 감독: 이 부분의 인용과 사실은 케빈 켈리와 그의 팀이 세운 기록에서 가져왔다.

32. 도박을 이용한 손실 회피 실험: E. Polman, "Self-Other Decision Making and Loss Aversion," *Organizational Behavior and Human Decision Processes* 119 (2012): 141-150.

33. 올해의 미식축구 감독상: J. Halley, "All-USA Football Coach of the Year: Kevin Kelley, Pulaski Academy (Ark.)," *USA Today*, December 20, 2016.

02 사랑의 교훈: 부정성 제거하기

1. 만족도 평가는 일반적으로 시간이 지나면서 떨어졌다: J. VanLaningham, D. R. Johnson, and P. Amato, "Marital Happiness, Marital Duration, and the U-Shaped Curve: Evidence from a Five-Wave Panel Study," *Social Forces* 79 (2001): 1313-1341.

2. 앤서니 트롤럽: A. Trollope, *He Knew He Was Right* (London: Ward, Lock, 1869).

3. 전통적인 방식으로 연구: C. E. Rusbult, D. J. Johnson, and G. D. Morrow, "Impact of Couple Patterns of Problem Solving on Distress and Nondistress in Dating Relationships," *Journal of Personality and Social Psychology* 50 (1986): 744-753.

4. 당신이 조용히 상대를 위해 참는다면: S. M. Drigotas, G. A. Whitney, and C. E. Rusbult, "On the Peculiarities of Loyalty: A Diary Study of Responses to Dissatisfaction in Everyday Life," *Personality and Social Psychology Bulletin* 21 (1995): 596-609; N. C. Overall, C. G. Sibley, and L. K. Travaglia, "Loyal but Ignored: The Benefits and Costs of Constructive Communication Behavior," *Personal Relationships* 17 (2010): 127-148.

5. 캐릴 러스벌트는 말한다: 개인적 소통.

6. PAIR라는 장기 프로젝트: T. L. Huston, J. P. Caughlin, R. M. Houts, S. E. Smith, and L. J. George, "The Connubial Crucible: Newlywed Years as

Predictors of Marital Delight, Distress, and Divorce," *Journal of Personality and Social Psychology* 80 (2001): 237-252.

7. 이론을 검증: S. L. Murray, P. Rose, G. M. Bellavia, J. G. Holmes, and A. G. Kusche, "When Rejection Stings: How Self-Esteem Constrains Relationship-Enhancement Processes," *Journal of Personality and Social Psychology* 83 (2002): 556-573; S. L. Murray, J. G. Holmes, and N. L. Collins, "Optimizing Assurance: The Risk Regulation System in Relationships," *Psychological Bulletin* 132 (2006): 641-666.

8. 머리와 홈스의 다른 연구: S. L. Murray et al., "Cautious to a Fault: Self-Protection and the Trajectory of Marital Satisfaction," *Journal of Experimental Social Psychology* 49 (2013): 522-533, https://doi.org/10.1016/j.jesp.2012.10.010.

9. 뉴욕시 커플 연구: G. Downey, A. L. Freitas, B. Michaelis, and H. Khouri, "The Self-Fulfilling Prophecy in Close Relationships: Rejection Sensitivity and Rejection by Romantic Partners," *Journal of Personality and Social Psychology* 75 (1998): 545-560.

10. 시애틀에서 이루어진 좀더 정교한 연구: R. W. Levenson and J. M. Gottman, "Marital Interaction: Physiological Linkage and Affective Exchange," *Journal of Personality and Social Psychology* 45 (1983): 587-597; R. W. Levenson and J. M. Gottman, "Physiological and Affective Predictors of Change in Relationship Satisfaction," *Journal of Personality and Social Psychology* 49 (1985): 85-94.

11. 동성 커플 집단: J. M. Gottman et al., "Observing Gay, Lesbian and Heterosexual Couples' Relationships: Mathematical Modeling of Conflict Interaction," *Journal of Homosexuality* 45 (2003): 65-91.

12. 신혼부부의 언어적·비언어적 소통에 대한 연구: T. L. Huston and A. L. Vangelisti, "Socioemotional Behavior and Satisfaction in Marital Relationships: A Longitudinal Study," *Journal of Personality and Social Psychology* 61 (1991): 721-733.

13. 심리학자 배리 매카시: 배리 매카시와의 개인적 소통.

14. 근접성 효과: L. Festinger, S. Schachter, and K. Back, *Social Pressures in Informal Groups: A Study of Human Factors in Housing* (Stanford, CA: Stanford University

Press, 1950).

15. 공동주택 개발지역: E. B. Ebbesen, G. L. Kjos, and V. J. Konečni, "Spatial Ecology: Its Effects on the Choice of Friends and Enemies," *Journal of Experimental Social Psychology* 12 (1976): 505-518.

16. 아동의 인지 발달: D. C. Rowe, K. C. Jacobson, and E. J. Van den Oord, "Genetic and Environmental Influences on Vocabulary IQ: Parental Education Level as Moderator," *Child Development* 70 (1999): 1151-1162; L. A. Thompson, R. D. Tiu, and D. K. Detterman, "Differences in Heritability Across Levels of Father's Occupation," poster presented at the annual meeting of the Behavior Genetics Association (July 1999); E. Turkheimer, A. Haley, M. Waldron, B. D' Onofrio, and I. I. Gottesman, "Socioeconomic Status Modifies Heritability of IQ in Young Children," *Psychological Science* 14 (2003): 623-628.

17. 자녀 양육의 정서적 측면: S. Scarr, "Developmental Theories for the 1990s: Development and Individual Differences," *Child Development* 63 (1992): 1-19; I. B. Wissink, M. Dekovic, and A. M. Meijer, "Parenting Behavior, Quality of the Parent-Adolescent Relationship, and Adolescent Functioning in Four Ethnic Groups," *Journal of Early Adolescence* 26 (2006): 133-159.

18. 에일렛 니지가 …… 입증: A. Gneezy and N. Epley, "Worth Keeping but Not Exceeding: Asymmetric Consequences of Breaking Versus Exceeding Promises," *Social Psychological and Personality Science* 5 (2014): 796-804.

19. 많은 국가에서 이루어진 연구: D. P. Schmitt, A. Realo, M. Voracek, and J. Allik, "Why Can't a Man Be More Like a Woman? Sex Differences in Big Five Personality Traits Across 55 Cultures," *Journal of Personality and Social Psychology* 94 (2008): 168-182.

20. 얼굴을 보여주었을 때: L. M. Williams et al., "Explicit Identification and Implicit Recognition of Facial Emotions: I. Age Effects in Males and Females Across 10 Decades," *Journal of Clinical and Experimental Neuropsychology* 31 (2009): 257-277.

21. 기본적 귀인 오류: D. T. Gilbert and P. S. Malone, "The Correspondence Bias," *Psychological Bulletin* 117 (1995): 21-38.

22. 이 오류는 …… 때만 나타났다: B. F. Malle, "The Actor-Observer Asymmetry in Attribution: A (Surprising) Meta-analysis," *Psychological Bulletin* 132 (2006): 895-919.

23. '귀인 양식': B. R. Karney and T. N. Bradbury, "Attributions in Marriage: State or Trait? A Growth Curve Analysis," *Journal of Personality and Social Psychology* 78 (2000): 295-309.

24. '결혼 지원': E. J. Finkel, E. B. Slotter, L. B. Luchies, G. M. Walton, and J. J. Gross, "A Brief Intervention to Promote Conflict Reappraisal Preserves Marital Quality over Time," *Psychological Science* 24 (2013): 1595-1601.

25. 연인들의 뇌: X. Xu et al., "Regional Brain Activity During Early-Stage Intense Romantic Love Predicted Relationship Outcomes After 40 Months: An fMRI Assessment," *Neuroscience Letters* 526 (2012): 33-38; B. P. Acevedo, A. Aron, H. E. Fisher, and L. L. Brown, "Neural Correlates of Marital Satisfaction and Well-Being: Reward, Empathy, and Affect," *Clinical Neuropsychiatry: Journal of Treatment Evaluation* 9 (2012): 20-31.

26. 시인 윌리엄 블레이크: W. Blake, *The Poetical Works of William Blake*, ed. John Sampson (London: Oxford University Press, 1908); https://www.bartleby.com/235/154.html.

27. 커플들의 환상: S. L. Murray, J. G. Holmes, and D. W. Griffin, "The Benefits of Positive Illusions: Idealization and the Construction of Satisfaction in Close Relationships," *Journal of Personality and Social Psychology* 70 (1996): 79-98.

28. 긴즈버그는 대학생 청중들에게 이 충고: K. J. Sullivan, "U.S. Supreme Court Justice Ruth Bader Ginsburg Talks About a Meaningful Life," *Stanford News*, February 6, 2017, https://news.stanford.edu/2017/02/06/supreme-court-associate-justice-ginsburg-talks-meaningful-life/.

29. 독재자 게임: B. Keysar, B. A. Converse, J. Wang, and N. Epley, "Reciprocity Is Not Give and Take: Asymmetric Reciprocity to Positive and Negative Acts," *Psychological Science* 19 (2008): 1280-1286, https://dx.doi.org/10.1111/j.1467-9280.2008.02223.x.

03 뇌 속의 악령: 우리 안의 부정성

1. 펠릭스 바움가르트너: 초음속 낙하 프로젝트에 대한 내용은 펠릭스 바움가르트너, 마이클 저베이스, 아트 톰슨, 조 키팅어를 비롯한 레드불 스트라토스 팀과의 인터뷰, 티어니의 다른 관련 보도에서 가져왔다(J. Tierney, "Daredevil Sets Sight on a 22-Mile Fall," *New York Times*, October 8, 2012, https://www.nytimes.com/2012/10/09/science/fearless-felix-baumgartner-to-try-to-become-first-skydiver-to-break-sound-barrier.html; J. Tierney, "A Supersonic Jump, from 23 Miles in the Air," *New York Times*, March 15, 2010, https://www.nytimes.com/2010/03/16/science/16tier.html).

2. 주된 위험 경고 체계: K. J. Flannelly, H. G. Koenig, K. Galek, and C. G. Ellison, "Beliefs, Mental Health, and Evolutionary Threat Assessment Systems in the Brain," *Journal of Nervous and Mental Disease* 195 (2007): 996-1003.

3. 뇌의 다른 부분이 …… 반응할 수 있다: M. Diano, A. Celeghin, A. Bagnis, and M. Tamietto, "Amygdala Response to Emotional Stimuli Without Awareness: Facts and Interpretations," *Frontiers in Psychology* 7 (2017): 2029, https://doi.org/10.3389/fpsyg.2016.02029.

4. 더 빨리 바라본다: V. LoBue and J. S. DeLoache, "Superior Detection of Threat-Relevant Stimuli in Infancy," *Developmental Science* 13 (2010): 221-228, https://doi.org/10.1111/j.1467-7687.2009.00872.x.

5. 다섯 살 아이: V. LoBue, "More Than Just Another Face in the Crowd: Superior Detection of Threatening Facial Expressions in Young Children and Adults," *Developmental Science* 12 (2009): 305-313, https://doi.org/10.1111/j.1467-7687.2008.00767.x.

6. 뇌는 …… 초점을 맞춘다: G. W. Alpers and P. Pauli, "Emotional Pictures Predominate in Binocular Rivalry," *Cognition and Emotion* 20 (2006): 596-607; R. L. Bannerman, M. Milders, B. de Gelder, and A. Sahraie, "Influence of Emotional Facial Expressions on Binocular Rivalry," *Ophthalmic & Physiological Optics* 28 (2008): 317-326.

7. 양안 경쟁 실험: E. Anderson, E. H. Siegel, E. Bliss-Moreau, and L. F. Barrett, "The Visual Impact of Gossip," *Science* 332 (2011): 1446-1448.

8. 스트룹 검사: F. Pratto and O. P. John, "Automatic Vigilance: The Attention-Grabbing Power of Negative Social Information," *Journal of Personality and Social Psychology* 61 (1991): 380-391.

9. 회피 반사: G. J. Norman et al., "Current Emotion Research in Psychophysiology: The Neurobiology of Evaluative Bivalence," *Emotion Review* 3 (2011): 349-359, https://doi.org/10.1177/1754073911402403.

10. 편도체의 유연성: W. A. Cunningham, J. J. Van Bavel, and I. Johnsen Haas, "Affective Flexibility: Evaluative Processing Goals Shape Amygdala Activity," *Psychological Science* 19 (2008): 152-160.

11. 편도체는 계속 햇살 뒤의 먹구름을 찾는다: M. W. Schlund and M. F. Cataldo, "Amygdala Involvement in Human Avoidance, Escape and Approach Behavior," *Neuroimage* 53 (2010): 769-776.

12. 편도체 일부를 다친 참여자들: J. A. Weller, I. P. Levin, B. Shiv, and A. Bechara, "Neural Correlates of Adaptive Decision Making for Risky Gains and Losses," *Psychological Science* 18 (2007): 958-964.

13. 카드 두 장: T. D. Satterthwaite et al., "Dissociable but Interrelated Systems of Cognitive Control and Reward During Decision Making: Evidence from Pupillometry and Event-Related fMRI," *Neuroimage* 37 (2007): 1017-1031.

14. 의식적으로 두려움을 느끼지 못할 때: G. Hochman and E. Yechiam, "Loss Aversion in the Eye and in the Heart: The Autonomic Nervous System's Responses to Losses," *Journal of Behavioral Decision Making* 24 (2011): 140-156.

15. 어떻게 '긍정적 환상'을 갖게 되는지: S. E. Taylor, M. E. Kemeny, G. M. Reed, J. E. Bower, and T. L. Gruenewald, "Psychological Resources, Positive Illusions, and Health," *American Psychologist* 55 (2000): 99-109; S. E. Taylor, "Adjustment to Threatening Events: A Theory of Cognitive Adaptation," *American Psychologist* 38 (1983): 1161-1173.

16. 동원과 최소화: S. E. Taylor, "Asymmetrical Effects of Positive and Negative Events: The Mobilization-Minimization Hypothesis," *Psychological Bulletin* 110 (1991): 67-85.

17. 항우울제: R. J. DeRubeis, G. J. Siegle, and S. D. Hollon, "Cognitive Therapy

Versus Medication for Depression: Treatment Outcomes and Neural Mechanisms," *Nature Reviews Neuroscience* 9 (2008): 788-796.

18. 철저한 검증: A. C. Butler, J. E. Chapman, E. M. Forman, and A. T. Beck, "The Empirical Status of Cognitive-Behavioral Therapy: A Review of Meta-analyses," *Clinical Psychology Review* 26 (2006): 17-31; B. O. Olatunji, J. M. Cisler, and B. J. Deacon, "Efficacy of Cognitive Behavioral Therapy for Anxiety Disorders: A Review of Meta-analytic Findings," *Psychiatric Clinics of North America* 33 (2010): 557-577.

19. 우울, 불안, 그 밖의 장애: C. Otte, "Cognitive Behavioral Therapy in Anxiety Disorders: Current State of the Evidence," *Dialogues in Clinical Neuroscience* 13 (2011): 413-421; C. K. Higa-McMillan, S. E. Francis, L. Rith-Najarian, and B. F. Chorpita, "Evidence Base Update: 50 Years of Research on Treatment for Child and Adolescent Anxiety," *Journal of Clinical Child & Adolescent Psychology* 45 (2016): 91-113.

20. 광범위한 문제: Academy of Cognitive Therapy, "CBT Outcome Studies," https://www.academyofct.org/page/OutcomeStudies.

21. '대처 진술': D. Roditi, M. E. Robinson, and N. Litwins, "Effects of Coping Statements on Experimental Pain in Chronic Pain Patients," *Journal of Pain Research* 2 (2009): 109-116; F. D. Glogower, W. J. Fremouw, and J. C. McCroskey, "A Component Analysis of Cognitive Restructuring," *Cognitive Therapy and Research* 2 (1978): 209-223.

22. 이완 반응: H. Benson and M. Z. Klipper, *The Relaxation Response* (New York: William Morrow, 1975).

23. 정보의 공유: W. Walker, J. J. Skowronski, J. A. Gibbons, R. J. Vogl, and T. D. Ritchie, "Why People Rehearse Their Memories: Frequency of Use and Relations to the Intensity of Emotions Associated with Autobiographical Memories," *Memory* 17 (2009): 760-773.

24. 수도승과 …… 명상가: R. Jevning, R. K. Wallace, and M. Beidebach, "The Physiology of Meditation: A Review," *Neuroscience & Biobehavioral Reviews* 16 (1992): 415-424; A. Hankey, "Studies of Advanced Stages of Meditation in

the Tibetan Buddhist and Vedic Traditions," *Evidence-Based Complementary and Alternative Medicine* 3 (2006): 513-521.

25. 혈압이 떨어지고: S. L. Ooi, M. Giovino, and S. C. Pak, "Transcendental Meditation for Lowering Blood Pressure: An Overview of Systematic Reviews and Meta-analyses," *Complementary Therapies in Medicine* 34 (2017): 26-34.

26. 집단적으로 활용할 수 있다: B. Carey, "The Therapist May See You Anytime, Anywhere," *New York Times*, February 13, 2012, https://www.nytimes.com/2012/02/14/health/feeling-anxious-soon-there-will-be-an-app-for-that.html?_ r=0.

27. 스마트폰 앱: P. M. Enock, S. G. Hofmann, and R. J. McNally, "Attention Bias Modification Training via Smartphone to Reduce Social Anxiety: A Randomized, Controlled Multi-session Experiment," *Cognitive Therapy and Research* 38 (2014): 200-216; R. Yang et al., "Effects of Cognitive Bias Modification Training via Smartphones," *Frontiers in Psychology* 8 (2017): 1370.

28. 불안을 낮추어주는 것으로 보인다: J. M. Kuckertz and N. Amir, "Attention Bias Modification for Anxiety and Phobias: Current Status and Future Directions," *Current Psychiatry Reports* 17 (2015): 1-8; C. Mogoaşe, D. David, and E. H. Koster, "Clinical Efficacy of Attentional Bias Modification Procedures: An Updated Meta-analysis," *Journal of Clinical Psychology* 70 (2014): 1133-1157; L. S. Hallion and A. M. Ruscio, "A Meta-analysis of the Effect of Cognitive Bias Modification on Anxiety and Depression," *Psychological Bulletin* 137 (2011): 940-958.

29. 연설을 하는 것과 같은 도전: N. Amir, G. Weber, C. Beard, J. Bomyea, and C. T. Taylor, "The Effect of a Single-Session Attention Modification Program on Response to a Public-Speaking Challenge in Socially Anxious Individuals," *Journal of Abnormal Psychology* 117 (2008): 860-868.

30. 고소공포증: S. A. Steinman and B. A. Teachman, "Reaching New Heights: Comparing Interpretation Bias Modification to Exposure Therapy for Extreme Height Fear," *Journal of Consulting and Clinical Psychology* 82 (2014): 404-417.

31. 자유낙하 신기록: J. Tierney, "24 Miles, 4 Minutes and 834 M.P.H., All in One Jump," *New York Times*, October 14, 2012, https://www.nytimes.com/2012/10/15/us/felix-baumgartner-skydiving.html.

04 부정성의 힘 사용하기: 건설적 비판

1. 스티븐 포터: S. Potter, *The Complete Upmanship, Including Gamesmanship, Lifemanship, One-Upmanship and Supermanship* (New York: Holt, Rinehart and Winston, 1971).

2. 몇 가지 명석한 실험: T. M. Amabile, "Brilliant but Cruel: Perceptions of Negative Evaluators," *Journal of Experimental Social Psychology* 19 (1983): 146-156.

3. 아마빌레가 다른 연구에서 입증: T. M. Amabile and A. H. Glazebrook, "A Negativity Bias in Interpersonal Evaluation," *Journal of Experimental Social Psychology* 18 (1982): 1-22.

4. 엘리자베스 베넷이 보여준 업맨십: J. Austen, *Pride and Prejudice* (New York: Penguin Classics, 2009), 196-197, Kindle.

5. 이러한 어구의 효과를 검증: R. Hamilton, K. D. Vohs, and A. L. McGill, "We'll Be Honest, This Won't Be the Best Article You'll Ever Read: The Use of Dispreferred Markers in Word-of-Mouth Communication," *Journal of Consumer Research* 41 (2014): 197-212.

6. 메리 케이 애시: M. K. Ash, *Mary Kay on People Management* (London: Futura, 1984), 39.

7. 더글러스 메이너드: D. W. Maynard, *Bad News, Good News: Conversational Order in Everyday Talk and Clinical Settings* (Chicago: University of Chicago Press, 2003).

8. 4분의 3이 넘는 사람들: A. M. Legg and K. Sweeny, "Do You Want the Good News or the Bad News First? The Nature and Consequences of News Order Preferences," *Personality and Social Psychology Bulletin* 40 (2014): 279-288, https://doi.org/10.1177/0146167213509113; L. L. Marshall and R. F. Kidd, "Good News or Bad News First?," *Social Behavior and Personality* 9 (1981): 223-226.

9. 바우마이스터가 임상심리학자 케네스 케언스와 함께한 연구: R. F. Baumeister and

K. J. Cairns, "Repression and Self-Presentation: When Audiences Interfere with Deceptive Strategies," *Journal of Personality and Social Psychology* 62 (1992): 851-862.

10. 토머스 제퍼슨의 관찰: T. Jefferson, "Letter to Francis Hopkinson, March 13, 1789," Founders Online, https://founders.archives.gov/documents/Jefferson/01-14-02-0402.

11. '관점 노출 순서': Drawn from personal communication with Douglas Maynard and from his book *Bad News, Good News*.

12. 듣는 사람의 기분이 더 낫겠지만: A. Nguyen, A. M. Legg, and K. Sweeny, "Do You Want the Good News or the Bad News First? News Order Influences Recipients' Mood, Perceptions, and Behaviors," *University of California Riverside Undergraduate Research Journal* 5 (2011): 31-36.

13. 순서 전략을 연구: Legg and Sweeny, "Do You Want the Good News or the Bad News First?"

14. 그다음의 부정적 피드백: Y. Trope and E. Neter, "Reconciling Competing Motives in Self-Evaluation: The Role of Control in Feedback Seeking," *Journal of Personality and Social Psychology* 66 (1994): 646-657, https://dx.doi.org/10.1037/0022-3514.66.4.646.

15. 칭찬할 때: E. Chan and J. Sengupta, "Insincere Flattery Actually Works: A Dual Attitudes Perspective," *Journal of Marketing Research* 47 (2010): 122-133; C. Nass, *The Man Who Lied to His Laptop* (New York: Current, 2010), 16-38.

16. 로널드 레이건 미국 대통령: E. I. Koch, "Reagan's Afterlife on Earth," *Jewish World Review, June* 8, 2004, http://jewishworldreview.com/0604/koch_reagan.php3.

17. 리 대니얼스: S. W. Hunt and L. Rose, "Lee Daniels, Damon Lindelof, A-List Writers on Race, Ignoring Critics, an 'Empire' Axing," *Hollywood Reporter*, May 11, 2015, https://www.hollywoodreporter.com/features/lee-daniels-damon-lindelof-a-794430.

18. 윈스턴 처칠은 말했다: Parliamentary Debates (Hansard), January 27, 1940, W. S. Churchill and R. Langworth, *Churchill by Himself: In His Own Words* (New

York: RosettaBooks, 2013), "Maxims," Kindle에서 인용.

05 천국 또는 지옥: 보상 대 처벌

1. 어휘론을 연구하는 언어학자들: M. Quinion, "Carrot and Stick," World Wide Words, 2009, http://www.worldwidewords.org/qa/qa-car4.htm; J. Freeman, "Carrot Unstuck: A New Twist in an Old Debate," Boston.com, March 8, 2009, http://archive.boston.com/bostonglobe/ideas/articles/2009/03/08/carrot_unstuck/.

2. 아동 양육에 대한 교훈으로 널리 퍼졌다: "The Neighbour-in-Law," in L. M. Child, *Fact and Fiction: A Collection of Stories* (New York: C. S. Francis, 1846), 156-157.

3. 미국 잡지: *The Eclectic Magazine*, August 1851, Quinion, "Carrot and Stick"에서 인용.

4. 수레 끄는 노새를 친절하게 설득해서: G. C. Armistead, *Horses and Mules in the Civil War: A Complete History with a Roster of More Than 700 War Horses* (Jefferson, NC: McFarland, 2013).

5. 불경한 사람들: R. Finke and R. Stark, *The Churching of America, 1776-2005: Winners and Losers in Our Religious Economy* (New Brunswick, NJ: Rutgers University Press, 2005), chap. 2, Kindle.

6. 하루 평균 여섯 잔의 술을 마셨고: J. Kross, " 'If You Will Not Drink with Me, You Must Fight with Me': The Sociology of Drinking in the Middle Colonies," *Pennsylvania History* 64 (1997): 28-55.

7. 벤저민 프랭클린 …… 말했다: B. Franklin, *Autobiography of Benjamin Franklin* (New York: Henry Holt, 1916), chap. XI, Kindle.

8. 지상의 지옥: 이 부분에 나온 역사적 자료는 핑크와 스타크의 《미국 종교 시장에서의 승자와 패자》에서 가져왔다.

9. 조지아주에서 설교: G. Whitefield, *The Collected Sermons of George Whitefield* (Jawbone Digital, 2015), loc. 7265-7304 of 14,042, Kindle.

10. 1741년 설교: J. Edwards, *Sinners in the Hands of an Angry God* (Musaicum Books, 2018), "1. Sinners in the Hands of an Angry God," Kindle.

11. 윌키 주교는 설명했다: R. B. Wilke, *And Are We Yet Alive?* (Nashville: Abingdon

Press, 1986), 98.

12. 신에 대한 …… 인식이었다: A. F. Shariff and A. Norenzayan, "Mean Gods Make Good People: Different Views of God Predict Cheating Behavior," *International Journal for the Psychology of Religion* 21 (2011): 85-96. O. Yilmaz and H. G. Bahçekapili, "Supernatural and Secular Monitors Promote Human Cooperation Only If They Remind of Punishment," *Evolution and Human Behavior* 37 (2016): 79-84도 참조.

13. 범죄율을 비교했다: A. F. Shariff and M. Rhemtulla, "Divergent Effects of Beliefs in Heaven and Hell on National Crime Rates," *PLoS ONE* 7 (2012): e39048. https://doi.org/10.1371/journal.pone.0039048. "Updated Heaven, Hell and Crime Data for Shariff & Rhemtulla 2012," Sharifflab, September 8, 2015, http://sharifflab.com/updated-heaven-hell-and-crime-data-for-shariff-rhemtulla-2012/도 참조.

14. 존 가르시아라는 …… 결과를 내놓았다: J. Garcia, D. J. Kimeldorf, and R. A. Koelling, "Conditioned Aversion to Saccharin Resulting from Exposure to Gamma Radiation," *Science* 122 (1955): 157-158.

15. 벨기에의 연구자들: F. Baeyens, P. Eelen, O. Van den Bergh, and G. Crombez, "Flavor-Flavor and Color Conditioning in Humans," *Learning and Motivation* 21 (1990): 434-455.

16. 어린아이들과 구슬: A. F. Costantini and K. L. Hoving, "The Effectiveness of Reward and Punishment Contingencies on Response Inhibition," *Journal of Experimental Child Psychology* 16 (1973): 484-494.

17. 기억력이 좋아진다: J. P. Forgas, "Don't Worry, Be Sad! On the Cognitive, Motivational, and Interpersonal Benefits of Negative Mood," *Current Directions in Psychological Science* 22 (2013): 225-232.

18. 또한 더 간명: A. S. Koch, J. P. Forgas, and D. Matovic, "Can Negative Mood Improve Your Conversation? Affective Influences on Conforming to Grice's Communication Norms," *European Journal of Social Psychology* 43 (2013): 326-334.

19. 편향을 덜 보였다: J. P. Forgas, "Can Negative Affect Eliminate the Power of

First Impressions? Affective Influences on Primacy and Recency Effects in Impression Formation," *Journal of Experimental Social Psychology* 41 (2011): 425-429.

20. 거짓말쟁이를 가려내는 능력: J. P. Forgas and R. East, "On Being Happy and Gullible: Mood Effects on Skepticism and the Detection of Deception," *Journal of Experimental Social Psychology* 44 (2008): 1362-1367.

21. 거슬리는 소음: L. Notebaert, M. Tilbrook, P. J. F. Clarke, and C. Macleod, "When a Bad Bias Can Be Good: Anxiety-Linked Attentional Bias to Threat in Contexts Where Dangers Can Be Avoided," *Clinical Psychological Science* 5 (2017): 485-496.

22. 뚱뚱해 보이는 것에 대한 두려움: S. E. Dalley. P. Toffanin, and T. V. Pollet, "Dietary Restraint in College Women: Fear of an Imperfect Fat Self Is Stronger Than Hope of a Perfect Thin Self," *Body Image* 9 (2012): 441-447.

23. 헌혈: E. Y. Chou and J. K. Murnighan, "Life or Death Decisions: Framing the Call for Help," *PLoS ONE* 8 (2013): e57351, https://doi.org/10.1371/journal.pone.0057351.

24. 수십 개의 다른 연구: M. B. Tannenbaum et al., "Appealing to Fear: A Meta-analysis of Fear Appeal Effectiveness and Theories," *Psychological Bulletin* 141 (2015): 1178-1204.

25. 존슨 박사가 관찰했듯이: "사람이 2주 안에 교수형을 당할 것을 알면 놀라울 만큼 집중할 수 있습니다(Depend upon it, Sir, when a man knows he is to be hanged in a fortnight, it concentrates his mind wonderfully)." J. Boswell, *The Life of Samuel Johnson*, C. Hibbert, ed. (London: Penguin English Library, 1979), 231에서 인용.

26. 부모와 교육자들: R. Ryan, A. Kilal, K. Ziol-Guest, and C. Padilla, "Socioeconomic Gaps in Parents' Discipline Strategies from 1988 to 2011," *Pediatrics* 138 (2016): e20160720, https://app.dimensions.ai/details/publication/pub.1067831611; U.S. Department of Education, "Educators Gather at the White House to Rethink School Discipline," July 22, 2015, https://www.ed.gov/news/press-releases/educators-gather-white-house-rethink-school-discipline.

27. 자존감 운동: R. F. Baumeister, J. D. Campbell, J. I. Krueger, and K. D. Vohs, "Does High Self-Esteem Cause Better Performance, Interpersonal Success, Happiness, or Healthier Lifestyles?," *Psychological Science in the Public Interest* 4 (2003): 1-44.

28. 선생님들을 위한 안내서: S. Zemelman, H. S. Daniels, and A. Hyde, *Best Practice*, 4th ed., *Bringing Standards to Life in America's Classrooms* (Portsmouth, NH: Heinemann, 2012).

29. 심리학자 허버트 마시는 …… 검증해 보았는데: H. W. Marsh et al., "Dimensional Comparison Theory: An Extension of the Internal/External Frame of Reference Effect on Academic Self-Concept Formation," *Contemporary Educational Psychology* 39 (2014): 326-341; H. W. Marsh et al., "Term Positive Effects of Repeating a Year in School: Six-Year Longitudinal Study of Self-Beliefs, Anxiety, Social Relations, School Grades, and Test Scores," *Journal of Educational Psychology* 109 (2017): 425-438.

30. 플로리다주의 초등학생 연구: J. P. Greene and M. A. Winters, "Revisiting Grade Retention: An Evaluation of Florida's Test-Based Promotion Policy," *Education Finance and Policy* 2 (2007): 319-440, https://www.mitpressjournals.org/doi/pdf/10.1162/edfp.2007.2.4.319.

31. 꺼리는 …… 학교: K. Spencer, "A New Kind of Classroom: No Grades, No Failing, No Hurry," *New York Times*, August 11, 2017, https://www.nytimes.com/2017/08/11/nyregion/mastery-based-learning-no-grades.html; D. Rado, "Parents Push Back Against School Report Cards with No Letter Grades," *Chicago Tribune*, June 6, 2016, http://www.chicagotribune.com/news/local/breaking/ct-middle-school-grades-met-20160601-story.html.

32. 고등학교 성적: L. Vries, "High School Grades Hit by Inflation," CBS News, January 27, 2003, https://www.cbsnews.com/news/high-school-grades-hit-by-inflation/; "Average High School GPAs Increased Since 1990," *U.S. News & World Report*, April 19, 2011, https://www.usnews.com/opinion/articles/2011/04/19/average-high-school-gpas-increased-since-1990.

33. 학급 석차: M. Balingit, "High Schools Are Doing Away with Class Rank. What

Does That Mean for College Admissions?," *Washington Post*, July 13, 2015, https://www.washingtonpost.com/news/grade-point/wp/2015/07/13/high-schools-are-doing-away-with-class-rank-what-does-that-mean-for-college-admissions/?utm_term=.1383695e1064.

34. 학업에서 어려움을 겪기 때문이다: N. M. Fortin, P. Oreopoulos, and S. Phipps, "Leaving Boys Behind: Gender Disparities in High Academic Achievement," *Journal of Human Resources* 50 (2015): 549-579; Pew Research Center, "Women Outpace Men in College Enrollment," Fact Tank, March 6, 2014, http://www.pewresearch.org/fact-tank/2014/03/06/womens-college-enrollment-gains-leave-men-behind/; J. Guo, "Poor Boys Are Falling Behind Poor Girls, and It's Deeply Troubling," *Washington Post*, November 23, 2015, https://www.washingtonpost.com/news/wonk/wp/2015/11/23/why-girls-do-so-much-better-than-boys-in-school/?utm_term=.b6aafa26dd38.

35. 자기 절제의 발달: A. L. Duckworth and M. E. P. Seligman, "Self-Discipline Gives Girls the Edge: Gender in Self-Discipline, Grades, and Achievement Test Scores," *Journal of Educational Psychology* 98 (2006): 198-208, https://dx.doi.org/10.1037/0022-0663.98.1.198.

36. 한부모 가정의 남학생들: R. F. Baumeister and J. Tierney, *Willpower: Rediscovering the Greatest Human Strength* (New York: Penguin Press, 2011), 207-210.

37. 남학생에게 더 부정적인 결과: D. Autor, D. Figlio, K. Karbownik, J. Roth, and M. Wasserman, "Family Disadvantage and the Gender Gap in Behavioral and Educational Outcomes," National Bureau of Economic Research, NBER Working Paper No. 22267 (2017); M. Bertrand and J. Pan, "The Trouble with Boys: Social Influences and the Gender Gap in Disruptive Behavior," National Bureau of Economic Research, NBER Working Paper No. 17541 (2011).

38. 2000년에 나온 ······ 책: S. C. Carter, *No Excuses: Lessons from 21 High-Performing, High-Poverty Schools* (Washington, DC: Heritage Foundation, 2000).

39. 속편: A. Thernstrom and S. Thernstrom, *No Excuses: Closing the Racial Gap*

in Learning (New York: Simon & Schuster, 2003).

40. 석세스 아카데미: 석세스 아카데미의 이버 모스코위츠와 앤 파웰과의 인터뷰, 그리고 다음의 문헌을 참고했다. E. Moskowitz, *The Education of Eva Moskowitz: A Memoir* (New York: HarperCollins, 2017); R. Mead, "Success Academy's Radical Educational Experiment," *New Yorker*, December 11, 2017, https://www.newyorker.com/magazine/2017/12/11/success-academys-radical-educational-experiment; K. Taylor, "At Success Academy Charter Schools, High Scores and Polarizing Tactics," *New York Times*, April 6, 2015, https://www.nytimes.com/2015/04/07/nyregion/at-success-academy-charter-schools-polarizing-methods-and-superior-results.html; Success Academy Charter Schools, https://www.successacademies.org/.

41. 주 성취도 평가: New York State Education Department, "Measuring Student Proficiency in Grades 3-8 English Language Arts and Mathematics," September 26, 2018, http://www.nysed.gov/common/nysed/files/programs/information-reporting-services/2018-3-8-test-results-presentation.pdf.

42. 2017년 메타분석: A. Cheng, C. Hitt, B. Kisida, and J. N. Mills, "'No Excuses' Charter Schools: A Meta-analysis of the Experimental Evidence on Student Achievement," *Journal of School Choice* 11 (2017): 209-238. J. D. Angrist, P. A. Pathak, and C. R. Walters, "Explaining Charter School Effectiveness," *American Economic Journal: Applied Economics* 5 (2013): 1-27도 참조.

43. 중도 탈락률이 낮았으며: J. Roy, "Staying or Going? Comparing Student Attrition Rates at Charter Schools with Nearby Traditional Public Schools," New York City Independent Budget Office Schools Brief, January 2014, http://www.ibo.nyc.ny.us/iboreports/2014attritioncharterpublic.html?mod=article_inline; B. Fertig and J. Ye, "NYC Charters Retain Students Better Than Traditional Schools," WNYC, March 15, 2016, https://www.wnyc.org/story/nyc-charter-school-attrition-rates/; E. S. Moskowitz, "The Myth of School 'Cherry Picking,'" *Wall Street Journal*, February 8, 2015, https://www.wsj.com/articles/eva-s-moskowitz-the-myth-of-charter-school-cherry-picking-1423438046.

44. 비난의 화살: K. Taylor, "At Success Academy School, a Stumble in Math and a Teacher's Anger on Video," *New York Times*, February 12, 2016, https://www.nytimes.com/2016/02/13/nyregion/success-academy-teacher-rips-up-student-paper.html?_r= 0; E. Green, "Beyond the Viral Video: Inside Educators' Emotional Debate About 'No Excuses' Discipline," Chalkbeat New York, March 8, 2016, https://ny.chalkbeat.org/2016/3/8/21103270/beyond-the-viral-video-inside-educators-emotional-debate-about-no-excuses-discipline; Moskowitz, *Education of Eva Moskowitz*, 320-322.

45. 불과 27시간: P. S. Babcock and M. Marks, "The Falling Time Cost of College: Evidence from Half a Century of Time Use Data," *Review of Economics and Statistics* 93 (2011): 468-478, https://doi.org/10.1162/REST_a_00093 (https://www.nber.org/papers/w15954.pdf).

46. 가장 많은 학점은 A: S. Rojstaczer, "Grade Inflation at American Colleges and Universities," GradeInflation.com, March 29, 2016, http://www.gradeinflation.com; S. Rojstaczer and C. Healy, "Where A Is Ordinary: The Evolution of American College and University Grading, 1940-2009," *Teachers College Record* 114 (2012): 1-23; C. Rampell, "The Rise of the 'Gentleman's A' and the GPA Arms Race," *Washington Post*, March 28, 2016, https://www.washingtonpost.com/opinions/the-rise-of-the-gentlemans-a-and-the-gpa-arms-race/2016/03/28/05c9e966-f522-11e5-9804-537defcc3cf6_story.html?utm_term=.73a99f546f4b.

47. 2011년 ⋯⋯ 연구: R. Arum and J. Roksa, *Academically Adrift: Limited Learning on College Campuses* (Chicago: University of Chicago Press, 2011), Kindle.

48. 후속 연구: R. Arum and J. Roksa, *Aspiring Adults Adrift: Tentative Transitions of College Graduates* (Chicago: University of Chicago Press, 2014); K. Carey, "The Economic Price of Colleges' Failures," *New York Times*, September 2, 2014, https://www.nytimes.com/2014/09/03/upshot/the-economic-price-of-colleges-failures.html?rref=upshot&abt=0002&abg=0&_r=0.

49. 노력은 ⋯⋯ 가로막혔다: J. Saffron, "Reforms Aimed at Fighting Grade Inflation Are Falling Short," James G. Martin Center, May 4, 2015, https://www.

jamesgmartin.center/2015/05/reforms-aimed-at-fighting-grade-inflation-are-falling-short/.

50. '진실한 학점 부여': T. K. Lindsay, "If A Is Average, Say So—the Dawn of Honest Transcripts," Minding the Campus, December 18, 2013, https://www.minding thecampus.org/2013/12/18/if_a_is_average_say_so-the_da/.

51. 텍사스주 의원들: T. Lindsay, "Texas Legislature Looks to Lift College Grading Standards," *Forbes*, February 28, 2015, https://www.forbes.com/sites/tomlindsay/2015/02/28/the-texas-legislature-looks-to-lift-college-grading-standards/#52e0bd41a037.

52. 하비 맨스필드: T. Andersen, N. Jacques, and T. Feathers, "Harvard Professor Says Grade Inflation Rampant," *Boston Globe*, December 4, 2013, https://www.bostonglobe.com/metro/2013/12/03/harvard-professor-raises-concerns-about-grade-inflation/McZHfRZ2RxpoP5Xvwged1N/story.html; M. Q. Clarida and N. P. Fandos, "Substantiating Fears of Grade Inflation, Dean Says Median Grade at Harvard College is A-, Most Common Grade Is A," *Harvard Crimson*, May 26, 2017, https://www.thecrimson.com/article/2013/12/3/grade-inflation-mode-a/.

53. 시카고 근처의 작은 도시: R. G. Fryer, S. D. Levitt, J. List, and S. Sadoff, "Enhancing the Efficacy of Teacher Incentives Through Loss Aversion: A Field Experiment," National Bureau of Economic Research, NBER Working Paper No. 18237 (2012).

54. 난징의 완리다 공장: T. Hossain and J. A. List, "The Behavioralist Visits the Factory: Increasing Productivity Using Simple Framing Manipulations," *Management Science* 58 (2012): 2151-2167.

55. 감자칩 각성: 딕 그로트와의 인터뷰와 그의 책 *Discipline Without Punishment: The Proven Strategy That Turns Problem Employees into Superior Performers* (New York: AMACOM, 2006)에서 가져왔다.

56. 심리학자들이 계속해서 보여주었듯이: R. F. Baumeister, A. M. Stillwell, and T. F. Heatheron, "Guilt: An Interpersonal Approach," *Psychological Bulletin* 115 (1994): 243-267; J. P. Tangney and R. L. Dearing, *Shame and Guilt* (New

York: Guilford Press, 2002); F. J. Flynn and R. L. Schaumberg, "When Feeling Bad Leads to Feeling Good: Guilt Proneness and Affective Organizational Commitment," *Journal of Applied Psychology* (2012): 124-133.

06 경영학개론: 네, 우리 중에는 썩은 사과가 없습니다

1. 바잉턴은 …… 논의하기 시작했고: 엘리자 바잉턴, 윌 펠프스와의 인터뷰.

2. 언어학자 제프 넌버그: G. Nunberg, "Bad Apple Proverbs: There's One in Every Bunch," *Fresh Air*, NPR, May 5, 2011, https://www.npr.org/2011/05/09/136017612/bad-apple-proverbs-theres-one-in-every-bunch.

3. '썩은 사과' 하나: G. Chaucer, "The Cook's Tale," in *The Canterbury Tales* (Ware, UK: Wordsworth Editions, 2002), 151.

4. 벤저민 프랭클린은 …… 경고했다: B. Franklin, *Poor Richard's Almanack* (Philadelphia: New Printing Office, 1736), Kindle.

5. 사회적 지지는 …… 되었다: J. Holt-Lunstad, T. B. Smith, and J. B. Layton, "Social Relationships and Mortality Risk: A Meta-analytic Review," *PLoS Med* 7 (2010): e1000316, https://doi.org/10.1371/journal.pmed.1000316; J. Lynch, *The Broken Heart: The Medical Consequences of Loneliness* (New York: Basic Books, 1977); J. T. Cacioppo and W. Patrick, *Loneliness: Human Nature and the Need for Social Connection* (New York: W. W. Norton, 2008).

6. 과부에 대한 연구: K. S. Rook, "The Negative Side of Social Interaction: Impact on Psychological Well-Being," *Journal of Personality and Social Psychology* 46 (1984): 1097-1108.

7. 노인 남성과 여성에 대한 여러 연구: M. A. Okun, J. F. Melichar, and M. D. Hill, "Negative Daily Events, Positive and Negative Social Ties, and Psychological Distress Among Older Adults," *Gerontologist* 30 (1990): 193-199; J. F. Finch, M. A. Okun, M. Barrera, A. J. Zautra, and J. W. Reich, "Positive and Negative Social Ties Among Older Adults: Measurement Models and the Prediction of Psychological Distress and Well-Being," *American Journal of Community Psychology* 17 (1989): 585-605, https://doi.org/10.1007/BF00922637; J. T. Newsom, K. S. Rook, M. Nishishiba, D. H. Sorkin, and T. L. Mahan, "Under-

standing the Relative Importance of Positive and Negative Social Exchanges: Examining Specific Domains and Appraisals," *Journals of Gerontology Series B: Psychological Sciences and Social Sciences* 60 (2005): 304-312, https://www. ncbi.nlm.nih.gov/pmc/articles/PMC3833824/.

8. 실직자들의 …… 추적했을 때: A. D. Vinokur and M. van Ryn, "Social Support and Undermining in Close Relationships: Their Independent Effects on the Mental Health of Unemployed Persons," *Journal of Personality and Social Psychology* 65 (1993): 350-359.

9. '직장에서의 사회적 폄하'라는 제목의 연구: M. K. Duffy, D. Ganster, and M. Pagon, "Social Undermining in the Workplace," *Academy of Management Journal* 45 (2002): 331-351, https://doi.org/10.5465/3069350.

10. 오스트레일리아의 패스트푸드 체인 식당 연구: P. D. Dunlop and K. Lee, "Workplace Deviance, Organizational Citizenship Behavior, and Business Unit Performance: The Bad Apples Do Spoil the Whole Barrel," *Journal of Organizational Behavior* 25 (2004): 67-80, https://dx.doi.org/10.1002/job.243.

11. 직무 수행과 상관이 있는 것: G. M. Hurtz and J. J. Donovan, "Personality and Job Performance: The Big Five Revisited," *Journal of Applied Psychology* 85 (2000): 869-879.

12. 네 명으로 이뤄진 팀: L. M. Camacho and P. B. Paulus, "The Role of Social Anxiousness in Group Brainstorming," *Journal of Personality and Social Psychology* 68 (1995): 1071-1080.

13. 몇몇 제조 회사 직원들의 성격 연구: M. R. Barrick, G. L. Stewart, M. J. Neubert, and M. K. Mount, "Relating Member Ability and Personality to Work-Team Processes and Team Effectiveness," *Journal of Applied Psychology* 83 (1998): 377-391.

14. 문제에 대한 큰 틀: W. Felps, T. Mitchell, and E. Byington, "How, When, and Why Bad Apples Spoil the Barrel: Negative Group Members and Dysfunctional Groups," *Research in Organizational Behavior* 27 (2006): 175-222; S. Heen, "Bad Apple Behavior and Its Impact on Team Results," White Paper No. 2, Triad Institute, https://triadconsultinggroup.com/sites/default/files/

Triad_Consulting_Whitepaper_2_Case_Study_%20114_Bad_Apples.pdf.

15. 계속해서 침울하고: S. Kaplan, J. C. Bradley, J. N. Luchman, and D. Haynes, "On the Role of Positive and Negative Affectivity in Job Performance: A Meta-analytic Investigation," *Journal of Applied Psychology* 94 (2009): 162-176.

16. 나쁜 기분을 느끼는 것으로 나타났다: M. J. Howes, J. E. Hokanson, and D. A. Loewenstein, "Induction of Depressive Affect After Prolonged Exposure to a Mildly Depressed Individual," *Journal of Personality and Social Psychology* 49 (1985): 1110-1113.

17. 중서부의 제조 회사: A. G. Miner, T. M. Glomb, and C. Hulin, "Experience Sampling Mood and Its Correlates at Work," *Journal of Occupational and Organizational Psychology* 78 (2005): 171-193.

18. 워런 존스: 개인적 소통.

19. 바우마이스터가 …… 논문: R. F. Baumeister and M. R. Leary, "The Need to Belong: Desire for Interpersonal Attachments as a Fundamental Human Motivation," *Psychological Bulletin* 117 (1995): 497-529, https://dx.doi.org/10.1037/0033-2909.117.3.497.

20. 진 트웽이라는 협력자: R. F. Baumeister, L. E. Brewer, D. M. Tice, and J. M. Twenge, "Thwarting the Need to Belong: Understanding the Interpersonal and Inner Effects of Social Exclusion," *Social and Personality Psychology Compass* 1 (2007): 506-520.

21. 사회적 사형선고: J. M. Twenge, K. R. Catanese, and R. F. Baumeister, "Social Exclusion Causes Self-Defeating Behavior," *Journal of Personality and Social Psychology* 83 (2002): 606-615, https://doi.org/10.1037/0022-3514.83.3.606.

22. 소속감 욕구에 대한 몇백 개의 연구: C. N. DeWall and B. J. Bushman, "Social Acceptance and Rejection: The Sweet and the Bitter," *Current Directions in Psychological Science* 20 (2011): 256-260.

23. '북쪽 연못의 은둔자': M. Finkel, *The Stranger in the Woods* (New York: Knopf, 2017), 62.

24. 자기 절제에 어려움을 겪는다: R. F. Baumeister, C. N. DeWall, N. J. Ciarocco, and J. M. Twenge, "Social Exclusion Impairs Self-Regulation," *Journal*

of Personality and Social Psychology 88 (2005): 589-604, https://doi.org/10.1037/0022-3514.88.4.589.

25. 지능과 단기기억 검사: R. F. Baumeister, J. M. Twenge, and C. K. Nuss, "Effects of Social Exclusion on Cognitive Processes: Anticipated Aloneness Reduces Intelligent Thought," *Journal of Personality and Social Psychology* 83 (2002): 817-827, https://doi.org/10.1037/0022-3514.83.4.817.

26. 대체로 그렇게 반응하지 않았다: J. M. Twenge, K. R. Catanese, and R. F. Baumeister, "Social Exclusion and the Deconstructed State: Time Perception, Meaninglessness, Lethargy, Lack of Emotion, and Self-Awareness," *Journal of Personality and Social Psychology* 85 (2003): 409-423, https://doi.org/10.1037/0022-3514.85.3.409; G. C. Blackhart, B. C. Nelson, M. L. Knowles, and R. F. Baumeister, "Rejection Elicits Emotional Reactions but Neither Causes Immediate Distress nor Lowers Self-Esteem: A analytic Review of 192 Studies on Social Exclusion," *Personality and Social Psychology Review* 13 (2009): 269-309.

27. 심박률: B. Gunther Moor, E. A. Crone, and M. W. van der Molen, "The Heartbrake of Social Rejection: Heart Rate Deceleration in Response to Unexpected Peer Rejection," *Psychological Science* 21 (2010): 1326-1333.

28. 신체적 감각은 둔화되었다: C. N. DeWall and R. F. Baumeister, "Alone but Feeling No Pain: Effects of Social Exclusion on Physical Pain Tolerance and Pain Threshold, Affective Forecasting, and Interpersonal Empathy," *Journal of Personality and Social Psychology* 91 (2006): 1-15, https://doi.org/10.1037/0022-3514.91.1.1.

29. 사이버볼이라는 비디오 게임: N. I. Eisenberger, M. D. Lieberman, and K. D. Williams, "Does Rejection Hurt? An fMRI Study of Social Exclusion," *Science* 302 (2003): 290-292. N. I. Eisenberger, J. M. Jarcho, M. Lieberman, and B. D. Naliboff, "An Experimental Study of Shared Sensitivity to Physical Pain and Social Rejection," *Pain* 126 (2006): 132-138, https://doi.org/10.1016/j.pain.2006.06.024도 참조.

30. 자신을 버린 연인의 사진: H. E. Fisher et al., "Reward, Addiction, and Emotion

Regulation Systems Associated with Rejection in Love," *Journal of Neurophysiology* 104 (2010): 51-60; E. Kross, M. G. Berman, W. Mischel, E. E. Smith, and T. D. Wager, "Social Rejection Shares Somatosensory Representations with Physical Pain," *Proceedings of the National Academy of Sciences* 108 (2011): 6270-6275, https://doi.org/10.1073/pnas.1102693108.

31. 사람들에게 타이레놀을 먹게 하면: C. N. DeWall et al., "Acetaminophen Reduces Social Pain: Behavioral and Neural Evidence," *Psychological Science* 21 (2010): 931-937.

32. 마리화나의 사용: T. Deckman, C. N. DeWall, R. Gilman, B. Way, and S. Richman, "Can Marijuana Reduce Social Pain?," *Social Psychological and Personality Science* 5 (2014): 131-139.

33. 의미 있게 덜 도와주었고: J. M. Twenge, R. F. Baumeister, C. N. DeWall, N. J. Ciarocco, and J. M. Bartels, "Social Exclusion Decreases Prosocial Behavior," *Journal of Personality and Social Psychology* 92 (2007): 56-66, https://doi.org/10.1037/0022-3514.92.1.56.

34. '핏빛 안경': C. N. DeWall, J. M. Twenge, S. A. Gitter, and R. F. Baumeister, "It's the Thought That Counts: The Role of Hostile Cognition in Shaping Aggressive Responses to Social Exclusion," *Journal of Personality and Social Psychology* 96 (2009): 45-59.

35. 교내 집단 총격: M. R. Leary, R. M. Kowalski, L. Smith, and S. Phillips, "Teasing, Rejection, and Violence: Case Studies of the School Shootings," *Aggressive Behavior* 29 (2003): 202-214.

36. 복수하기 위해 뭉친다는 것: I. van Beest, A. R. Carter-Sowell, E. van Dijk, and K. D. Williams, "Groups Being Ostracized by Groups: Is the Pain Shared, Is Recovery Quicker, and Are Groups More Likely to Be Aggressive?," *Group Dynamics: Theory, Research, and Practice* 16 (2012): 241-254, https://dx.doi.org/10.1037/a0030104.

37. 유명한 책: R. I. Sutton, *The No Asshole Rule* (New York: Hachette, 2007), Kindle.

38. 빅 파이브 성격검사: J. Hogan, P. Barrett, and R. Hogan, "Personality Measure-

ment, Faking, and Employment Selection," *Journal of Applied Psychology* 92 (2007): 1270-1285; J. Hogan and B. Holland, "Using Theory to Evaluate Personality and Job-Performance Relations: A Socioanalytic Perspective," *Journal of Applied Psychology* 88 (2003): 100-112; M. R. Barrick and M. K. Mount, "The Big Five Personality Dimensions and Job Performance: A Meta-analysis," *Personnel Psychology* 44 (1991): 1-26.

39. '삼각 가설': H. H. Kelley and A. J. Stahelski, "Social Interaction Basis of Cooperators' and Competitors' Beliefs About Others," *Journal of Personality and Social Psychology* 16 (1970): 66-91.

40. 젊은 시절 스티브 잡스: W. Isaacson, *Steve Jobs* (New York: Simon & Schuster, 2011), 43.

41. 멘스웨어하우스: Sutton, *No Asshole Rule*, chap. 3, Kindle.

07 온라인의 위험: 햇살 호텔 대 달의 여인

1. 햇살 호텔: 카사블랑카 호텔에 대한 내용은 라이브러리 호텔 컬렉션의 부사장 아델 거트먼, 카사블랑카 호텔의 총 매니저 존 타보아다의 인터뷰, https://casablancahotel. com, 트립어드바이저의 호텔 후기 및 평가(https://www.tripadvisor.com/Hotel_ Review-Casablanca_Hotel_by_Library_Hotel_Collection-New_York_City_New_ York.html)를 참고했다.

2. 저는 적어도 …… 전화를 받아요: 애드리언 애슐리와의 인터뷰.

3. 영향력을 검증: M. Lee and S. Youn, "Electronic Word of Mouth (eWOM): How eWOM Platforms Influence Consumer Product Judgement," *International Journal of Advertising* 28 (2009): 473-499, https://vdocuments.site/electronic-word-of-mouth-ewom-how-ewom-platforms-influence-consumer-product-judgement.html.

4. 휴가를 계획하는 사람들: A. Papathanassis and F. Knolle, "Exploring the Adoption and Processing of Online Holiday Reviews: A Grounded Theory Approach," *Tourism Management* 32 (2011): 215-224.

5. 특별한 문제가 드러나지 않는 …… 영향을 받았다: J. Lee, D. Park, and I. Han, "The Effect of Negative Online Consumer Reviews on Product Attitude:

An Information Processing Review," *Electronic Commerce Research and Applications* 7 (2008): 341-352.

6. 아마존과 …… 판매 동향: J. A. Chevalier and D. Mayzlin, "The Effect of Word of Mouth on Sales: Online Book Reviews," *Journal of Marketing Research* 43 (2006): 345-354.

7. 오래된 구전 연구: J. Goodman and S. Newman, "Understand Customer Behavior and Complaints," *Quality Progress* 36 (2003): 51-55; E. W. Anderson, "Customer Satisfaction and Word of Mouth," *Journal of Service Research* 1 (1998): 5-17, https://doi.org/10.1177/109467059800100102; R. East, K. Hammond, and M. Wright, "The Relative Incidence of Positive and Negative Word of Mouth: A Multi-category Study," *International Journal of Research in Marketing* 24 (2007): 175-184; T. O. Jones and W. E. Sasser, "Why Satisfied Customers Defect," *Harvard Business Review* (November-December 1995), https://hbr.org/1995/11/why-satisfied-customers-defect.

8. 1980년대에 제록스라는 회사에서 이루어졌는데: J. L. Heskett, W. E. Sasser, and L. A. Schlesinger, *The Service Profit Chain: How Leading Companies Link Profit and Growth to Loyalty, Satisfaction, and Value* (New York: Free Press, 1997), Kindle.

9. 하버드 경영대학원: Jones and Sasser, "Why Satisfied Customers Defect"; Heskett, Sasser, and Schlesinger, *Service Profit Chain*.

10. 음악인 데이브 캐럴: Gulliver, "Did Dave Carroll Lose United Airlines $180m?," *Economist*, July 24, 2009, https://www.economist.com/gulliver/2009/07/24/did-dave-carroll-lose-united-airlines-180m.

11. 노래를 만들었고: D. Carroll, "United Breaks Guitars," YouTube, https://www.youtube.com/watch?v=5YGc4zOqozo.

12. 맥도날드는 '트위터 출현율'을 높이기 위해: K. Hill, "#McDStories: When a Hashtag Becomes a Bashtag," *Forbes*, January 24, 2012, https://www.forbes.com/sites/kashmirhill/2012/01/24/mcdstories-when-a-hashtag-becomes-a-bashtag/#5eac3887ed25.

13. 별점 평균: ReviewTrackers, "2018 ReviewTrackers Online Reviews Survey:

Statistics and Trends," https://www.reviewtrackers.com/online-reviews-survey/;
G. A. Fowler, "When 4.3 Stars Is Average: The Internet's Grade-Inflation
Problem," *Wall Street Journal*, April 5, 2017, https://www.wsj.com/articles/
when-4-3-stars-is-average-the-internets-grade-inflation-problem-1491414200.

14. '공적 자기 고양': A. C. Wojnicki and D. Godes, "Signaling Success: Word of
Mouth as Self-Enhancement," *Customer Needs and Solutions* 4 (2017): 68-82.

15. 〈자기 자랑과 소문〉: M. De Angelis, A. Bonezzi, A. M. Peluso, D. D. Rucker,
and M. Costabile, "On Braggarts and Gossips: A Self-Enhancement Account
of Word-of-Mouth Generation and Transmission," *Journal of Marketing
Research* 49 (2012): 551-563, https://doi.org/10.1509/jmr.11.0136.

16. 클레이 애니메이션: A. E. Schlosser, "Posting Versus Lurking: Communicating
in a Multiple Audience Context," *Journal of Consumer Research* 32 (2005):
260-265, https://doi.org/10.1086/432235.

17. 시간이 지나면서 낮아지는 경향: X. Li and L. M. Hitt, "Self-Selection and Infor-
mation Role of Online Product Reviews," *Information Systems Research* 19
(2008): 456-474, https://dx.doi.org/10.1287/isre.1070.0154; W. Moe and M.
Trusov, "The Value of Social Dynamics in Online Product Ratings Forums,"
Journal of Marketing Research 48 (2011): 444-456, https://doi.org/10.1509/
jmkr.48.3.444; D. Godes and J. Silva, "Sequential and Temporal Dynamics
of Online Opinion," *Marketing Science* 31 (2012): 448-473, https://doi.
org/10.1287/mksc.1110.0653.

18. 소수의 활동가: W. Moe and D. Schweidel, "Online Product Opinions: Incidence,
Evaluation, and Evolution," *Marketing Science* 31 (2012): 372-386.

19. 미국인 중 5분의 1: YouGov Omnibus Survey, January 2014, https://today.
yougov.com/topics/lifestyle/articles-reports/2014/01/22/21-americans-have-
reviewed-products-and-services-t.

20. 후기 및 구매를 비교한 연구: E. T. Anderson and D. I. Simester, "Reviews
Without a Purchase: Low Ratings, Loyal Customers, and Deception," *Journal
of Marketing Research* 51 (2014): 249-269, https://doi.org/10.1509/jmr.13.0209.

21. 몇 가지 신호: Anderson and Simester, "Reviews Without a Purchase," and M.

Ott, Y. Choi, C. Cardie, and J. Hancock, "Finding Deceptive Opinion Spam by Any Stretch of the Imagination," *Proceedings of the 49th Annual Meeting of the Association for Computational Linguistics* (Stroudsburg, PA: Association for Computational Linguistics, 2011): 309-319.

22. 캐나다 아마존 웹사이트: A. Harmon, "Amazon Glitch Unmasks War of Reviewers," *New York Times*, February 14, 2004, https://www.nytimes.com/2004/02/14/us/amazon-glitch-unmasks-war-of-reviewers.html.

23. 광고를 온라인 벼룩시장에 싣기도 했다: M. Willett, "A Craigslist Ad Is Offering $25 for Fake Yelp Reviews of NYC Restaurants," *Business Insider*, May 14, 2013.

24. 하나에 5달러: K. Knibbs, "If You Can't Spare $25 for a Fake Yelp Review, There's Plenty Available for $5," *Digital Trends*, May 14, 2013, https://www.digitaltrends.com/social-media/fake-yelp-reviews/#!K80fU.

25. 영국의 컨설턴트 크리스 에민스: 크윅첵스(KwikChex)의 관리자이자 공동 창립자인 크리스 에민스와의 인터뷰, https://kwikchex.com/, 다음의 문헌을 참고했다. O. Smith, "TripAdvisor Under Fire over Fraud Detection," *Telegraph*, March 22, 2012, https://www.telegraph.co.uk/travel/news/TripAdvisor-under-fire-over-fraud-detection/.

26. 디나 메이즐린: D. Mayzlin, Y. Dover, and J. Chevalier, "Promotional Reviews: An Empirical Investigation of Online Review Manipulation," *American Economic Review* 104 (2014): 2421-2455.

27. 숙박비를 10퍼센트 낮추도록 압박을 받았다: C. Anderson, "The Impact of Social Media on Lodging Performance," *Cornell Hospitality Report* 12 (2012): 6-11; H. Öğüt and B. Taş, "The Influence of Internet Customer Reviews on Online Sales and Prices in the Hotel Industry," *Service Industries Journal* 32 (2012): 197-214; E. N. Torres, D. Singh, and A. Ring, "Consumer Reviews and the Creation of Booking Transaction Value: Lessons from the Hotel Industry," *International Journal of Hospitality Management* 50 (2015): 77-83.

29. 보토 비스트로 사장들: 보토 비스트로 페이스북 페이지(https://www.facebook.com/bottobistro/), 옐프 페이지(https://www.yelp.com/biz/botto-italian-bistro-

richmond-9).

29. 경영대학식 강연: A. Gutman, "Library Hotel Collection: 5 Secrets to Brand Reputation Building," *ReviewPro Case Studies*, January 21, 2019, https://www.reviewpro.com/blog/category/case-studies/; A. Gutman, "Best Practices in Reputation Management: Whose Job Is It Anyway?," *Hotel Business Review*, February 17, 2013, https://www.hotelexecutive.com/business_review/3353/best-practices-in-reputation-management-whose-job-is-it-anyway.

30. 면접관들의 반응을 추적: B. I. Bolster and B. M. Springbett, "The Reaction of Interviewers to Favorable and Unfavorable Information," *Journal of Applied Psychology* 45 (1961): 97-103.

31. 얼음물에 담가보게 함으로써 검증했다: B. L. Fredrickson and D. Kahneman, "Duration Neglect in Retrospective Evaluations of Affective Episodes," *Journal of Personality and Social Psychology* 65 (1993): 45-55.

32. 환자의 반응을 다룬 연구: D. A. Redelmeier and D. Kahneman, "Patients' Memories of Painful Medical Treatments: Real-Time and Retrospective Evaluations of Two Minimally Invasive Procedures," *Pain* 66 (1996): 3-8, https://doi.org/10.1016/0304-3959(96)02994-6; D. A. Redelmeier, J. Katz, and D. Kahneman, "Memories of Colonoscopy: A Randomized Trial," *Pain* 104 (2003): 187-194, https://doi.org/10.1016/S0304-3959(03)00003-4.

33. 다트머스 대학교의 연구자들: A. M. Do, A. V. Rupert, and G. Wolford, "Evaluations of Pleasurable Experiences: The Peak-End Rule," *Psychonomic Bulletin & Review* 15 (2008): 96-98.

34. 한국의 연구자들: H. Lee and R. S. Dalal, "The Effects of Performance Extremities on Ratings of Dynamic Performance," *Human Performance* 24 (2011): 99-118.

35. 트립어드바이저에서 답글의 효과: C. Anderson and S. Han, "Hotel Performance Impact of Socially Engaging with Consumers," *Cornell Hospitality Report* 16 (2016): 3-9.

08 폴리애나 원리: 부정성에 대응하는 우리의 타고난 무기

1. 1913년 소설 《폴리애나》: E. H. Porter, *Pollyanna* (Boston: Louis Coues Page,

1913).

2. 출간 즉시 베스트셀러: R. Graham, "How We All Became Pollyannas (and Why We Should Be Glad About It)," *Atlantic*, February 26, 2013, https://www. theatlantic.com/entertainment/archive/2013/02/how-we-all-became-pollyannas-and-why-we-should-be-glad-about-it/273323/.

3. 매리언이 나중에 자서전에 쓴 것처럼: F. Marion, *Off with Their Heads! A Serio-Comic Tale of Hollywood* (New York: Macmillan, 1972), 67.

4. D. W. 그리피스: C. Keil, ed., *A Companion to D. W. Griffith* (Hoboken, NJ: Wiley, 2018), 61.

5. 시카고: R. W. Schrauf and J. Sanchez, "The Preponderance of Negative Emotion Words in the Emotion Lexicon: A Cross-Generational and Cross-Linguistic Study," *Journal of Multilingual and Multicultural Development* 25 (2004): 266-284, https://doi.org/10.1080/01434630408666532.

6. 대여섯 유럽 국가에서 이루어진 연구: S. Van Goozen and N. H. Frijda, "Emotion Words Used in Six European Countries," *European Journal of Social Psychology* 23 (1993): 89-95.

7. 다양한 언어의 사전을 검토: J. R. Averill, "On the Paucity of Positive Emotions," in *Advances in the Study of Communication and Affect*, vol. 6, ed. K. Blankstein, P. Pliner, and J. Polivy (New York: Plenum, 1980), 745; J. A. Russell, "Culture and the Categorization of Emotions," *Psychological Bulletin* 110 (1991): 426-450, https://dx.doi.org/10.1037/0033-2909.110.3.426.

8. 단어를 세는 작업: T. Bontranger, "The Development of Word Frequency Lists Prior to the 1944 Thorndike-Lorge List," *Reading Psychology* 12 (1991): 91-116; R. B. Zajonc, "Attitudinal Effects of Mere Exposure," *Journal of Personality and Social Psychology* 9 (1968): 1-27; E. L. Thorndike and I. Lorge, *The Teacher's Wordbook of 30,000 Words* (New York: Teachers College, Columbia University, 1944).

9. 1969년에 출판한 논문: J. Boucher and C. E. Osgood, "The Pollyanna Hypothesis," *Journal of Verbal Learning and Verbal Behavior* 8 (1969): 1-8.

10. 폴리애나주의는 …… 지배하고 있었다: I. M. Kloumann, C. M. Danforth, K.

D. Harris, C. A. Bliss, and P. S. Dodds, "Positivity of the English Language," *PLoS ONE* 7 (2012): e29484, https://doi.org/10.1371/journal.pone.0029484. 또 다른 참고문헌으로 구글의 웹 크롤러(Google's web crawler)를 사용해 영어, 독일어, 에스파냐어 웹사이트의 정서 관련 단어 빈도를 분석하고 긍정성 편향을 찾아본 연구가 있다: D. Garcia, A. Garas, and F. Schweitzer, "Positive Words Carry Less Information Than Negative Words," *EPJ Data Science* 1 (2012): 3, https://arxiv.org/abs/1110.4123.

11. 10개 언어: P. S. Dodds et al., "Human Language Reveals a Universal Positivity Bias," *Proceedings of the National Academy of Sciences* 112 (2015): 2389-2394, https://doi.org/10.1073/pnas.1411678112; J. Tierney, "According to the Words, the News Is Actually Good," *New York Times*, February 23, 2015, https://www.nytimes.com/2015/02/24/science/why-we-all-sound-like-pollyannas.html.

12. 행복측정기: https://hedonometer.org/index.html.

13. 오늘이 나쁘면: K. Sheldon, R. Ryan, and H. Reis, "What Makes for a Good Day? Competence and Autonomy in the Day and in the Person," *Personality and Social Psychology Bulletin* 22 (1996): 1270-1279.

14. 더 오래 이야기한다: A. Abele, "Thinking About Thinking: Causal, Evaluative and Finalistic Cognitions About Social Situations," *European Journal of Social Psychology* 15 (1985): 315-332.

15. 얼굴 표정을 컴퓨터로 조작해서: J. Golle, F. W. Mast, and J. S. Lobmaier, "Something to Smile About: The Interrelationship Between Attractiveness and Emotional Expression," *Cognition and Emotion* 28 (2014): 298-310.

16. 팔로워 수를 늘리는 데 도움이 된다: C. J. Hutto, S. Yardi, and E. Gilbert, "A Longitudinal Study of Follow Predictors on Twitter," in *Proceedings of the SIGCHI Conference on Human Factors in Computing Systems (CHI '13)* (New York: ACM, 2013), 821-830, https://doi.org/10.1145/2470654.2470771.

17. 긍정적 주제에 대한 이야기: E. Ferrara and Z. Yang, "Measuring Emotional Contagion in Social Media," *PLoS ONE* 10 (2015): e0142390, https://doi.org/10.1371/journal.pone.0142390.

18. 널리 퍼지는 것: E. Ferrara and Z. Yang, "Quantifying the Effect of Sentiment on Information Diffusion in Social Media," *PeerJ Computer Science* 1 (2015): e26, https://doi.org/10.7717/peerj-cs.26.

19. 영국 왕립공중보건협회: Royal Society for Public Health, "#StatusOfMind: Social Media and Young People's Mental Health and Wellbeing," London, 2017, https://www.rsph.org.uk/our-work/campaigns/status-of-mind.html (https://www.issup.net/files/2018-05/%23StatusofMind.pdf).

20. 유튜브에서 시간을 보내고 난 뒤: DMR, "160 Amazing YouTube Statistics and Facts," December 2018, https://expandedramblings.com/index.php/youtube-statistics/.

21. 만화책에 대한 공포: F. Wertham, *Seduction of the Innocent* (New York: Rinehart, 1954); F. Wertham, "Comic Books—Blueprints for Delinquency," *Reader's Digest*, May 1954, 24-29; C. Tilley, "Seducing the Innocent: Fredric Wertham and the Falsifications That Helped Condemn Comics," *Information & Culture* 47 (2012): 383-413, doi:10.1353/lac.2012.0024; D. Hajdu, *The Ten-Cent Plague: The Great Comic-Book Scare and How It Changed America* (New York: Farrar, Straus and Giroux, 2008), 8.

22. 더욱 가까운 관계를 맺고: K. Hampton, L. Sessions Goulet, and K. Purcell, "Social Networking Sites and Our Lives," Pew Research Center, June 16, 2011, http://www.pewinternet.org/2011/06/16/social-networking-sites-and-our-lives/.

23. 심리적 이득을 획득하며: E. M. Seabrook, M. L. Kern, and N. S. Rickard, "Social Networking Sites, Depression, and Anxiety: A Systematic Review," *JMIR Mental Health* 3 (2016): e50, https://mental.jmir.org/2016/4/e50/.

24. 우울증으로 이어지지 않으며: J. Davila et al., "Frequency and Quality of Social Networking Among Young Adults: Associations with Depressive Symptoms, Rumination, and Corumination," *Psychology of Popular Media Culture* 1 (2012): 72-86.

25. 심리적·행동적 문제: C. Berryman, C. J. Ferguson, and C. Negy, "Social Media Use and Mental Health Among Young Adults," *Psychiatric Quarterly* 89

(2018): 307-314; C. J. Ferguson, "Everything in Moderation: Moderate Use of Screens Unassociated with Child Behavior Problems," *Psychiatric Quarterly* 88 (2017): 797-805.

26. 불안으로 문제가 있는 사람: B. A. Feinstein et al., "Negative Social Comparison on Facebook and Depressive Symptoms: Rumination as a Mechanism," *Psychology of Popular Media Culture* 2 (2013): 161-170, https://dx.doi.org/10.1037/a0033111.

27. 소셜 미디어 연구를 살펴본 뒤: C. J. Ferguson, "The Devil Wears Stata: Thin-Ideal Media's Minimal Contribution to Our Understanding of Body Dissatisfaction and Eating Disorders," *Archives of Scientific Psychology* 6 (2018): 70-79.

28. 신체 불만족 연구에 …… 메타분석: C. J. Ferguson, "In the Eye of the Beholder: Thin-Ideal Media Affects Some, but Not Most, Viewers in a Meta-analytic Review of Body Dissatisfaction in Women and Men," *Psychology of Popular Media Culture* 2 (2013): 20-37.

29. 온라인에서의 사회적 규범: E. M. Bryant and J. Marmo, "The Rules of Facebook Friendship: A Two-Stage Examination of Interaction Rules in Close, Casual, and Acquaintance Friendships," *Journal of Social and Personal Relationships* 29 (2012): 1013-1035.

30. 사용자들의 감정: L. Reinecke and S. Trepte, "Authenticity and Well-Being on Social Network Sites: A Two-Wave Longitudinal Study on the Effects of Online Authenticity and the Positivity Bias in SNS Communication," *Computers in Human Behavior* 30 (2014): 95-102; N. N. Bazarova, "Public Intimacy: Disclosure Interpretation and Social Judgments on Facebook," *Journal of Communication* 62 (2012): 815-832.

31. 메일로 가장 많이 발송한 기사 목록: J. A. Berger and K. L. Milkman, "What Makes Online Content Viral?," December 5, 2009, https://ssrn.com/abstract=1528077 또는 https://dx.doi.org/10.2139/ssrn.1528077.

32. 사회적 흥분을 측정: E. B. Falk, S. A. Morelli, B. L. Welborn, K. Dambacher, and M. D. Lieberman, "Creating Buzz: The Neural Correlates of Effective Message Propagation," *Psychological Science* 24 (2013): 1234-1242.

33. "뉴스에서 끔찍한 이야기가 나오고 …… 보입니다": 피터 셰리든 도즈와의 인터

뷰, 티어니의 기사에 부분적으로 인용됨. "According to the Words, the News Is Actually Good," *New York Times*, February 23, 2015, https://www.nytimes.com/2015/02/24/science/why-we-all-sound-like-pollyannas.html.

34. 심리학 교재에서는: R. F. Baumeister, C. Finkenauer, and K. D. Vohs, "Bad Is Stronger Than Good," *Review of General Psychology* 5 (2001): 324.

35. 1978년 복권 당첨자들을 대상으로 한 유명한 연구: P. Brickman, D. Coates, and R. Janoff-Bulman, "Lottery Winners and Accident Victims: Is Happiness Relative?," *Journal of Personality and Social Psychology* 36 (1978): 917-927.

36. 영국의 복권 당첨자들: B. Apouey and A. E. Clark, "Winning Big but Feeling No Better? The Effect of Lottery Prizes on Physical and Mental Health," *Health Economics* 24 (2015): 516-538; J. Gardner and A. J. Oswald, "Money and Mental Wellbeing: A Longitudinal Study of Medium-Sized Lottery Wins," *Journal of Health Economics* 26 (2007): 49-60. A. Hedenus, "At the End of the Rainbow: Post-Winning Life Among Swedish Lottery Winners" (Ph.D. diss., University of Gothenburg, 2011); J. Tierney, "How to Win the Lottery (Happily)," *New York Times*, May 27, 2014도 참조.

37. 심리학자 리처드 테데스키와 로런스 캘훈: R. G. Tedeschi and L. G. Calhoun, "The Posttraumatic Growth Inventory: Measuring the Positive Legacy of Trauma," *Journal of Traumatic Stress* 9 (1996): 455-471; R. G. Tedeschi and L. G. Calhoun, "Posttraumatic Growth: Conceptual Foundations and Empirical Evidence," *Psychological Inquiry* 15 (2004): 1-18.

38. '정서 퇴색 편향': J. J. Skowronski, W. R. Walker, D. X. Henderson, and G. D. Bond, "The Fading Affect Bias: Its History, Its Implications, and Its Future," *Advances in Experimental Social Psychology* 49 (2014): 163-218.

39. 나쁜 순간들: J. D. Green, C. Sedikides, and A. P. Gregg, "Forgotten but Not Gone: The Recall and Recognition of Self-Threatening Memories," *Journal of Experimental and Social Psychology* 44 (2008): 547-561; J. D. Green, B. Pinter, and C. Sedikides, "Mnemic Neglect and Self-Threat: Trait Modifiability Moderates Protection," *European Journal of Social Psychology* 35 (2005): 225-235.

40. 스포츠 도박꾼들이 …… 돈을 거는 실험: T. Gilovich, "Biased Evaluation and Persistence in Gambling," *Journal of Personality and Social Psychology* 44 (1983): 1110-1126.

41. '긍정성 효과': M. Mather and L. L. Carstensen, "Aging and Motivated Cognition: The Positivity Effect in Attention and Memory," *Trends in Cognitive Sciences* 9 (2005): 496-502; A. E. Reed and L. L. Carstensen, "The Theory Behind the Age-Related Positivity Effect," *Frontiers in Psychology* 3 (2012): 339.

42. 독일의 뇌 촬영 실험: S. Brassen, M. Gamer, J. Peters, S. Gluth, and C. Büchel, "Don't Look Back in Anger! Responsiveness to Missed Chances in Successful and Nonsuccessful Aging," *Science* 336 (2012): 612-614.

43. 행복의 U자 곡선: D. G. Blanchflower and A. J. Oswald, "Is Well-Being U-shaped over the Life Cycle?," *Social Science & Medicine* 66 (2008): 1733-1749; C. Graham and J. R. Pozuelo, "Happiness, Stress, and Age: How the U Curve Varies Across People and Places," *Journal of Population Economics* 30 (2017): 225-264; J. Rauch, *The Happiness Curve* (New York: Thomas Dunne, 2018).

44. 항우울제 사용: D. G. Blanchflower and A. J. Oswald, "Antidepressants and Age: A New Form of Evidence for U-shaped Well-Being Through Life," *Journal of Economic Behavior and Organization* 127 (2016): 46-58.

45. 침팬지와 오랑우탄: A. Weiss, J. E. King, M. Inoue-Murayama, T. Matsuzawa, and A. J. Oswald, "Evidence for a Midlife Crisis in Great Apes Consistent with the U-shape in Human Well-Being," *Proceedings of the National Academy of Sciences* 109 (2012): 19949-19952.

46. 면역체계가 더 강한 노인들: E. K. Kalokerinos, W. von Hippel, J. D. Henry, and R. Trivers, "The Aging Positivity Effect and Immune Functions: Positivity in Recall Predicts Higher CD4 Counts and Lower CD4 Activation," *Psychology and Aging* 29 (2014): 636-641.

47. 긍정성 효과는 …… 줄어든다: L. L. Carstensen and M. DeLiema, "The Positivity Effect: A Negativity Bias in Youth Fades with Age," *Current Opinion in Behavioral Sciences* 19 (2018): 7-12; S. Kalenzaga, V. Lamidey, A. M. Ergis, D. Clarys, and P. Piolino, "The Positivity Bias in Aging: Motivation or

Degradation?," *Emotion* 16 (2016): 602-610.

48. 나이 마흔 살에: 이 부분은 콘스탄틴 세디키데스, 팀 와일드셧(Tim Wildschut), 에리카 헤퍼(Erica Hepper), 윙이청(Wing Yee Cheung), 클레이 루틀리지(Clay Routledge)와의 인터뷰를 기초로 했다. 향수에 대한 연구를 전반적으로 살펴보려면 다음을 참고하라. C. Sedikides and T. Wildschut, "Finding Meaning in Nostalgia," *Review of General Psychology* 22 (2018): 48-61; C. Sedikides, T. Wildschut, J. Arndt, C. Routledge, "Nostalgia: Past, Present, and Future," *Current Directions in Psychological Science* 17 (2008): 304-307; J. Tierney, "What Is Nostalgia Good For? Quite a Bit, Research Shows," *New York Times*, July 8, 2013.

49. 스위스 의학 논문: J. Hofer, "Medical Dissertation on Nostalgia," trans. C. K. Anspach, *Bulletin of the Institute of the History of Medicine* 2 (1934): 376-391, https://www.jstor.org/stable/44437799(원전은 1688년에 출판).

50. 알프스 산악 지방에서 가축 젖을 짤 때 부르는 노래: I. Cieraad, "Bringing Nostalgia Home: Switzerland and the Swiss Chalet," *Architecture and Culture* 6 (2018): 265-288, doi:10.1080/ 20507828.2018.1477672.

51. 다른 나라: J. Beck, "When Nostalgia Was a Disease," *Atlantic*, August 14, 2013, https://www.theatlantic.com/health/archive/2013/08/when-was-a-disease/278648/.

52. 추운 날: W. A. P. Van Tilburg, C. Sedikides, and T. Wildschut, "Adverse Weather Evokes Nostalgia," *Personality and Social Psychology Bulletin* 44 (2018): 984-995, doi:10.1177/0146167218756030.

53. 따뜻하게 느끼도록 했다: X. Zhou, T. Wildschut, C. Sedikides, X. Chen, and A. J. Vingerhoets, "Heartwarming Memories: Nostalgia Maintains Physiological Comfort," *Emotion* 12 (2012): 678-684.

54. 뭔가 나쁜 일이 일어나거나: C. Routledge, J. Arndt, C. Sedikides, and T. Wildschut, "A Blast from the Past: The Terror Management Function of Nostalgia," *Journal of Experimental Social Psychology* 44 (2008): 132-140.

55. 외로움과 불안을 상쇄시키는 것: X. Zhou, C. Sedikides, T. Wildschut, and D. G. Gao, "Counteracting Loneliness: On the Restorative Function of Nostalgia,"

Psychological Science 19 (2008): 1023-1029.

56. 목표를 향해 전진: C. Sedikides et al., "Nostalgia Motivates Pursuit of Important Goals by Increasing Meaning in Life," *European Journal of Social Psychology* 48 (2018): 209-216.

57. 직무 스트레스: M. Van Dijke, J. M. Leunissen, T. Wildschut, and C. Sedikides, "Nostalgia Promotes Intrinsic Motivation and Effort in the Presence of Low Interaction Justice," *Organizational Behavior and Human Decision Processes* 150 (2019): 46-61, doi:10.1016/j.obhdp.2018.12.003.

58. 삶이 더 의미 있다: W. A. P. Van Tilburg, C. Sedikides, T. Wildschut, and A. J. J. Vingerhoets, "How Nostalgia Infuses Life with Meaning: From Social Connectedness to Self-Continuity," *European Journal of Social Psychology* 49 (2019): 521-532, doi:10.1002/ejsp.2519; C. Sedikides and T. Wildschut, "Finding Meaning in Nostalgia," *Review of General Psychology* 22 (2018): 48-61, doi:10.1037/.

59. 솔 벨로의 소설: *Mr. Sammler's Planet* (New York: Penguin Classics, 2004), 156. C. Sedikides and T. Wildschut, "Finding Meaning in Nostalgia," *Review of General Psychology* 22 (2018): 48-61, doi:10.1037/gpr0000109에서 인용.

60. 최초로 향수를 겪는 사람으로 등장하는 오디세우스: E. G. Hepper, T. D. Ritchie, C. Sedikides, and T. Wildschut, "Odyssey's End: Lay Conceptions of Nostalgia Reflect Its Original Homeric Meaning," *Emotion* 12 (2012): 102-119.

61. 잡지 〈향수〉: T. Wildschut, C. Sedikides, J. Arndt, and C. Routledge, "Nostalgia: Content, Triggers, Functions," *Journal of Personality and Social Psychology* 91 (2006): 975-993, 그리고 잡지 〈향수〉(http://www.nostalgiamagazine.net/).

62. 더 낙관했다: W. Y. Cheung, C. Sedikides, and T. Wildschut, "Induced Nostalgia Increases Optimism (via Social Connectedness and Self-Esteem) Among Individuals High, but Not Low, in Trait Nostalgia," *Personality and Individual Differences* 90 (2016): 283-288, doi:10.1016/j.paid.20215.11.028.

63. 마틴 셀리그먼이 긍정심리학 운동을 시작: M. Seligman, *Authentic Happiness* (New York: Simon & Schuster, 2002).

64. '사회정서적 선택성': L. Carstensen, "The Influence of a Sense of Time on

Human Development," *Science* 312 (2006): 1913-1915; L. L. Carstensen, D. M. Isaacowitz, and S. T. Charles, "Taking Time Seriously: A Theory of Socioemotional Selectivity," *American Psychologist* 54 (1999): 165-181.

65. '자기 표현을 위한 글쓰기': S. Mugerwa and J. D. Holden, "Writing Therapy: A New Tool for General Practice?," *British Journal of General Practice* 62 (2012): 661-663.

66. 비탄은 혼자 돌볼 수 있지만: *Pudd'nhead Wilson's New Calendar*, M. Twain, *Following the Equator* (Hartford, CT: American Publishing Company, 1897), 447에서 인용.

67. 기쁨을 나누는 것이 주는 이득: S. L. Gable, H. T. Reis, E. A. Impett, and E. R. Asher, "What Do You Do When Things Go Right? The Intrapersonal and Interpersonal Benefits of Sharing Positive Events," *Journal of Personality and Social Psychology* 87 (2004): 228-245.

68. 오늘의 경험을 더 많이 음미: M. Biskas et al., "A Prologue to Nostalgia: Savouring Creates Nostalgic Memories That Foster Optimism," *Cognition and Emotion*, April 2, 2018, 1-11, https://doi.org/10.1080/02699931.2018.1458705.

69. 신뢰·관대함: H. T. Reis et al., "Are You Happy for Me? How Sharing Positive Events with Others Provides Personal and Interpersonal Benefits," *Journal of Personality and Social Psychology* 99 (2010): 311-329.

70. 시인 존 밀턴: *Paradise Lost* (Oxford: Oxford University Press, 2005), bk. 5, lines 71-72.

71. '감사하는 태도': A. M. Wood, S. Joseph, and J. Maltby, "Gratitude Predicts Psychological Well-Being Above the Big Five Facets," *Personality and Individual Differences* 46 (2009): 443-447.

72. 일주일에 하루 쓰는 것: R. A. Emmons and M. E. McCullough, "Counting Blessings Versus Burdens: An Experimental Investigation of Gratitude and Subjective Well-Being in Daily Life," *Journal of Personality and Social Psychology* 84 (2003): 377-389.

73. '감사의 방문': M. E. Seligman, T. A. Steen, N. Park, and C. Peterson, "Positive Psychology Progress: Empirical Validation of Interventions," *American*

Psychologist 60 (2005): 410.

74. 스티븐 스틸스가 …… 노래할 때: C. Sedikides, T. Wildschut, C. Routledge, and J. Arndt, "Nostalgia Counteracts Self-Discontinuity and Restores Self-Continuity," *European Journal of Social Psychology* 45 (2015): 52-61, doi:10.1002/ejsp.2073에서 인용.

75. 험프리 보가트: M. Vess, J. Arndt, C. Routledge, C. Sedikides, and Tim Wildschut, "Nostalgia as a Resource for the Self," *Self and Identity* 11 (2012): 273-284, http://dx.doi.org/10.1080/15298868.2010.521452에서 인용.

09 위기의 위기: 나쁜 것의 상승

1. 궁극의 목적: H. L. Mencken, *In Defense of Women* (Mineola, NY: Dover, 2004), 29.

2. 음반가게 효과: C. Morewedge, "It Was a Most Unusual Time: How Memory Bias Engenders Nostalgic Preferences," *Journal of Behavioral Decision Making* 26 (2013): 319-326.

3. 역사상 최초의 경제학자: M. N. Rothbard, *Economic Thought Before Adam Smith* (Cheltenham, UK: Edward Elgar, 1995).

4. 편안함과 평화 속에 살았다: Hesiod, "Works and Days," lines 110-180, in *Hesiod: The Homeric Hymns and Homerica*, trans. H. G. Evelyn-White (Cambridge, MA: Harvard University Press, 1914).

5. 노예제는 …… 허용되는 관습이었다: J. Black, *A Brief History of Slavery* (London: Robinson, 2011), 12-50; M. Meltzer, *Slavery: A World History* (Boston: Da Capo, 1993). Meltzer concludes (p. 6) that the "institution of slavery was universal throughout much of history."

6. 기술의 진보는 느렸고: Sources for the pre-eighteenth-century history include R. Stark, *How the West Won: The Neglected Story of the Triumph of Modernity* (Wilmington, DE: Intercollegiate Studies Institute, 2014); J. Gimpel, *The Medieval Machine: The Industrial Revolution of the Middle Ages* (New York: Penguin, 1977).

7. '인류의 위대한 혁신 시대 중 하나': Gimpel, *Medieval Machine*, viii.

8. 외국 군주의 통제 아래 놓이게 되자: J. B. De Long, "Overstrong Against Thyself: War, the State, and Growth in Europe on the Eve of the Industrial Revolution," in *A Not-So-Dismal Science: A Broader View of Economies and Societies*, ed. M. Olson and S. Kähkönen (Oxford: Oxford University Press, 2004), chap. 5.

9. 대풍요: D. N. McCloskey, *Bourgeois Equality: How Ideas, Not Capital or Institutions, Enriched the World* (Chicago: University of Chicago Press, 2016).

10. 민주 국가: M. Roser, "Democracy," Our World in Data, 2019, https://ourworld indata.org/democracy. 또한 72퍼센트의 인구가 자유가 있거나 부분적인 자유가 있는 사회에 살고 있다는 추산도 참조하라. Freedom House, *Freedom in the World 2018*, https://freedomhouse.org/report/freedom-world/freedom-world-2018.

11. 스티븐 핑커가 말했듯이: S. Pinker, *The Better Angels of Our Nature: Why Violence Has Declined* (New York: Penguin, 2011), Kindle; M. Roser, "War and Peace," Our World in Data, 2019, https://ourworldindata.org/war-and-peace.

12. 농부들이 …… 생산할 수 있게 되면서: J. H. Ausubel, I. K. Wernick, and P. E. Waggoner, "Peak Farmland and the Prospect for Land Sparing," *Population Development Review* 38, S1 (February 2013): 221-242; M. Roser and H. Ritchie, "Yields and Land Use in Agriculture," Our World in Data, 2019, https://ourworldindata.org/yields-and-land-use-in-agriculture.

13. 절반만이 …… 추산했으나: M. Roser, "Hunger and Undernourishment," Our World in Data, 2019, https://ourworldindata.org/hunger-and-undernourish ment#what-do-we-know-about-the-decline-of-undernourishment-in-the-developing-world-over-the-long-run. 50퍼센트는 세계식량농업기구(Food and Agriculture Organization)의 1940년대에 대한 추산에서 인용. 로서(M. Roser)는 초기 데이터의 질에 대해서는 불확실한 부분이 있고 여기에 주의해야 하지만, 이 추산을 '영양 부족에 대해 참고할 수 있는 유용한 수치'로 볼 수 있다고 했다.

14. 90퍼센트에 가까운 사람: FAO, IFAD, UNICEF, WFP, and WHO, *The State of Food Security and Nutrition in the World 2018* (Rome: FAO, 2018), 4.

15. 기대수명: M. Roser, "Life Expectancy," Our World in Data, 2019, https://

ourworldindata.org/life-expectancy.

16. 문해율과 교육률: UNESCO Institute for Statistics, "Literacy Rates—UNICEF Data," July 2018, https://data.unicef.org/topic/education/literacy/; M. Roser, "Global Rise of Education," Our World in Data, 2019, https://ourworldindata.org/global-rise-of-education.

17. 전례 없는 긴 여가를 즐긴다: J. H. Ausubel and A. Grübler, "Working Less and Living Longer: Long-Term Trends in Working Time and Time Budgets," *Technological Forecasting and Social Change* 50 (1995): 113-131. 2019년 제시 오수벨과의 개인적 교신에서 인용함. 1995년 논문에서 인용한 여가 시간 추정치는 이후의 기대수명 증가를 반영하여 수정했다. 다른 국가에서의 비슷한 추정치를 보려면 J. de Koning, "The Reduction of Life Hours of Work Since 1850: Estimates for Dutch Males," *SEOR Studies in Social History*, no. 2016/1, https://www.seor.nl/Cms_Media/The-shift-from-work-to-leisure.pdf 참조.

18. 인류의 안녕을 측정: 인간의 진보에 대한 개요는 Our World in Data, https://ourworldindata.org/; R. Bailey, *The End of Doom: Environmental Renewal in the Twenty-First Century* (New York: St. Martin's Press, 2015), Kindle; G. Easterbrook, *It's Better Than It Looks: Reasons for Optimism in an Age of Fear* (New York: PublicAffairs, 2018), Kindle; S. Pinker, *Enlightenment Now: The Case for Reason, Science, Humanism, and Progress* (New York: Penguin, 2018), Kindle; S. Moore and J. Simon, *It's Getting Better All the Time: 100 Greatest Trends of the Last 100 Years* (Washington, DC: Cato Institute, 2000) 참조. 개선 방안을 간략히 알아보려면 R. Wile, "31 Charts That Will Restore Your Faith in Humanity," *Business Insider Australia*, May 23, 2013, https://www.businessinsider.com.au/charts-that-will-restore-your-faith-in-humanity-2013-5 참조.

19. 대부분의 응답자: Ipsos, *Perils of Perception*, September 2017, https://www.ipsos.com/en/global-perceptions-development-progress-perils-perceptions-research.

20. 아동 사망률: M. Roser, "Child Mortality," Our World in Data, 2019, https://ourworldindata.org/child-mortality.

21. 세계 빈곤율: World Bank, *Poverty and Shared Prosperity 2018: Piecing Together the Poverty Puzzle* (Washington, DC: World Bank, 2018), 21.

22. 압도적 다수: 2015년 유거브(YouGov) 조사는 M. Roser, "Most of Us Are Wrong About How the World Has Changed (Especially Those Who Are Pessimistic About the Future)," Our World in Data, July 27, 2018, https://ourworldindata. org/wrong-about-the-world에서 인용.

23. 대니얼 길버트와 동료들: D. E. Levari et al., "Prevalence-Induced Concept Change in Human Judgment," *Science* 360 (2018): 1465-1467.

24. 핵무기: G. Easterbrook, *The Progress Paradox: How Life Gets Better While People Feel Worse* (New York: Random House, 2003), Kindle.

25. 이를 설명해 준다: F. K. Barlow et al., "The Contact Caveat: Negative Contact Predicts Increased Prejudice More Than Positive Contact Predicts Reduced Prejudice," *Personality and Social Psychology Bulletin* 38 (2012): 1629-1643.

26. 주류에 의해 낙인찍힌: S. Paolini and K. McIntyre, "Bad Is Stronger Than Good for Stigmatized, but Not Admired Outgroups: Meta-analytical Tests of Intergroup Valence Asymmetry in Individual-to-Group Generalization Experiments," *Personality and Social Psychology Review* 23 (2019): 3-47, https://doi.org/10.1177/1088868317753504.

27. 제시 워커: J. Walker, *The United States of Paranoia: A Conspiracy Theory* (New York: HarperCollins, 2013).

28. 1조 달러가 넘는: C. J. Coyne and A. Hall, "Four Decades and Counting: The Continued Failure of the War on Drugs," Cato Institute Policy Analysis No. 811, April 12, 2017, https://papers.ssrn.com/sol3/papers.cfm?abstract_id=2979445.

29. 암시장 가격: D. Werb et al., "The Temporal Relationship Between Drug Supply Indicators: An Audit of International Government Surveillance Systems," *BMJ Open* 3 (2013): e003077, https://doi.org/10.1136/bmjopen-2013-003077; T. Bronshtein, "Explore How Illegal Drugs Have Become Cheaper and More Potent over Time," *Stat*, November 16, 2016, https://www.statnews. com/2016/11/16/illegal-drugs-price-potency/.

30. 미국에는 …… 5000만 명은 된다: J. Dahlhamer et al., "Prevalence of Chronic

Pain and High-Impact Chronic Pain Among Adults—United States, 2016,"
Morbidity and Mortality Weekly Report 67 (2018): 1001-1006, http://dx.doi.
org/10.15585/mmwr.mm6736a2.

31. 의학 학술지에 실린: G. A. Brat et al., "Postsurgical Prescriptions for Opioid
Naive Patients and Association with Overdose and Misuse: Retrospective
Cohort Study," *BMJ* 360 (2018): j5790, https://www.bmj.com/content/360/
bmj.j5790; M. Noble et al., "Long-Term Opioid Management for Chronic
Noncancer Pain," *Cochrane Database of Systematic Reviews* 1 (2010):
CD006605, https://doi.org/10.1002/14651858.CD006605.pub2.

32. 연방정부의 …… 전국 조사: Center for Behavioral Health Statistics and Quality,
Results from the 2017 National Survey on Drug Use and Health: Detailed
Tables (2018), tables 6.53B, 1.82A, 5.2A, https://www.samhsa.gov/data/sites/
default/files/cbhsq-reports/NSDUHDetailedTabs2017/NSDUHDetailedTabs
2017.htm#tab1-82A.

33. 1~2퍼센트: J. Sullum, "Trump Says Pain Pills Are 'So Highly Addictive.' He's
Wrong," *Reason*, August 17, 2018, https://reason.com/blog/2018/08/17/trump-
says-pain-pills-are-so-highly-addi; M. Szalavitz, "Opioid Addiction Is a Huge
Problem, but Pain Prescriptions Are Not the Cause," *Scientific American*,
May 10, 2016, https://blogs.scientificamerican.com/mind-guest-blog/opioid-
addiction-is-a-huge-problem-but-pain-prescriptions-are-not-the-cause/.

34. 치명적인 과용의 피해자: E. M. Johnson et al., "Unintentional Prescription
Opioid-Related Overdose Deaths: Description of Decedents by Next of Kin
or Best Contact, Utah, 2008-2009," *Journal of General Internal Medicine*
28 (2013): 522-529; J. Sullum, "Opioid Commission Mistakenly Blames Pain
Treatment for Drug Deaths," *Reason*, November 2, 2017, http://reason.com/
blog/2017/11/02/opioid-commission-mistakenly-blames-pain.

35. 다른 위험한 물질과 함께 복용하고 사망: A. J. Visconti, G. M. Santos, N. P.
Lemos, C. Burke, and P. O. Coffin, "Opioid Overdose Deaths in the City
and County of San Francisco: Prevalence, Distribution, and Disparities,"
Journal of Urban Health: Bulletin of the New York Academy of Medicine 92

(2015): 758-772; New York City Department of Health and Mental Hygiene, "Epi Data Brief," June 2016, https://www1.nyc.gov/assets/doh/downloads/pdf/epi/databrief72.pdf; J. Sullum, "Are You More Likely to Be Killed by Opioids Than a Car Crash?," *Reason*, January 17, 2019, https://reason.com/blog/2019/01/17/are-you-more-likely-to-be-killed-by-opio. 설럼은 CDC 데이터베이스에서 다양한 사망 원인에 대한 2017년 자료를 분석했다. https://wonder.cdc.gov/mcd-icd10.html.

36. 헤로인과 펜타닐: J. Bloom, "Dear PROP/CDC, Here's What Happens When You Over-Restrict Pills: More Deaths. Nice Going," American Council on Science and Health, December 12, 2018, https://www.acsh.org/news/2018/12/12/dear-propcdc-heres-what-happens-when-you-over-restrict-pills-more-deaths-nice-going-13663; J. A. Singer, "As If We Needed It, More Evidence Emerges Showing That the Government Has Changed the Opioid Crisis into a Fentanyl Crisis," *Cato at Liberty*, November 2, 2018, https://www.cato.org/blog/we-needed-it-more-evidence-emerges-showing-government-has-changed-opioid-crisis-fentanyl-crisis.

37. 아편 유사제 관련 사망률: National Center for Health Statistics, "Data Brief 329," November 2018, https://www.cdc.gov/nchs/data/databriefs/db329_tables-508.pdf, 이 자료를 다음에서 설럼이 분석함. J. Sullum, "Opioid-Related Deaths Keep Rising as Pain Pill Prescriptions Fall," *Reason*, November 29, 2018, https://reason.com/blog/2018/11/29/opioid-related-deaths-keep-rising-as-pai.

38. 다음 판도라의 상자: J. Tierney, "The Optimists Are Right," *New York Times Magazine*, September 29, 1996, https://www.nytimes.com/1996/09/29/magazine/the-optimists-are-right.html.

39. 폭력적인 '철도 미치광이': E. F. Torrey and J. Miller, *The Invisible Plague: The Rise of Mental Illness from 1750 to the Present* (New Brunswick, NJ: Rutgers University Press, 2001), 98; J. Hayes, "The Victorian Belief That a Train Ride Could Cause Instant Insanity," *Atlas Obscura*, May 12, 2017, https://www.atlasobscura.com/articles/railway-madness-victorian-trains.

40. 로널드 베일리의 관찰: Bailey, *End of Doom*, 75.

41. 선동에는 …… 두 가지 형태가 있어왔다: W. Tucker, *Progress and Privilege: America in the Age of Environmentalism* (Garden City, NY: Anchor, 1982), 89.

42. 《우리의 약탈당한 행성》: F. Osborn, *Our Plundered Planet* (Boston: Little, Brown, 1948).

43. 《생존의 길》: W. Vogt, *Road to Survival* (New York: W. Sloane Associates, 1948).

44. 로마 클럽: D. H. Meadows, D. L. Meadows, J. Randers, and W. W. Behrens III, *The Limits to Growth* (New York: Universe Books, 1972), 23.

45. "대멸망": P. Ehrlich, "Looking Backward from 2000 A.D.," *Progressive*, April 1970, 23-25, V. Brent Davis, *Armageddon* (Springville, UT: CFI, 2005), 16에서 인용.

46. "공식 허가": P. R. Ehrlich, A. H. Ehrlich, and J. P. Holdren, *Ecoscience: Population, Resources, Environment* (San Francisco: W. H. Freeman, 1977), 786-787.

47. 최악의 인권 침해: M. Connelly, *Fatal Misconception: The Struggle to Control World Population* (Cambridge, MA: Belknap Press of Harvard University Press, 2008); C. Mann, *The Wizard and the Prophet: Two Remarkable Scientists and Their Dueling Visions to Shape Tomorrow's World* (New York: Knopf, 2018), 522-523.

48. 수십억 명을 죽일 수 있다: P. Ehrlich, *The Machinery of Nature* (New York: Simon & Schuster, 1987), 274.

49. 2009년 청문회: U.S. Senate Committee on Commerce, Science, and Transportation, Nominations Hearing, February 12, 2009, https://www.commerce.senate.gov/public/index.cfm/hearings?ID=9BA25FEA-5F68-4211-A181-79FF35A3C6C6.

50. 4만 명 미만: J. Hasell and M. Roser, "Famines," Our World in Data, 2019, https://ourworldindata.org/famines.

51. 내전: S. Sengupta, "Why 20 Million People Are on Brink of Famine in a 'World of Plenty,'" *New York Times*, February 22, 2017, https://www.nytimes.

com/2017/02/22/world/africa/why-20-million people-are-on-brink-of-famine-in-a-world-of-plenty.html.

52. 3만 건에 가까운 예측: P. E. Tetlock, preface to *Expert Political Judgment* (Princeton, NJ: Princeton University Press, 2017), Kindle.

53. 가장 유명한 저서: M. Olson, *The Rise and Decline of Nations: Economic Growth, Stagflation, and Social Rigidities* (New Haven, CT: Yale University Press, 1982). 이 책과 1980년대 올슨의 인터뷰를 함께 참고함.

54. 작가 조너선 라우치: J. Rauch, *Demosclerosis: The Silent Killer of American Government* (New York: Times Books, 1994).

55. 유명한 격언: G. F. Seib, "In Crisis, Opportunity for Obama," *Wall Street Journal*, November 21, 2008, https://www.wsj.com/articles/SB122721278056345271.

56. 《위기와 리바이어던》: R. Higgs, *Crisis and Leviathan: Critical Episodes in the Growth of American Government* (New York: Oxford University Press, 1987).

57. 그린피스를 비롯한 …… 가로막았다: D. Ropeik, "Golden Rice Opponents Should Be Held Accountable for Health Problems Linked to Vitamin A Deficiency," *Scientific American*, March 15, 2014, https://blogs.scientificamerican.com/guest-blog/golden-rice-opponents-should-be-held-accountable-for-health-problems-linked-to-vitamain-a-deficiency/.

58. 미국인의 반: Pew Research Center, "Public Perspectives on Food Risks," November 19, 2018, http://www.pewresearch.org/science/2018/11/19/public-perspectives-on-food-risks/.

59. 잠비아의 공무원들: H. E. Cauvin, "Between Famine and Politics, Zambians Starve," *New York Times*, August 30, 2002, https://www.nytimes.com/2002/08/30/world/between-famine-and-politics-zambians-starve.html.

60. 140명의 노벨상 수상자: Laureates Letter Supporting Precision Agriculture (GMOs), http://supportprecisionagriculture.org/nobel-laureate-gmo-letter_rjr.html.

61. 의견 차이: Pew Research Center, "Major Gaps Between the Public, Scientists on Key Issues," July 1, 2015, http://www.pewinternet.org/interactives/public-scientists-opinion-gap/.

62. 현재 30억 달러: J. A. DiMasi, H. G. Grabowski, and R. W. Hansen, "Innovation

in the Pharmaceutical Industry: New Estimates of R&D Costs," *Journal of Health Economics* 47 (2016): 20-33, 2018년 계산 결과를 다시 낸 디마시와의 개인적 소통.

63. 60억 달러: A. S. A. Roy, "Stifling New Cures: The True Cost of Lengthy Clinical Drug Trials," Manhattan Institute for Policy Research, Project FDA Report 5 (April 2012).

64. 니코틴 자체: Royal Society for Public Health, "Nicotine 'No More Harmful to Health Than Caffeine,'" August 13, 2015, https://www.rsph.org.uk/about-us/news/nicotine—no-more-harmful-to-health-than-caffeine-.html. 영국 왕립공중보건협회에서도 문헌 연구 뒤 '니코틴 자체는 특별히 해롭지 않다'는 비슷한 결론을 내렸다. Tobacco Advisory Group of the Royal College of Physicians, *Harm Reduction in Nicotine Addiction: Helping People Who Can't Quit* (London: RCP, 2007), preface 참조.

65. 니코틴은 …… 도움이 되는 것으로 나타났다: S. J. Heishman, B. A. Kleykamp, and E. G. Singleton, "Meta-analysis of the Acute Effects of Nicotine and Smoking on Human Performance," *Psychopharmacology* 210 (2010): 453-469.

66. 성인의 최소 15퍼센트: European Commission, "Attitudes of Europeans Towards Tobacco and Electronic Cigarettes," Special Eurobarometer 458, March 2017, table QB1, https://ec.europa.eu/commfrontoffice/publicopinion/index.cfm/ResultDoc/download/DocumentKy/79002.

67. 35만 명의 생명: A. Milton, C. Bellander, G. Johnsson, and K. O. Fagerström, "Snus Saves Lives: A Study of Snus and Tobacco-Related Mortality in the EU," Snus Commission's Third Report, May 2017, https://www.clivebates.com/documents/SnusCommissionJune2017.pdf.

68. 침례교와 밀매업자의 동맹: J. H. Adler, R. E. Meiners, A. P. Morriss, and B. Yandle, "Baptists, Bootleggers & Electronic Cigarettes," *Yale Journal on Regulation* 33 (2016): 313-361, http://digitalcommons.law.yale.edu/yjreg/vol33/iss2/1.

69. 스누스 사용자들에 대한 장기적 연구: P. N. Lee and J. Hamling, "Systematic Review of the Relation Between Smokeless Tobacco and Cancer in Europe and North America," *BMC Medicine* 7 (2009): 36, https://doi.org/10.1186/1741-

7015-7-36.

70. 스누스를 …… 불법으로 묶어두었고: G. Ross, "The EU's New Tobacco Directive: Protecting Cigarette Markets, Killing Smokers," *Forbes*, January 10, 2013, https://www.forbes.com/sites/realspin/2013/01/10/the-eus-new-tobacco-directive-protecting-cigarette-markets-killing-smokers/.

71. 스누스 판매자들이 …… 광고하지 못하게 했다: H. Campbell, "FDA Denies Modified Risk Tobacco Product Status for Snus," American Council on Science and Health, December 14, 2016, https://www.acsh.org/news/2016/12/14/fda-denies-modified-risk-tobacco-product-status-snus-10592.

72. 2019년 진행된 연구: P. Hajek et al., "A Randomized Trial of E-Cigarettes Versus Nicotine-Replacement Therapy," *New England Journal of Medicine* 380 (2019): 629-637, https://doi.org/10.1056/NEJMoa1808779.

73. 15퍼센트 아래: T. W. Wang et al., "Tobacco Product Use Among Adults— United States, 2017," *Morbidity and Mortality Weekly Report* 67 (2018): 1225-1232, http://dx.doi.org/10.15585/mmwr.mm6744a2; National Center for Health Statistics, "Summary Health Statistics: National Health Interview Survey, 2017," table A-12a, https://ftp.cdc.gov/pub/Health_Statistics/NCHS/NHIS/SHS/2017_SHS_Table_A-12.pdf. 역사적인 추이를 보려면 다음을 참고하라. A. LaVito, "CDC Says Smoking Rates Fall to Record Low in US," CNBC, November 8, 2018, https://www.cnbc.com/2018/11/08/cdc-says-smoking-rates-fall-to-record-low-in-us.html.

74. 전자담배 줄: J. Tierney, "Juul Madness," *City Journal*, July 15, 2018, https://www.city-journal.org/html/juul-labs-vaping-prohibitionists-16029.html.

75. 전자담배를 금지하거나 강하게 제한하는 수순: J. Tierney, "The Corruption of Public Health," *City Journal*, Summer 2017, https://www.city-journal.org/html/corruption-public-health-15323.html; J. Sullum, "Surgeon General Undermines Harm Reduction by Pushing Anti-vaping Policies and Propaganda," *Reason*, December 18, 2018, https://reason.com/blog/2018/12/18/surgeon-general-undermines-harm-reductio.

76. 95퍼센트 안전하다: Royal College of Physicians, *Nicotine Without Smoke:*

Tobacco Harm Reduction (London: RCP, 2016), 58, 185. 영국 보건부(England's national health agency)에서도 비슷한 결론을 내렸다. A. McNeill et al., "E-Cigarettes: An Evidence Update," a report commissioned by Public Health England, 2015, 80. 다음도 참고하라. D. J. Nutt et al., "Estimating the Harms of Nicotine-Containing Products Using the MCDA Approach," *European Addiction Research* 20 (2014): 218-225, https://doi.org/10.1159/000360220; M. Siegel, "National Academy of Sciences Report on Electronic Cigarettes Confirms That Vaping Is Much Safer Than Smoking and Has No Known Long-Term Health Effects," *The Rest of the Story: Tobacco and Alcohol News Analysis and Commentary*, January 24, 2018, http://tobaccoanalysis.blogspot.com/2018/01/national-academy-of-sciences-report-on_24.html.

77. 역사적 급락: D. T. Levy et al., "Examining the Relationship of Vaping to Smoking Initiation Among US Youth and Young Adults: A Reality Check," *Tobacco Control*, November 20, 2018, https://doi.org/10.1136/tobaccocontrol-2018-054446; B. Rodu, "Federal Officials, Please Pay Attention to Federal Surveys: E-Cigarettes Are Not Gateway Products," *Tobacco Truth*, February 21, 2018, https://rodutobaccotruth.blogspot.com/2018/02/federal-officials-please-pay-attention.html.

78. 대부분의 청소년: B. Rodu, "The FDA's Teen E-Cigarette-Addiction Epidemic Doesn't Add Up," *Tobacco Truth*, October 1, 2018, https://rodutobaccotruth.blogspot.com/2018/10/the-fdas-teen-e-cigarette-addiction.html. CDC의 청소년 흡연에 대한 국가 설문조사 데이터를 분석하였다. 데이터는 다음을 참고하라. CDC's National Youth Tobacco Survey, 2017, https://www.cdc.gov/tobacco/data_statistics/surveys/nyts/index.htm.

79. 술을 마시는 십대가 훨씬 많고: National Institute on Drug Abuse, "Monitoring the Future Survey: High School and Youth Trends," December 2018, https://www.drugabuse.gov/publications/drugfacts/monitoring-future-survey-high-school-youth-trends.

80. 흡연율은 절반으로 줄었다: CDC와 FDA는 청소년 흡연율에 대한 좋은 소식으로부터 주의를 분산시키기 위해 애써왔다. 그들은 계속해서 언론을 통해 청소년의 '담

배 사용(tabacco use, 담배와 전자담배가 함께 해당하기 때문에 이는 오해를 불러일으킬 수 있는 용어다)'이 늘고 있다고 경고하지만 국가 사용 조사에서 담배 흡연율이 떨어지고 있는 것으로 나타난 데 대해서는 정보를 거의 주지 않는다. 그러나 CDC의 연례 국가 청소년 흡연 설문조사의 2011~2018년 학생 관련 데이터 요약 ("Youth and Tobacco Use," https://www.cdc.gov/tobacco/data_statistics/fact_sheets/youth_data/tobacco_use/index.htm)에 따르면, 고등학생들의 담배 흡연율은 15.8퍼센트에서 8.1퍼센트로, 중학생들의 비율은 4.3퍼센트에서 1.8퍼센트로 떨어졌다. 이러한 하락세는 청년들에게서도 비슷하게 나타났다. 이에 대한 데이터는 빌 고드샬의 증언에서 요약한 CDC의 국가 보건 인터뷰 조사 결과에서 찾을 수 있다(CDC's National Health Interview Survey that was aggregated in testimony by Bill Godshall on January 18, 2019, to the FDA hearing "Eliminating Youth Electronic Cigarette Use: The Role for Drug Therapies"). CDC 데이터에 따르면 2010년부터 2017년까지 18~24세 성인의 흡연율은 20.1퍼센트에서 10.4퍼센트로 낮아졌다.

81. **여론이 반대로 돌아서고 있음**: J. Huang et al., "Changing Perceptions of Harm of e-Cigarette vs Cigarette Use Among Adults in 2 US National Surveys from 2012 to 2017," *JAMA Network Open* 2 (2019): e191047, doi:10.1001/jamanetworkopen.2019.1047. 더 최근의 국가 설문조사 결과에 따르면 미국 성인의 20퍼센트만이 전자담배가 담배보다 안전한 것으로 인식하고, 50퍼센트는 전자담배도 똑같이 해롭다고 생각하며, 13퍼센트는 전자담배가 더 해롭다고 보는 것으로 나타났다(Rasmussen Reports, "Most Say E-Cigarettes No Healthier Than Traditional Ones," August 16, 2018, https://www.rasmussenreports.com/public_content/lifestyle/general_lifestyle/august_2018/most_say_e_cigarettes_no_healthier_than_traditional_ones).

82. **유럽인들도 비슷하게 잘못 알고 있다**: European Commission, "Attitudes of Europeans Towards Tobacco and Electronic Cigarettes," Special Eurobarometer 458, March 2017, p. 22, https://ec.europa.eu/commfrontoffice/publicopinion/index.cfm/ResultDoc/download/DocumentKy/79002.

83. **낙관성 격차**: D. Whitman, *The Optimism Gap: The I'm OK—They're Not Syndrome and the Myth of American Decline* (New York: Walker, 1998).

84. 경제에 대해서는 비관적이다: B. S. Bernanke, "How Do People Really Feel About the Economy?," *Brookings*, June 30, 2016, https://www.brookings. edu/blog/ben-bernanke/2016/06/30/how-do-people-really-feel-about-the-economy/.

85. 텔레비전 뉴스를 보는 데: M. E. McNaughton-Cassill and T. Smith, "My World Is OK, but Yours Is Not: Television News, the Optimism Gap, and Stress," *Stress and Health* 18 (2002): 27-33.

86. 가장 부유한 행정구역: T. P. Jeffrey, "Census Bureau: 5 Richest U.S. Counties Are D.C. Suburbs; 10 of Nation's 20 Richest Counties in D.C. Area," CNS News, December 6, 2018, https://www.cnsnews.com/news/article/terence-p-jeffrey/census-bureau-5-richest-counties-still-dc-suburbs-10-top-20.

87. 실재하는 위협: I. Schwartz, "Obama: Like I Said at the Baseball Game, ISIS 'Can't Destroy Us,' 'They Are Not an Existential Threat,'" RealClearPolitics, March 23, 2016, https://www.realclearpolitics.com/video/2016/03/23/obama_like_i_said_at_the_baseball_game_isis_cant_destroy_us_they_are_not_an_existential_threat.html.

88. 우선순위 목록에서는 …… 훨씬 낮았다: B. Lomborg, *Global Problems, Smart Solutions* (New York: Cambridge University Press, 2014).

89. 1970~1980년대: C. York, "Islamic State Terrorism Is Serious but We've Faced Even Deadlier Threats in the Past," *Huffington Post*, November 29, 2015, https://www.huffingtonpost.co.uk/2015/11/28/islamic-state-terrorism-threat_n_8670458.html.

90. 북극곰이 멸종할 것이라는 전망: S. J. Crockford, *State of the Polar Bear Report 2018* (London: Global Warming Policy Foundation, 2018), https://www. thegwpf.org/content/uploads/2018/02/Polarbears2017.pdf; M. Ridley, "The Polar Bear Problem," *The Rational Optimist*, August 11, 2011, http://www. rationaloptimist.com/blog/the-polar-bear-problem/; J. Tierney, "The Good News Bears," *New York Times*, August 6, 2005, https://www.nytimes.com/2005/08/06/opinion/the-good-news-bears.html.

91. 패티 법을 제정하라: J. Bleyer, "Patty Wetterling Questions Sex Offender

Laws," *City Pages*, March 20, 2013, http://www.citypages.com/news/patty-wetterling-questions-sex-offender-laws-6766534; T. Frank, "If a Law Has a First Name, That's a Bad Sign," *Los Angeles Times*, September 19, 2016, http://www.latimes.com/opinion/op-ed/la-oe-frank-named-laws-20160919-snap-story.html.

92. 홍팀 연습: M. Zenko, *Red Team: How to Succeed by Thinking Like the Enemy* (New York: Basic Books, 2015); S. Koonin, "A 'Red Team' Exercise Would Strengthen Climate Science," *Wall Street Journal*, April 20, 2017, https://www.wsj.com/articles/a-red-team-exercise-would-strengthen-climate-science-1492728579.

93. 학술지 〈사이언스〉: J. Simon, "Resources, Population, Environment: An Over-supply of False Bad News," *Science* 208 (1980): 1431-1437.

94. 내기가 끝나는 1990년: J. Tierney, "Betting on the Planet," *New York Times Magazine*, December 2, 1990, https://www.nytimes.com/1990/12/02/magazine/betting-on-the-planet.html.

95. 2010년에 내기에서 승리: J. Tierney, "Economic Optimism? Yes, I'll Take That Bet," *New York Times*, December 27, 2010.

96. 롱 베츠: Long Bets: The Arena for Accountable Predictions, longbets.org; J. Tierney, "Can Humanity Survive? Want to Bet on It?," *New York Times*, January 30, 2007, https://www.nytimes.com/2007/01/30/science/30tier.html.

97. 워런 버핏: A. Kabil, "How Warren Buffett Won His Multi-Million Dollar Long Bet," *Medium*, February 17, 2018, https://medium.com/the-long-now-foundation/how-warren-buffett-won-his-multi-million-dollar-long-bet-3af05cf4a42d.

98. '미디어 전염': S. Towers, A. Gomez-Lievano, M. Khan, A. Mubayi, and C. Castillo-Chavez, "Contagion in Mass Killings and School Shootings," *PLoS ONE* 10 (2015): e0117259, https://doi.org/10.1371/journal.pone.0117259.

99. 몇몇 단체: Don't Name Them, http://www.dontnamethem.org/; No Notoriety, https://nonotoriety.com/.

100. 일부 언론인: B. Stelter, "'No Notoriety' Campaign to Not Name Mass Murderers Sees Progress," *CNN Business*, October 2, 2015, https://money.cnn.com/

2015/10/02/media/media-decisions-naming-showing-killers/index.html; M. Follman, "How the Media Inspires Mass Shooters, and 7 Ways News Outlets Can Help Prevent Copycat Attacks," *Mother Jones*, October 6, 2015, https://www.motherjones.com/politics/2015/10/media-inspires-mass-shooters-copycats/.

10 좋은 것의 미래

1. 기억 능력: Plato, *Plato's Phaedrus: Complete & Unabridged Jowett Translation*, trans. B. Jowett (Boston: Actonian Press, 2010), section 275, Kindle.

2. 오토만 제국의 지배자들은 …… 금지했으며: M. M. Coşgel, T. J. Miceli, and J. Rubin, "Guns and Books: Legitimacy, Revolt and Technological Change," University of Connecticut Department of Economics Working Paper Series 2009-2012, March 2009, https://opencommons.uconn.edu/cgi/viewcontent.cgi?article=1256&context=econ_wpapers; E. B. Ekinci, "Myths and Reality About the Printing Press in the Ottoman Empire," *Daily Sabah*, June 8, 2015, https://www.dailysabah.com/feature/2015/06/08/myths-and-reality-about-the-printing-press-in-the-ottoman-empire.

3. 이단적인 책을 금지했다: M. Lenard, "On the Origin, Development and Demise of the *Index Librorum Prohibitorum*," *Journal of Access Services* 3 (2006): 51-63, https://doi.org/10.1300/J204v03n04_05.

4. 신문은 …… 비난받았다: V. Bell, "Don't Touch That Dial!," Slate, February 15, 2010, https://slate.com/technology/2010/02/a-history-of-media-technology-scares-from-the-printing-press-to-facebook.html.

5. '미디어 생태학' 교수: N. Postman, *Technopoly: The Surrender of Culture to Technology* (New York: Knopf, 1992); N. Postman, *Amusing Ourselves to Death: Public Discourse in the Age of Show Business* (New York: Viking, 1985).

6. 《데이터 스모그》: D. Shenk, *Data Smog: Surviving the Information Glut* (New York: HarperOne, 1997).

7. 《텔레비전 이후의 삶》: G. Gilder, *Life After Television: The Coming Transformation*

of Media and American Life (New York: W. W. Norton, 1992).

8. 1997년에 길더는 이렇게 말했다: J. Tierney, "Technology Makes Us Better; Our
   Oldest Computer, Upgraded," *New York Times Magazine*, September 28,
   1997, https://www.nytimes.com/1997/09/28/magazine/technology-makes-us-
   better-our-oldest-computer-upgraded.html.

9. 의견의 양극화: M. P. Fiorina, *Unstable Majorities: Polarization, Party Sorting &
   Political Stalemate* (Stanford, CA: Hoover Institution Press, 2017); L. Boxell, M.
   Gentzkow, and J. M. Shapiro, "Greater Internet Use Is Not Associated with
   Faster Growth in Political Polarization Among US Demographic Groups,"
   Proceedings of the National Academy of Sciences 114 (2017): 10612-10617,
   https://doi.org/10.1073/pnas.1706588114; S. Iyengar, G. Sood, and Y. Lelkes,
   "Affect, Not Ideology: A Social Identity Perspective on Polarization," *Public
   Opinion Quarterly* 76 (2012): 405-431, https://doi.org/10.1093/poq/nfs038;
   Pew Research Center, "Trends in American Values: 1987-2012," June 4, 2012,
   http://www.people-press.org/2012/06/04/partisan-polarization-surges-in-bush-
   obama-years/.

10. 연방정부의 미심쩍은 조언: G. Taubes, *Good Calories, Bad Calories: Fats, Carbs,
    and the Controversial Science of Diet and Health* (New York: Knopf, 2007);
    N. Teicholz, *The Big Fat Surprise: Why Butter, Meat, and Cheese Belong in a
    Healthy Diet* (New York: Simon & Schuster, 2014).

11. 미국인이 식생활을 바꾸면서: C. D. Rehm, J. L. Peñalvo, A. Afshin, and D.
    Mozaffarian, "Dietary Intake Among US Adults, 1999-2012," *JAMA* 315 (2016):
    2542-2553, https://doi.org/10.1001/jama.2016.7491; M. Sanger-Katz, "Americans
    Are Finally Eating Less," *New York Times*, July 24, 2015, https://www.nytimes.
    com/2015/07/25/upshot/americans-are-finally-eating-less.html.

12. 자기 절제에 관한 책: R. F. Baumeister and J. Tierney, *Willpower: Rediscovering
    the Greatest Human Strength* (New York: Penguin Press, 2011): 215-237.

13. "인간은 집단 안에 있을 때는 …… 이성을 되찾을 수 있다.": Charles Mackay,
    Extraordinary Popular Delusions and the Madness of Crowds (Lexington, KY:
    Seven Treasures, 2008), "National Delusions," Kindle.

옮긴이의 글

로이 바우마이스터와 존 티어니의 《부정성 편향》을 소개하게 되어 기쁘게 생각한다. 바우마이스터는 인간이 신체적·정신적으로 건강하게 살아가기 위해서는 식욕·수면욕 같은 기본적 욕구만큼이나 사회집단에 소속되고자 하는 욕구의 충족이 중요하다는 소속감 욕구 이론, 자신을 통제하는 데 정신적 에너지를 쏟고 나면 그만큼 다른 일에 대한 주의력이 떨어진다는 자아 고갈(ego depletion) 이론 연구로 잘 알려진 미국의 사회심리학자다. 존 티어니는 미국의 과학 전문 작가로 30년 넘게 〈뉴욕타임스〉를 비롯한 다양한 매체에 과학 칼럼을 썼으며, 국내에도 출간된 《의지력의 재발견》을 비롯한 여러 저서를 냈다.

　이 책은 《의지력의 재발견》에 이어 2019년에 출간한 두 사람의 두 번째 공동 저서다. 이들은 긍정적인 것보다 부정적인 것에 더 주의를 기울이는 '부정성 편향'이 진화 과정에서 인간이 살아남기 위해 발달시킨 기제라는 것을 설명하고, 부정성 편향을 이해하고 행동에 지혜롭게 적용함으로써 두려움과 불안을 극복하고, 인간관계를 더 잘 유지하고, 조직의 성과와 고객의 만족을 높이며, 나아가 더 좋은 사회, 더 나은 세상을 만들 수 있음을 풍부하고 흥미진진한 사례와 연구를 통해 보여준다.

1장에서는 '4의 법칙'을 소개한다. 4의 법칙은 이전의 여러 연구 결과를 기반으로 한, 하나의 부정적인 것을 극복하기 위해서 네 가지 긍정적인 것이 필요하다는 지침이다. 초콜릿에서 벌레가 나오고 관련 뉴스가 쏟아져 나올 때 제조사에서 어떻게 그 위기를 극복했는지, 고교 미식축구 감독이 어떻게 하위권을 맴돌던 팀을 우승으로 이끌었는지를 4의 법칙을 통해 설명한다.

2장에서는 대인관계에 대해서도 4의 법칙을 적용할 수 있다는 것을 보여준다. 부부·이웃·부모 자녀 관계 모두에 상대를 위해 한 좋은 일보다는 상대가 싫어하는 나쁜 일을 한 것이 훨씬 큰 영향을 미치며, 좋은 관계를 유지하는 비결은 사랑하는 사람을 잃을까 봐 두려워하고 최악을 가정하는 우리 자신의 부정성 편향에 속지 않고, 상대가 싫어하는 일을 하지 않는 것임을 볼 수 있다.

3장에서는 왜 우리의 뇌는 부정적인 것에 그토록 민감한지, 불안과 두려움을 어떤 방법으로 극복할 수 있는지를 알아본다. 역사상 최초로 성층권에서 지상으로 자유낙하 한 펠릭스 바움가르트너의 실제 경험을 통해 무의식적으로 일어나는 부정적 사고를 인식하고 호흡이나 혼잣말 같은 간단한 방법으로 불안을 넘어서는 비결을 소개한다.

4장에서는 상대방의 감정을 상하게 하지 않고 효과적으로 건설적 비판을 하는 방법을 제시한다. 왜 비판하는 사람이 칭찬하는 사람보다 더 똑똑해 보이는지, 왜 비판을 하고 난 다음에는 칭찬해도 소용이 없는지, 솔직하면서도 예의를 지키는, 상대방을 존중하는 비판과 진심 어린 칭찬이 어떤 효과를 발휘하는지를 알 수 있다.

5장에서는 왜 제대로 된 처벌이 어설픈 보상보다 강력한 효과를 발휘하는지를 살펴본다. 학생들을 성공적으로 교육하고 조직에서 직원들을 잘 관리하려면 보상과 처벌, 그리고 처벌의 부정성 효과를 어떻게 활용해야 하는지에 대한 내용이다. 특히 학생들의 자존감을 높여주기 위해 잘하든 못하든 칭찬하고 격려해 주는 것이 좋다고 생각하기 쉬운데 이는 사실 잘못된 방법이며 당장은 괴롭더라도 잘못에 대해서는 처벌을, 잘한 일에 대해서는 보상을 해주는 것이 결국 더 효과적이라는 논의가 흥미롭다. 행동에 대한 합당한 처벌, 그리고 건전한 죄책감은 발전의 동력이 될 수 있다.

6장에서는 어느 조직에나 있는 '썩은 사과'에 대한 대처법을 알려준다. 이기적이고 무례한 조직 구성원은 능력이 얼마나 뛰어난지와 상관없이 조직의 분위기를 흐리고 사기를 떨어뜨린다. 이러한 썩은 사과에는 어떤 유형이 있는지, 조직 내의 썩은 사과에 어떻게 대처하는 것이 좋은지를 알아본다. 바우마이스터의 주요 연구 주제 중 하나인 '소속감 욕구'를 썩은 사과가 위협함으로써 궁극적으로 조직원들의 관계를 망치게 되는 과정에 대해서도 알 수 있다.

7장에서는 한 뉴욕 부티크 호텔의 성공 사례를 통해 경영자들이 온라인 '악플'에 어떻게 대처하면 좋은지를 제시한다. 다른 부정적인 것과 마찬가지로 부정적 온라인 후기나 댓글도 긍정적인 것보다 큰 영향을 미치며, 이로 인해 경영자들은 난처한 상황에 처할 수 있다. 하나의 해결책은 최곳값-최종값 법칙을 참고하는 것인데, 이는 고객의 만족도에 가장 큰 영향을 미치는 것은 경험의 가장 강력한 부분(최곳값)과 가장 마지막 부분(최종값)이라는 내용이다. 본문에서는 이 법칙과 관련한 다양한 예시와 함께 손님에게 되도록 많은 긍정적 경험을 제공해 '좋은' 최곳값을, 끝맺음을 잘해 '좋은' 최종값을 만드는 전략을 제시한다.

8장에서는 부정성 편향에 대처하기 위한 방법으로 소설 주인공의 이름에서 따온 '폴리애나 원리' 또는 '긍정성 효과'를 제안한다. 폴리애나는 매우 낙천적인 인물로 이러한 특성 때문에 긍정적인 단어를 더 많이 사용하는 우리의 성향을 '폴리애나 원리'로 명명하게 되었다. 좋은 말을 하고 좋은 생각을 하기 위해 의도적으로 노력하는 것은 현실과 온라인 세계 모두에서 우리의 행복에 도움이 된다. 과거를 소중히 간직하며 가끔은 향수에 젖는 것을 자신에게 허락하되, 후회하지는 않는 것도 마찬가지다.

9장에서는 '위기의 위기'에 대해 다룬다. 데이터로 보면 인류의 삶은 분명 진보하고 있지만, 개인적 목적을 위해 부정적 뉴스를 쏟아내는 일부 언론인과 정치인으로 인해 우리는 인류가 위기에 처해 있다고 생각하게 된다. 저자들은 이러한 불길한 예언과 그 부정적 결과가 사회에 어떤 해악을 미치는지 여러 예시를 통해 보여주며(한 예로 GMO에 대한 우려 때문에 식량 지원을 거부한 국가의 어린이들은 영양 부족의 위기에 처한다), 이러한 사회적 부정성 효과를 극복하기 위한 해결책을 제안한다.

마지막 10장에서는 나쁜 부정성 효과를 극복하기 위한 방안으로 '저부정성 다이어트'를 내놓는다. 건강한 식생활을 위해 정크 푸드를 멀리하듯이, 우리는 현실을 왜곡하는 부정적 기사, 혹은 그런 기사만 퍼 나르는 분노에 찬 사람의 소셜 미디어 계정과 거리를 둘 필요가 있다. 부정성 효과는 분명 강력하고 현재의 상황에는 우려스러운 점이 있지만, 저자들은 디지털 시대의 정보의 바다에서 우리는 '나쁜 것 하나에 네 개보다 훨씬 많은 좋은 것을 볼 수 있을 것'이며 결국은 긍정성이 승리할 것이라고 믿는다는 희망적인 예측으로 끝을 맺는다.

우리가 번역이라는 고단한 작업을 이렇게라도 마무리할 수 있었던 것은 바쁜 시간을 쪼개어 번역한 원고를 꼼꼼히 살펴준 장민희 박사의 도움과 배려 덕분이다. 장 박사는 중앙대학교에서 심리학과 사회 및 문화심리학 전공으로 박사 학위를 받고, 성인기 성격 발달에 대한 연구와 강의, 글쓰기를 통해 자신의 학문적 열정과 재능을 유감없이 발휘하고 있는 인재다. 또한 훌륭한 책의 번역본을 출판해 주신 에코리브르 박재환 대표에게도 감사의 말씀을 드린다. 수십 년 이어온 친분의 또 다른 산물이라, 더욱 의미 있는 일로 다가온다.

　좋은 내용을 재미있으면서도 도움이 될 수 있게 전달하고 싶었으나, 부족한 점이 많을 줄 안다. 저자들의 재치를 번역 과정에서 충분히 살리지 못한 것 같아 아쉽다. 아무쪼록 즐겁고 유익한 책 읽기가 되었으면, 그리고 심리학의 즐거움을 독자 여러분과 나눌 수 있었으면 하는 바람이다.

2020년 12월

찾아보기